中共中央党校文史部创新工程

现代化进程中的城乡社会文化重建丛书　徐平　主编

双流经验

社区发展与基层社会治理现代化

徐平　主编

中国大百科全书出版社

图书在版编目（CIP）数据

双流经验：社区发展与基层社会治理现代化/徐平
主编.—北京：中国大百科全书出版社，2024.1
ISBN 978-7-5202-1450-6

Ⅰ.①双… Ⅱ.①徐… Ⅲ.①社区管理—现代化建设
—研究—双流区 Ⅳ.①D677.13

中国国家版本馆CIP数据核字（2023）第202783号

出 版 人 刘祚臣
策 划 人 曾 辉
责任编辑 鞠慧卿
封面设计 润一文化
责任印制 魏 婷
出版发行 中国大百科全书出版社
地 址 北京阜成门北大街17号　　邮政编码 100037
电 话 010-88390636
网 址 http://www.ecph.com.cn
印 刷 北京君升印刷有限公司
开 本 710毫米×1000毫米 1/16
印 张 33.25
字 数 539千字
印 次 2024年1月第1版 2024年1月第1次印刷
书 号 ISBN 978-7-5202-1450-6
定 价 99.90元

本书如有印装质量问题，可与出版社联系调换

Contents 目录

第三编　物业服务

第四编　社区发展

第五编　双流经验

导论一

双流经验与中国式现代化基层治理探索

徐平

中国共产党的二十大吹响了全面建设社会主义现代化国家的冲锋号，发出了全面推进中华民族伟大复兴的动员令。推进治理体系与治理能力的现代化，对实现中华民族伟大复兴、建设社会主义现代化强国具有关键性的作用。2023年3月颁布的《党和国家机构改革方案》明确提出组建中央社会工作部，这是落实坚持以人民为中心、坚持党的全面领导原则，系统化、整体化推进中国式现代化治理的自我革命和制度创新，助力中国全面迈入中国式现代化之治的重大举措。在此背景下，深入研讨从"乡土中国"向"城乡中国"巨大变迁中基层社会治理的理论创新与实践经验，对新时代新征程以中国式现代化全面推进中华民族伟大复兴具有重要意义。

一、以人民为中心的治理理念

纵观古今，放眼中外，王朝的更替、城邦的兴衰，无论是现代西方所强调的政府与社会多元互动的社区治理，还是中国历史上的保甲制度、乡里乡绅，究其本质，都是提升基层治理效能，发挥人的主体性和创造力，也总是伴随着对于权力"放"和"收"的博弈。今天中国式现代化基层治理，是将马克思主义关于"人"的思想具体地运用到基层治理的实践中，继承和发扬新民主主义革命时期民主建政的历史经验和优良传统，吸收中华人民共和国成立后不同历史时期总结的"枫桥经验"，在社会治理上实现新时代的共建共治共享的伟大创造，以治理体系和治理能力的现代化，夯实"中国之治"的基石。

首先，马克思关于"人"的思想提供了理论支撑。以人民为中心的理念是中国特色社会主义基层治理的基础，共建共治共享是以人民为中心的治理理念的具体体现。马克思认为，"只有当现实的个体的人把抽象的公民复归于自身，并且作为个体的人，在自己的经验生活、自己的个体劳动、自己的个体关系中间成为类存在物的时候，只有当人认识到自身'固有的力量'是社会力量，并把这种力量组织起来，因而不再把社会力量以政治力量的形式同自身分离的时候，只有到了那个时候，人的解放才能完成。"①即个体和个人是两个不同的概念，个体是自私的，个人则是真正意义上"人"的存在，要想达到人的解放，就必须建立共同体，让人的人格特质赋予到共同体之上，之后才能够将人的人格特质回归到"人"之上，靠自觉而不是靠约束。中国的基层治理正是基于对个体和个人的把握，以人民为中心，满足人民多元化的需求，让不同经历、职业、性格的人参与到基层治理中，实现个人的价值，建设基层治理共同体，实现共建共治共享。

其次，"枫桥经验"是马克思主义中国化时代化的治理经验总结。工农运动随中国共产党成立而生，其实践也始于"调解纠纷"。1922年彭湃领导的广东海丰农民成立的"赤山约农会"是调解基层矛盾的最初尝试。1923年，在《农民问题决议案》中指出，各地"应当在农民之中宣传选举代表农民机关（乡村自治会）的主张"。毛泽东在《湖南农民运动考察报告》一文中认为，农会和农民运动中建立的区乡村自治组织是"新的乡村自治机关——农民政权的乡村自治机关"，农会由会员选举组成，农民的事情农民自己管，甚至"连两公婆吵架的小事，也要到农民协会去解决"。列宁也说过：人民需要共和国，为的是教育群众走向民主。需要的不仅仅是民主形式的代表机关，而且要建立由人民自己从下面来管理整个国家的制度，让人民实际地参加各方面的生活，让人民在管理国家中起积极的作用。

新中国成立后形成的"枫桥经验"，就是在不同的历史背景下中国基层社会治理与时俱进和不断完善的总结。在党的领导下赋权于民，了解群众的意见和要求，接受群众的监督，与群众保持密切的联系，保证党的方针政策和国家法律、法规的贯彻执行，例如居民公约、乡规民约等管理办法；采取说服教育、

---

① 《马克思恩格斯全集》（第3卷），人民出版社，2002年，第189页。

自愿协调的方式，按照"大家的事，大家来干"的原则，通过基层居民委员会、村民委员会解决在生活、生产、学习等方面的矛盾和问题。2019年以来，新时代"枫桥经验"已连续写入党的十九届四中全会《决定》①、五中全会《建议》②和六中全会《决议》③，党的二十大报告同样强调在社会基层坚持和发展新时代"枫桥经验"。

再次，"千万工程"是新时代基层社会治理的新典范。2003年6月，时任浙江省委书记的习近平同志用118天时间跑遍11个地市，在广泛深入调查研究的基础上，立足浙江省情农情和发展阶段特征，准确把握经济社会发展规律和必然趋势，作出了实施"千万工程"的战略决策，提出：从全省近4万个村庄中选择1万个左右的行政村进行全面整治，把其中1000个左右的中心村建成全面小康示范村。亲自制定了"千万工程"目标要求、实施原则、投入办法，创新建立、带头推动"四个一"工作机制，即实行"一把手"负总责，全面落实分级负责责任制。群众富不富，关键看支部；支部强不强，还看"领头羊"。充分发挥农村基层党组织战斗堡垒作用，充分发挥村党组织书记、村委会主任的带头作用，引导基层党员干部干在先、走在前，团结带领农民群众听党话、感党恩、跟党走。坚持以党建引领基层治理，善于发动群众、依靠群众，把党的政治优势、组织优势、密切联系群众的优势，不断转化为全面推进乡村振兴的工作优势。

浙江历届省委、省政府按照习近平总书记的战略擘画和重要指示要求，顺应形势发展和实际需要，持续深化"千万工程"，20年来从最初的1万个左右行政村，推广到全省所有行政村。内涵也不断丰富发展，从"千村示范、万村整治"引领起步，推动乡村更加整洁有序；到"千村精品、万村美丽"深化提升，推动乡村更加美丽宜居；再到"千村未来、万村共富"迭代升级，强化数字赋能，逐步形成"千村向未来、万村奔共富、城乡促融合、全域创和美"的生动局面。突出大抓基层的鲜明导向，选优配强基层党组织领导班子，完善党组织

---

①　即《中共中央关于坚持和完善中国特色社会主义制度　推进国家治理体系和治理能力现代化若干重大问题的决定》。

②　即《中共中央关于制定国民经济和社会发展第十四个五年规划和二〇三五年远景目标的建议》。

③　即《中共中央关于党的百年奋斗重大成就和历史经验的决议》。

领导的自治、法治、德治相结合的治理体系，推动各类治理资源向基层下沉，不断激发人民群众的积极性、主动性、创造性，形成凝心聚力、团结奋斗的良好局面。

二、中国式现代化基层治理主要内容

中国常住人口城镇化率从2012年的53.1%提高到2022年的65.2%，1.3亿多农业转移人口和其他常住人口在城镇落户，2/3的中国人从农民快速成为市民，中国社会已经从数千年的"乡土中国"演变为"城乡中国"，高速城市化与迅速的老龄化和人口负增长，使得各种社会问题层出不穷，中国社会已经迈入复杂治理阶段，跨部门、跨行业、跨领域的事务越来越多。因此，在基层治理中加强党的全面领导，通过深入挖掘治理资源，激活治理要素，激发和强化多元治理主体的活力和能力，全面提升社会治理效能也就成为迫切的时代要求。从激活治理要素角度看，要有序整合以调动多元治理主体参与基层治理的动力；从提升治理效能角度看，党组织、社会、人民都要更好、更高效地扮演在基层治理中的角色。具体表现为党建引领、载体创新、制度革新、技术运用等多要素相结合，实现治理目标，构筑人人有责、人人尽责、人人享有的治理新格局。由此，中央社会工作部设立的职能和意图也就十分明显起来。

首先，加强党的全面领导是基层社会治理的重要落脚点。基层党组织担负着组织人民去实现国家和本地方各项建设任务的重担，党员和干部又是直接接触广大人民群众的，是党和国家同人民群众联系的纽带。通过基层党组织，党的路线、方针、政策和国家的宪法、法律、法令直接贯彻到人民群众中，并成为人民群众的直接行动；同时，人民群众的呼声和要求还要通过基层党组织反映到上面各级国家机关。基层治理中党的全面领导，一方面，在强化基层党组织自身建设和发展上，对社会自主性力量的吸纳和规范，也就是发挥基层党组织战斗堡垒作用，构建区域统筹、条块协同、共建共享的工作格局。目前网格化治理格局已经逐步成熟，在新的历史条件下，党组织仍需在退出行政化方面做出努力，回到党组织自身实现党要管党，充分挖掘组织资源和制度资源，实现党领导社会、组织社会、服务社会的目的，从而巩固党的执政基础，积累丰富的社会资源，形成良好的政治效果。另一方面，通过价值理念的塑造，将社区中精神文化所传达的价值观念与主流的意识形态保持高度一致，形成党组织领导权的构筑。在基层治理中，党组织以"服务意识"和"奉献精神"提升凝聚力、战斗力和信任度，让满足"人民对美好生活的向往"这一需求成为主流，吸引志愿者投身于社区治理中，在小区治安管理、疫情防控等方面都取得了突出效果。

其次，充分发挥社会力量是基层社会治理的重要基础。现代化基层治理需要物质资源的配套，以市场配置资源的方式推动基层治理创新，基层民众的生活水平和基层社会的经济发展水平也是考量基层社会治理效果的重要指标。一方面，随着社会结构和管理体制的改变而产生新的组织，这些组织体现了一定的地缘关系和互助合作关系，如经济组织、社会组织、群众自发组织、社区组织。基层治理中需要集聚多种资源下沉社区，服务基层治理。最典型的实践是设立载体，吸纳企业、社区单位、社会组织等社会力量的人、财、物资源，形成社会资源的"蓄水池"，撬动社会力量参与基层治理。另一方面，社会力量作为基层治理场域中的增量要素，代表了横向社会链接的一部分，有利于促进多元治理主体的信任，可以将群众诉求集结成集体意愿，建立起群众与政府沟通的桥梁，为政府决策和政策实施提供重要资讯，增强社区自身的资源整合能力和可持续发展活力，社会力量在基层治理中将会更加活跃，聚焦群众需求更加精准，基层服务更加全面。

再次，人民群众是基层治理的主人翁或主体力量。社区要想成为一个守望相助的共同体，关键在于依靠群众。一方面，社区精神文化建设越来越成为重要内容。针对小区的实际情况，逐步引导人们在社区层次上逐渐走向自理，扩大民主生活的基础和范围，就会从最基本的层次上促进一种具有人文精神的、优化合理的社会生活，让居民生活质量实实在在地上一个台阶，构建美好家园。社区中的社工组织、业委会、监委会、管委会等各类组织，都是群众要求自己管理自己事务的载体。对有不同需求居民，找到居民共同生活内容和生活方式是基层治理的重要内容，共识来源于居民日常的生活方式，尤其在动迁安置社区中，也就是"农民上楼"的小区里，帮助居民开展道德建设、提升自身素质、培养自治意识尤为关键。很多地方将精神文明建设依托于优秀传统文化，如"诸葛文化""商鞅文化"等都为社区建设做出贡献。另一方面，组织居民参与到社区事务中可解放社区人力资本的活力。小区内党员、政府干部、人大代表、国企驻区单位干部、社区意见领袖、公益热心人士等人数并不匮乏。组织、引导这些居民热爱社区工作将会取得很大成效，虽然社区工作繁杂，但是通过线上管理、线下参与的方式，就会具有极大的社区沟通辐射力。

三、双流基层社会治理的实践和探索

在推进中国式现代化基层治理的进程中，社区治理是以安全维稳为基础的管理转型，要在治理基础薄弱的情况下有效推进治理的发展，就必须汇聚各方面的力量并不断努力。实现社会共治是一个渐进式的过程，在推进中国式现代化治理的进程中，不仅需要顶层设计，更需要基层的治理实践。于基层治理的丰富实践基础之上的理论总结，对中国式现代化治理能力提升更具战略意义。习近平总书记指出"调查研究是谋事之基、成事之道，没有调查就没有发言权，没有调查就没有决策权"，只有深入调查研究基层治理体制机制问题，才能不断推进中国式现代化的基层社会治理。"双流经验"是在中国式现代化进程中城镇化率快速提升的背景下，在实践中形成的基层治理的经验总结，包含着中国基层社会已经出现、正在出现或即将出现的新情况、新问题。对"双流经验"展开深入的调查研究，对探索中国式现代化进程中的普遍性、代表性基层治理问题，推进经济社会高质量发展，无疑具有重要的理论意义和借鉴价值。

第一，强化党建引领，党的政治领导作用如何做深做实，可以说是"双流经验"的重要体现。在众多案例中，党组织有力指导下完成各项基层治理的先进经验数不胜数，涌现出了党建引领社区治理的一大批优秀成果。如打造"头雁"计划、"书记热线""军旅印象"等。其中，成都市双流区九江街道泉水函社区香博城小区通过创新实施"微网实格"自治。所谓"微网实格"，指的是社区党委统筹的"总网格长—网格长—网格员—微网员"四级治理体系。在这"微网实格"治理中，党的领导为核心，具体包括：建立小区党支部，并将支部活动阵地建在小区和院落内；创新党员登记。最具代表性的是"红色先锋"建设，即从党员培养、空间建设两个方面来发挥出党员的先锋作用及带动居民参与公共事务。党员培养方面，设立党员"微心愿"信箱，党员"微谈心日"，以及不定期党员活动日，从政治上关怀、思想上关心、生活上关爱，倾听他们的诉求，帮助解决其实际困难，让每个党员都能感受到党组织的温暖，增强其归

属感、荣誉感。

　　同时，通过创新开展"微课堂"党课学习，提高党员素质，引导党员进行深度思考，建立一支党员先锋队，开设党员每月公益日，在楼栋居民动员、志愿服务等方面起到重要的带头作用。空间建设方面，通过党建文化墙、党建书吧、党建谈心角、党建多功能会议室、"红房子"党建活动室等阵地硬件，打造一个对小区党员全方位开放的互动平台、学习基地、温馨家园。值得注意的是，除了有小区居民的参与，社区党组织还与物业公司等服务平台建立联系，开展小区"圆桌会议"，发挥党员带头作用，带动居民参与小区治理，形成小区治理模式常态化，这就有助于多元主体的共同参与和协同治理。如建立了微信群，并以此为"主阵地"，及时将疫情防控、全民反诈、安全交通、居民用电用气安全等宣传及政策及时传达给每户居民，达到了政策宣传覆盖100%。同时采用了专职网格员以"老带新""专带兼"的方式串联起整个网格系统，并通过"蓉e报"小程序与智慧蓉城的联动渠道，及时将小区内环境卫生、风险隐患情况等进行上报、处置。

　　第二，充分利用市场的手段，以经济发展解决社区品质提升、居民生产生活一体推进，从而有机带动和促进基层社会治理，建立高品质社区生活。伴随城市化的快速推进，一大批新型"产业社区"的诞生，在产业发展基础上形成人口聚焦，直接推动企社融合，形成完整的"产业社区"服务支持网络。产业社区以产业发展为基础，同时融入城市生活的整体功能，形成产业要素与城市生产生活协同发展的新型社区。产业社区具有"产业"和"社区"的双重属性，产业聚集了大量就业人口，社区因产业聚集而壮大，建立完善社区服务支持网络，从一开始就引导形成高品质的产城融合的基层治理体系。双流区推行公园城市营城模式，在实践中完善经验，落实到城乡社区建设中，建设企业和社区深度融合的公园社区，在空间、功能、产业创新上不断尝试，打造了空间可共享、绿色可感知、建筑可品鉴、街区可漫步的公园社区聚落。

　　针对一大批农民"洗脚上楼"形成的拆迁社区，不仅面对农村变城市的快速城市化，更面临农民变市民的文化转型。根本上要解决"上楼"后在生产经营、生活方便、社会关系重构等一系列的矛盾和问题。双流区采取集体经济组织领办物业、企业成立社区服务公司等平台，用股份经济合作社形式，以经济发展带动社区治理，实现环境改造和社区构建同步推进，采取"股金分红＋财产收入＋工资收入"的多元利益共享机制，既依靠党建引领政府推动，也采取市场调节的手段。利用楼盘资源引资招商，用市场力量来实现社区基础设施建设，引入龙头企业整体承接、引进酬金制物业等模式实施物业管理，推动网格管理与物业服务互补互融。以项目的形式开展社区服务工作，例如东升街道葛陌社区通过整合辖区的企业，在项目中引入江西仁和中方医药股份有限公司等，在居民健康服务领域做出成效。这样不仅提升了现代化治理水平，同时促进了分工合作、多元化服务体系的建设，最终提升了群众的生活水平，增强了群众的满意度。

第三，社区是人的集合，特别是当今中国有2/3的人集中居住在小区，如何发挥居民治理主体的积极性和社会工作专业化服务日益重要。这也是管理走向治理的关键所在，即把一定区域内人们的需求整合起来、力量发挥出来，形成各类社会组织，为建立美好家园的共同目标而努力。可以说双流区社区组织是社区治理的中坚力量，如怡心街道现已组建各类志愿服务队伍60余支，整合1 000余名志愿者进入网格常态化开展志愿服务，这些志愿者具备区域性、自发性、专业性等特点，由此形成了不同称谓的党员志愿者组织，如"旋风小队""文妹妹、武哥哥"IP自组织队伍，通过与新的社区文化结合，大大提升了党组织和党员在基层治理中的覆盖程度，使得丰富的志愿者队伍共同参与到社情民意的收集和矛盾纠纷的排查、发现、化解工作。在社区治理中实现社会组织和社会力量的联动，通过修建小区公共空间、搭建运营团队，活跃公共空间与周边楼栋的人际互动，加强互助治理，营造守望相助的"尚邻爱家"的邻里文化。通过公共空间的建立参与小区治理的渠道，建构起小区党组织引领，小区议事会、管委会、监委会为自治主体，专业物业为载体，居民楼栋长、小区志愿者多方参与的议事机制，双流形成了众多社区组织共同参与的新型社区治理服务体系。

如何解决各类社会组织的功能交叉和运行可能产生的矛盾？特别是业主委员会与社区委员会的一些矛盾如何调解？目前的"双流经验"是在具体的社区议题上，通过线上线下的多方持续沟通，以专业性的社工介入，引导社区组织中的代表开始讨论议题，并联动社区党总支与社工共同发声，从而化解居民顾虑。在物业管理领域，最重要的两项是由政府代持代管的人防资产与专项维修资金，业委会普遍要求自主管理维修资金，双流区金河绿洲小区"信托制"物业采用小区物业企业"四资"移交和公共收益开户建账工作化解矛盾。双流区在基层社区普遍设立"议事会"，让人民群众真正成为自治主体，创设了一大批居民协商议事机构。通过构建社区内各方面利益相关民主协商的常态化机制，完善协商制度。社区在城乡社区居民议事会组织规则、议事导则等4项制度的指导下，产生了例如"1+211"治理协商机制，即建立小区党组织为核心，业主大会＋业主代表大会和业主委员会、监督委员会共同参与"红木棉会客厅"的协商场地等，有效解决了传统议事机构无法决议的一些问题，以居民需求、社区建设为导向协商处理群众事务，群策群力、汇聚民智，由原来的"代民作主"变成"为民作主"。

第四，"平安中国"的建立和高科技运用密不可分，大力推进智慧社区建设是双流基层治理的又一亮点。智慧社区是充分应用大数据、云计算、人工智能等信息技术手段，整合社区各类服务资源，打造基于信息化、智能化管理与服务的社区治理新形态。特别是在三年抗疫和目前的后疫情时代，智慧社区的完善让基层社会治理水平有了质的提升，双流区以建立"乐邻智＋"信息技术手段进一步提升了基层社会治理的现代化，通过网络文明建设，满足了居民的精神文化需求，增进了居民对社区生活共同体的归属感。依托技术平台，社区完成了三个阶段的智慧社区建设：第一阶段是利用"小程序"实现了疫情期间的重点人员报备、设定管控方案和重点人员打卡监测等功能；第二阶段是将社区商家、社会企业、社会组织加入运营联盟，与社区共同运营，共建平台，共享流量。如开设社区活动板块，在这个板块通过建立社会化在线协作机制，居民可自助发起活动备案，社区在线审核，专家对活动信息进行加工并生成在线招募链接。居民则可以一键报名，活动时间自动提醒，活动数据自动统计，从而建立了社区活动线上备案、线上组织、线上观察、线上加工、线上招募、线上回顾、效果评估的闭环体系；第三个阶段是创新政务服务、公共服务提供方式，如打造"15分钟智慧生活圈"，建立社区"三社"联盟体系，挖掘辖区社商（社区商家）、社匠（社区匠人）、社伙（社区伙伴）三种服务群体，为社区居民提供购物、订餐、家政、美发、洗衣、维修等线上预约、线下到家一站式服务，以及居民之间互相提供碎片化时间服务和技能服务。有某种专业技能的居民能提供碎片化时间和服务，社区也因此挖掘了一批这样的达人骨干，为他们提供场地和平台，让他们发挥自己的特长，在为居民提供有偿服务中实现就业和增收，在义务服务中促进社区共享共建共治。

基层社会治理体系和治理能力的现代化，需要一系列的物质资源和信息资源的配套，建立社会领域公共基础信息资源数据库、社会管理工作网络和统一的公共服务信息平台，可以满足人民群众日益增长的政务信息和公益服务信息需求，同时完善网络舆情监测体系，建立针对社会状况和舆情的科学研究和反馈机制，为政府决策提供依据。从基层治理规划的角度看，完善的信息平台降低了社会治理成本，提高了基层矛盾化解的准确性。

四、"双流经验"与中国式现代化基层治理

虽然中国在推进基层治理创新实践取得了显著成效，但一些深层次问题依然存在，一些基层治理矛盾仍需在实践中逐步化解。一是体制机制僵化，基层治理弹性活力不足、放权不充分，习惯于管理而非治理；二是"以点代面"找典型，普遍实施财政负担重，一刀切实际效果不佳；三是治理理念需从包办代替向共享共治转换，过度包办让少数群众形成了"等靠要"的思想，政府包不下也包不好；四是"精准治理"不精准，浪费大量人力物力在"精准小数点"上，往往费力不讨好；五是基层干部负担重和实干精神流失，将大量时间花在了应付各种清单和报表，又在某种程度上成为群众的"保姆"。面对新时代的新挑战和新问题，就必须处理好中央统筹和地方实践的关系、秩序规范与活力效率的矛盾、推进自治法治德治的"三治融合"，准确把握基层治理实际，有效化解各类矛盾，科学回答中国式现代化进程中的基层治理问题。

第一，要处理好社会治理中的上下协同关系。中央机构改革前，中国的社会治理相关职责分布在不同党政部门，难以统筹和整合社会治理资源。"事在四方，要在中央。"《党和国家机构改革方案》（以下简称《方案》）中贯穿如一的主线就是加强党中央的集中统一领导，通过职能机构的优化组合，提高决策和办事效率，使治理由上而下，由下而上形成良性互动循环。根据《方案》规定，省、市、党三级党委也将组建社会工作部门，划入相应的同级党委组织部门的"两新"工委职责，将构成从中央到地方的垂直管理体系，推动地方工作得到更好统筹。这是适应新时代、新征程的发展要求，更好赋能经济社会发展的应时之举。

中国基层治理的特点是"上面千条线，下面一根针"，中央机构虽精简了编制，但在基层编制上却不做精简要求，给基层工作人员吃"定心丸"，并且在《方案》中赋予各级党委一定的权限，可根据实际情况精简基层工作量，实现人员工作效能的最大化。基层干部的专业化、高素质化也对基层治理的实践有着关键性作用，"以人民为中心"已经不是抽象概念，在基层中需要转换成个人对群体的具体事务，也需要实实在在的专业能力。在2023年4月3日召开的社会主义思想教育工作会议上，习近平总书记强调了理论武装对干部能力素质方面的重要性，要求采取有效措施消除干部担当作为的各种消极因素，敢于为担当者担当、为负责者负责、为干事者撑腰。同时，在具体基层工作中，要发挥"老干部"的重要的"帮带"作用，他们虽可能在学历上有所欠缺，但在数十年的基层工作中摸索出了解决各类具体问题的办法，青年干部应该和老干部团结起来，互相帮助，共同学习，共同提高，在实践中去提升解决问题的专业化能力。通过理论武装和实践"帮带"，构建一支想干事、能干事、干成事的基层队伍，为基层治理现代化"添砖加瓦"。

第二，要解决体制创新和治理活力问题。中国社会治理目前除了宪法有关规定外，还有两部法律，即《村民委员会组织法》和《居民委员会组织法》。这两部法律具有一定的超前性，但其高瞻远瞩的规定与实践还存在落差，相关的法律规定更趋于原则性，并没有具体化。所以，在基层治理的发展中，组织制度还需创新，"政社"进一步分离，以保证活力和效率。基层国家行政机关的职权范围具体的规定，指出地方各级人民政府依照法律规定的权限，管理本行政区域的经济、教育、科学、文化、卫生、体育事业，城乡建设事业和财政、公安、民政、计划生育等行政工作；发布决议和命令；任免、培训、考核和奖惩行政工作人员。目前，基层政权引导治理的具体方式是，基层政权干部除承担机关行政工作外，一般负责指导基层治理工作。一个基层政权机关的专职干部人数不可能很大，往往一个基层干部要分管几个居委会或村委员会的工作，亟须让多元主体参与到基层治理中。而由于过快的社会经济发展水平提升，社区自治程度还不高，有各种旧习惯和观念，一些不合理、不恰当的制度也必须改革，真正改善和完善基层治理的"共建共治共享"，仍然是一项长期而艰巨的任务。因此，辖区的各机关、团体、学校、企事业所有单位，都在基层党组织指导下配合居（村）委会进行工作，相互配合、协调，从不同的角度，共同贯彻执行好党和国家的政策和法律，完成共同的任务。基层政权靠简单的管理权限的延伸无法达到治理效果，现今市场经济条件下，社会力量日益自主，不但不直接依赖政府，而且有着自我管理的能力（如业主委员会），这都会让政府的权力延伸受阻。近年来，辖区内各单位如何配合居民委员会开展工作创造了一些新的形式，如上海率先开始的"联席会议"与北京"街道吹哨，部门报到"等。

政社分离是党实行政治领导，而不是包办具体的行政工作和管理工作的主要原则，使基层党组织从繁重的日常琐碎的事务中解脱出来，以便深入实际调查研究，更加有力地从思想理论上和路线、方针、政策上加强对政权组织的领导；同时也有利于基层党组织腾出时间来搞好自身的建设，加强对党员的教育和监督，使党的组织成为真正的团结广大群众前进的核心和堡垒，使党员在各自的岗位上真正发挥先锋模范作用。为了加强党的全面领导，密切基层政权与人民群众的关系，成都市双流区在一定程度上厘清了一些关系，例如居（社区）委会和业委会的体制性关系，不再将业委会直接由居（社区）委会来替代等，还原了居（社区）委会的定位、作用和功能。

第三，自治、法治、德治的结合已成为新时代基层治理的鲜明特征。基层治理的体系构架看似简单，但由于基层权力分配给不同的治理主体，多主体共同参与、协同治理，实践中存在不少模糊概念。例如，有的提出要重建组织构架，有的要在居委会上面搭出一个理事会等。事实上，依据《中华人民共和国城市居民委员会组织法》（2018年12月29日修正），基层治理就是"1+1+1+X"模式：一个基层党组织，是基层治理工作的领导核心；一个居民（村民）会议，是居（村）委会的决策机构；一个居（村）委会，去组织实现基层治理，是一个组织者、实施者、操作者；"X"则可以是基层治理的延伸载体和网络支撑，有组织法明确的委员、楼组长，也有社区层面各类组织和居民群众。

最后，各类新的载体是基层在实践过程中创造发明的，如成都市双流区彭镇的岐阳社区的社区议事会、成都市双流区怡心街道藕塘社区的莲华会客厅等。这些群众喜闻乐见的特色载体越多，基层治理的活力越强。

从双流经验和全国普遍实践的案例中，可以看出从"乡土中国"向"城乡中国"社会转型中的基层社会治理，关键是基层党组织发挥了引领作用，居民自治作为基础以增强治理活力，以法治作为根本以保障治理秩序，以德治为补充以强化治理效率，在组织架构上摒弃散装，而重在形成有机整体，才可能达到基层的善治。进入新时代、新征程，群众对于服务的需求已经逐渐从"有没有"到"好不好"转变，中国式现代化基层治理也必须改变单向的管理思维，构建多元、多向、多种力量的合力，从而满足人民对美好生活的需要，不断提升群众的获得感、幸福感和安全感。

"双流经验"一是提升基层自治能力，按照事务分类，推动基层自治组织职能回归，并建立议事会等平台，让群众和社会力量参与事务，提升自治水平；二是建立了法律顾问制度和服务团，对基层出台的重大决策进行法律监测，形成基本公共服务法律体系，通过组建"义工律师"等社区社会组织，强化群众法治观念；三是能够吸收社会贤达积极参与社区建设，树立良好社会风气，引导和激发群众的道德情怀，对自治和法治形成有力补充，充分体现了协调推进"三治融合"的正确方向。

最重要的是，双流区为了解决基层治理碎片化的状况，不断进行体制机制改革和基层社会治理的前沿性探索，强化区社治委在基层治理事务中的统筹指导作用，赋予其整合资源、协调各方、督促落实的职能和职责，通过强有力的"三治融合"，不断提升基层社会的善治水平。

可以说"双流经验"是新时代、新征程"枫桥经验""千万工程"的丰富和发展，和四川省大邑县探索的"无讼社区"建设一样，是中国式现代化进程中基层社会治理的成功探索和重大实践。"双流经验"更加强调党的领导，更加彰显自治、法治、德治的融合，更加注重社会参与和推进整体治理。在以中国式现代化全面推进中华民族伟大复兴的进程中，"双流经验"必将起到重要作用，值得广泛关注、追踪总结、不断提升，对推进中国式现代化进程中的城乡基层治理、建设美好家园，实现中华民族的伟大复兴做出更大贡献。

［徐平：中共中央党校（国家行政学院）二级教授、博导、督学专家，创新工程"现代化进程中的城乡社会文化重建"首席专家。］

导论二

激活党建引领引擎　凝聚民力无穷力量
探索小区精细化分类治理双流路径

中共成都市双流区委城乡社区发展治理委员会

　　双流区在全省、全市率先成立小区管理服务中心，推动形成"一委一中心"治理架构，以1168个小区（院落）为治理攻坚阵地，细分商品房小区、农安小区、老旧小区三种形态，发挥党建引领作用，激活自治群建力量，精准服务居民，全面提升小区治理精细化、科学化、法治化、智能化水平。

　　一是健全商品房小区治理机制。全面理顺社区党组织和居民委员会、业主委员会、物业服务企业之间的关系，创新推行"1+211"治理机制，拓宽居民参与小区治理途径，带动形成"幸福乐居"的商品房小区治理局面。商品房小区"欧城花园""1+211"治理模式被央视《新闻联播》、新华社等权威媒体宣传报道刊载推广，被列入住建部全国"两会"专刊示范案例。二是健全农安小区治理机制。坚持以党建引领为核心，支持农安小区采取单建、联建等方式组建小区党组织。由属地村（社区）牵头设立物业服务中心，加强农安小区管理服务工作。各类自组织参与农安小区治理工作，推动"村民"向"市民"转变。安置小区"1+3+1+N"治理机制荣获"中国十大社会管理创新"奖。三是健全老旧小区治理机制。坚持以"改善基础设施、改优居住环境"为主线，通过老旧小区改造、"四有一化"建设等重点工作，形成有党组织、有业主自治组织、有安全防护设施、有基本物业服务、有干净整洁环境、有长效管理机制的老旧小区治理"六有"局面。《双流区推进老旧小区改造的实践与探索》在省委政研室、省委深改办《调查与决策》上刊发，经验做法在人民网四川频道宣传推广。

2021年以来，党中央、国务院印发《关于加强基层治理体系和治理能力现代化建设的意见》，提出"基层治理是国家治理的基石，统筹推进乡镇（街道）和城乡社区治理，是实现国家治理体系和治理能力现代化的基础工程"；中央组织部、中央政法委、民政部、住建部联合下发了《关于深化城市基层党建引领基层治理的若干措施（试行）》，围绕健全党建引领基层治理领导体制机制、加强党建引领网格管理、压实街道社区属地管理责任、加强社区工作者职业体系建设等内容进行了细化部署；四川省专门出台了《四川省"十四五"城乡社区发展治理规划》，提出要着力构建新时代城乡基层社会治理新格局；成都市委十四届二次全会将完善基层治理体系作为健全超大城市现代治理体系的重点内容，这一系列要求和制度设计直指基层治理体系和治理能力现代化。

面对基层治理现代化的时代考题，双流区坚持以习近平新时代中国特色社会主义思想为指导，深入学习贯彻习近平总书记对四川及成都工作系列重要指示精神，以建设践行新发展理念的公园城市示范区为统领，主动适应基础单元人口结构变化和治理重心向小区和村落下沉趋势，以区委、社治委为轴心，在全省、全市率先成立小区管理服务中心，推动形成"一委一中心"治理架构，将治理目光精准聚焦到流动人口、小区（院落）中，以1168个小区（院落）为治理攻坚阵地，细分商品房小区、农安小区、老旧小区三种形态，发挥党建引领作用，激活自治群建力量，精准服务居民，全面提升小区治理精细化、科学化、法治化、智能化水平，切实增强人民群众的幸福感、安全感、获得感。

一、筑牢小区治理战斗堡垒，构建党建引领小区治理体系

（一）着眼纵向贯通到底，建立红色引领治理体系

持续深化"党建引领、双线融合"治理机制，以区委社治委、区小区管理服务中心为核心，联动9个镇（街道）、118个村（社区）、1个物业行业协会、179家物业企业、1168个小区（院落），推动构建"区—镇（街道）—村（社区）—小区（院落）—楼栋—党员中心户"六级党组织联动体系，逐步实现将社区党组织延伸至每个小区（院落）。发挥党组织和党员先锋模范作用，抬升社

区发展治理强基础、优服务、惠民生高线，守住社会综合治理防风险、促法治、保平安底线。制定党建引领居民小区治理措施，重点深化老旧小区"四有一化"建设。开展"最美小区党组织""十佳小区党员先锋队"等评选活动，评选一批年度优秀代表，凝聚党建红色力量。

（二）着眼党建带领群建，深化共建共治共享机制

推动商品房小区全覆盖建立党支部，已在251个商品房小区建立党组织，其中55个小区构建"1+211"自治管理模式（小区党组织+业主大会和业主代表大会、业主委员会、监督委员会），形成以小区党组织为核心，业主大会和业主代表大会、业主委员会、监督委员会共同参与的自治管理模式。在农安小区全面推行"1+3+1+N"治理机制（小区党组织+议事会、管委会、监委会+物业服务中心+其他社会组织），已有70个小区单独组建党组织，占比63.6%，建设各类党建阵地63个，党员3066人，将每月23日确定为"民情日"，由党组织书记担任召集人，最大程度带领小区居民参与小区共同事务，"民事民议、民事民定、民事民办"在民主治理中得到彰显。在老旧小区推动建立"党组织+院委会"管理服务机制，常态化举办"市民茶话吧""有事来协商"活动，敞开胸怀收集解决社情民意。

（三）着眼党建扩面提质，凝聚物业行业红色力量

依托区物业企业联合会，遴选保利、华兴等头部企业牵头成立物业行业综合党委，建立联席会议制度，统筹抓建带动全区18家符合条件的物业企业全部建立党组织。坚持以"蓉城先锋·暖心物管"党建品牌行动为牵引，将党建工作纳入企业年度物业服务质量考核体系，与企业信用评级挂钩，促进党建工作与企业经营管理"双融合、双促进"。聚焦870个无专业物业管理小区难题，在东升街道接待寺社区试点由党组织书记担任法人代表、集体经济组织领办物业服务企业，提档升级承接属地"三无"小区管理服务工作。在老旧小区（院落）推进党建"四有一化"建设，引导小区党员志愿者主动参与小区物业管理。鼓励符合条件的小区和物业服务企业分别组建党组织，实行小区"双党建"模式，引导物业企业党组织与小区党组织共同开展"接待日"，支持企业党员参加"蓉城先锋"志愿者服务活动，相关做法被成都市住

建局通报表彰。

二、健全小区治理机制模式，构建精细分类小区治理体系

（一）以"幸福乐居"为治理目标，健全商品房小区治理机制

一是创新"1+211"治理机制。全面理顺社区党组织和居民委员会、业主委员会、物业服务企业之间的关系，创新推行"1+211"治理机制，1为小区党组织引领，2为业主大会和业主代表大会依法履责，其余两个1为业主委员会依法履职、监督委员会依法监督，拓宽居民参与小区治理途径，带动形成"幸福乐居"的商品房小区治理局面。"欧城花园"小区"1+211"治理模式被央视《新闻联播》、新华社等权威媒体宣传报道刊载推广，被列入住建部全国"两会"专刊示范案例，相关经验被新修订的《四川省物业条例》全部采纳。

二是推动物业服务提质。健全完善物业行业年度考核制度，出台《双流区物业服务企业"红黑榜"管理办法》，在疫情防控、抗洪抢险、迎峰度夏等专题工作中定期公布"红黑榜"名单，通过逗硬奖惩[①]以督促物业服务企业高质高效履责。引导物业企业协会切实发挥效能，推动实现行业自我约束、自我管理、自我发展。落实物业服务"双晒机制"，在商品房小区出入口显著位置设立"双晒"事务公开栏，公示小区共有部分经营收益、物业服务履约、维修资金使用等业主关心关注的信息，接受业主监督。

三是延伸城市管理服务。推动更多元、更精细服务向商品房小区延伸，依托区小区管理服务中心，建立群众反映问题的受理处置机制。明确部门和单位职责清单，压实工作责任，及时查处物业服务区域内违章搭建、毁绿占绿、任意弃置垃圾、违反规定饲养动物、电动自行车违规停放充电、占用堵塞公共和消防通道等违法违规行为。针对性制定《成都市双流住宅小区电动自行车停放管理办法》《住宅小区电动自行车停放库（点）建设导则》等系列规章制度，进一步规范电动自行车停放充电。

---

① 四川方言，意即严格按制度进行奖励和惩罚。——编者注

（二）以"睦邻友善"为治理目标，健全农安小区治理机制

一是优化"1+3+1+N"治理模式。坚持以党建引领为核心，支持农安小区采取单建、联建等方式组建小区党组织。坚持以居民自治为主线，鼓励有影响力的居民骨干担任议事会、管委会、监委会成员开展群众工作，发挥居民亲缘纽带作用，制定居民公约，化解拆迁矛盾，提高文明素养。由属地村（社区）牵头设立物业服务中心，加强农安小区管理服务工作。各类自组织参与农安小区治理工作，推动"村民"向"市民"转变。安置小区"1+3+1+N"治理机制荣获"中国十大社会管理创新"奖。

二是实施新市民培育行动。加强农安小区居民城市化后的道德教育、法治教育、就业培训，加强文明引导，完善居民公约，建立"红黑榜"张贴宣传好人好事，通报不文明行为，开展文明家庭、星级文明户等评选活动，常态化组织喜闻乐见的文娱活动、邻里活动，丰富居民精神文化生活，营造"爱家爱小区"的文化氛围，培养群众市民意识，形成住进"新家园"、过上"新生活"、变成"新市民"的新风尚。通过"天府市民云"、小区业主微信群等广泛宣传党的理论政策，提供民生服务、办事流程等信息。

三是有效推行"信托制"物业模式。坚持"社区党委＋小区党支部＋网格党小组"三级党组织负责制，充分尊重业主意见，在九江街道金河绿洲小区探索试点"信托制"新型物业管理和服务模式，重塑业主与物业之间信义关系、业主与业主之间守望相互和谐邻居关系，小区环境得到有效改善，物业缴费率上涨到98%，成功唤醒业主权责意识。小区在保证服务品质基本相当以及财政未补贴的前提下，年度预算执行完毕后结余30多万，居民满意度达98%，物业信访率为0，有效推动拆迁安置小区治理提质增效。

（三）以"美好家园"为治理目标，健全老旧小区治理机制

坚持以"改善基础设施、改优居住环境"为主线，通过老旧小区改造、"四有一化"建设等重点工作，变"长期失管"为"居民自管"，形成有党组织、有业主自治组织、有安全防护设施、有基本物业服务、有干净整洁环境、有长效管理机制的老旧小区治理"六有"局面。《双流区推进老旧小区改造的实践与探索》在省委政研室、省委深改办《调查与决策》上刊发，经验做法在人民网

四川频道宣传推广。

一是大力推进党建"四有一化"建设。在870个老旧小区院落摸排寻找党员2 115名，重点面向退役军人、退休干部和教师医生等动员党组织带头人168名，统筹运用组织联建、划转党员、"两委"任书记、在职机关干部任第一书记等方式推动组织覆盖，建立党组织178个，综合利用改造、联建、共享等方式建设党群服务阵地143个，持续深化"党组织+院委会"自治模式，凝聚激发共建共治共享力量。将党组织设置、党员先锋队组建等纳入老旧小区院落党建专项考核，每年开展"最美小区""最佳小区党组织书记""最棒小区党员先锋队"评选，采取以奖代补、以奖促优方式激励创先争优，激发居民群众参与小区治理积极性。

二是大力推进物业服务全域覆盖。实施专业物业覆盖行动，支持镇（街道）、村（社区）采取资源换服务等方式，探索引进服务优质、规模较大的龙头物业企业整体承接辖区内"三无"小区物业服务。加强政策引导和技术支撑，鼓励指导业主（业主自治组织）依法选聘物业服务企业，采用引入国有物业服务企业提供基本物业服务、社区"两委"组织居民自我管理等方式，实现物业服务兜底。加强突出治安问题整治，持续实施违规占道、车辆乱停乱放、违法建设等综合整治，着力解决"脏、乱、差、破、暗"等问题。

三是大力推进老旧小区有机更新。将老旧小区院落改造提升作为城市有机更新的重要内容和空间起点，着力为旧城换新颜注入新的活力。推动采取"一月一调度"方式，会商破解专项改造和基础改造重难点问题，合力推进2022年改造老旧小区30个，完成并验收28个。遵循"成片策划规划、整合要素资源、集成项目资金"的思路，选择东升街道景湖苑小区以场景融通、技术融合、服务融汇"三融"开展连片打造，以点带面增强示范效应，获评市级示范项目。2022年完成既有住宅自主增设电梯68台，拨付70台电梯政府补助资金1400万元。

三、做强小区治理制度支撑，构建多元保障小区治理体系

（一）深化微网实格治理架构，提升底层动员能力

在全区因地制宜设置118个村（社区）总网格、736个一般网格、10 073个微网格和1 792个专属网格，组建616支服务队，建立层层包联、网格发现上报、镇街吹哨、部门报到、网格事项准入5项机制。重点围绕小区（院落）治理，按照"党员志愿优先、小区住户优先、社区干部优先"原则，采取结对共建、党建联席会、专业性党建联盟和党员双报到等多种方式，推动69个机关事业单位党组织和6 000名在职党员进网入格，担当小区治理的"眼、耳、手"，不断提高小区（院落）安全维稳、疫情防控、迎峰度夏等各类事项的动态感知能力、快速反应能力、即时处置能力和组织动员能力。

（二）健全智慧赋能治理机制，构建数字治理格局

衔接"智慧蓉城"建设，推动智慧治理向小区最小单元、服务"最后一米"拓展延伸。与中国电信合作开发"幸福双流"应用系统，有序推动智慧小区建设在1 168个小区全域覆盖，深化11个小区智慧场景应用，特别是在疫情防控方面，建设前端感知"数字门岗"，实现居民采取四种感知模式门禁通行，后台与省大数据中心打通信息壁垒，实现居民进出数据每分钟比对、实时更新，真正实现"让数据多跑路，让干部少跑路"。比对"一标三实"和"七普"人口数据，收集录入小区居民信息，建立完整准确的数据库，探索联动政法委"大联动"体系，做强全区工作"末梢"支撑。紧扣教育、医疗、政务、安全、信访、交流等服务板块，拓展数据互联共享、综合比对、精准推送管理使用等重点功能，着力提升应对城市公共安全应急事件中的治理能力和治理水平。探索搭建居民诉求表达即时回应、快速办理、闭环落实机制，确保诉求"有呼有应、一呼百应"，事项"一键通办、全程网办"。

（三）推动小区系统全面"体检"，实现建管运维闭环

统筹调度行业部门资源，衔接城市体检指标体系开展小区"体检"，从"硬件"到"软件"，掌握小区公共设施设备、特殊群体数据，加快汇集形成小

区体检"数据池"，小区状态适时接入多方联动智慧平台，初步实现小区治理"同屏预览"、健康监测"同步提取"。坚持以问题为导向，实时评估小区公服供给质量、设施设备运行状态，对小区公服设施硬件品牌和服务机构形成专项"红黑榜"，作为规划前端品牌选择、机构筛选重要的评判支撑，制定多方参与、结果运用的信用评价机制、准入机制，全流程构建小区安全"共同体"。综合运用"体检"结果，探索在规划前端制定《小区公共服务配套建设导则》《小区安全体系建设导则》，强化小区公共服务配套前端规划标准制定与过程审查，全方位考虑居民生活需求，最大限度减少小区后期运维矛盾。2023年在人口稠密小区采集1 158部电梯、236个安全控制室运行数据，燃气泄漏、电动自行车充电等安全事故发生率通过技术加持，在末端得到有效遏制。

第一编　理论视野

加强基层社会治理队伍建设

龚维斌

中国共产党的十九届五中全会提出，"十四五"时期要"加强基层社会治理队伍建设"。这是对新发展阶段社会治理提出的新要求，具有很强的现实性和针对性，是未来一个时期基层社会治理创新的重点任务之一。

一、加强基层社会治理队伍建设是社会治理创新的重要任务

改革开放以来，中国社会人口流动大大加快，数以亿计的农村人口进入城镇工作和生活，推动了城市化的快速发展。2019年底，全国城市化率已经从1978年的17.9%提高到60.6%。市场化改革使大量城镇职工脱离原来的工作单位，从"单位人"变成"社会人"；城市住房制度改革，带来职住分离，大量新建住宅小区拔地而起，使得城镇社区类型多样化。农村大量人口外出务工经商求学，相当一部分地区出现人口"空心化"和"老龄化"现象。这些变化使得传统以各种单位为基础的社会管理模式不再适应新形势发展的要求，迫切需要加强和创新社会治理，建立适应由人口流动和职住分离带来的新型社会治理模式。

基层是社会治理的重心所在。基层直接面对群众，事务琐碎复杂甚至艰巨繁重，是社会治理的基础和重心。基层社会既为人们生产生活提供地域空间，也为社会治理提供基础单元，人们衣食住行、生老病死、文化娱乐等大部分活动都发生在基层。习近平指出："经济社会发展和民生最突出的矛盾和问题也在基层，必须把抓基层打基础作为长远之计和固本之策，丝毫不能放松。"因此，党的十九届五中全会将加强和创新基层社会治理作为"十四五"时期的重点任

务，要求"健全党组织领导的自治、法治、德治相结合的城乡基层治理体系，完善基层民主协商制度"，"推动社会治理重心向基层下移，向基层放权赋能，加强城乡社区治理和服务体系建设，减轻基层特别是农村村级组织负担，加强基层社会治理队伍建设，构建网格化管理、精细化服务、信息化支撑、开放共享的基层管理服务平台"。基层社会治理队伍建设在加强和创新基层社会治理中占有十分重要的位置。

基层既是一个地域的概念，更是一个国家治理层级的概念。一般来说，基层是指县区以下，包括乡镇和村庄、街道及社区。基层社会治理是指在党的领导下，运用包括政府在内的多种力量向基层辖区居民提供民生保障、公共服务、利益协调、矛盾纠纷化解和创造平安和谐舒适生活环境的活动。基层特别是社区的常住人口通常是老人和孩子，青壮年白天一般都在单位，只是工作之余和休假时回到社区。城乡社区类型多种多样，例如有老旧小区、外来人口聚集区、普通商品房小区、回迁房小区、棚户区改造社区、城中村社区、经济适用房社区、单位大院、高档住宅小区、企业托管社区等。不同类型社区居民的经济社会状况、资源禀赋和服务需求差别较大；社区居民之间也普遍缺少交往交流，相互不认识、不熟悉。这些新情况给社区治理带来了诸多困难和挑战。除了社区之外，基层还包括各种企事业单位，它们的人员构成、组织功能比较单一，不像社区那样复杂多样，但与社区住户和社区组织存在或多或少的联系，甚至利益交织和矛盾冲突。总体而言，正式组织形态的各类单位的社会治理相对于社区治理要简单得多，而社区的治理则相反。如何把基层和社区建设成人们居住生活的温馨家园，成为近年来基层社会治理实践探索的重要课题。2020年新冠肺炎疫情防控既检验了多年来社区治理的成效，也暴露出社区治理中的短板和弱项。社区及基层干部在疫情防控中发挥了非常重要的作用。但是在此过程中，人们发现基层特别是社区治理队伍不能很好适应形势发展的要求，面临的问题一是人手少，二是素质弱，三是积极性不高，四是没有形成合力，这些成为制约基层社会治理的重要因素。

二、在基层社会治理队伍建设方面的积极探索

基层社会治理队伍涉及面很宽，既包括乡镇和街道干部，也包括社区居委

会工作人员，还包括社区业委会成员、社区物业管理人员、各类社区组织工作人员、社会工作者、志愿者以及驻区单位工作人员等；既有党组织，也有各类体制内和体制外组织工作人员，其中，社区社会治理队伍建设是重中之重。近年来，各地以习近平新时代中国特色社会主义思想为指导，认真贯彻党中央的决策部署，结合当地实际积极探索基层社会治理队伍建设，积累了不少好的做法和经验。

湖北省近年来在探索基层社会治理队伍建设方面进行了有益的尝试，先后出台了多部相关文件。例如，《关于深化新时代党建引领，加强基层社会治理的意见》中要求每个街道扁平化设置三至六个内设机构，统筹设置三个直属事业单位，通过"减上补下"实现人员编制向基层配置，确保每个街道行政编制不少于15名、事业编制不少于30名；出台了《关于城市社区党组织书记实行事业岗位管理的试点方案》，在武汉、襄阳、宜昌试点，对在岗城市社区党组织书记实行事业岗位管理，享受事业岗位待遇；制定了《关于加强城市社区工作者队伍建设的意见》，科学界定社区工作者范围，规定除符合条件的社区党组织成员和居委会成员外，城市社区工作者必须是区（市）统一招聘、街道统一管理、社区统一使用的就业年龄段全日制专职工作人员，社区工作者职业体系按"四岗十八级"设定，薪酬比照当地上一年度城镇就业人员平均工资0.8~1.2倍确定，逐步达到不低于当地上年度城镇单位就业人员的平均工资。此外，湖北省还将加大从优秀社区工作者中招录（聘）公务员或事业编制人员的力度，注重把优秀社区党组织书记选拔到街道领导岗位，积极推荐优秀社区工作者担任各级"两代表一委员"。这些政策既规范了社区工作者的管理，保障和改善了社区工作者的工资待遇，也拓宽了社区工作者的职业发展通道。

上海市闵行区着力加强基层社会治理队伍建设，一是建设高素质专业化的基层干部队伍，实施"班长工程"，以班长强推动基层强、服务强、治理强。选优建强基层党组织带头人队伍，选派区和街镇两级优秀干部担任居村"班长"。设置"一好五强"准入标准和"一票否决"退出指标，确保居村党组织书记队伍优进劣出、一池活水。同时，进一步将"班长工程"延伸到"三长"队伍建设，通过教育培训、提高地位、设岗定责、评优表彰等机制，激活"三长"参与社会治理、提高服务群众的主动性和能力。二是加强社区工作者队伍建设，构建职业化社工体系。制定了《关于促进社区工作者队伍职业化、专业化发展的实施意见》及其六个配套政策，明确社区工作者的基本职责、任职条件、范围规模和配备方式，建立健全资格认定、教育培训、职级评定、日常监督等制度；建立动态调整、逐年增长的薪酬体系。社工岗位的含金量和吸引力明显增强，成为社区治理的重要力量。

内蒙古呼和浩特市印发了《呼和浩特市网格员协管员管理办法（试行）》，以加强专兼职网格员队伍建设为抓手，提高基层社会治理水平。管理办法规定了网格员的工作职责、任职条件、工作规范和保障措施等。重庆市綦江区开展"1＋5＋N"社会治理现代化队伍建设，其中"1"即村（居）党组织，"5"即民警、律师、巡防队员、和议员、网格员，"N"即各村（居）参与到社会治理中的志愿者和社会组织。

三、基层社会治理队伍建设既要加强顶层设计，也要因地制宜

地区之间、城乡之间基层情况千差万别，加强基层社会治理队伍建设，要立足当地人口结构、资源条件、居住特点、生产生活方式、文化传统等实际情况，上下联动、左右协调，以党建引领、整合各类力量，统筹各种资源，稳定和扩大基层社会治理队伍，提升基层社会治理队伍能力，形成各具特点、功能互补的基层社会治理力量体系，增强基层社会治理效能。

城乡基层社会治理力量培育要因区施策、分类推进。对于人口老化、资源条件较差的社区和农村要加强外部帮扶支持，组织街镇干部下沉，选派第一书记充实一线工作力量，使城乡基层社会治理有人负责、有条件、有能力负责。基层社会治理队伍建设要科学界定职责权限和资格条件，规范选聘程序，严格管理，加强培训，拓展职业通道，建立必要的保障条件和激励措施，提升基层社会治理人员素质和能力，让他们感受到职业的荣誉感、工作的成就感和事业发展的前途，激发他们的工作热情。要培育和用好社区志愿者队伍，调动退休老干部、老党员、老教师、老法律工作者以及"新乡贤"在城乡基层社会治理中的潜能。在建设基层社会治理队伍过程中，要处理好下派干部与社区管理人员的关系，处理好业委会成员与物业管理人员的关系，处理好社区管理人员与社会工作者的关系，处理好社区管理人员与驻区单位参与管理人员的关系，处理好党组织领导与群团组织、市场主体和各类社会力量的关系，要防止行政力

量代替或干扰各类社会组织、市场主体参与基层社会治理，实现政府治理同社会调节、居民自治良性互动，构建自治、法治、德治相结合的城乡基层治理新局面。

［龚维斌：中共中央党校（国家行政学院）副校长（副院长）、机关党委书记，教授、博士生导师］

底层逻辑视域下的社会治理重心下移

丁元竹

近期发生的一系列公共卫生事件及引发的诸多社会问题，引发人们思考建设健康有序的基层社会和完善简约高效的基层治理体制的迫切性。毫无疑问，打通最后一公里，才会使基层生活幸福美满、基层社会和谐有序、基层治理简约高效。互联网的广泛应用已经正在改变传统意义上的"基层"的含义，形成新型社会底层逻辑。当前，从历史发展脉络、现实社会状况、科学技术进步、社会结构变迁等多个角度审视基层社会的底层逻辑，综合研判基层社会的新特点、新构架、新趋势，为发展和完善适合中国式现代化发展的基层治理体制和基层治理能力现代化提供理论和政策支持，已显得十分必要。学术研究的任务不仅要指出问题，更要发现问题的内在规律和趋势。本文试图对基层社会的底层逻辑进行深层次剖析，推动基层社会建设研究迈向新台阶。

一、社会治理重心下移：社会建设底层逻辑的探索

进入21世纪的第一个10年间，社会和谐问题摆上中国社会发展议程。2006年10月，中国共产党的十六届六中全会通过了《中共中央关于构建社会主义和谐社会若干重大问题的决定》，进一步强调"社会和谐是中国特色社会主义的本质属性，是国家富强、民族振兴、人民幸福的重要保证"①。历经20多年的改革开放和发展，到2005年，中国国内生产总值已经由1978年的3 645.2亿

---

① 《中共中央关于构建社会主义和谐社会若干重大问题的决定》，中国政府网，2005年6月27日，http://www.gov.cn/govweb/gongbao/content/2006/content_453176.htm。

元增长到2005年的183 617.4亿元；人均国内生产总值从1978年的381元人民币增长到2005年的14 185元。经济发展改善了人民生活，也带来一系列新的社会问题，诸如："城乡、区域、经济社会发展很不平衡，人口资源环境压力加大；就业、社会保障、收入分配、教育、医疗、住房、安全生产、社会治安等方面关系群众切身利益的问题比较突出；体制机制尚不完善，民主法制还不健全；一些社会成员诚信缺失、道德失范，一些领导干部的素质、能力和作风与新形势新任务的要求还不适应；一些领域的腐败现象仍然比较严重；敌对势力的渗透破坏活动危及国家安全和社会稳定。"①面对这些新情况、新问题，必须加强和谐社会建设。

进入21世纪的第二个10年间，社会管理提上中国社会发展议事议程，这是构建和谐社会战略的具体和深化。到2011年，中国国内生产总值达到468 562.4亿元，较1978年增长了128.5倍；人均国内生产总值35 198亿元人民币。新发展阶段，中国处于重要发展战略机遇期、社会矛盾凸显期，社会管理领域问题日趋复杂。2011年2月，胡锦涛同志在省部级主要领导干部社会管理及其创新专题研讨班开班式上强调要扎扎实实提高社会管理科学化水平，建设中国特色社会主义社会管理体系，进一步加强和完善基层社会管理和服务体系，必须始终坚持以人为本、执政为民，切实贯彻党的全心全意为人民服务的根本宗旨，不断实现好、维护好、发展好最广大人民的根本利益。把人力、财力、物力更多投到基层，努力夯实基层组织、壮大基层力量、整合基层资源、强化基础工作，强化城乡社区自治和服务功能，健全新型社区管理和服务体制。②

党的十八大以来，以习近平同志为核心的党中央立足新发展阶段，贯彻新发展理念，构建新发展格局，突出强调社会治理创新，要求推动社会治理重心下移。2013年11月《中共中央关于全面深化改革若干重大问题的决定》中强调："创新社会治理，必须着眼于维护最广大人民根本利益，最大限度增加和谐因素，增强社会发展活力，提高社会治理水平，全面推进平安中国建设，维

①《中共中央关于构建社会主义和谐社会若干重大问题的决定》，《人民日报》，2006年10月19日。

②《扎扎实实提高社会管理科学化水平　建设中国特色社会主义社会管理体系》，《人民日报》，2011年2月20日。

护国家安全，确保人民安居乐业、社会安定有序。"①2016年3月，习近平总书记在参加上海代表团审议政府工作报告时强调，基层是一切工作的落脚点，社会治理的重心必须落实到城乡、社区。②进一步重申基层社会建设的根基价值。2018年2月，党的十九届三中全会通过的《中共中央关于深化党和国家机构改革的决定》明确要求构建简约高效的基层管理体制，"推动治理重心下移，尽可能把资源、服务、管理放到基层，使基层有人有权有物，保证基层事情基层办、基层权力给基层、基层事情有人办"③。2021年11月，党的十九届六中全会通过的《中共中央关于党的百年奋斗重大成就和历史经验的决议》对党长期坚持加强和创新基层治理的历史经验进行了深刻总结："健全党组织领导的自治、法治、德治相结合的城乡基层治理体系，推动社会治理重心向基层下移，建设共建共治共享的社会治理制度，建设人人有责、人人尽责、人人享有的社会治理共同体。"④党的百年历史经验表明，坚持和贯彻群众路线，加强基层社会建设是党克敌制胜、战胜一切艰难困苦的强大法宝。

推动社会治理重心下移意味着社会建设由顶层设计延伸到人民群众的日常生活领域。基层是人民群众生活的公共空间、社会空间。基层就是人民丰富多彩的日常生活、多元化的需求，不同职业、经历、家庭、性格的个体之间的社会互动、社会交往。它们的基础，正如1883年恩格斯在《马克思墓前的讲话》中指出的，"马克思发现了人类历史的发展规律，即历来为繁芜丛杂的意识形态所掩盖着的一个简单事实：人们首先必须吃、喝、住、穿，然后才能从事政治、科学、艺术、宗教等等；所以，直接的物质的生产资料的生产，从而一个民族或一个时代的一定的经济发展阶段，便构成基础，人们的国家设施、法的观点、艺术以至宗教观念，就是从这个基础上发展起来的，因而，也必须由这个基础

---

① 《中共中央关于全面深化改革若干重大问题的决定》，党建网，http://www.dangjian.cn/shouye/zhuanti/zhuantiku/dangjianwenku/quanhui/202005/t20200529_5637913.shtml。

② 《习近平：社会治理的重心必须落实到城乡、社区》，人民网，2016年3月5日，http://politics.people.com.cn/n1/2016/0305/c1024-28174494.html。

③ 《中共中央关于深化党和国家机构改革的决定》，新华社，2018年3月4日，中央人民政府网，http://www.gov.cn/xinwen/2018-03/04/content_5270704.htm。

④ 《中共中央关于党的百年奋斗重大成就和历史经验的决议》，新华网，2021年11月16日。

来解释，而不是像过去那样做的相反"①。马克思主义中国化的伟大开拓者毛泽东同志在领导社会主义建设实践中明确体会到："要把衣、食、住、用、行五个字安排好，这是六亿五千万人民安定不安定的问题。安排好了之后，就不会造反了。怎么才会不造反？就是要使他们过得舒服。"②马克思经典作家和毛泽东同志的重要论述帮助我们更加深刻领会习近平总书记倡导的社会治理重心下移的基础逻辑：做好基层工作必须关心民生，民生问题是马克思主义理论的基本内容和基本要求。党的群众路线、人民的冷暖是做好基层工作的立足点和出发点。

基层社会建设就是满足居民的各种需求，物质的和精神的，不仅通过基层行政组织的制度安排，也通过完善基层居民的社会互动机制，完善基层公共空间、社会空间，使基层居民在互动合作中满足自己的生活需求，过上自己需要的生活，实现自己的生活目标、人生价值。一句话，基层社会建设的底层逻辑就是，解决好基层人民的衣食住行等生活问题，处理好人们在日常相处中产生的问题和矛盾。这两个方面的问题解决好了，基层社会建设的底层逻辑也就把握住了。

二、扁平网状化社会结构：诠释基层社会结构的历史与理论

（一）传统意义上的基层社会历史文化内涵

1846年12月，马克思在写给帕维尔·瓦西里耶维奇·安年科夫的信中指出："社会——不管其形式如何——是什么呢？是人们交互活动的产物。人们能否自由选择某一社会形式呢？决不能。在人们的生产力发展的一定状况下，就会有一定的交换和消费形式。在生产、交换和消费发展的一定阶段上，就会有相应的社会制度形式、相应的家庭、等级或阶级组织，一句话，就会有相应的市民社会。"③马克思从生产、生产关系视角阐释了社会生活的形成，是理解基层社会底层逻辑形成的历史视角和理论基础。

---

① 《马克思恩格斯选集》（第三卷），人民出版社，2012年，第1002页。
② 《毛泽东文集》（第八卷），人民出版社，1999年，第78页。
③ 《马克思恩格斯文集》（第二卷），人民出版社，2009年，第42—43页。

1.基层社会概念历史溯源

"基层"这一概念隐含着深远的中国文化寓意。在当代，人们将其视为社区、社会组织。中国传统文化讲"基"，可理解为"房屋墙壁的脚址""基，始也""基，业也"①，等等。基层也就是社会的底层，它的逻辑是人民群众的日常生计——工作和生活。

很多情况下，人们用社区来表征基层，若是我们深究其历史，就会发现它的底层含义。"社区"这个中文词在中国出现之前，20世纪初期的中国学术界根据英文中的Community和德文Gemeinschaft翻译过来，当时的学术界讨论这个概念涉及三个相关中文词汇："基本社会""地方社会""共同社会"，它们都是指社会的基础性组织和结构。②在"地方社会"被使用之前，人们将Community翻译为"基本社会"。这可以从孙本文重要著述《当代中国社会学》一书中窥见一隅：大约在1920年，学者刘叔琴翻译日本人著述的《社会学概论》中曾有一章叫"基本社会"；在孙氏看来，这个"所谓'基本社会'，就是'社区'（Community or Gemeinschaf）"③。拓展开来，翻译成"基本社会"也有其道理：基层社会单位是最基本的社会组织形式。"基本社会"反映了在"地方社会"出现之前，中国学界对Community的一种理解及其拥有的含义，基本人群所具有的社会生活、社会活动、社会组织形式。基层是家庭、邻里、街坊、居住小区；基层问题就是人们生活中碰到的各种琐事、矛盾和问题。基层组织和基层问题随着经济社会发展不断发生变化。

说到基层，还有一个词汇值得一提，这就是"群"。人们的日常琐事通常与"群"联系在一起。社会学最早引入中国时，严复将其翻译为群学。追溯其义，中国传统文化中"群"最早是指"聚在一起的禽兽"④，后指"群谓同门又也"⑤。单用"群"似乎难以区别人与动物界的组织方式，现实世界中的很多动物都是以群而聚的。很多动物通过劳动合作等社会行为提高劳动效率，"在巴西大陆上，森林蚂蚁和白蚁（它们的全部种类都生活在真社会性社会中）一起

① 《辞源》上册，商务印书馆，2010年，第844页。
② 丁元竹：《中文"社区"的由来与发展及其启示》，《民族研究》，2020年第4期。
③ 孙本文：《当代中国社会学》，商务印书馆，2011年，第40页。
④ 《辞源》（下），商务印书馆，2015年，第3301页。
⑤ 同上。

占到了全部动物生物量的30%"①。"跟人类一样，猕猴生存在高度竞争性的社会中。"②近代《红楼梦》中有"只见宝钗出来了，宝玉袭人一群人都送出来。"③大致都表述了"群"的含义。单纯用"群"似乎很难区分人与动物的社会组织方式，但它是人类和动物最基本的社会单元，也是我们诠释社会底层逻辑不能绕过的词汇。这里的"群"讲的是现代社会学意义上的初级群体、非正式组织。"群"在某种意义上，可以叫作共同体，共同体非存在于真空中，它们以特定区位为基础，与特定自然环境、自然资源相联系，形成各具特色的生活共同体，人类不同文明的溯源也由此而生。"人的基本感情并不是植根于他的本能需要，而是产生自人类生存的特殊环境。人类祖先演变成人之后，丧失了先前与自然界保持的原始联系。于是，人类需要找到一种新的人与人、人与自然的关系，人的基本感情即根植于这种需要。"④不仅是感情，还有社会关系模式、习俗文化、生产方式、生活方式，无不与特定区位有关。在各类群体中，家是基本的社会单元。习近平总书记说过，"家是人们梦想启航的地方。家风是社会风气的重要组成部分。家庭不只是人们身体的住处，更是人们心灵的归宿。"⑤所有这些，都帮助我们追溯和理解人类基本的社会单元、组织形式及其来源。

2.网络环境下的基层社会变迁

传统意义的基层社会组织因互联网的广泛应用正在发生深刻变化，由个体组成的互联网以及无数终端组成不同类型的社群成为当代基层社会的组织形式。近期一系列公共事件的发生都伴随着网民在社交媒体上的激烈冲突，抗击疫情、俄乌战争、网络喷子、"仇恨攻击"等等，网民个体在各自终端和各自的网络社群把现实生活展示出来，把自己的观点、思想、感情表达出来，引发社会矛盾、心理冲突，也达成社会共识，形成共同诉求，呈现虚拟空间的公共生活。在互

---

① ［德］伯特·霍尔多布勒、［美］爱德华·威尔逊：《蚂蚁的社会：群体合作创造超文明》，中信出版社，2019年，第3页。

② ［意］达里奥·马埃斯特里皮埃里：《猿猴的把戏：进化论破解人际潜规则》，中信出版社，2019年，第81页。

③ 《辞源》（下），商务印书馆，2015年，第3301页。

④ ［美］艾里希·弗洛姆：《健全的社会》，孙恺祥译，上海译文出版社，2018年，第2页。

⑤ 习近平：《在会见第一届全国文明家庭代表时的讲话》，《人民日报》，2016年12月16日。

联网游戏领域，"仇恨攻击"时有发生，这需要玩家彼此保护，也需要游戏开发者做更多的技术改进。现代的社会生活和社会问题都不是单方面的社会生活和社会问题，同时也是技术问题。互联网正在构成以个体为基础的全球社会，把握新时代社会的底层逻辑需要探索这种以个体为基础的全球社会和全方位的治理方式。在社交媒体上建设起来的全球社会带有扁平化、分散性的基层特征，新闻、媒体、舆论远远超过传统主流媒体，甚至超过热战武器等工具，它影响的是人们的内心、行为，改变的是传统意义上的社会形态。

（二）现实与虚拟的基层生活理论建构和技术分析

1.扁平网状化社会结构的理论建构

围绕社会治理重心下移和互联网成为人们日常生活必不可少的组成部分，本文提出一个理论，暂且称作"扁平网状化社会结构理论"。本文中的所谓扁平，是指人们的公共生活、社会生活，本质上具有地方性、社区性、分散化，除非单位或某种需要必须集中居住。大多数情况下，人们根据自己的经济能力、工作需要、居住偏好、家庭需要分散居住在城市或乡村的不同角落，他们的日常生活通过扁平化的公共服务体系支撑，这些构成了人类社会生活的基层、底层、底部。所谓网状化，则是指由于现代通信工具，尤其是互联网广泛应用，现实生活中的人们彼此被互联网链接起来，作为网络终端的接收者、操控者，既与分散在四面八方的亲朋好友、同事同人保持沟通，也与各个互联网平台保持联系，以此满足自己在经济、社会、文化等方面的需求，通过各种平台及其数据和算法实现成千上万终端之间的无限可能的链接，构成现时代的网状社会，与平台链接的终端在空间上具有地方性、社区性、分散性。基于这样理解的扁平化和网状化审视的社会治理重心下移，就要聚焦扁平网状化的社会结构，把社会服务体系建设在人民群众身边，把社会问题的解决聚焦到社会底部，通过数据发现可能隐藏的问题，在平台上理解，在终端上回应，在虚拟与现实社会的结合中解决。在现代社会，"'信息'的概念与'社区'的概念是紧密相连的。我们必须看到，信息的概念必然涉及某种'含义'在多个主体之间的认识、共享、传播乃至交流"①。随着互联网的快速发展和技术的飞速进步，工程师们不

---

① ［日］广井良典：《后资本主义时代：老龄化、少子化、不平等、零增长、阶级固化》，张玲译，四川人民出版社，2021年，第75页。

再把个人看作独立的存在，而是朝着关注个人与他者之间的关系的相互作用、利他性及个人之间的合作行为等方向演进。扁平化在空间上表现为，人们为了实施某一行动，解决某一问题，比如参加会议，不需要集中到特定公共空间，而是通过网络在不同的空间——私人空间和公共空间同时进行。这就形成互联网环境下人们之间的新的行为方式、社会交往、互动方式，进而形成了新的社会结构。在这种网络环境下，空间结构中的人们的社会行为已经发生深刻变化，必须适应这种变化，构建新的社会规范。举例来说，在没有技术监督情况下，如何确保参与的人们在网络上持续配合参与活动，在私人空间和虚拟空间中保持着与公共空间和现实空间的不间断联系，这一方面需要技术监管（其实，目前进行的各类考试、面试中已经通过设置二机位实施监督监管）；另一方面，也是最为重要的是，创新和培育人们的价值观念，要求社会成员具有更高的诚信和自觉。扁平化还意味着，随着经济社会发展、技术不断进步，全球化水平进一步加深，各类网络社群、个体终端的问题越来越多，比如，抗击疫情中的民生、治理、治疗等问题，经济、社会、文化等各类问题相互交织，比传统意义上的社区建设中的住房、就业、贫困、残疾人等问题更为复杂，它延伸出了一系列其他方面的问题：虚拟与现实、物质与精神、个体与群体等，以及生活背后的世俗力量和个人对群体的担当，群体为实现自己目标与政府之间的互动，等等，错综复杂。

在网络环境下，现实生活中的扁平网状化不是简单地将居民皈依自己所居住的社区，而是在社区现实空间基础上，依赖纵横交错的网络形成网络中的虚拟社会互动，产生网络环境下的信息交流、情感交流，通过网络提供各类服务。在这个意义上，应该重新定义社区，社区是具有既定边界，又超越既定边界的现实空间与虚拟空间日趋融合的共同体。既定边界是人们现实生活中必须面对面地现实生活，必须面对面地交往，不能回避邻里关系，等等；在网络环境下，人们又超越现实空间，在网络上与其他平台联系起来，形成更大社区，不同网络中的社群交叉交错，形成扁平化的网状社会结构。在这个意义上，社会治理重心下移意味着必须在政策上从传统意义的宏观社会管理，诸如流动人口、老龄化、国外人口管理、各种犯罪行为等，聚焦到基层人民生活、基层社会关系、社区文化活动、终端行为等，从基层人民的生活切入解决问题，努力做到习近平总书记要求的提高人民群众参与经济社会发展、参与国家事务和解决自身问题的能力和水平。

2.现时代社会治理底层逻辑发展趋势

当下，讨论社会治理底层逻辑，必须考虑和预测新生代的特点。社交媒体是Z世代①展示自己生活、发表自己观点的个性主场，是他们探索未知世界、认识未来和结交新伙伴的公共空间。由于在互联网环境下长成，这代人有着极高的感官和视觉享受感知度，相对于文字表达而言，他们特别习惯于AR和视频影像化表达方式，通过图像交流的可能性远远高于文字交流；更善于借助AR镜头、滤镜、emoji表情符号、视频换脸和短视频等数字工具展示自己，开展交流。关注Z世代就是关注未来社会发展、社会结构和社会治理，是理解当代和未来社会建设底层逻辑不可忽视的内容。

数字化给社会发展和社会治理带来了全新的挑战：不仅技术在快速发展，社会运行机制也在发生深刻变化，社会运作方式已大不相同，社会关系模式是全新的，且界限模糊。因此，对于什么情况下互动会带来问题，或者如何界定网络产品滥用，已成为新发展阶段社会建设的新情况。这不仅关乎政府主管部门的政策制定和政策实施，也关乎社会秩序及国家为了实现社会健康发展而制定相关的指导原则——将大大不同于传统社会治理的原则。

为实行技术进步，制定新的社会政策，就需要了解社会在网络环境下是如何变化和如何运作的，它与传统社会有什么不同。互联网，特别是移动互联的快速扩张，使用户发展到了令人难以置信的规模，几乎成为整个社会的中心。人手一部手机，整个社会发生了深刻的变化。数字产品越来越吸引人，使人们越来越把更多的时间用于数字产品，比如社交网络、短信、游戏、抖音等。截至2021年12月，中国网络直播用户规模达7.03亿，占网民整体的68.2%②。其时间上的刚性特点，人们使用这些网络产品，就不可能再去使用其他东西，或用更多时间去读书、交友、增进亲情，在某种程度上，一些人被互联网俘虏了，这种现象将导致社会关系模式的深刻变化，造成传统意义上的社区边界的消失。例如，某一产品，通过社交网络，通过互联网市场进入社区，与传统社区形成互动，嵌入社区生活，这类现象已经变得非常普遍。

---

① 一般指1995~2009年出生的人。

② 中国互联网络信息中心（CNNIC）:《第49次中国互联网络发展状况统计报告》, http://www.cnnic.net.cn/hlwfzyj/hlwxzbg/hlwtjbg/202202/P020220407403488 048001.pdf, 第61—62页。

接下来我们基于以上历史和理论视角，继续分析新发展阶段基层社会生活出现的新特点、新趋势，进而在具体的基层工作层面上理解扁平网状化社会结构下的基层社会特点，以及我们应该采取的对策和措施。

三、现实与虚拟：揭示新发展阶段上基层社会的新特点

当前，基层社会既具有历史发展的延续特征，又具有新发展阶段的新特点；既具有现实社区在新发展阶段上遇到的新问题，又具有互联网环境下展示的新态势。现实与虚拟融合，构成新发展阶段的基层社会发展的新趋势。

（一）转型升级中的基层现实社会生活发展态势

1.党建引领完善基层社会治理体制机制

自实施社会管理战略，特别是党的十八大以来，各地基层政府和基层组织积极探索党建，引领基层治理工作平台和运行机制，通过党建引领盘活基层经济社会发展资源，建立常态化协商议事平台，协调各方行动，推动社区自治，激发经济社会发展活力，促进经济社会融合发展。例如，近年来，北京市陶然亭街道建设"陶然亭街道中信城商圈商居共治联盟"，积极探索基层党组织、商圈企业、辖区居民、社区组织、政府职能部门、社会组织等多主体、多层次、多元利益相关者参与的治理模式，推动基层社会健康有序发展。2017年底以来，北京市委市政府在平谷实践经验基础上在市域范围内探索构建党建引领"街巷吹哨部门报道""接诉即办"等超大城市基层现代化治理格局。按照习近平总书记提出的城市管理应该像绣花一样精细的目标要求，北京市西城区从2018年开始街道管理体制改革试点工作，并根据北京市《关于加强新时代街道工作意见》《北京市街道办事处条例》《北京市街道党工委和办事处职责规定》要求，结合辖区实际，探索创新，深化举措，完善机制，加快"多网"融合发展与综合信息平台建设，街道内设机构朝精简化、精准化、扁平化管理方向迈进。

2.以治理街角小巷优化基层公共空间

经济发展到一定阶段，居民会更加关注具有地方特色和风土人情的多样性公共空间，人们对空间轴胜过对时间轴的重视，这是现代社区和现代社会发展的新趋势。随着经济高质量发展和人民群众生活水平的提高，背街小巷、园区

院落的环境整治成为基层社会建设的重要内容。城镇形象既要搞好主干道、大街区的面子工程，又要做好每条小街小巷、小胡同和小区院落的里子工作。尤其是大城市和超大型城市，背街小巷、小区园子是居民直接生活和感受最直接的地方，是人民群众休养生息和开展各种社会活动的集中地、城市管理的薄弱环节、"城市病"集中的地方。据某市的一项街道调查，2021年居民诉求急需解决事项排名前三名的是：环境整治，包括堆物堆料、垃圾清理、共享单车；小区配套，包括照明、道路、门禁等；停车，包括自治停车、占用车位、增设停车位等。居民诉求量较大的社区多为楼房片区。老旧小区问题更加突出，需要改进的内容包括室外活动空间、街巷、街角空间、社区广场、公园等外部公共空间。这反映了人们对当代城市及城市生活的空间概念和对区域经济布局、公共空间和社会空间的新理解和新要求。

3. 加强居住小区精细化管理体制机制建设

居民生活品质提升对社区精细化管理提出更高要求，现实中诸多问题亟待解决。一是物业服务基础薄弱，相当一部分住宅小区建设年代超过20年，老旧小区体量大，基础设施老化，房屋年久失修，老旧住宅楼加装电梯，物业服务薄弱、房屋老旧等。动用公共维修资金对小区公共部分设施进行维修在社区工作中经常发生争执，很难达成一致。二是物业服务水平参差不齐，物业企业缺乏主动意识，服务人员专业化程度不高，责任心不强，自觉性不够等；物业费用与服务质量存在差距，业主与物业矛盾时有发生。三是市政施工、内部装修、园林工程等施工项目、施工扬尘问题成为大气污染治理的重点、难点。施工扰民问题成为市民投诉热点、新闻媒体关注焦点、环保执法难点，直接影响政府和群众之间的关系。四是道路交通、儿童出行安全、市政公共设施、便民商业、绿地、广场、应急避难场所等问题普遍存在，居民反映强烈。上述问题有些直接反映到了物业和居委会，有些则成为居民网络社群中的热点话题。尽管互联网可以依据大数据进行精准计算，但作为网络终端的基层居民非常复杂，他们的思想、意识、习惯各具特色，不可能完全都在数据中体现出来。必须尊重主体的个体性，激发他们的主动性、积极性、创造性，这是基层社会建设的关键。通过网络技术改进和网络社群建设，发挥并激发基层居民的正能量也非常重要。

4. 日趋迫切的适配性的老龄服务体系建设

面对日趋严峻的老龄化，发挥互联网技术和人工智能技术在缓解老龄化矛盾中的作用已经提上议程。社区老龄化已成为社会生活中普遍现象，老年人比比皆——小区里散步的、坐在园区椅子上的，甚至早高峰过后的公共汽车上的，等等。老龄化与空巢化并存，高失能、半失能比例突出。社区居家养老服务存在诸多问题：一是缺乏对辖区居家养老服务能力精准评估，难以建设和配置养老服务设施，不能有效对社区居家养老开展服务监护。二是社区服务人员忙于日常管理，缺乏专业服务人员，社区养老服务整体素质亟待提高；社区居家养老服务人员年龄普遍偏高，年轻人对参与社区养老服务行业缺乏积极性。三是社区服务人员薪资水平偏低，对工作满意度不高。四是社区居家养老配套服务水平不高，服务范围有限。

还有社区居家养老后勤保障存在薄弱环节：一是老人食堂就餐标准有待提高，食物来源有待严格控制。二是社区休闲娱乐服务设施有待优化。老年人居住的社区主要是老旧社区，公共空间布局紧张，活动区域狭小，专门针对老年人的"老年活动中心""老年人照料中心""老年棋牌室"等场所难以得到充分保证。老年人生活适配性水平不高：缺乏无障碍设施、"楼内电梯""单元和家门口坡道和扶手"等。根据《第四十九次中国互联网络发展状况统计报告》，"截至2021年12月，中国60岁及以上老年网民规模达1.19亿，占网民整体的比例达11.5%，60岁及以上老年人口互联网普及率达43.2%。"[1]需要深入探讨的问题是，一方面要缩小老年人面临的数字鸿沟，提升老年人数字技术应用能力和水平；另一方面，要解决好那些因种种原因不能接近数字技术的老年人面临的困难，鼓励青年人和志愿者帮助老年人解决好日常生活遇到的种种网络使用困难；还要关注和解决好老年人面临的网络沉迷，甚至游戏沉迷问题。在这方面，一些地方进行了大胆尝试，成效显著；一些地方还在实践中不断完善。

5. 以参与型协商民主完善基层社会治理共同体

协商民主是新发展阶段基层公众参与公共生活的重要手段，它旨在搭建协商沟通平台，为政府、社会组织、民众等多元主体在制度化协商中形成共识，推动问题得到解决。一是基层作为矛盾纠纷的主要聚集地，分布在基层的街道调解组织是分流化解矛盾纠纷的"主战场"。要从基层居民需求出发，尊重居民意愿，动员居民参与，找准基层矛盾的根源，解决好物业服务信息公开化等一

---

[1] 中国互联网络信息中心（CNNIC）:《第49次中国互联网络发展状况统计报告》，http://www.cnnic.net.cn/hlwfzyj/hlwxzbg/hlwtjbg/202202/P020220407403488 048001.pdf，第33页。

系列居民最关心最直接最迫切的问题。二是在现代生活中有一种疾病，人们称之为"现代病"，包括抑郁等精神疾病或慢性病。这些病与心理、劳动时间、个人与社区的关系、贫富差距等因素密切联系，也与个人与自然的关系等诸多因素有关。其中，与基层共同体的关系极为密切，通过建设基层生活共同体，缓解基层居民精神压力，建设基层人民健康有序的生活。当前必须关注的一个重要问题是，要千方百计解决好因长期疫情造成的社会疏离带来人与人之间的信任缺乏、矛盾冲突，通过各种方式减轻社会疏离，重建基层社会的相互信任，培育人们之间的共情和同理心。

（二）发育和发展中的基层社会虚拟态势

1.让智慧技术对接居民日常生活

一方面，随着互联网等通信技术的快速普及和运用，各地积极探索12345市民服务热线，根据形势发展和居民需求不断升级改造，充分发挥大数据的作用；各级政府在对12345热线大数据深度挖掘基础上，对居民日常生活诉求和面临的问题进行多维度、精准化分析，实施精准化服务。另一方面，建立数据分析和信息推送机制，把通过市民服务热线得到的各类数据分析分类，按照部门职能推送，及时解决问题，化解矛盾，补齐基层社会治理短板，提升基层社会建设效能。2021年9月24日，北京市第十五届人民代表大会常务委员会第33次会议通过《北京市接诉即办工作条例》，推动基层工作向主动治理、未诉先办迈进，形成以"接诉即办"为核心的超大城市基层治理新机制，在探索社会治理重心下移上迈出新步伐。

2.打造天朗气清的基层社会网络空间

不管人们是否意识到，互联网中形成的虚拟社会产生的舆情、争论、冲突正在成为现代社会问题的基本形式和社会冲突的表达方式。它一方面表现为社会冲突，另一方面又表现为文化冲突，还表现为意识形态领域的矛盾和斗争，形势严峻复杂。一是网络舆情热点事件主要集中在新闻客户端、微博、微信、新闻网站等各类平台，居民通过PC或移动终端获取信息、发表言论、进行交流，每个移动终端上的个体都成为互联网的末梢，成为扁平网状结构的网结，这种网结不同于传统意义上的基层社会生活中的个体。传统基层社会的人们通过日常交往形成面对面的社会交流，正如费孝通在《乡土中国》一书说到的，乡土社会里"熟悉是从时间里、多方面、经常的接触中所发生的亲密的感觉。"①"现代社会是个陌生人组成的社会，各人不知道各人的底细，所以得讲个明白；还要怕口说无凭，画个押，签个字。这样才发生法律。"②互联网环境下的社会是另外的样子：以互联网为基础，社会关系中有交流，也有舆情，二者交织在一起，舆情情绪以正面及中性情绪为主，负面舆情及网民诉求虽有，占比不高，却反映出网民们的诉求及参与社会问题解决的意愿。

总体看来，当代基层社会已经形成传统现实社区与网络虚拟社区的密切结合，正在形成新的社会组织形态。就社区居民和社区工作人员而言，我们期待基层社会在互联网基础上不断创新。"但变革不仅仅只是简单地发生，它还可以被塑造。因此，重要的是让人们能够参与数字化过程，这就需要在教育和培训领域做出更大努力。"③以上分析中可以深深感到，建立在数字化基础上的虚实结合的基层社会仍有巨大的探索空间，需要不断努力。

四、虚实结合：推动社会治理重心下移的政策路径

（一）全面理解基层社会治理重心下移的理论和实践内涵

社会治理重心下移意味着要关注居民的日常生活，提高居民解决自身问题的能力和水平，通过自治德治法治和共建共治共享的深度融合建设基层社会治理共同体。一是社区自治要把坚持党的领导、遵守党纪国法、践行乡规民约有机结合起来，把法律外部强制约束与居民内心自律有机结合起来，不断提高基层社会文明程度。乡规民约的执行主体是基层居民，也就是乡规民约在居民之间通过约定俗成的习惯和内心世界的自律加以执行。健康的社区生活和融洽的邻里关系是乡规民约得以实施的社会基础。二是针对基层社会问题，必须通过协商民主、乡规民约等方式解决，不能仅仅依靠物业、居委会包打天下。应把属于居民的权力下放给居民，让居民在享受权利的同时承担自己的义务，把基

---

① 《费孝通全集》(第六卷)，内蒙古人民出版社，2009年，第11页。

② 同上。

③ ［德］阿希姆·瓦姆巴赫、汉斯·克里斯蒂安·穆勒：《不安的变革：数字时代的市场竞争与大众福利》，钟佳睿、陈星等译，冯晓虎、谢琼校译，社会科学文献出版社，2020年，第194页。

层组织从纷繁复杂的日常事务中解脱出来。习近平总书记指出，创新社会治理重心下移，关键在基层，核心在人。坚持核心在人，就是坚持以人民为中心的发展理念，努力使基层各项工作紧紧围绕着服务人民群众，依靠群众，求真务实。不从单一维度衡量基层问题，要综合考虑各项工作、各项政策的适配性、实用性，真正反映和满足群众的诉求，坚决杜绝眼睛向上，坚决反对"为创新而创新，为模式而模式"的形式主义、官僚主义作风，使基层居民真正感受生活。

（二）探索基层社会的社会生活逻辑

社会治理重心下移的核心是要关注人民群众生活、人民群众生活的满意程度，不断提高基层人民群众的生活品质。基层进行的各种创新，必须紧紧围绕人民群众满意不满意、幸福不幸福为评价标准，必须统筹考虑在发展中实现社会公平正义和保障改善民生，真正使社会治理重心下移的目标扎扎实实落实到位。《中共中央关于党的百年奋斗重大成就和历史经验的决议》中指出，公共卫生要"全面推进健康中国建设，坚持预防为主的方针，深化医药卫生体制改革，引导医疗卫生工作重心下移、资源下沉，及时推动完善重大疫情防控体制机制、健全国家公共卫生应急管理体系，促进中医药传承创新发展，健全遍及城乡的公共卫生服务体系"①。党对公共卫生服务体系的要求同样适应基层社会建设工作，是做好基层社会建设的坚定遵循。

（三）加强居住环境公共空间的实用功能建设

改革开放已经40多年，城市化不断加速，城市化水平不断提高，人民群众对美好生活的需要不断提升，合理美化老旧小区外部环境，优化其内部功能，解决社区居民日常交往、养老服务、健身康体、互动互助、车辆停放等问题已经摆在高质量基层社会建设的议程中。必须加快建立和完善居民广泛参与前提下的老旧小区改造工程，不断完善小区环境和功能，具体工作包括拆除利用率不高、质量低下、缺乏品味和吸引力的景观小品设施，推动老旧小区实现居住环境美化、更新。更为重要的是，基层政府和社会组织要把保持基层公共空间

---

① 《中共中央关于党的百年奋斗重大成就和历史经验的决议》，新华网，2021年11月16日。

的质量摆在更加突出的位置，加强日常管理和维护，坚决杜绝重建设、轻管理的传统基层治理模式，不断提高人民群众的便利感、舒适感、温馨感。

（四）建立新媒体技术对基层社会负面影响对冲机制

要把基层社会建设成为对冲互联网负面影响的主阵地，强化新媒体宣传平台的灵活运用。一是创新主流文化传播形式。在互联网快捷和传输便利基础上，借助基层各类微信公众号、各种朋友圈，策划有深度、有广度、有温度的选题，综合运用文字、图片、音频、视频、动画等多种形式传播主流、健康、有趣的文化内容，丰富主流文化传播形式，生动、立体阐释传播内容，提升传播效果和感染力。二是优化网络话语环境。通过完善微信、微博等网络交流沟通平台，进一步畅通社区居民诉求表达渠道，汇集民意舆情，统筹协调基层相关部门资源，解决好社区居民关切的问题；及时解读贴近百姓生活实际和需求的政策，充分保障其话语权，引导其主动参与。三是引导正确的网络舆论。加强网络舆情监测、舆论引导和舆情处置，及时疏导和控制负面舆情，打造天朗气清的基层网络空间。四是基层联结国家和民族。面对错综复杂的国际国内环境，铸牢中华民族共同体意识必须从基层抓起。要通过创机制、建载体、育队伍，广泛凝聚基层力量，推进多民族集中的基层社区民族团结。加强基层民族宗教工作干部队伍建设，通过"线上互联网家园"引导＋"线下文化活动"带动的模式，推动各民族群众融入中华儿女大团结的基层社会，从基层铸牢中华民族共同体意识。

（五）加强基层技术人才培养和使用

基于社区服务和治理数据、信息、智能平台前期的开发主要依托第三方（比如具有特定专长的网络公司）这一现状，要加强基层技术人员培养工作。一旦第三方交付使用网络平台给基层，其后期使用、维护、更新、创新就会面临技术困难等问题，包括数据采集、上传、汇总，以及适应新形势的项目开发，因为这都需要一定的专业技术人员参与、跟踪、创新。继续依赖第三方，一方面成本高；另一方面，第三方对基层情况不熟悉，难以提出解决问题的切实办法。就目前城市社区而言，此类人才稀缺，从长远发展考虑，推进社区治理数字化势在必行，适应基层需要的人才培养要未雨绸缪。这需要在政策的顶层设计和基层运作中树立超前意识，把培养基层专业技术人才提上议程。各级领导干部要加强对现代科学知识的学习，提高自己的专业化能力，增强补课充电的紧迫感，掌握数字化新知识、新本领。要培养一批懂专业知识、熟悉群众工作、熟知社会心理的干部，督促他们深入群众生活、了解群众、联系群众，必须实实在在扎根社区，与群众同甘共苦，走家串户，入百家门，知百家情，办百家事。

（六）在"实与虚"结合中健全服务基层社会的信用机制

基层居民的面对面交流、密切的邻里关系、微信社群，客观上培育了相互信任的社会关系，这成为基层社会治理的诚信基础，是开展基层活动，满足个人生活需求，解决个人和群体生活的重要途径。要因地制宜，根据各地基层社会发育情况培育基层社会关系，推动基层服务体系发展和完善。在更高层面完善家政等服务业的相关政策，加大补贴力度，保障从业人员的劳动权益，完善基层诚信体系，对失信企业、服务业从业人员实施综合惩戒，营造诚实守信的基层服务业发展环境，不断提高各类服务业从业人员的积极性和服务水平。

五、结论与讨论

回顾历史，党在不同历史时期，对社会治理的关注点不同，体现了党实事求是，立足现实解决人民群众最直接、最迫切、最现实社会问题的优良作风，推动社会健康发展不断迈上新台阶。党的十八大以来，以习近平同志为核心的党中央多次强调社会治理重心下移，聚焦基层社会建设，把社会治理推向新境界。这个新境界给学术研究、政策制定和实践探索都提出了新要求。当代基层社会，既包括人民群众生活的家庭、社区、邻里，以及在生活过程中所形成的面对面的交往交流交融，也包括在这个过程中的各种公共活动、社会活动，它们构成了人民群众的物质生活与精神生活的共同体。与此同时，个体因为身处互联网时代，与绝大多数居民一道成为互联网用户，成为互联网平台终端，形成了扁平化、网状化的社会结构。这种社会结构是新形势下基层社会的新特点、新趋势。这种虚拟化的基层社会与现实生活中的家庭、社区、邻里等实体社会交织在一起，构成当代基层社会的基本特点。在这个意义上，社会治理重心下移，必须兼顾实体社会与虚拟社会之间的融合、矛盾、冲突，以及发生在其中的各种问题。这种虚拟与现实社会融合所形成的社会结构，因技术因素的介入变得更为复杂，解决这种社会形态中的问题和实施社会治理的办法，使社会治理重心下移到现实和虚拟融合的社会构架中，既需要新的理论指导，更需要新的实践探索，还需要技术的坚实支撑。"如果良好的教育政策能帮助公民做好迎接数字化的准备，并在变革过程中通过社会政策为公民提供支持，那么数字化将给经济和社会带来成功。"[①]在这个意义上，理论创新、政策创新、技术创新的有机融合成为新时期基层社会治理的基本趋势、基本要求和基本特征。

[丁元竹：十三届全国政协委员，中共中央党校（国家行政学院）教授、博导、督学专家，北京大学政治发展与政府管理研究所教授、北京大学志愿服务与福利研究中心主任，《志愿服务论坛》主编]

---

① ［德］阿希姆·瓦姆巴赫、汉斯·克里斯蒂安·穆勒：《不安的变革：数字时代的市场竞争与大众福利》，钟佳睿、陈星等译，冯晓虎、谢琼校译，社会科学文献出版社，2020年，第126页。

"官民共治"及其现代转型

周庆智

"官民共治"是关于传统至现代政治治理关系的一个概括。以权力合法性来源为判断标准，传统"官民共治"属于人治类型，现代"官民共治"属于法治类型，前者属于"人治–吏治"模式，治乱的关键在于"用人"和"治术"，集中于政绩中心主义的政治合法性追求上；后者属于"法治–自治"模式，治乱的关键在于"尊法"和行宪，集中于公共福祉和公民权利的保障上。辨明传统与现代的"官民共治"的类型和模式，是为了从制度文化变迁和制度转型的逻辑上，来理解和解释当下政治治理关系，并结合历史与现实对"官民共治"做出重新定义。

以"官民共治"为分析框架，试图对当下基层治理的"乱政之源"提供一种新的解释可能。这个解释框架虽然不必面面俱到，但能够用来展示当下中国基层治理体系的历史特性和现实发展逻辑的一般面貌，从中概括和抽取出权力合法性来源、公共权威与公众关系的一般特征及内在性质规定，为探究并回答下列问题提供坚实的基础，这些问题包括：从传统到现代，中国基层之"治"为什么总是集中于"吏治清明"的（官僚群体/干部队伍）整肃和治理工具（"治术"）的不断完善或"现代化"上；这个治理体系为什么既不能有效整合内部互不隶属的、分利的异质性组织，也无法容纳外部异己的、新的社会成分和社会关系，以至于在体制内外充满不确定性的政治/行政博弈之下，就只有加大基层官僚群体/干部队伍的整肃力度和全面控制社会一途，其结果，政府权力日趋变得既"无限"又"无效"，治理甚至变成一种没有价值维系的"治术"

或"技术型治理"，①并引发一轮又一轮的干部队伍的"官僚主义"整肃和运动式（专项）治理，但这一切做法，既不能解决权力来源的合法性，亦即政治（程序）合法性这一根本性问题，也不能自足自治地解决权力的制度性监督与制约难题，最终在来自体制内外两个方面的矛盾冲突交攻之下，基层治理体系贯彻、实施国家政治决策的制度化能力愈发不足，并陷入进退失据的"治乱循环"之中。

一、治乱之间：官治抑或民治

在皇权时期，"官民共治"是基层社会的治理形态，也就是说，并不存在一统到底的官治系统，也不存在官治之外的、独立自主的民治系统。近现代后，"官民共治"经历"现代性"再造，也没有形成一个外在于、独立于国家之外的社会自治（民治）系统。我们需要从这种特殊性或本土差异中概括出一般性特征，亦即把这种独特的类型放置于现代社会治理的范畴中来检验、概括和分析，这可以引领我们寻求从中国的历史与经验的特殊性中认识一般性，并在同质性事物之间，探索普遍和一般性原理，非如此则不能赋予传统的与现代的"官民共治"可以接受知识检验的解释原理，并找出它具有的一般性意义。

从上面的认识出发，我们先以现代的分析性概念为参照，兼顾历史与现实两个维度，来概括一下传统的与现代的"官民共治"具有的一些"基础性"或"结构性"的共性特性。

第一，官民一体化。官与民在观念范畴和组织结构上具有嵌入性特点，这是古今"官民共治"结构的一大制度文化特征。传统的"礼俗社会"，或"礼法社会"或"吏民社会"和现代的"总体性社会"（total society），②本质上都是官（国家）民（社会）一体化的社会。从宏观结构上看，传统与现代的不

---

① 关于"技术型治理"的系统论述，参阅肖唐镖：《技术型治理的基层实践——中国城乡基础治理研究》，天津人民出版社，2021年。

② "总体性社会"这个概念最初是由美国政治学家邹谠提出来的。参见 Ho Ping-ti and Tsou Tang（eds.），*China in Crisis*，University of Chicago Press，1968；邹谠：《中国二十世纪政治与西方政治学》，《思想家》，1989年第1期；孙立平：《自由流动资源和自由活动空间——论改革过程中中国社会结构的变迁》，《探索与争鸣》，1993年第1期。

同，在于皇权（国家）在保证赋役的征收和维护地方安靖之外，绝少干预民间的生活秩序；但近现代以来，乡村社会成为国家财税汲取与政治秩序稳定的来源，这突出体现在"国家基础性权力"（state infrastructural power）的全面覆盖和强化。从基层治理的微观结构上看，发挥意识形态整合功能的秩序观念及其社会力量发生了转化。就传统的"官民共治"而言，儒家文化提供了一套融通于家–国连续体的依据和方法——如三纲五常、三从四德等所谓"礼法秩序"，在这里儒家文化规定了中国国家与社会关系的基本性质和独特性——同质性、嵌入性且相互转化的关系，这成为数千年皇权体制的社会秩序整合的观念基础，亦即社会秩序的合法性都是围绕儒家伦理这个核心展开的，后者承担着类似"意识形态"在社会行动中所扮演的角色。同样是儒家文化，为传统皇权体制提供了一个伦理性、等级性、群体性的身份社会的秩序图式。所以，在上述观念上，我们能够理解和解释诸如天下、家–国、官–民、公–私等概念范畴的本原意义，也能够对延续千年的"官民共治"结构赋予一般性的解释原理。近现代以来，"官民共治"结构发生巨变，儒家的意义体系已经不存在，新的（国家主义本质的）意识形态承担起为社会秩序提供依据和原则的任务，但这个"现代性"意识形态的社会整合功能仍以追求与政治（社会）组织一体化为目标，比如国家至上、民族主义、社会本位、集体价值等等，以此试图把各种社会成分和社会关系纳入新的（官–民）国家一体化管制体系当中。所以在这个过程中，制度方面的变化，主要是指制度设置（如乡镇机构的设置以及属于"国家基础性权力"领域的建设）方面的变化，而不是"安排秩序观念"的转化，诸如权力本位观念、等级身份观念、群体权利观念等等，则以另一种特殊主义指导下的合法性论述而一直延续下来。比如，所谓的"反传统"，政治意义上只不过是以"现代性"为参照对儒家文化做出不同阐述之间的观点竞争，在近代则被转换为一种"现代性"的普遍主义的论述形式而已。总之，传统转换为现代，"官民共治"所具有的官–民互嵌与国家–社会一体化的性质特征，还是沿着旧制度的逻辑线索生长，只不过是注入了一些"现代性"的政治因素而已。其一，道德理想与社会制度合一。所谓道德与制度合一，亦即制度的"意识形态化"或"意识形态制度化"。在这里，只有主张道德目标与社会制度等同的观念系统，才能成为政治（社会）一体化结构中的意识形态。①传统的"官民共治"观念上的社会整合不难理解，即承担着儒家文化这种"意识形态"组织功能的是由士绅阶层（包括宗族长及家长）发挥政治伦理化（德化和教化）作用，所以士绅扮演着实现社会整合的中介性功能角色，是将（儒家伦理）道德规范转化为社会整合的组织力量。近现代后，新出现的政党政治将意识形态转化为社会整合力量，担负起社会凝聚与社会组织的功能，政党基层组织取代士绅阶层而发挥意识形态的社会价值整合作用。在政党国家体制中，政党既嵌入于国家权力结构之中，也全面渗透于社会领域当中。这一事实带来了两层递进的变化：首先，作为公权力的国家概念在外延方面增添了新的要素；其次，国家公权力的概念变化传导到国家与社会关系分析范畴。②传统上，士绅阶层是儒家政治文化的载体，发挥着社会整合与社会凝聚作用。现代转型之后，政党政治的意识形态取代儒家思想成为新的社会整合的意义体系，这其中政党党员代替士绅阶层而成为新的政治文化载体和社会组织者，担负着把意识形态道德化或将意识形态与制度理性结合起来的任务，这样一种社会政治角色功能的转变则要求它的党员必须扎根于乡村社会基础及其权利关系结构的本质关联当中。换言之，如果说公共组织（政府）在公共治理中更多起着执政党的决策作用，那么党的基层组织在许多没有政府组织的社会领域担负着公共治理的责任，发挥着组织核心和领导核心的作用。基层党组织覆盖社会的各个领域，③它们虽非国家公权力的组成部分，却是执政党和政府的施政工具，在各自范围内发挥着政治领导、组织动员和落实政策的作用。也就是说，在社会治理意义上党组织比政府部门在公共治理中的作用更大，一方面它在各类社会组织中发挥着领导核心作用；另一方面它能够，也应该成为在基层公共组织（政府）与个体民众之间发挥沟通、协商和整合作用的社会政治角色。

---

① 金观涛、刘青峰:《中国现代思想的起源》（第一卷），法律出版社，2011年，第17页。

② 景跃进:《把政党带进来：国家与社会关系的反思与重构》，《治理研究》，2019年第1期。

③ 2022年《中国共产党党内统计公报》数据显示，截至2021年12月31日，全国9034个城市街道、29 649个乡镇、114 065个社区（居委会）、491 129个行政村已建立党组织，覆盖率均超过99.9%。全国共有机关基层党组织74.5万个，事业单位基层党组织94.9万个，企业基层党组织153.2万个，社会组织基层党组织17.1万个。

第二，群体权利观念。"官民共治"之"民"的概念是一个群体概念，把官与民紧密关联起来的是经济利益或经济福利，后者被赋予群体权利的意义。也就是说，传统至近现代，中国民众的权利诉求始终是一个经济利益与统治合法性之间关联性的问题，或者说，没有与国家权力做出关联性解释，就无法定义所谓的社会经济正义。①这样的一个权利来源，只可能形成或建构一种群体权利观念，而不能够形成或建构一种个人权利观念。传统上，"个人权利"这个概念是不存在的，因为它事实上不存在。②儒学把国家的组织原则看成是与家族（家庭）组织原则同构；家族（家庭）虽在领域上属于非公共的部分，但儒学把"孝"这种属于私领域的父子伦理关系，推广为普遍的社会价值，转化为对皇帝的忠，它在领域上也属于"公"，即把一个个家庭凝聚成大一统帝国，由此家族（家庭）内部不再属于私人领域，并且其组织方式亦属于国家组织原则的叙述部分。进一步讲，在传统中国社会，儒家伦理打通了公、私两个领域的价值，并规定了尊卑的伦常等级秩序，每一个人都处于这种伦常等级网中不能独立出来；组成社会的是伦常等级，而不是一个个"个人"。每一个人只有通过伦常等级这张社会关系网，才能将自己定位，但却找不到"个人"。在这种宗法社会结构中，描述某一个人只能是特定关系的称谓，而不可能想象存在平等而独立的个人。③这等于说在传统社会，只有作为道德主体和伦常关系载体的人，并没有作为权利主体和社会组织基本单元的个人。换言之，作为抽象观念的不可分割的"个人"（individual）不可能从传统中国社会复杂的人际关系网中分离出来。帝制国家向现代国家转型过程中，君权神授为社会契约所取代，国家体制的合法性被赋予崭新的"现代性"含义：其一，国家主义观念。从帝制时期的家天下观念（文化国家）到现代民族国家（政治国家）的人民主权观念，是中国进入现代国家行列的根本标志。但从传统帝制最终以政党国家体制为选择的政治合法性建构，④在政治文化上没有发生本质的改变，亦即国家至上观念与

①　周庆智：《信访论纲：一个权利观念史的文化解释》，《四川大学学报》（哲学社会科学版），2021年第6期。

②　王毓铨：《莱芜集》，中华书局，1982年，第377—378页。

③　金观涛、刘青峰：《观念史研究》，法律出版社，2009年，第155页。

④　任剑涛：《从帝制中国、政党国家到宪制中国：中国现代国家建构的三次转型》，《学海》，2014年第1期。

皇权整体主义思想具有文化同质性，后者与现代国家主义和集体权利观念互为表里，所以皇权下的个体（unit）无法完成向现代"个人"（Individual）的转变，因为这些观念的导向不是地方自治或社会自治，当然也就不能促进以个人权利为中心的（政治意义上）社会自治观念的发育和成长。①其二，整体主义。整体主义是一个组织社会的基本原则。这是一个既古老又新近的观念，所谓古老，其源头可溯及孔子、孟子与柏拉图、亚里士多德，并贯穿于中古时期；所谓新近，指的是它与近现代的"意识形态"（比如权威主义、社会主义、共产主义等）交融于一，但无论古今中外，整体主义要处理的核心问题仍然不出个人利益与整体利益关系的一种道德原则之外，即强调整体利益高于个人利益，个人利益必须服从于整体利益。个体化的小农社会在剧烈的制度变迁过程中，如何被凝聚于政党国家这个大的政治共同体当中，整体观念或集体价值提供了这种可能，因为它使个体依赖于公共组织（政府）具有了正当性，虽然它并没有，也不可能塑造出无私的"新人"，相反却大量生产出自私、自我中心的个人，但它使农耕社会中习惯于服从权威的个体既不会失去原来的依附性文化价值和意义，又能够比较顺利地进入一个建构于新的支配－庇护关系上的、组织化的社会整合形式当中。例如，在"人民主权"的政治合法性话语召唤下，政党国家体制展示出巨大的社会动员能力，个体对国家权力的依附性更强，也就是说，个体的传统权利依附性质不仅没有改变而且还获得了（政党国家）制度结构上的意识形态道德化洗礼，由此形成依附型的、动员式政治参与文化。综合以上，首先，传统权利观与当今中国社会的权利观在本质上具有一致性：其一，权利观的内涵均由"经济福利与统治合法性的关联"性质来界定和定义；其二，权利观的内容限定于"经济福利"或"基本生存权利"这一范畴；其三，权利观的道德化使其不能延展到个人权利（生命权、自由与财产权）的一般含义上。其次，传统权利观与当今中国社会的权利观在权威结构的认知上具有同构性：其一，个人与整体的关系。个人依附于整体，个人权利和社会权利得不到充分发展，社会自治发展不起来。其二，政治庇护主义与社会关系个体化。身份等

---

① 杨贞德：《自由与自治：梁启超政治思想中的"个人"》，载《二十一世纪》，2004年8月第84期；孔飞力：《封建、郡县、自治、立宪：晚清学者对中国政体的理解与倡议》，载中国社会科学院近代史研究所编译室：《国外中国近代史研究》（第27辑），中国社会科学出版社，1995年，第10页。

级意识盛行，个体隶属于公共体制的资源再分配网络之中，后者建构起个体与公共体制的利益交换／博弈关系。再次，传统权利观与当今中国社会的权利观在来源上具有同一性：其一，个人权利来源于君主或国家，包括他的人身权利和财产权利；其二，个人权利由社会地位和社会身份所规定，并由一系列制度安排和法律规定所确认；其三，个人权利只有与政治合法性发生关联才可以确认或具有正当性、才具有实质性的含义和意义。

第三，特殊主义社会关系。传统的与现代的"官民共治"都是建立在特殊主义的社会关系及其政治庇护主义秩序模式上。换言之，从传统社会到现代社会的社会关系类型没有发生实质性的改变。之所以如此，一个根本性的原因是，"稀缺资源的配置机制"的性质并没有发生实质性的改变：公共权威对资源的垄断及其与民众建立的统治、支配与依存关系。皇权时代，从"民"的角度看，社会关系是一种建立在血缘和地缘基础上的社会关系模式。因为，社会中的最为重要的资源是按照这两个基础，特别是血缘的基础来进行分配的：财产是依照血缘关系来继承的，生产和消费是以家庭来进行的，合作的形式是以血缘为基础的家族和以地缘为基础的邻里，交换基本上是以地缘为基础实现的。但从"官"的角度看，把农民与皇权牢固联系在一起的是贯穿于传统中国两千余年的赋税徭役制度——"编户齐民"（土地与人身关系）制度。农民的身份不是自由民或自耕农，而是作为皇权统治基础的"编户齐民"[①]制度中的一分子，它揭示的是一种农民对皇权的人身依附关系。1949年之后，稀缺资源配置制度发生根本性变化。用社会主义的再分配经济体制取代了旧时代以血缘和地缘为基础的配置制度。在社会主义的再分配体制中，国家垄断了社会中几乎所有的重要的稀缺资源：不仅包括物质资源，而且也包括就业和得到权力、威望的机会。举凡生产资料、就业机会、居住的权利，都直接控制在国家之手。国家利用这些资源得以构筑一种新的组织框架，以重组社会。这种新的组织框架既是向社会成员进行稀缺资源再分配的机构，又是构造新型的社会关系的最基本的基础，个体无一例外地被纳入"总体性组织"即"单位社会"（城市中是单位，乡村是人民公社）的体制中。[②]综合上述，传统到现代的社会关系变化，只是改变了社会关系赖以确立的基础，即资源配置制度的变化，社会关系的本质没有变化，

---

①　马端临：《文献通考》卷十《户口考·一》。

②　孙立平：《"关系"、社会关系与社会结构》，《社会学研究》，1996年第5期。

但社会关系的组织形式却发生了变化，它源于从"使天下奉一人"的政权观念转换为"使人人平等"的政权观念的变化，即从传统的（宗族、家族）庇护主义（clientelism）关系，转换为新的（单位制）庇护主义关系。需要说明的是，我们在这里不是讨论人们社会生活当中盛行的带有庇护主义性质的初级社会关系，后者只限于个人与个人、群体与群体之间的交换关系，事实上只要出现资源稀缺和地位不平等，就有可能形成庇护关系。庇护关系体现的是一种特定的社会交换的逻辑，即庇护安排是一种非对称的但却是互相有利的、公开的交换方式。[1]我们讨论的是这样一种政治庇护主义关系，即随着人类社会边界的扩张和政治社会的兴起，庇护关系从一种庇护者与被庇护者之间有限的、人际的、半制度化的双边关系延伸到更为广泛的社会和组织领域。庇护关系随即发展为一种复杂的社会政治安排，成为一种重要的秩序模式，它构造了资源流动、权力关系、交换关系以及它们在社会中的合法化。[2]其中，城市大多以个体的形式存在，乡村大多以群体的形式存在。这对"官民共治"的意义来说，就是彼此之间的经济、政治等行动都是镶嵌于这种特殊主义的社会关系之中的。也就是说，公共权威与个体民众无一例外都遵循一种特殊主义的道德、规范和伦理。这种新型的社会关系具有原子化（atomization）特征，[3]个人之间的联系是很少的，同时这些个人之间的联系也主要是通过与一个共同的权威的联系才得以建立，而不是直接发生联系，不是生活在一个互相依赖的群体之中。反过来讲，人们追逐自己的利益时，是以个人而不是以群体的形式行动的，并不存在被双方共同信守或追求的基于公正、公平、正义或社会主义意识形态的、代表着一种普遍主义的价值标准和道德准则。概言之，个体化的社会结构特点造成社会联系弱化，特殊主义的社会关系不能完成向普遍主义的社会关系的转化。政治庇护主义是要在庇护者与被庇护者之间确立一种利益交换和控制关系。在这里，特殊主义的、个人化的社会交换关系与普遍主义的、契约性的社会支持关系之

---

① S. N. Eisenstadt and L. Roniger, "*Patron - Client Relations as a Model of Structuring Social Exchange*", *Comparative studies in Society and History*, Vol.22, No.1, 1980.

② S. N. Eisenstadt and L. Roniger, "*Patron - Client Relations as a Model of Structuring Social Exchange*", *Comparative studies in Society and History*, Vol.22, No.1, 1980.

③ 原子化是一个社会学概念，是对现代社会的经典描述。原子化来源于中间组织缺失导致的社会失灵，表现为个人与公共领域的疏离、规范失灵等现象。参见田毅鹏、吕方：《社会原子化：理论谱系及其问题表达》，《天津社会科学》，2010年第5期，第68-73页。

间的界限，公共因素与私人因素的边界，是模糊不清的，甚至是刻意混淆起来的一种社会政治关系，但它却是庇护关系得以维持和运用的关键性条件。所以，"官民共治"的治理过程既不纯粹是公共领域的事情，也不全然是私人领域的事情，而是体现了一种公共领域与私人领域结合在一起的政治社会现象。

二、"官民共治"特征带来的治理策略及目标取向

上述"官民共治"的一些基础性特征决定了它的治理策略及目标取向，或者说，"官民共治"的权力结构及其治理逻辑就确立在官民一体化、群体权利观念、特殊主义社会关系的基础之上。

首先，无限政府。传统至现代，"官民共治"的治理表现为一种管制性、支配性权力，而且它还有一个去扩大、逾越公共权力边界的倾向，致力于公共领域成为国家权力功能的一部分。换言之，传统至近代以来，"官民共治"的权力支配社会的性质没有发生改变。始于近代的"政治现代化"，是围绕国家权威的理性化展开的，即由单一的、世俗化的、全国性的政治权威，取代各种传统的、宗教的、家族的或种族的政治权威。理性化的权威坚持中央政府的主权以控制地方性和区域性权力。因此，这个所谓的"政治现代化"，就是建立有效率的强大的政府，提高政府的执政效能。因为它服从于这样一个被经验证明的现代政治发展逻辑：只有政府首先建立政治权威，才能够实现政治稳定。拥有强大执政合法性和权威的政府才能够充分调动各种执政资源，缓解社会危机，避免政治动荡，这就意味着国家的整合目标，就是把权力集中于公认的公共机构手中。①在这个逻辑下，我们看到的就是这样一幅政府治理图景：一方面，权威意志乃是一切治理行动的最终依据，亦即制度与法律服从于权力意志及其政策设计，这主要包括制定政策、分配资源及任命人事等集权于上；社会治理的秩序规范来源于文件治国、政策治国所形成的纵横交错的组织网络体系，文件、政策凌驾于法律和制度之上。②至于说到法律及法律秩序，传统上的所谓"法

---

① ［美］塞缪尔·亨廷顿：《变化社会中的政治秩序》，王冠华、刘为等译，生活·读书·新知三联书店，1989年，第1、12、38、51、129、344、345、377页。

② 周庆智：《"文件治理"：作为基层秩序的规范来源和权威形式》，《求实》，2017年第11期。

律"，就是"刑"，是统治或治理的工具。近现代以来，法治成为现代国家建构的中心议程，但对于有数千年人治传统的法律文化来说，树立法治原则和培养法治精神绝非一日之功，所以时至今日，一个突出的治理乱政就是：对掌握公权力的政府来说，法治是对大众讲的，不是针对私权保护而来，还是"刑"的含义，甚至就是"治术"。因此，无限政府的另一面，就是防范社会。亦即国家（党政）权力可以无限制地进入社会，社会自治发展不起来，政府治理依然处于"强国家与弱社会"的结构关系中。在这里，政府用自己的管理能力取代民众的自我管理能力。同时，面对社会分化和社会多样，它在权力集中还是权力分享之间难以抉择，但受制于权力的性质规定，它最终别无选择地集中权力，而不是分享权利。这体现在它的一系列经济、社会等方面的政策规划之中。

其次，全能主义治理。全能主义（totalism）是对现代政治发展的描述，[①]但用在对"官民共治"治理结构的分析上，也大致不差。考察传统中国基层社会秩序变迁，我们发现，传统基层社会既非皇权之下、之外的自治社会，亦非"单轨政治"权力支配关系下的吏民社会；或者说，在官治与民治之间并不存在一个被各边分别遵循或共同遵循的规则或秩序。从合法性资源和制度形式上看，遍布于传统基层社会的是错综复杂的正式结构或非正式结构、制度化形式与非制度化形式，比如县衙的官僚群体、代理群体和雇佣群体——胥吏阶层、三老等乡官或里甲、保甲等带有职役性质的基层组织形式、乡绅阶层、宗族势力等等，其中引人关注的"乡绅自治"，也只是皇权在基层社会进行间接统治的一种形式。这些公共性关系的性质特征足以证明皇权与地方权威是一种共生性和互嵌性关系，这种关系工作于皇权的国家治理逻辑和权威治理秩序。尽管自近代以来国家政权建设改变了基层社会原有的整合规则，重新组织了基层社会秩序，但这是自上而下的国家权力改造社会的结果，并且不是基层社会公共性社会关系性质的改变，后者的改变意味着"在社会成员中确立公民（身份）、公共关系（公民之关联、公民与公共组织之关联）以及公共规则，是公共政权建设的重要任务。它是现代社会关系的一种形式，也是宪政关系形成的基本结构条

---

　　① 全能主义即"政治机构的权力可以随时地无限制地侵入和控制社会每一个阶层和每一个领域的指导思想"。参见邹谠（Tang Tsou）:《二十世纪中国政治——从宏观历史与微观层面看》，牛津大学出版社（香港），2000年，第206—224页。

件"①。或者说，国家改造了原有的基层社会结构和意义体系，但却没能够建立基层社会自治结构和规范体系，这才是问题的本质所在。也就是说，传统的基层社会秩序基础已发生改变，但新的基层社会秩序却没有取代过去的传统社会庇护关系代之以现代社会公共关系，仍然建立在国家政治权力和行政权力的支配关系之上。进一步讲，从传统的家国同构过渡为政党国家体制，国家角色的重塑，面对的问题在于国家与社会的关联性质，以及双方交换资源的方式，尤其是来自国家与社会在不同层次上的相互牵涉，国家经常不得不面对散布于社会多个领域的组织力量，展开控制与反控制的斗争。重塑的结果是"总体性社会"的出现，即社会的政治中心、意识形态中心、经济中心重合为一，国家与社会合为一体，资源和权力高度集中，公共体制获得了极强的社会动员与组织能力。它的基本制度特征是，以政党意识形态作为国家建构和国家治理的前提条件，一个强大和占据支配性的政党国家对社会组织的授权和庇护关系。当然，对于一个后发展国家来说，"发展型政府"模式是不难理解的，也是必需的。但是，"发展型政府"并不意味着一定会演化为"全能型政府"。后者意味着政府高举"建构论理性主义"旗帜，倾向于认定人们头脑中抽象的、想象的法则和原理可以用于现实世界，并且试图把现实世界塞入基于这种看法的理想蓝图中。其中最常见的政府行为就是对任何重大社会问题给出整体性的解决办法，例如，各种各样的计划方案、一刀切的政策设计，并且这些不同的计划或政策在不同的治理者又会重新地、反复地被不断表述或实践。在这个治理实践过程中，政府的追求取代个人的追求，政府有权力和义务把特定的价值追求和生活方式强加给个人，政府来"规划"或代替公民的价值追求及其生活方式的选择。简言之，现代"官民共治"的治理理念赋予政府率领人民"改造自然，战天斗地"的无限能力，以及改造人类社会、塑造新人的不受限制的权力。

再次，政绩中心主义。无论是传统的"民为邦本"，还是现代的"人民当家作主"，其共同点在于：一是保障人民的经济福祉（实质上是指人的"最小限度的生存标准"或"基本生存权利"）是政权存续的根本；二是人民经济福祉的获得是政府的责任。这两个方面表达了一个意思：人有权要求生存并且政府的合法性在于满足这种要求。所以它指向的是经济福利（农耕文明中土地是财富

---

① 张静：《现代公共规则与乡村社会》，上海书店出版社，2006年，第5页。

的根本）与统治合法性之间的关联。传统上，"仁政"就是对君主"爱民如子"统治伦理的要求以及各级官吏"为民父母"的情怀体现。始于近代的政治现代化，儒家的君权神授合法性论述为"人民主权原则"的合法性论述所取代。但对后发展国家来说，要确立新的合法性并完成国家权力的集中，必须首先满足两个前提：一是国家适应能力增强，不断地推动社会的经济改革；二是国家有能力将新生的社会力量纳入制度之内。①反过来讲，为了经济的发展，需要采取权威政治模式，因此，巩固执政党的职责定位必须置于核心地位，如国家领导人强调的那样，"各级各部门党委（党组）必须树立正确政绩观，坚持从巩固党的执政地位的大局看问题，把抓好党建作为最大的政绩"，"如果我们党弱了、散了、垮了，其他政绩又有什么意义呢？"②这就是说，巩固党的执政地位，关乎"合法性"（legitimacy）问题。为了保证执政党的执政地位，必须加强合法性，后者虽有不同的维度（有以意识形态、个人魅力、经济增长为基础的合法性，亦有以程序合法性与政绩合法性来区分的合法性），但我们这里实质上指的是"经济增长与合法性巩固"之间的关系，即以经济增长为主要内容的有效性（指政治体系在大多数人民及利益团体中能满足政府基本功能的程度，即政治统治的实际业绩），亦即政府通过努力实现经济增长、确保经济成功而在一段相对较长的时期内赢得民众的支持，保证政权的稳固。这就是所谓"政绩中心主义"的政治逻辑起点。从人类常识和历史经验教训上看，对于不是以民意为基础而是通过政变、暴力等手段上台执政的政府来说，以"政绩中心主义"来夯实合法性基础，尤为关键，这就是所谓的"合法性效率"。③所以，一方面，以经济

---

① ［美］塞缪尔·亨廷顿：《变化社会中的政治秩序》，王冠华、刘为等译，生活·读书·新知三联书店，1989年，第1、12页。

② 习近平在党的群众路线教育实践活动总结大会上的讲话，《人民日报》，2014年10月8日。

③ 日本学者山口定认为，"从短期角度来看，没有'正统性'的'政治系统'和'政治体制'可能会因其能够满足多数公民和多数有实力的利益团体对'效用'和'效率'的期待而继续存在下去；反之也是同样。从长期角度来看，即使是缺乏'正统性'的'政治体制'，只要它能长期成功地满足人们对'效用'的期待，其'效用'不久就可能转化为'正统性'（民主德国的'基本法'体制的巩固、在日本国宪法问题上的所谓'明文改宪'论者的失败就是两个典型的事例）。反之，如果长期在满足'效用'方面连续遭到失败，那么也很可能会使其原来具有的'正统性'受到损害乃至全部丧失。"参见山口定：《政治体制》，经济日报出版社，1991年，第217页。

发展为中心，提升人民的经济福祉，乃是政绩中心主义的最大目标。另一方面，政绩中心主义的目的是"巩固党的执政地位"，比如，改革开放后，强调以经济建设为中心，强调经济发展的速度、发展是硬道理，就是着眼于政治，着眼于合法性，"经济增长以及它对中国社会产生的深远影响是中国政权政治合法性的源泉"。①总之，政绩中心主义是"官民共治"体系的合法性支柱（之一），公共体制相信由两个轮子（政治问责－政治锦标赛与行政绩效－行政压力型体制）驱动的政府治理，能够创造"经济奇迹"，这便是现代"官民共治"的一大体制特色。

三、"官民共治"结构下的吏治腐败和治理失序

上面指出了"官民共治"所具有的一般特性，它要造就的是一种"组织秩序"，但也正是这样的治理逻辑及其组织基础结构，带来了它自身难以克服的问题：吏治腐败和治理失序——传统的和现代的"官民共治"都面临的一个共同问题。传统的"官民共治"突出的特征是，基层胥吏擅权以至于吏弊丛生。这个治理问题一直伴随帝制存亡之始终，成为基层治理的顽疾。解决之道，无论是明代叶适的以士人为吏之策，即"使新进士及任子之应仕者更迭为之"②，还是顾炎武之论，即让地方官皆由本地人来担任，而且不设任期，终身为之，如此"上下辨而民志定矣，文法除而吏事简矣。官之力足以御吏而有余，吏无所以把持其官而自循其法"③，以及文献所见清人对胥吏腐败的种种专论，所有的讨论几乎都围绕基层吏治整饬，但都不能付诸实践，因为这样的讨论还是一个"治术"问题。清末民初的社会改造包括所谓"地方自治"的论争及其实践，针对的仍然是这个老问题：从帝制一直延续过来的基层官吏擅权及其腐败问题。但以"地方自治"为名发生的各种改制主张和行动，最终无不以加强中央集权体制为目的，亦即有关地方自治的设想并不是带有根本性质的改变，它的目标

---

① ［法］让－马克·夸克：《合法性与政治》，中央编译出版社，2002年，第7页。

② 叶适：《水心别集》卷一四《吏胥》，《叶适集》第三册，刘公纯、王孝鱼、李哲夫点校，中华书局，1961年，第808—809页。

③ 顾炎武：《顾亭林诗文集》卷一《郡县论八》，华忱之点校，中华书局，1983年，第16页。

指向是"一个更具有活力、也更为强大的中央集权国家"①，为此诉求的是一个中央集权体制下的基层吏治清明。简言之，试图从（民治）外部规范或（体制）内部规范来约束权力腐败的做法，都不成功。从政治权力合法性来源上讲，"官民共治"遵循的是"人治－吏治"原则，官职乃身份和特权，事实上，那种可以有效约束权力的外部规范——社会监督体系就从来没有建立起来，正如研究所表明的那样"中国近代市民社会建立的初衷，并不是与专制国家权力对抗，而毋宁是调谐民间与官方的关系，以民治辅助官治，尝试建立一种新型的国家－社会关系。"在此过程中"急于解决经济发展问题，以与列强相抗衡的清政府（官方）甚至表现出更大的主动性。20世纪初年大量新式民间社团的涌现以及与之相联系的公共领域的扩张、市民社会的成长，很大程度上正是官方推动的结果"②。简言之，体制内无法解决基层吏治腐败，而外部约束力量——社会自治系统又建立不起来。

吏治腐败和治理失序就因为社会自治的结构性缺失。传统的与现代的官民共治，有一个结构上的共同点：在国家权力与个体民众之间没有一个社会自治的中介机构。皇权时代，有一个连接皇权与个体的非官亦官的非正式组织——胥吏阶层和士绅群体，美国芝加哥大学杜赞奇教授把这个中介功能部分称之为"经纪体制"——保护型与营利型的经纪体制，是皇权实施间接统治的一种组织形式。保护型经纪，是指由乡村精英构成的、代表乡民与官府联络的民间权威形式，它是"为了完成某些义务（否则要由吏役等营利型经纪来完成），或有效地与国家政权及其代理人打交道，数个村庄自愿或由国家指令形成的集体组织，这些往往承担经纪的角色，但其目的不是为了营利，而是要保护社区利益。"③如当代社会学家费孝通指出的，士绅是退任的官僚或是官僚的亲亲戚戚。他们在野，可是朝廷内有人；他们没有政权，可是有势力。也就是说，士绅和官僚互相联系起来才能发挥分割基层权力的作用。④士绅以其功名、学品或学衔以

----

① ［美］孔飞力：《中国现代国家的起源》，生活·读书·新知三联书店，2013年，第43页。

② 马敏：《历史中被忽略的一页——20世纪初苏州的"市民社会"》，《东方》，1996年第4期。

③ ［美］杜赞奇：《文化、权力与国家》，江苏人民出版社，2003年，第33页。

④ 费孝通、吴晗等：《皇权与绅权》，生活·读书·新知三联书店，2013年，第11页。

及曾经担任的官职等积累威望并发挥社会影响力，引领乡村的风尚和维护乡村的秩序。依靠这些政治、社会资本，士绅成为官民之间的沟通者和中介者，他的权威植根于乡村社会，是社会共识的达成和凝聚的中心。而与其所对应的便是县衙所主导的、主要由胥吏组成的营利型经纪。与士绅不同，胥吏是官僚体系的差役，是由官府"辟召"的职役人员，不在官僚体制编制内，但却具体运作行政活动。顾炎武说"今夺百官之权，而一切归之吏胥，是所谓百官者虚名，而柄国者吏胥而已"①，虽有些夸大，但胥吏操控基层行政，无疑也是一个事实。把皇权与乡村社会联系在一起、支持帝国运行的胥吏群体担负着税收和治安这两项"公共事务"，亦即发挥着税赋征缴和维持地方秩序的不可替代的作用。但胥吏不官不民或亦官亦民的身份，为其提供了欺上瞒下、贪污中饱的制度环境和条件，"国家通常不付薪资给胥吏，即使有，他们的薪酬亦极其微薄。但他们在任职期间，却可以向接受他们服务的民众收取各种规费（陋规），公然收贿的机会也不少"②。也就是说，尽管胥吏在官场上身份低微，但却是"真正的政府代理人"，熟悉各种政务，拥有处理复杂事务的能力，再加上熟悉地方民情，便可欺上瞒下并从中牟利。对皇权而言，乡绅和胥吏在维持帝国财政收入和乡村社会秩序上，没有本质的不同；或者说，国家权力（县衙）、胥吏、乡绅共同控制和分割基层权力，维持着一个形似自治的乡村社会体系。在这样的治理体系中，国家对乡村社会的沟通主要依仗胥吏和乡绅。地方权力只在官吏（胥吏参与其中）与士绅之间进行分配，"如果州县官不从士绅那里获得信息和建议，他就不得不求助于当地人群体，这就是大多数官员认为不忠诚和不可信的书吏和衙役群体"③。显然，胥吏阶层实际上是属于民的范畴，但他们受国家权力役使，虽处于体制之外，但干的却是体制内的事情，他们发挥的作用是使帝国的基层行政活动得以有效运行，但却因其无尽的搜刮和贪腐行径造成国家与乡村社会关系的不断恶化。从清末开始的近代政治现代化的目标之一就是将胥吏清算和清除。这时的社会精英好像才意识到帝国所有的罪恶似乎都可以轻易地归咎于胥吏——不甘心退出历史舞台，阻止国家官僚化进程，造成政权建设的内卷化，

---

① 顾炎武：《日知录》，陈垣校注，安徽人民出版社，2007年，第470页。

② 黄光国、胡先缙：《人情与面子：中国人的权力游戏》，中国人民大学出版社，2010年，第259—230页。

③ 瞿同祖：《清代地方政府》，范忠信等译，法律出版社，2011年，第306页。

如此等等，胥吏成为实现国家现代化的最大敌人。随着政治经济社会结构的变化，乡村权威大多选择离开，剩下的流氓恶霸成为基层政权的代理人。保护型经纪变质而基层民众愈发不能自保，但营利型经纪体制却因为基层政权官僚化、正规化而"借壳"存续下来，旧时代胥吏以改头换面的方式继续工作于基层社会，出现了所谓"国家政权内卷化"。20世纪中叶以后，新政权进行了比较彻底的社会改造，横隔于国家与社会之间的中介势力不存在了，但同时，社会次级组织也不存在了，国家与社会高度一体化，在政治意义上就有两个阶层：干部和群众。换言之，现代"官民共治"也没有建构一个连接政府与民众的社会自治体系，社会结构重组的结果是城乡社区成为国家政权的一个基础单位，所谓"社区国家化"，附属于国家权威管制体系的现代再造过程当中。所以，现代政府治理也是经纪体制即代理人治理体系。这样的基层治理体系的秩序观服务于一种建构的组织秩序观，本质特征是国家权力进入社会，或者（改革开放前）对社会进行组织化改造，实现官民一体化，或者（改革开放后）因应社会成员比例越来越大，[1]同时在工业化和城镇化发展的大趋势下，人口、资源的流动渐成常态，对国家体制外个体和社会群体的管理/治理的需求，需要发展出各种各样的代理关系和代理组织形式，将分化的、多元化的个体和群体整合进各种（公共或权威）组织形式当中。现代"官民共治"的吏治腐败表现为公器私用、权力寻租、官僚主义、消极无为主义等方面，它的治理失序集中于权威弱化、治理效率低下、社会政治化这三大体制机制问题。[2]总之，无论是传统还是现代，官民共治的治理逻辑必然发展出政府的多元角色、多中心控制权的代理组织关系和代理组织形式，其主导的经济社会生活必然具有的全能支配性质和社会个体化特性。吏治腐败和治理失序就发生在这里：一方面，吏治弊病丛生，腐败贯穿于基层政治、行政的整个过程中；另一方面，民治或社会自治发展不起来，"权力机构挤占社会空间，吸纳社会资源，但却并不能生产出自组织

---

① 李汉林：《中国单位社会：议论、思考与研究》，中国社会科学出版社，2014年，第1页。

② 周庆智：《地方权威主义治理逻辑及其困境》，《中共中央党校（国家行政学院）学报》，2020年第5期。

的公民社会，以及真正意义上的社会生活"①，由此基层社会秩序全面集权化和组织化。

首先，合法性弱化。一方面，"官民共治"治理模式的权力来源在国家，不在基层社会，向上级政府（国家）负责，"一切皆决于上"，与基层社会没有授权关系。权力来源决定其内部组织构造和外部治理方式。这个治理模式的决策主要来自两方面的约束：一是政治权力约束，主要是来自上级人事权的约束；二是行政资源的约束，主要来自本地社会资源与干部队伍的治理能力和执行力的约束。换言之，这个治理模式的授权来源在国家而不在基层社会，后者的治理目标只在税收和秩序的需求上。另一方面，公共组织（政府）有自身的利益。一般认为，在政治集权与行政层级节制之下，基层治理不会偏离国家治理目标，也不会背离其负有的地方公共职责。但事实上，作为治理主体的基层政府有自身的政治利益偏好需求，并且，这种偏好需求能够使基层行政权力变成（党政系统）内部无法约束和（基层社会）外部也无法约束的偏离韦伯式标准科层制的异化力量及其惯性逐利行为，比如公共组织（政府）除了公共治理角色，还兼具厂商甚至是属地利益代表的角色；同时，地方官员对地方经济发展具有巨大的支配力和控制力，比如，一些最重要的资源，如行政审批、土地征用、贷款担保、各项政策优惠等均掌握在地方政府的手中。

其次，治理内卷化。国家权力自上而下进入社会，通过不断培植代理组织——非正式机构治理社会，依靠代理人组织（经纪）与社会建立联系，而国家对这些组织机构实际上缺乏控制力。也就是说，社会并非由单一的组织治理，而是由一种多权威的组织合体治理。这些貌似具有一致性的组织，从各个生产阶级中获得的资源，不是通过一个统一的组织分配，而是通过多种组织（国家组织、地方政府组织、社会事业组织）、经多重渠道分配；在行政系统内部，存在大量竞争性的组织（条块职能部门、地方行政组织），且能够获得资源（土地财政的收益、与地方企事业单位的联盟互惠、对门类企业的所有权和控制权）。②其结果就是正规化和合理化的组织机构与代理组织所形成的分利力量经

---

① 郭于华：《解析共产主义文明及其转型——转型社会学论纲》，《二十一世纪》，2015年第6期。

② 张静：《行政包干的组织基础》，《社会》，2014年第6期。

常处于冲突之中，导致所谓治理内卷化①。内卷化概念对"官民共治"治理体系的分析性意义在于：其一，在权威主义的秩序观即"规划的社会变迁"的主导下，国家权力深入社会并试图建立一种支配性关系；其二，必然发展出公共组织（政府）的多元角色、多中心控制权的组织关系和组织形式；其三，公共组织（政府）通过官僚化或半官僚化的代理组织来负责一方社会事务，后者带有鲜明的"赢利型经纪体制"的特色，在自身腐败并腐蚀基层干部队伍的同时，其上下中饱的中介人（经纪）行为败坏了国家与基层民众的关系。最终形成的"官民共治"内卷化：基层（乡镇）干部、村干部、社会代理人等各种治理角色，共同塑造出不具独立权属的各种组织组成的、多重权威中心的、分利性关系的治理体系，必然造成（国家体制）正规化和合理化的机构与（地方正式和非正式组织）内卷化力量始终处于复杂多变的社会政治利益博弈中。

再次，治理失序。这有两个直接原因：一个原因是，尽管"官民共治"依靠政治与行政合一的组织结构并通过密如织网的代理组织形式覆盖公民生活和社会生活，但后者与国家（党政）权力却具有某种政治博弈性质，亦即国家（党政系统）是通过它（也只能通过它）与社会建立联系，一方面，提供公共产品和维持基层社会秩序是国家治理目标所必需，国家必须倚重它且无可替代；另一方面，在政党—政府—社会三维关系中，政府与社会、政党与社会是一种外部关系；而政党与政府是公权力的内部关系；换言之，政党既可以在政府系统之外独立存在，亦可内嵌于政府系统之中。但这产生了一个难以克服的矛盾的治理结构关系，即在这个独特的组织结构中，各级行政组织和代理组织将社会分割为互不沟通的部分，每一个单位或行政组织尽管在理论上只是整个制度的组成部分，但它在实际上却是一个相当自足的团体，单位或行政组织与其成员的关系类似家庭及其成员之间的关系。因此，行政组织和代理组织在政党—政府—社会体制中的角色功能，就变得多元且不易辨识。比如，行政体系内部

---

① 这里所说的"治理内卷化"源于"政权内卷化"概念，后者是一个历史性概念，主要用于解释和分析近代以来国家政权建设中的基层组织现象。国家政权在基层无能力建立有效的官僚机构从而取缔非正式机构的贪污中饱——后者正是国家政权对乡村社会增加榨取的必然结果。更广泛地讲，国家政权内卷化是指国家机构不是靠提高旧有或新增（指人际或其他行政资源）机构的效益，而是靠复制或扩大旧有的国家与社会关系——如中国旧有的赢利型经纪体制——来扩大其行政职能。杜赞奇：《文化、权力与国家——1900—1942年的华北农村》，江苏人民出版社，1996年，第67—68页。

就存在大量竞争性的组织（条块职能部门、地方行政组织），并且都有获得资源的渠道和方式；再如，在党政体系之外有企事业单位、社团组织等竞争性主体，这些主体与行政体系或有隶属关系或是具有独立权属，与行政体系的配合关系并不单纯，因此出现这样一个治理格局："治理社会好比是多重权威中心的'市场'体系，它远不是一个系统统一、互为支撑的科层组织系统，尽管在形式和法定条文上好似如此。"①换言之，只从韦伯的科层制理想类型分析，无法解释官民共治治理模式的诸多例外治理行为，但从政治与行政的混合体来观察，就会发现上述所有的问题都可以归结到党政统合体系和多中心权威政治治理的组织结构形态当中。另一个原因是，"官民共治"体系不能或无法解决如下问题：一是社会分歧增多。经济发展引发的一系列社会关系变迁，比如城乡关系、机会结构、资源（财产、资本和人力资源）流动、控制权（对资源的新控制权与历史控制权）的变化，等等，这些带有根本性的社会政治问题不解决，经济社会利益分配不公而积累矛盾，对于稀缺的地位、权利和资源分配的争夺，正在（或已经）成为当前中国乡村社会的主要矛盾呈现形式和社会冲突形式，并将不断积累起来的社会不满情绪推向政治化。二是社会改革滞后。从单位社会的利益组织化框架进入公共社会的利益组织化框架，伴随人口流动、资源流动，形成价值多元和利益多元。一个最显著的结构性变化，就是新的组织类别、社会身份及关系结构的出现，个人与组织的关系变化。经济变革过程中出现的社会和政治冲突，主要根源在于旧制度和旧原则的改革滞后，"在市场经济条件下，原有一套（基于阶级分析话语的）治理技术逐渐失去效用，而新的（基于权利话语的）治理手段无法即刻建设成效。权利话语建构和现代治理技术建设之间的不对称，以及传统治理技术的衰落与新治理技术的建设之间的不对应，无疑助益于社会矛盾的冲突程度"②。诸如特权问题，社会利益公平分配、权利分配问题，公域与私域的权利边界问题，社会规范和市场规范问题，都没有得到根本性的解决，由此引发的一系列社会政治问题减缓了经济发展进程，削弱了社会向心力，造成社会治理政治化。

---

① 张静：《行政包干的组织基础》，《社会》，2014年第6期。

② 陈柏峰、申端锋：《无理上访与基层治理》，载《第七届组织社会学工作坊论文集》，上海大学，2010年7月。

四、结论与讨论

"官民共治"是指公共权威依据合法化秩序规范与民众形成一种制度化治理关系，是一种社会组织与管理方式，用它来概括传统的或现代的政治治理的一般形态，指出它所具有的历史合理性与现实合法性的"中国之治"之含义。以权力合法性来源为判断标准，"官民共治"属于人治类型，是一种"人治—吏治"模式，它以权力支配关系为中心，集中在"吏治/官僚主义"的整饬上。讨论"官民共治"的一个参照系，乃是现代治理的法治类型或"法治—自治"治理模式，它以法治和民权为中心，核心在于"尊法"或行宪，重心落在促进公共福祉以及公众与公共权威的权利关系的法律保障上。这样的解释思维基于如下理由：其一，法治与人权是现代社会治理的基本规范和价值体系，无论是何种政体类型，都以法治与人权为标榜，在治理者与被治理者之间建构一种基于认同而非强制的政治权力合法性基础；其二，不管是何种治理类型，一些基本的关系，诸如国家与社会、公域与私域、公权与私权、个人权利与社会权利，等等，都有明确的历史文化上的、政治社会法律上的定义和边界，但如何对现实中的诸种关系加以厘清，则需要赋予其学理上的一般性意义；其三，现代市场体系带来的分工与协作，由此产生的分化、异质化与多元化，赋予法治与自治的应有之义。

理解和解释一个国家或政治共同体的治理类型或治理模式的历史来源，需要从历史与现实之间找到某种结构性或制度性的价值关联，也就是说，只有进入历史观念的纵深和现实体制的政治逻辑当中，才能够认识某种治理类型或治理模式的历史合理性与现实合法性，比如，传统的官民、公私、家国等概念范畴，所揭示的现代社会与国家关系的含义，这属于知识范畴，但这并不意味着，一定要从本体论上确认这种类型或模式具有内源性的现代社会治理的一般性意义，更不意味着要赋予这种类型或模式以知识价值的一般性含义。

古今"官民共治"的根本区别在于政治权力合法性来源的不同，但其治理结构又何其相似，比如，传统上小生产状态下的自耕农和佃农经济福利一般来自皇权的"仁政"，但专制体制的逻辑驱使皇权、官吏以及成为税收掮客的地方精英等对小农无尽的盘剥、压榨，最后官逼民反，皇权秩序解体，再开启另一个王朝，如此治乱循环；但现代工商社会的分工与协作，带来利益分化、异质化与多元化，由此而造成的社会开放、个人观念的成长、普遍主义社会关系的流行等，这些"现代价值"诉求以法治与人权为中心，这是当下"官民共治"面临的现实挑战。再者，古今"官民共治"都遵循"人治—吏治"治理模式，两者都发展出一套绵密的代理治理体系，都为吏治腐败与治理失序这两个相互关联的体制难题所困扰。

无限政府，全能治理，政绩中心主义，乃是古今"官民共治"的共性。无限政府是指政府治理表现为一种管制性、支配性权力，而且它还有一个扩大、逾越公共权力边界的倾向，致力于造成公共领域成为国家权力功能的一部分。全能治理是指用权力型构社会，相信"人造的秩序"①能够解决发展问题和秩序稳定问题，用强制协作的方式把大多数个体和群体整合进不同的（公共或权威）组织形式当中。社会秩序建立在国家政治权力和行政权力的支配关系之上，即社会的政治中心、意识形态中心、经济中心重合为一，国家与社会合为一体，资源和权力高度集中，公共体制具有极强的社会动员与组织能力。政绩中心主义是指政绩合法性的需求——经济福利与统治合法性之间的关联，它以经济发展和经济增长为中心：一是保障人民的经济福祉是政权存续的根本；二是人民经济福祉的获得是政府的责任。

上述"官民共治"的治理成败取决于政治与行政两方面的有效性。换言之，政治与行政合一所形成的党政统合体制的一大特点就是政治机制即党组织也官僚化了。那么"官民共治"治理能力的提升，就取决于（也只能取决于）公共体制内部的（政治与行政）制度化能力，治乱的关键就集中于（党政）官僚主义整饬与行政效率提升上。按照这样的治理逻辑，若提升"官民共治"的治理能力，则必须遏制党政官僚队伍的腐败以及治理发生的内卷化。但这个治理顽疾根源于"官民共治"体制本身，它是政治、经济、社会等领域权力不开放的结果。那么，治理腐败如何解决？要做到这一点，整饬吏治成为根本问题，政治问责、行政约束之纪检监察制度的有效性，亦即治乱纲纪尽系于此。纲纪制度不可或缺，法律的威严也要时时加以强调，但纪检监察官员包括基层治理

---

① 哈耶克把所有结社、制度和其他社会型构的社会秩序类分为不是生成的就是建构的，前者是指"自生自发秩序"，而后者是指"组织"或者"人造的秩序"，它确立在"建构论的唯理主义"上。这一界分构成了哈耶克的社会秩序分类学的核心。参见邓正来:《哈耶克社会理论》，复旦大学出版社，2009年，第23—31页。

官员不受民众监督，只向上负责，那谁能够保证他们德才兼备、忠于职守呢？这就要求官员要自我约束。"选贤任能"乃古往今来的"官民共治"之治本之策，贤能政治成为吏治清明的标志。这实质上是对制度的否定，但从人治—吏治这一政治模式的内在机制入手来理解这个问题，就不会感到意外。总之，无论是强化权威还是控制社会，抑或是整饬吏治，都无法解决权力合法性问题。所以，在一系列针对党政统合体制的固有弊端进行改革之后，地方政府的统治能力（governability）或治理能力（governance capacity）却依然受到广泛的质疑，其中所谓"行政有效，治理无效"，就是一个接近事实的判断，更准确的描述应该是：一方面，"官民共治"体系陷入公共权威弱化、治理机制失效、社会没有自治能力的治理失序之中；另一方面，公共社会又陷入"政府缺乏统治能力"的治乱失据、政治权力合法性流失当中。

"官民共治"还有一个重要性质特征："以官治民"或"以民治民"。或者说，官治与民治并非一种分殊的、更不是对立的两个系统，而是一种官民依存和互嵌性关系系统，并且这种官民互嵌结构工作于国家权力治理逻辑和地方权威统合秩序体系。进一步讲，"官民共治"的治理体系以权力为中心将官治系统与民治系统熔为一炉，形成社会各个部分相互维系的组织机制。但这个治理结构具有异质性、分利性特点，各个治理主体均围绕权力生长并嵌入组织间错综复杂的利益关联上。公共体制既不能有效整合内部互不隶属的、分立的异质性组织，也无法容纳外部异己的、新的社会成分和社会关系。换言之，现代"官民共治"是为应对社会变迁以及社会结构分层、利益多元和群体分化，通过行政整合将各种社会成分和社会关系纳入各种控制组织形式当中，但在体制内外充满不确定性的政治/行政博弈之下，多中心的（强制性或代理性）协作关系易于变质为单中心的管制关系。而基层干部因困于其自身（政治的、行政的）双重角色的设定而进退失据，并融入与现代科层治理完全不同的另一种制度逻辑和叙事意义。

本质上讲，治理（governance）是"地方性的"①，亦即治理以地方民众为中心，管理公共事务，维护公共秩序，提供公共产品和公共服务，这个过程或目标的实现是众多不同利益组织化形式（政府组织、民营组织、社会组织和民间的公民组织等各种组织的网络体系）共同发挥作用的结果，它涉及政府与市场、政府与社会的关系，针对的是地方政府与企业组织之间、政府组织与民间社会之间广泛的合作与伙伴关系。现代"官民共治"存在一个内在的结构性张力，即如何在一个异质性、多元性、急剧分化的社会结构中取得平衡或平衡机制的建立。换言之，现代"官民共治"体系所嵌入的社会环境是一个异质的、分化的社会结构形态，一方面，公共体制以控制和集中来应对分散和多元的社会成分发展和成长，不可能带来可以容纳各种社会力量的秩序形式，从一体化的单位社会到多元化的公共社会，这是现代"官民共治"体系做出改变的结构条件；另一方面，公共社会带来的分裂和极化对于公共体制吸纳和安置现代社会多样性和差异性的能力构成了巨大挑战，并且随着社会分化、社会变革的深入展开，这种结构性张力所揭示的关键问题都指向了如何对待现代"官民共治"体系的现代再造及其制度建构意义。

第一，"官民共治"所具有的这种官民互嵌性关系形态如何根据中国"自己的条件"进行再造并重新定义其现代性治理含义。换言之，对这个问题的认知和定义需要置于中国的历史传统与现在的关联当中，其中国家与社会关系的重新定义必须确立在宪法意义的权利分配关系上。第二，对官民互嵌这一历史文化特性的现代再造，既需要结合本土的概念范畴，也需要借鉴新的社会理论视角，既要看到国家对社会的影响，也不能无视社会对国家的影响，国家与社会也可以相互赋权，使两者处于一种相互转化的关系之中。第三，民治或社会自治如何发展起来。由社会自治（或民治）所形成的在公共体制与个体之间的"中介结构"，对于民主社会的权利实现和秩序稳定具有积极的、不可替代的功能作用。

---

① 所谓地方性，可概括为："在一定的贴近公民生活的多层次复合的地理空间内，依托于政府组织、民营组织、社会组织和民间的公民组织等各种组织的网络体系，共同完成和实现公共服务和社会事务管理的过程，以达成以公民发展为中心的，面向公民需要服务的，积极回应环境变化的，使地方富有发展活力的新型社会管理体系"。参见孙柏瑛：《当代发达国家地方治理的兴起》，《中国行政管理》，2003年第4期。

综上所述，面对当今利益多元化的社会结构，基于规则和契约上的市场秩序、组织化的现代社会联系方式，"官民共治"的重构需要考虑如下一些观念性和结构性问题：第一，如何改变国家中心体制防范社会的统治思维定式。今天的基层社会性质确立在工业化和城镇化成为趋势的公共社会当中，它的基本特性是异质性、多元性和利益分化，那么，公共组织（政府）如何与个体化社会成员建立一种组织化利益平衡关系，这是一个紧迫的现实问题，因为一个能够吸纳多种社会成分的基本秩序就建立在这样一些基础性关系之上。第二，国家中心体制或公共组织（政府）靠自上而下的政治整合与行政整合能否应对多元社会的公平需求和公共参与要求。比如，个体民众能否通过制度化渠道实现自己的利益表达，而不被排除在重要政治过程和政策过程之外，这是公共组织（政府）与个体民众建构体制外政治沟通渠道的实质部分，因为异质化社会利益群体的政治参与扩大要求，是多元社会形成公意的前提，更是约束公共组织（政府）的制度安排要求。反过来讲，没有公共政治参与，就没有公意的形成，也就失去了法治政府建设的社会基础条件。第三，如何调整国家中心体制与社会的关系，并确立公共组织（政府）与社会组织的法治关系。一是在法治原则上确立公共体制与社会或社会组织的权利关系，反过来讲，离开了法治原则，公共体制对社会组织的政治和行政介入就没有了边界；有了法治原则，社会组织就能够阻止公共体制不受制约地施加于每个个体社会成员身上。二是社会组织不受政府公权力支配，它只接受国家法律、法规以及社会规范体系的限制和约束。三是依法保障个人自治权和社会自治权，这是社会自治的核心原则，现代社会的基本秩序就确立这个原则基础之上。第四，如何建构社会秩序的主体。当下的公共社会由相对独立存在的各种社会组织和团体所构成，这些社会组织和团体包括家庭组织、宗教团体、工会、商会、学会、学校团体、社区和村社组织、各种娱乐组织和俱乐部、各种联合会和互助协会等，尤其是由工会、商会等组织形式构成的市场主体形成联合形式，在公共体制与社会成员之间发挥中介组织的功能作用，一方面它们代表社会成员与公共组织（政府）建立一种协商和共治关系，在公共组织（政府）与社会成员之间起到沟通和协调作用；另一方面社团组织既防止公共组织（政府）的不当干预行为，也约束社会成员损害市场秩序和社会秩序的行为以及规范市场行为。第五，社会自治权的法律保障。公共社会形成的自治空间要有自治权的法律保障，其中公民个人的结社权尤为关键。反过来讲，没有社会自治权的法律保障，社会组织的自治权就会虚化。社会自治权的法律保障关涉两个方面：一方面，社会自治遵循法治原则，以尊重和保护社会成员的基本权利为前提；另一方面，公共体制为社会自治提供制度性的法律保障，即对社会自治活动确立人人适用的普遍法律规则。而且所有的组织包括公共组织和社会组织均具有有限但独立的自治地位，没有任何个人或群体可以作为最终的或全能的权威凌驾于法律之上。

［周庆智：中国社会科学院政治学研究所研究员，南昌大学公共政策与管理学院特聘讲座教授。本文为国家社科基金"新中国基层政府（县乡）治理体系现代化建构"项目的阶段性成果，项目批准号：22BAZZ042，载《学海》2023年第2期，本文有压缩］

从内生到内嵌：
乡村合作治理变革新趋向

王道勇

乡村治理是国家治理的传统领域。当前中国处于全面建设社会主义现代化国家的起始期，乡村正从绝对的匮乏型社会转向相对的丰裕型社会，在这一特殊时间节点，从合作的角度分析乡村治理的发展历程及现状，前瞻乡村合作治理的变革趋向，对于实现乡村善治和推动国家治理现代化尤有价值。

一、乡村合作治理的发展历程

（一）传统乡村的简约式合作治理

在前现代化社会中，乡村因其在人口占比、地域面积和经济产出等方面的绝对优势而一直在国家治理议题中占据核心位置。人类社会进入现代化的快车道后，"农村扮演着关键性的'钟摆'角色"，"它不是稳定的根源，就是革命的根源"①。因此，无论视乡村为现代化要"化"的对象，抑或视乡村为美好生活图景的映射，在乡村地区形成良秩是所有统治者都至为关注的治理议题。

作为世界上仅有的历史进程延绵未绝的文明古国，中国千百年来积淀了丰富的乡村治理经验。在儒家成为统治思想后，"为国以礼，德主刑辅"一直是中国传统乡村常态治理的基本形态。关于中国传统乡村治理最为显著的特征，数

---

① ［美］萨缪尔·亨廷顿，《变化社会中的政治秩序》，王冠华、刘为等译，生活、读书、新知三联书店，1989年，第266—267页。

十年来最有影响的说法莫过于"皇权不下县、乡村惟自治"。费孝通认为，国家皇权"在人民的实际生活上看，是松弛的和微弱的，是挂名的，是无为的"①。在温铁军"国权不下县"之说的基础上，秦晖进一步表述为："国权不下县，县下惟宗族，宗族皆自治，自治靠伦理，伦理造乡绅。"②这一说法因为具有很强的概括性而被广泛引用，但也因为使用了具有最强排斥性的"惟"字而受到一些历史事实的质疑。譬如，据《汉书》（卷十九上）记载，汉代的乡村基层政权设置完备："大率十里一亭，亭有长；十亭一乡，乡有三老、有秩、啬夫、游徼。三老掌教化；啬夫职听讼，收赋税；游徼徼循禁贼盗。"三国魏晋南北朝时期，里级组织是一种稳定性的存在。据《旧唐书》（卷四十三）记载，在最为强盛的开元二十九年（741），唐代的基层政权设置为"百户为里，五里为乡。里及坊村皆有正，以司督察。四家为邻，五邻为保。保有长，以相禁约。"而在唐代之后，宋代的乡里制与保甲制并存，乡里组织是乡村治理的基本设置。元代改乡为都，改里为图，建有都图制，其社制着力于养民、化民和维护社会秩序。明代建有里甲制和粮长制，乡里组织是州县控制乡村的重要工具。③清代有保甲制和门牌制，甚至连僧尼和乞丐也都被编甲。④可见，中国历代封建王朝在进行国家政权建设时都努力将乡村社会纳入统治秩序中，"为了控制目的而把民众分成小单位的基本思想，连同其变异形式和更细致的形式（著名的是保甲制），在以后的帝国时代，甚至晚至民国时代仍行之不缀"⑤。甚至有学者断言，自秦汉以降，乡村基层治理的情形越来越复杂，基层社会的自治色彩逐步弱化，基层社会治理的制度愈发精密。⑥

　　基于以上事实可以认为，"乡村惟自治"之说可能过于绝对，"乡村有自

---

① 费孝通：《乡土中国》，群言出版社，2020年，第93页。

② 秦晖：《传统十论——本土社会的制度文化与其变革》，复旦大学出版社，2003年，第2页。

③ 赵秀玲：《中国乡里制度》，社会科学文献出版社，1998年，第1—55页。

④ 魏光奇：《有法与无法——清代的州县制度及其运作》，商务印书馆，2010年版，第382—383页。

⑤ ［英］崔瑞德、［英］鲁惟一：《剑桥中国秦汉史》，杨品泉译，中国社会科学出版社，1994年，第52页。

⑥ 唐皇凤、王豪：《可控的韧性治理：新时代基层治理现代化的模式选择》，《探索与争鸣》，2019年第12期。

治"却是客观事实。国家政权一直在部分地参与乡村治理，但国家无力也无须全面控制乡村社会的方方面面。正如马克思提出的，"劳动越不发展，劳动产品的数量、从而社会的财富越受限制，社会制度就越在较大程度上受血族关系的支配。"①历代封建王朝都在尝试利用血缘、地缘等初级关系网络，努力寻找一个适应低生产力、低流动率、低冲突性的简单农业社会的最佳治理模式，其共同的选择是推行治理风险和治理成本都相对较低的简约式的合作治理②。在这种简约式的合作治理中，国家政权与乡村社会处于一个典型的分工明确、合作有序的共治状态。在常态治理中，国家政权以德治为根基，以儒家思想为指导，以部分政权组织下沉为基本原则，与乡村社会有效对接，共同开展乡村治理；而在应急状态中，如农民造反时，国家政权则转以法家思想为指引，以重典治乱世，而此时乡村社会一般也会积极合作，努力维持其触角所及的小社会的恒久稳定。由此构建的国家政权和原生的乡村社会在乡村治理实践中通过合作治理，形成一种动态的相对均衡关系，共同满足一个要素简单且相对静止的传统乡村的治理需求。

（二）现代化进程中国家政权—乡村社会的吞没困局

进入近代以来，适应农业社会的简约式合作治理遇到最大的挑战——高度的不确定性。在全球资本主义兴起的背景下，乡村的经济社会秩序持续巨变。马克思指出，"生产的不断变革，一切社会状况不停地动荡，永远的不安定和变动，这就是资产阶级时代不同于过去一切时代的地方。"③同处大转型时代的涂尔干也指出，"随着分工的不断发展，集体意识变得越来越微弱，越来越模糊。甚至可以说，正是因为集体意识逐渐产生了非确定性，分工变成了团结的主导因素。"④被席卷进现代化浪潮的中国也深切地感知到这种不确定性，1848年，时任福建巡抚徐继畬在《瀛环志略》中首次提出"此古今一大变局"之说，

---

① 《马克思恩格斯文集》（第4卷），人民出版社，2009年，第16页。

② 黄宗智：《集权的简约治理——中国以准官员和纠纷解决为主的半正式基层行政》，《开放时代》，2008年第2期。

③ ［德］马克思、恩格斯：《共产党宣言》，人民出版社，2014年，第30页。

④ ［法］埃米尔·涂尔干：《社会分工论》，渠东译，生活·读书·新知三联书店，2000年，第240页。

1872年李鸿章则进一步发出"此三千余年一大变局也"的感叹。为适应大变局发展的需要，以简约治理为主要特征的中国传统乡村合作治理模式逐步退场，国家政权日益下沉并以正式制度的形式不断凝固，持续作用于原本属于乡村社会的控制场域，并最终形成了国家政权吞没乡村社会的困局。

这种吞没困局的发展可以区分为两个阶段。第一个阶段发生在近代以来至中华人民共和国成立之间。晚清以来，随着传统社会政治结构日趋解体，乡村治理人才持续流失或消亡，国家开始在乡村地区进行现代政权建设，正式组织向乡村社会全面下沉，乡村社会开始了长达一个多世纪的正规化、官僚化和理性化的治理进程。在此期间，中国地方行政出现了数次变动，形式变化很大，但"主要的发展路线却一直是朝着县基层政权向乡镇基层政权的权力向下延展"①。其中，1908年，晚清政府颁布《城镇乡地方自治章程》，规范了城、镇、乡的有限自治范围和运作规则，掀开了国家权力全面和直接干预乡村基层治理的序幕。1939年，国民政府颁布《县各级组织纲要》，实行新县制，在国统区的乡镇普遍建立行政机构，并且以大量青年知识分子和学生充实乡镇、保两级干部队伍，正式承认乡镇组织作为国家政权组成部分的法律地位。在中国共产党的根据地陕甘宁边区，村民大会讨论决定村庄一切要紧事项。乡村地区普遍成立农会、减租会、合作社、小学、夜校、自卫军、民兵等新型基层组织，地主和宗族完全失去对基层政权和乡村事务的控制权。由于国家政权强势崛起，而其他的乡村独立行动主体的权威地位和资源调动能力都在消减，乡村合作治理色彩日趋下降。但是值得注意的是，从全国范围来看，这一时期作为国家政权主要代表进入乡村社会的是行政机构而非政党，国民党由于始终未能建立起一个具有严密渗透性和强大内聚力的政党组织体系②，其基层组织在乡村地区几乎处于缺位状态。

中华人民共和国成立后，这种吞没困局的发展进入新阶段，国家权力的主要象征执政党及其基层组织持续以强力形式不断深入乡村基层直至家庭层面，最终吞没社会。与中华人民共和国成立之前国民党在乡村社会的境地不同，中国共产党基于人民政党的性质定位和推进"赶超型现代化"的使命驱动，顺应

①　马戎、刘世定、邱泽奇：《中国乡镇组织变迁研究》，华夏出版社，2000年，第54页。
②　王奇生：《党员、党权与党争：1924—1949年中国国民党的组织形态》，华文出版社，2010年，第405—406页。

全体人民建设新社会形态的共识，以单位制为轴心，以人民公社为组织依托，借力于各种集体化运动，对乡村社会进行了全面的组织化改造，塑造出一种中国史上空前组织化的社会形态——"总体性社会"。①对包括所有乡村人口在内所进行的这种单位制重构，形成了一种"总体性支配"②或称"总体性治理"：基层党组织引导着乡村社会在政治上进行身份类型化，在经济上实行"一大二公"，在组织上实行政社合一，在社会上对私权领域进行管理，从而在乡村的经济生产、政治行动和家庭生活等方面均实现全面的支配。"在这样的组织化社会建构中，个体的解放被阶级的解放所替代；个体的社会存在被个体的组织存在所替代；组织的社会特性被组织的政党特性所替代。"这种以党组织为轴心的总体性治理，排斥了横向互动的社会自治与合作治理，形成自上而下的单一的纵向治理，控制了几乎所有乡村社会的作用场域，"政党组织了社会，与此同时整个社会也就政党化了"③，治理中的合作色彩几乎消失殆尽。

（三）国家政权的收缩与技术治理的兴起

改革开放以来，乡村地区全面撤社建乡，同时全面推进的还有村民自治，乡村合作治理迎来新的生机。在强调推动党政职能分开、政社分开的过程中，出现了众多的乡村自治的经典探索。基层政权虽然收缩至乡镇层面，但过去由基层政权直接完成的国家意志仍需在乡村地区得到全面落实，于是"乡政村治"中出现了二元权力衔接真空、多元主体利益难以均衡和多重任务难以协调实现等治理困境。在多主体合作治理这一共识的前提下，由国家政权主导、乡村社会配合共同发明了一系列新的治理技术来应对治理危机，技术治理在乡村治理中快速兴起。

一般而言，技术治理的社会学讨论可以从韦伯的支配、科层制论题起算，而现代科学技术广泛运用于社会领域，推动了社会治理的科学化、理性化，也

① 李连江等：《中国基层社会治理的变迁与脉络——李连江、张静、刘守英、应星对话录》，《中国社会科学评价》，2018年第3期。

② 孙立平、王汉生、王思斌、林彬、杨善华：《改革以来中国社会结构的变迁》，《中国社会科学》，1994年第2期。

③ 林尚立：《两种社会建构：中国共产党与非政府组织》，《中国非营利评论》，2007年第1期。

使技术治理受到更多的关注。较为经典的界定认为，技术治理主要是指通过一部设计合理、运转有效的庞大机器提升运行效率、降低成本，同时通过强大的复制能力派生出更大规模的行政结构及其经营场域。[①] 至党的十八大以前，适应治理环境和治理重心变迁的需要，乡村合作治理中先后生发出不少具有一定普遍性的技术治理形式。一是通过层层考核形成的压力型体制[②]，即上级向下级下达指标、分解任务、量化考核，通过集中动员的形式分解了包括招商引资、计划生育、上访维稳等基层治理任务指标，将国家意志以目标责任制度的形式最终分解至乡村自治组织和每一位乡村干部身上。二是大力推进项目制管理[③]，即大量地以专项项目形式将乡村社会所急需的资金、技术、人才直接送达乡村基层，以项目管理方法进行立项、调配、调剂、使用和考核。在农村反贫困、西部大开发和社会主义新农村建设等"资源下乡"的过程中，这种项目制管理运用尤多。三是进行运动式治理。[④] 为了填补基层政权"悬浮化"后留下的乡村基层治理空白，乡村地区开展了大量的运动式治理，其中以"严打"、治安联防、催缴税费等为主要表现形式。四是推广网格化管理。20世纪90年代后，随着互联网融入生产生活，互联网技术在乡村地区逐步得到普及，国家政权和各类乡村基层组织开始以技术平台为依托，对重点问题、重点隐患和重点人员进行数据化的研判和应对，对反哺乡村社会的各种涉农补贴和社会保障制度资源等进行精准的认定、投放和督查，推动了农村综合管理服务平台等网格化治理技术的不断发展。

二、技术治理的扩张动力及其限度

改革开放以来，技术治理处于持续扩展状态并成为这一时期乡村治理最为鲜明的特征。技术治理的扩张有其内部的深层动力，但在持续扩张过程中所显

---

① 渠敬东、周飞舟、应星：《从总体支配到技术治理——基于中国30年改革经验的社会学分析》，《中国社会科学》，2009年第6期。

② 荣敬本等：《从压力型体制向民主合作制的转变：县乡两级政治体制改革》，中央编译出版社，1998年。

③ 渠敬东：《项目制：一种新的国家治理体制》，《中国社会科学》，2012年第5期。

④ 周雪光：《运动型治理机制：中国国家治理的制度逻辑再思考》，《开放时代》，2012年第9期。

现出的疲态，也彰显了单纯的技术治理有其作用的局限。

（一）技术治理扩张的动力

从社会发展状态看，技术治理扩张是因应不确定性持续增强的需要。在"总体性社会"中，由于政治经济和社会地位以及附着于其上的权威与资源是固定的，乡村治理的可预期性极强。改革开放伊始，乡村社会突然从高度可预期状态跨入高度不确定性的状态。作为一场全面向的深刻转型，改革开放使社会经济成分多样化、社会生活方式多元化、社会组织形式松散化，多种生产方式、不同权力运行机制以及多元价值追求同时存在并相互影响，越来越多的个体从性别、婚姻、家庭、社区、职业等传统社会单元中脱离出来，成为一个个具有独立意识和自主行动的个体，这种个体化趋势瓦解了传统社会合作单元，个体与社会间的张力日益增强。而网络社会成为一个独立的治理空间后，社会舆论、社会情绪，甚至社会行为形成机制发生转化，形成了乡村合作治理的新场域。在高速转型、快速个体化和网络化生存等结构性变迁的背景下，如何使中国这样一个超大型社会既充满活力又和谐有序是一个巨大的难题，而技术治理的兴起就是对这一状态的尝试性回应。

从合作治理本身看，技术治理扩张是突破群体合作规模困境的需要。合作治理的本义除了"管理"所应具备的"下沉"之义之外，还具有"反馈""协商"和"吸纳"等独特品格。但如前所述，近百年来乡村合作治理持续萎缩并且曾有20年时间出现过社会被吞没的状态，在缺乏治理经验积累的条件下，无数的反馈、协商和吸纳等合作治理行动同时呈现，大大超出了现有乡村治理体系的处理能力和运行负荷。具体而言，乡村青壮年人口的大规模外出务工经商和乡村精英的持续抽离，使乡村自我治理的主体力量在弱化。而与此同时，村民小组功能也在弱化，以行政村为单位进行自我管理、自我教育和自我服务，需要突破以自然村为代表的小群体治理的天然界限。有关人类社会交往对象数量限制，英国人类学家罗宾·邓巴（Robin Dunbar）曾提出过著名的邓巴数[①]，显示大规模的、持续的群体合作存在天然的障碍。而新发明的各种技术治理形式可以从天量信息中抽出关键要素，简化社会系统的复杂性，填补了治理主体

---

① R.Dunbar, "How many friends does one person need", *Evolutionary Psychology*, 2010, （4）, pp.500-504.

力量薄弱的不足，为大群体合作治理提供了可能性。

从治理内容看，技术治理扩张是适应乡村治理重心转向的需要。在2006年全面取消农业税之前，农业税费征收、计划生育、维持乡村社会稳定等硬性治理任务异常繁重，国家政权为了将意志贯彻于乡村各角落、乡村基层干部为了完成考核任务，共同发明了一些汲取型的治理技术。进入后税费时代以来，工业开始全面反哺农业，在乡村地区汲取资源的工作压力减少，但以服务和保障为主的反哺型治理事务却在剧增，同时生态环境治理、农民生活品质提升等新的治理任务日益紧要。在重心转向之后，乡村合作治理更加强调要了解和满足乡村日常生活需求和乡村整体发展需求。为了保证巨量资源与需求主体间实现有效匹配，就需要进行合理分类、精准识别和有针对性的政策落实，乡村治理对治理精细化和规范化的需求不断增加，而技术治理的全面介入可以实现国家意志与乡村自治的有效对接。

（二）技术治理对合作治理价值的偏离

改革开放以来技术治理的持续扩张具有显著的积极效应。它不仅推动了国家治理体系和能力现代化，而且倒逼乡村社会持续调节行动，形成规则意识，以规范的行为方式与国家治理体系互动，进而促进农村社会程式化的再生产。[①]但是也应当承认，"国家治理规模所面临的负荷和挑战是所谓'技术治理手段'所无法解决的"[②]。技术治理的持续扩张也在很大程度上销蚀、偏离了乡村合作治理的原本价值追求。

技术治理催生了事本主义的治理困境，不利于合作治理的持续推进。技术治理在追求政策精准度的同时，更加强调整体的科学性和统一实施，就事论事，就事办事，无视不同地区乡村的生活特性和群体伦理，从而使国家政权的宏观叙事与乡村社会的伦理本位叙事相互分离、各行其是[③]，这种技术治理对社会事

---

① 孙明扬：《技术治理的运行条件与治理效——以苏南地区农村低保政策实践为例》，《学习与探索》，2020年第9期。

② 周雪光：《中国国家治理的制度逻辑：一个组织学研究》，生活·读书·新知三联书店，2017年，第18页。

③ 王雨磊：《技术何以失准？——国家精准扶贫与基层施政伦理》，《政治学研究》，2017年第5期。

实的简化可能会引发治理结果的失真或偏差。譬如，数字技术是国家干预和渗透农村的重要方式，但数字的运行往往悬浮于基层治理和村庄社会生活之上[①]，以冷冰冰的数据为基础，秉持向上负责的态度推进乡村治理，在多大程度上会有利于实现合作目标，是一个值得怀疑的问题。此外，正如美国经济学家布莱恩·阿瑟所指出的，在技术进化的内在视野中，技术具有自组织和自创的特性。[②]譬如，技术治理在减轻基层干部工作压力的同时，又会不断地再生产出新形式的"文牍主义"，导致乡村治理中出现文山会海、层层考核、指标为王的现象，基层干部只能疲于应命，甚至会出现"上面千把锤，下面一根钉""上面千把刀，下面一颗头"[③]的对抗思维，而这种乡村治理的"内卷化"现象直接阻碍了合作治理的发展。

技术治理的扩张弱化了政党整合乡村的能力，背离了乡村合作治理的本义。改革开放以来至党的十八大之前，乡村地区大力推进自治，无论是事实上的"乡政村治"，还是学者们提出的"县政乡派村治""乡镇自治""乡政自治""乡公所制""小县消乡""强乡论"等制度设想，其共同性都是在国家政权——乡村社会的连续统中约束国家权力，在乡镇以下推动全面的自治。实践中，在推行基层自治的过程中，部分基层干部贪腐自利，既不是杜赞奇所谓的"保护型经纪"和"赢利型经纪"，也不是有些学者结合中国实践所提的新"经纪体制"[④]，更不是纯粹意义上的国家意志的代表，而成为彻底的自利者，导致群众对乡村基层干部的信任度下降，基层党组织整合乡村的能力在相对弱化。而各种治理技术如项目制管理、运动式治理、网格化管理等以其技术的迅捷性和简化性，减少了基层干部与群众之间的社会交往频率，在不同程度上对以持续交往甚至是情感交流为主的党的群众工作产生巨大的结构性约制，造成乡村基层党组织与群众的关系进一步疏松化。这一点可以从学者们总结出的"正式

---

① 王雨磊：《数字下乡：农村精准扶贫中的技术治理》，《社会学研究》，2016年第6期。

② ［美］布莱恩·阿瑟：《技术的本质：技术是什么，它是如何进化的》，浙江人民出版社，2018年，第17页。

③ 《习近平谈治国理政》（第三卷），外文出版社，2020年，第501页。

④ 原超：《新"经纪机制"：中国乡村治理结构的新变化——基于泉州市A村乡贤理事会的运作实践》，《公共管理学报》，2019年第2期。

权力非正式化运行"①现象中一窥端倪，更可以从党中央的权威判断中得到印证。党的二十大对党的十八大以前一段时期党的运行状态进行总结时，指出当时"有些党员、干部政治信仰发生动摇，一些地方和部门形式主义、官僚主义、享乐主义和奢靡之风屡禁不止，特权思想和特权现象较为严重，一些贪腐问题触目惊心"②。这种政党整合乡村治理能力下降的趋势，与改革开放以来以中国共产党为主要代表的国家政权大力推进乡村合作治理的初衷是背道而驰的。

概言之，实践中技术治理的发展有利于将一些国家意志落地落实，但对于实现联系群众、巩固执政基础和实现乡村善治等深层面的国家意志却显现出日益清晰的负面作用。于是学术界就形成一个疑问："当技术化、技术治理发展到一定程度，发展到一个极端，中国社会究竟会往哪里去？！"③而对国家政权而言，对技术治理进行系统性改造也就势在必行。

三、政党内嵌治理与政党叙事兴起

进入中国特色社会主义新时代以来，在乡村合作治理中作用力有所弱化但从未离场的政党开始"向前一步"，以"加强党的全面领导"和"党建引领"等为号召，从治理价值、治理体系和治理方式等层面不断将政党因素内嵌于乡村社会，进行了一场宏大的政党推动乡村合作治理的行动，政党叙事替代技术治理成为新时代乡村合作治理最为鲜明的特征。

（一）政党强化治理引领

为应对技术治理发展中党的领导相对弱化的局面，中国共产党在治理价值上持续强调和突显政党对包括乡村治理在内的所有国家治理领域的绝对领导地位。从现代化全局看，其标志是党的十九大正式提出中国特色社会主义最本质

---

① 孙立平、郭于华：《"软硬兼施"：正式权力非正式运作的过程分析——华北B镇收粮的个案研究》，清华大学社会学系编：《清华社会学评论》（特辑1），鹭江出版社，2000年，第21—46页。

② 习近平：《高举中国特色社会主义伟大旗帜 为全面建设社会主义现代化国家而团结奋斗——在中国共产党第二十次全国代表大会上的报告》，人民出版社，2022年，第5页。

③ 李珍：《社会学视野下的中国改革开放30年——对〈从总体支配到技术治理〉的讨论和思考》，《社会》，2010年第3期。

的特征是中国共产党的领导，中国特色社会主义制度最大的优势是中国共产党的领导，并明确宣示"党政军民学，东西南北中，党是领导一切的"，强调了党的"总揽全局，协调各方"的政治地位。以此为基础，2018年全国人大通过的《宪法修正案》在《宪法》第一条第二款中增写一句："中国共产党领导是中国特色社会主义最本质的特征。"党的十九届六中全会将坚持党的领导作为党百年奋斗的首要历史经验。党的二十大谈及中国式现代化的本质要求时列出的第一条便是"坚持中国共产领导"。这种强化治理引领的价值全面呈现于乡村治理中，2018年的中央一号文件《中共中央 国务院关于实施乡村振兴战略的意见》提出实施乡村振兴战略，其基本原则之首就是"坚持党管农村工作"。2022年的《中共中央 国务院关于做好2022年全面推进乡村振兴重点工作的意见》提出，要"强化五级书记抓乡村振兴责任""建强党的农村工作机构"。强调要加强党对乡村治理的全面领导并提出具体的制度性要求，宣示了政党的强势回归。

（二）政党重构治理体系

20世纪80年代末以来，世界范围内开始流行西方学者提出的"治理"概念，美国学者詹姆斯·N.罗西瑙等人曾提出"没有政府的治理"这一著名命题，强调治理的核心理念是多元主体的平等参与、合作共治[①]。因此一段时期以来，多元共治似乎成为乡村合作治理中一个默认的客观事实，对各种乡村治理创新行动有着重要影响。进入新时代后，随着对政党引领治理的进一步强调，乡村治理创新有选择地吸纳了其中的共治理念，但强调不同主体并非必然是多元并立关系，还有其他关系模式存在的可能性。2013年党的十八届三中全会提出，要加快形成科学有效的社会治理体制。2019年党的十九届四中全会进一步明确，完善党委领导、政府负责、民主协商、社会协同、公众参与、法治保障、科技支撑的社会治理体系，建设人人有责、人人尽责、人人享有的社会治理共同体。相应地，在乡村合作治理方面，党的十九大提出要创新乡村治理体系，走乡村善治之路。党的十九届五中全会则进一步明确，要健全党组织领导的自治、法治、德治相结合的乡村治理体系。从这些权威的政治话语中可以看到，在学术

---

① ［美］詹姆斯·N.罗西瑙等，《没有政府的治理》，张胜军、刘小林等译，江西人民出版社，2001年，序言。

界流行的知识谱系中，无论是米格代尔的"弱国家—强社会"之说①，还是帕特南的"强国家—强社会"组合②，都不是中国乡村合作治理的努力目标，中国的乡村合作治理体系有别于西方国家个体本位论下的"共治合作"，也有别于一些发展中国家权威论下的"权威依附"，是一种"一主多元"③或"一轴多元"④式社会治理主体结构。这里的"一主"或"一轴"反映了中国共产党及其基层组织在乡村治理体系中处于无可置疑的权威地位。重构后的这一治理体系要顺利运行，关键在于要充分发挥好"轴心"作用，带动"多元"围绕轴心确定的目标高效运转。

（三）政党新铸治理形式

对治理价值的强调和体系的重构，通过各种治理方式创新具体化地呈现。除了"数字下乡"⑤等新型技术治理形式在不断融入乡村治理体系之外，政党围绕组织这一核心直接推动了以下一些治理形式创新。

一是组织净化。主要是指通过开展政治学习和强化组织纪律等方式纯洁队伍，提高基层党组织在乡村社会的威信和对国家意志的执行能力。新时代以来，党内的政治学习主题持续更新，对学习的要求也在不断严格，乡镇和行政村必须常规化地、系统地、反复地开展各种政治学习。譬如，2021年通过实施的《云南省加强村干部管理激励若干规定（试行）》明确规定，村党组织书记每年累计集中培训时间不少于56学时，至少参加1次县级以上的集中培训；其他村干部每年累计集中培训时间不少于24学时，不得以工作会议代替集中轮训。⑥

---

① ［美］乔尔·S.米格代尔，《强社会与弱国家：第三世界的国家社会关系及国家能力》，张长东、朱海雷、陈春波、陈玲译，江苏人民出版社，2009年。

② ［美］罗伯特·D.帕特南，王列、赖海榕译：《使民主运转起来：现代意大利的公民传统》，中国人民大学出版社，2015年，第213页。

③ 王道勇：《加快形成"一主多元"式社会治理主体结构》，《科学社会主义》，2014年第2期。

④ 李友梅：《当代中国社会治理转型的经验逻辑》，《中国社会科学》，2018年第11期。

⑤ 陆益龙：《"数字下乡"：数字乡村建设的经验、困境及方向》，《社会科学研究》，2022年第3期。

⑥ 《云南省加强村干部管理激励若干规定（试行）（2021年7月20日中共云南省委常委会会议审议批准2021年8月6日中共云南省委办公厅发布）》，云南省人民政府网，https：//www.yn.gov.cn/zwgk/zcwj/swwj/202109/t20210917_228218.html。

近些年来全国乡村无差别地推进的这些政治学习，有些在执行时虽有流于形式之嫌，但持续的推动客观上有利于通过思想濡化强化乡村干部对国家意志的充分准确的理解和把握。与此同时，为破解"三治融合"中自治空间被侵占、德治空间过度延伸以及法治功能收效甚微等问题，全国乡村还全面实行基层党组织和自治组织负责人的"一肩挑"制度，增强了政党在乡村社会中的政治威望和行动能力；而反腐败斗争、扫黑除恶专项行动及其常态化等，则整顿了乡村治理队伍、规范了治理行为，赢得了乡村社会的普遍赞誉。

二是组织覆盖。一方面，是对新兴领域进行组织延伸。在新生社会空间中采用"支部建在连队上"的组织嵌入策略[①]，以独立党组织、联合党组织等组织设置形式，在外出农民工中普遍建立起流动党委和党支部。政党依托这种新构建的组织网络，对由乡村社会外溢而形成的新的社会空间进行引导和塑造，不仅在新生社会空间与国家政权之间建立起稳定的联结，而且为乡村治理人才和资源的回流提供了稳健的平台。另一方面，对乡村社会的毛细血管进行组织全覆盖。考虑到村民小组的虚化所带来的不利后果，基层党组织领导进行了大量的"微治理"创新，对乡村社会的基本单元进行再塑造，如推行党员干部亮身份制度、实行"网格长—网格员"制度，组建村民小组党小组、村民小组理事会和村务监督小组，等等。

三是利益联结。在新时代的乡村合作治理中，改革开放以来形成的较为成熟的利益联结形式仍然在不断发展，表现为通过市场化的契约方式与企业、社会组织等进行组织合作，以政府购买、特许经营、合同委托、服务外包、土地出让协议配建等提供城乡基本公共服务，以利益共赢的形式统合企业、社会组织等外部力量，共同应对基层治理中的需求或风险。同时，也采取了很多新的利益联结方法。譬如，党组织通过整合体制内外资源，采用"带着服务做党建"的方式为"两新"组织（新经济组织和新社会组织）运作提供资源支持，以获取"两新"组织对党建工作的接纳，进而提升对"两新"组织的政治引领力与品性的塑造力；再如，全国各地普遍对村"两委"干部实行补贴工资化、工作职业化以及身份干部化的管理，实行工伤、养老、医疗等社会保险补助制度，通过保障群体利益激发乡村干部干事创业的积极性；等等。

---

① 景跃进：《转型、吸纳和渗透——挑战环境下执政党组织技术的嬗变及其问题》，《中国非营利评论》，2011年第1期。

四是体制吸纳。党组织通过将体制外多元力量吸纳进体制内来增进团结，扩大执政的社会基础。在实践中，基层党组织继续通过运用政治资源和组织资源，赋予新兴社会力量中的精英以人大代表等体制内政治身份。同时，还普遍出台新的政策规定，将乡村能人、返乡创业农民工、高校毕业生、退役军人等吸纳进乡村治理队伍，对符合条件的村"两委"干部报考乡镇公务员和事业单位编制提供专门的政策通道。这些对乡村治理人才的体制性承认和系统性吸纳，使乡村合作治理有了多渠道的组织资源来源，有学者甚至认为这种"内部多元主义"已经逐渐成为中国共产党提升执政能力、促进政党—社会力量互动的重要方式。①

五是创办组织。政党叙事的最新发展就是，政党不仅是社会组织的合作者，而且是社会组织的直接创建者，政党与社会组织不再是相互独立的两个主体，而可能是创建者与被创建者的关系。这种基层党组织直接创建的社会组织在城镇地区的代表有上海普陀区长寿路街道的民间组织服务中心和上海静安区的"白领驿家"等。而在乡村地区由乡镇和村级基层党组织培育和引导建立的社区社会组织，以理事会、乡贤评理堂、红白喜事理事会、法律明白人、红枫义警等形式大规模涌现。近年来，这些社区社会组织创造性地突破了法律对社会组织成立的条件约束，以向基层政权备案的形式，在乡村社会中得以合法存在。这种新型社会组织在组织动员乡村力量参与乡村治理方面发挥了重要功能，在辅助实现政党在乡村社会的治理目标的同时，也为我们呈现了乡村合作治理的新的拓展空间。

四、从内嵌转向内生：政党叙事的发展趋向

在新时代，政党力量持续而强力地内嵌于乡村治理有其坚实的理论依据——马克思主义对政党作用的理论定位。列宁指出："政党是阶级的先锋队，它的使命不仅仅是反映大众的政治水平，更是引领大众。"②这表明，马克思主义政党既是社会群体的意志与利益的表达和反映，也在通过积极的政治行动塑

---

① 郑永年：《中国的政治创新试验及其世界意义》，《人民论坛》，2016年第3期。

② 张跃然：《反映社会还是塑造社会？——国外社会学讨论"政党—社会关系"的两条路径》，《社会学研究》，2018年第3期。

造作为行动主体的"社会群体"，也就是说，马克思主义政党并不是一味地被社会所塑造，它能够主动地塑造和重塑社会。正因如此，学者们普遍认识到，在中国进行任何形式的国家与社会关系分析时，"必须把政党带进来"①。"中国的历史逻辑决定了组织政党，由政党动员社会建设现代国家，是中国走向现代国家的基本道路"②，这样一种"政党中心主义"③的现代化发展模式明显不同于国际上流行的"国家中心主义"和"社会中心主义"。而就乡村社会而言，事实上也是如此。研究表明，在不同发展阶段，中国共产党所领导进行的制度创新与变革都对推动农村发展做出了伟大历史贡献。④

　　从合作角度回顾历史可以看到，晚清至中华人民共和国成立，国家政权是以行政机关下沉的形式进入乡村社会，政党力量的作用痕迹并不明显。中华人民共和国成立以后，中国共产党作为国家政权的主要代表开始全面进入乡村社会并直达最底层，乡村治理的合作色彩日益消退，最终出现政党—乡村社会的吞落困局。改革开放以后，在基层政权"悬浮化"和技术治理流行的背景下，政党赋予乡村社会较强的自主性，并不追求对乡村社会的绝对控制，而是作为相对隐性的决定性力量存在于乡村合作治理的所有场域，领导乡村技术治理的持续推进。进入新时代以后，政党为纠正技术治理异化现象而积极作为，从治理引领、治理体系和治理方式等方面进行系统性的嵌入，通过思想的凝聚、利益的塑造和力量的吸纳等，使政党的在场感和控制力不断增强，无论从工具理性还是价值理性角度评价，这种政党叙事的应然性和客观效果都是不可否认的。而且值得注意的是，与政党叙事发展并行不悖，以"三治融合"为代表的新时代乡村合作治理的各种尝试也在全国各地持续推进。但是从理论逻辑来推演，过于强大的政党叙事可能导致两种不良后果：一种是形成"无能的乡村"，即政党"向前一步"让合作治理可选用的理念和方式日趋受限，具有强烈无力感的乡村社会，丧失作为一个完整的社会所具有的行动热情和创造活力，成为消极

---

　　① 景跃进：《将政党带进来——国家与社会关系范畴的反思与重构》《探索与争鸣》，2019年第8期。

　　② 林尚立：《两种社会建构：中国共产党与非政府组织》，《中国非营利评论》，2007年第1期。

　　③ 杨光斌：《制度变迁中的政党中心主义》，《西华大学学报》（哲学社会科学版），2010年第2期。

　　④ 陆益龙：《百年中国农村发展的社会学回眸》，《中国社会科学》，2021年第7期。

无为的乡村；另一种则是"附庸的乡村"，即乡村合作治理体系和治理行为日益向着政党化、官僚化和驯服化方面发展，乡村成为政党及其背后所代表的国家政权的附庸，近代以来的国家政权—乡村社会的吞没困局再次上演。以上两种结果都非人们所乐见，也与乡村发展方向相悖。

当前，以中国式现代化全面推进中华民族伟大复兴已经成为时代主题。乡村振兴是民族复兴的重要表征。因此，在未来相当长一段时期内，以善治为目标的乡村治理也必然会进行大量新的改革尝试。乡村治理中的众多问题和挑战仍然有待观察和讨论，但其中必须坚持的一条底线就是，不能让"消极的乡村"和"附庸的乡村"成为现实，要以合作治理创新超越传统的吞没困局。

以上述底线思维为基点，未来强化政党叙事的重心，应当是在省思和优化政党行动的基础上，逐步从强调内嵌走向引导内生，着力于建设一个具有更强韧性的乡村社会。作为前提的是要省思和优化一些内嵌行动，要改革因为政党叙事持续强化而出现的形式主义和官僚主义的事物，譬如，在强调痕迹管理中，"重'痕'不重'绩'、留'迹'不留'心'"，"使党的执政基础受到侵蚀[①]，就非常值得警惕。

而所谓具有更强韧性的乡村社会是指，当国家权力持续下沉时，承压的乡村社会能够持续吸收、转化并运用好这种压力，通过多方合作推进乡村社会发展进步，而不是保持沉默甚至被压垮；在国家权力持续退缩时，瞬间失压的乡村社会能够利用内生的力量逐步填补力量的空白，不会因此出现报复性的反弹而彻底失序。理论上看，一个具有这种抗逆力或复原力的韧性乡村社会必然是和谐的。

经过持续多年的合作治理的努力，目前中国乡村合作治理已经初步实现合作治理的基本要义——从"我和你"转向"我们"[②]。但"我们"并非个体的简单聚集，而是一个有序、灵动、可生长的组合，它建基于有机的生活，成长于高效的合作互动。"化多为一、化差异为团结、化分散为联结"[③]，是合作治理的基本过程，这其中既需要发挥政党的作用，也需要强健的乡村社会的通力合作。

---

① 《习近平谈治国理政》（第三卷），外文出版社，2020年，第501、503页。

② 《习近平关于社会主义社会建设重要论述》，中央文献出版社，2017年，第113页。

③ 张跃然：《反映社会还是塑造社会？——国外社会学讨论"政党—社会关系"的两条路径》，《社会学研究》，2018年第3期。

面向未来，要逐步调整近年来政党内嵌所引发和强化的硬性的社会整合思维，树立和增强柔性的社会合作思维，努力让乡村社会机体强健起来，从而使"我们"真正组织起来、行动起来、鲜活起来。一方面，要增强乡村社会的自我运行能力。这就要求要认识和尊重乡村社会的运行和治理规律，创造更多的协商、协调、协同平台，配以相应的资源和机会，让乡村成员对其关心的公共事务进行讨论、决策和监督，这既是全过程人民民主在乡村基层的具体呈现，也是乡村合作治理的应有举措。为此，要敢于放手让乡村社会中各种新生组织力量独立承担更多的治理事务，完善人民团体协商、社会组织协商、社区协商等协商机制，提高乡村社会对日常事务的自我协商能力、发现基层运行缺陷的自我检测能力和解决基层运行问题的自我纠错能力。另一方面，要增强乡村社会的自我保障能力。着力于促进乡村社会中日常的守望相助和应急时的团结互助，提高乡村社会的物资保障能力、自救能力和心理服务能力。可以预见，一个持久着力于建设韧性乡村社会的政党，也将摆脱被迫吞没乡村社会的窘境，从而在与乡村社会协力前行中更好地实现政党意志，完成政党使命。

［王道勇：中共中央党校（国家行政学院）社会和生态文明教研部副主任，教授、博士生导师］

协商民主视角下的社区精准治理：目标、困境及路径

肖雪莲

一、问题的提出

从中国共产党的十八届三中全会提出"增强社会发展活力，提高社会治理水平"①，第一次明确提出"社会治理"这一重大命题，到党的十八届五中全会提出要"加强和创新社会治理，推进社会治理精细化"②，展现出社会管理—社会治理—社会治理精细化的逻辑演变，体现出党和政府对中国社会治理规律的认识逐步深化，更加明晰。此后，党的十九大四中全会进一步指出，要"推动社会治理和服务重心向基层下移，把更多资源下沉到基层，更好提供精准化、精细化服务"③。党的二十大报告指出，要"完善网格化管理、精细化服务、信息化支撑的基层治理平台，健全城乡社区治理体系"④。这些论述指明了新时代推进社区精准治理的必要性、重要性和根本目的，为精准治理实践提供了理论指引。

当前，社区成为社会的基本单元，社区治理是整个社会治理的重要基础，

① 《十八大以来重要文献选编》（上），中央文献出版社，2014年，第539页。
② 《十八大以来重要文献选编》（中），中央文献出版社，2016年，第819页。
③ 本书编写组：《党的十九届四中全会〈决定〉学习辅导百问》，学习出版社、党建读物出版社，2019年，第23页。
④ 习近平：《高举中国特色社会主义伟大旗帜 为全面建设社会主义现代化国家而团结奋斗——在中国共产党第二十次全国代表大会上的报告》，《人民日报》，2022年10月26日。

也是国家治理的重要基础。随着社会经济快速发展，尤其是城镇化进程加速，"社会分化趋势明显加剧，社会结构调整明显加快，利益格局变动明显加速，城乡居民思想观念明显变化，城乡之间以及城乡内部的利益分化明显加深，社会多元化发展态势明显"[①]。这就使得城乡社区工作也越来越复杂，传统粗放型的社区管理模式难以适应新形势下的社区发展形势，社区精细化管理作为一种代替型、完善型管理模式应运而生。"社区精准治理成为进一步推进社会主义城乡建设及社会治理的关键。"[②]

社区精准治理从理念落实到实践并非易事，需要对传统的粗放式管理模式进行反思，从当前社区治理的痛点、堵点、弱点入手，创新治理理念、改变治理方式、采取新的治理技术，方能达到"人民安居乐业、社会安定有序"[③]的社区治理效果。在现代政治生活中，无论从观念还是从实践来看，治理与民主结合在一起，因为治理手段能与民主价值理念、制度安排实现无缝对接。[④]而协商民主作为一种重要的民主形式，具有参与主体平等多元、对不同利益诉求进行准确辨别、消融利益分歧达成共识等优势，能有效改变以往以政府为主导的"单线条"管理模式，使普通群众能积极、有序、合法地参与治理过程，在当前推进社区精准治理进程无疑具有独特而重要的价值。

二、研究综述

（一）关于协商民主

协商民主理论在中国和西方都有深厚的理论渊源和实践基础，与此相关的研究成果非常丰富。在西方，比较有影响力的著作有约瑟夫·毕赛特（Joseph Bessette）的《协商民主：共和政府中的多数原则》、博曼（James Bohman）的《公共协商：多元主义、复杂性与民主》、德雷泽克（John S.Dryzek）的

---

① 廖宏斌：《把握新形势新变化加快推进社会治理创新》，《四川日报》，2019年5月30日。

② 谢震、高晓红：《城乡社区精准治理路径探析》，《人民论坛》，2020年第5期。

③ 本书编写组：《党的十九届四中全会〈决定〉学习辅导百问》，党建读物出版社、学习出版社，2019年，第22页。

④ 漆程成：《民主治理模式比较分析》，《人民论坛》，2015年第21期。

《协商民主及其超越：自由与批判的视角》等，此外，哈贝马斯、罗尔斯等学者都对这一领域的研究有贡献。

在国内，中华人民共和国成立以后建立的政治协商制度以及近年来出现的民主恳谈、评议会、听证会、民主议事等基层协商民主实践为协商民主理论研究奠定了基础。党的十八大报告首次提出社会主义协商民主概念以后，社会主义协商民主更成为学界的热点问题，大量成果不断涌现。著作类有陈家刚的《协商民主与国家治理：中国深化改革的新路向新解读》、林尚立的《协商民主：中国的创造与实践》、李君如的《协商民主在中国》等，他们引介西方协商民主理论，追溯其缘起、嬗变及价值，并对其进行中国化解读，以期为中国协商民主制度发展提供借鉴。从学术论文来看，以"协商民主"为检索词，从中国期刊网查阅（截至2021年2月25日）可搜到博士学位论文80篇，硕士学位论文732篇，其他相关学术论文多达6264篇。

（二）关于社区精准治理

目前，国内关于社区精准治理的研究已有很多。学者们提出了"社区精准治理""社区精细化治理""社会治理精细化"几个概念，其含义区别不大，核心要义都是指在社区范围内以精细化的治理理念代替经验化和粗放式的管理思维。在研究内容上，部分学者们从宏观层面对提高社区精准治理水平的条件、路径提出了思考。如王巍较早探索了社区治理精细化转型的实现条件并提出了相应的对策建议[1]，郁建兴、吴结兵提出提高社区治理的科学化、精细化、智能化水平需要党建引领的治理体系创新、社会协商的社区治理体制、公民参与的社区自治机制、数字集成的社区智治平台等[2]。更多学者在实地调研的基础上，基于各地不同的实践对精准治理的经验、问题和路径进行了探索。如孙荣、汤金金对上海市大型居住社区的精准治理机制进行了研究[3]；杨丽荣以天津市"美

---

[1]　王巍：《社区治理精细化转型的实现条件及政策建议》，《学术研究》，2012年第7期，第51—55页。

[2]　郁建兴、吴结兵：《走向科学化、精细化、智能化的未来社区治理体系》，《浙江经济》，2019年第7期，第21—23页。

[3]　孙荣、汤金金：《上海市大型居民社区精细化治理机制研究》，《上海房地》，2017年第3期，第46—49页。

丽社区"创建为例，对社区精细化治理的基本要素和实现路径进行了探索①；吴
欣基于成都市武侯区"深化社区网格治理机制"改革案例的实际调研，对社区
治理精细化取得的经验、存在的问题进行了思考，提出社区精准治理要坚守方
向、正视问题、重视文化培育等②。周翠俭从广东社会治理精细化的必要性和必
然性谈起，结合广东创新实践，从基层党建、社会协同、公众参与等维度探索
社区精准治理路径。③

　　综上所述，学者们对协商民主和社区精细化治理两个主题都进行了深入研
究，并取得了丰硕成果，但将这两个主题进行结合起来的研究尚不多见。有鉴
于此，本文拟对协商民主和社区治理精细化两者的耦合性以及将协商民主这一
重要的民主形式嵌入社区治理中的意义、方式以及路径进行深入探讨，对新时
代创建新型社区治理模式有一定的理论价值和现实意义。

三、社区精准治理的目标取向

　　概括而言，在以人为本的价值取向的引导下，社区精准治理的目标是为人
民群众提供精准管理与服务，以更好满足新形势下人民群众对美好生活的需要，
"把实现人民对美好生活的向往作为现代化建设的出发点和落脚点"④。具体而
言，社区精准治理的目标主要体现在精确保障群众民主权利、精细改善群众生
活、精准维护社会稳定三个方面。

（一）精确保障群众民主权利

　　精准保障人民群众民主权利是社会精细治理的根本目标。中国宪法规定，
在社会主义中国，一切权力属于人民。党的二十大明确提出，新时代要"着力

---

①　杨丽荣：《社区精细化治理的基本要素和实践路径——以天津市"美丽社区"创建为
例》，《中国社会工作》，2017年第1期，第41—42页。

②　吴欣：《社区治理精细化的探索——以成都市武侯区"深化社区网络治理机制"改革
为例》，《中共四川省委党校学报》，2017年第1期，第99—103页。

③　周翠俭：《精细化开创城乡社区治理新格局的理论逻辑与广东实践探索》，《特区经
济》，2019年第4期，第17—21页。

④　习近平：《高举中国特色社会主义伟大旗帜　为全面建设社会主义现代化国家而团结
奋斗——在中国共产党第二十次全国代表大会上的报告》，《人民日报》，2022年10月26日。

维护和促进社会公平正义"①。因此，民主权利是人民群众基本权利的重要组成部分，也是新时代中国政治建设的基本内容。具体而言，民主权利包括民众的知情权、言论权、参与权、监督权、选举权和被选举权等。从政府职能来看，精确保障人民群众的民主权利是治理型政府的重要职能，体现了政府对人民群众政治权利的承认和尊重，是维系社会秩序的必要前提。当前，精准保障人民群众的民主权利，要深刻认识、切实推进全过程人民民主，积极建构政治参与体制机制，不断提高人民群众的政治参与、保障制度供给的能力，拓宽政治参与渠道，落实群众的知情权、参与权、决策权、监督权以及选举和被选举权，充分发挥人民群众的智慧，激发社会治理活力。同时，还要通过构建一系列针对不同群体的政治参与制度，尤其要完善弱势群体、流动人口的政治参与制度，使每一个群众都能享有宪法和法律赋予的民主权利。

（二）精细改善群众生活

精细改善群众生活是社会精细治理的关键目标。改善群众生活是重要的民生问题。民生问题是人类生存、发展的基本问题，是个人安全与社会安全的连接点，是社会矛盾多发凸显的根源。保障民生、提高群众生活水平既是重大的社会问题，也是重大的政治问题。党的二十大报告指出："必须坚持在发展中保障和改善民生"，"增进民生福祉"，"居民人均可支配收入再上新台阶"。②当前中国已取得了脱贫攻坚战全面胜利，区域性整体贫困得到解决，但仍有部分低保、失业保障、特困救助人员等需要得到进一步帮扶，切实提高他们的生活水平。精细改善群众生活，一方面，要关注基本民生问题，坚持以人民为中心的发展思想，把人民对美好生活的向往作为党和政府的努力目标，既要立足于把蛋糕做大，又要力求把蛋糕分好；另一方面，要更加重视特殊群体的民生问题，在建立普惠型利益分配机制的基础上，精准识别不同群体的利益，尤其要保障特殊人群、弱势群体以及流动人口的权益，提高他们在利益分配中的话语权，消除利益分配垄断和暗箱操作，解决利益失衡问题。

①　习近平：《高举中国特色社会主义伟大旗帜　为全面建设社会主义现代化国家而团结奋斗——在中国共产党第二十次全国代表大会上的报告》，《人民日报》，2022年10月26日。
②　同上。

（三）精准维护社会稳定

社会稳定是保障其他一切权利的重要前提，是社会治理转型的目的。党的二十大报告指出："社会稳定是国家强盛的前提。"[1]因此，精准维护社会稳定是社区精准治理的重要目标。当前，随着全面深化改革不断推进，社会稳定面临一系列的风险和挑战。而传统的粗放型社会管理模式强化政府权力，实行政府单向度管理，容易导致社会问题叠加，增强社会秩序失控的风险。精准维护社会稳定，首先要求权力行使者精准把握社会的主要矛盾和矛盾的主要方面，创新治理理念，丰富治理方式，提倡多元治理，将管理和服务有机结合，维稳手段与服务手段相结合，达到对社会的精准合治。其次要做好政策安排和制度设计，协调国家、社会和公众三者的权责边界，建立社会互动和行为调节机制，规范社会行为与社会关系，针对不同群体的不同利益，制定相互协商、相互监督的互动机制，将社会结构维持在稳定可控的范围内。

这三个方面是相互联系、相互影响的不可分割的整体。其中，精确保障群众权利是精细改善群众生活和精准维护社会稳定的重要前提和保障；精细改善群众生活是精确保障群众民主权利、精准维护社会稳定的直接体现和根本目的；精准维护社会稳定是为精确保障群众民主权利和精细改善群众生活提供了秩序上的可能，既是两者的直接结果，又是社会治理的主要目标。三个方面都是以人民为中心发展思想的具体体现。

四、协商民主与社区精准治理的耦合性

协商民主是20世纪90年代以来在西方学界兴起的一种民主理论，主要强调"公民通过自由平等的对话、讨论、审议等方式，参与公共决策和政治生活"[2]。党的十八大报告强调指出："社会主义协商民主是中国人民民主的重要形式。"[3]无论是西方的协商民主还是中国的社会主义协商民主，由于学者们观察

---

① 习近平：《高举中国特色社会主义伟大旗帜　为全面建设社会主义现代化国家而团结奋斗——在中国共产党第二十次全国代表大会上的报告》，《人民日报》，2022年10月26日。

② 俞可平：《协商民主——西方协商民主理论的最新发展》，《学习时报》，2006年11月10日。

③ 《十八大以来重要文献选编》（上），中央文献出版社，2014年，第21页。

问题的角度不同，给协商民主的界定也不尽相同。通过分析、比较，具有代表性和共性的定义是：协商民主本质上都强调协商主体的多元性、协商过程的平等性和协商结果的一致性。在社区治理中引进协商民主理念，将有效达成治理目标，推进社区精准治理。

（一）协商民主能通过多元主体平等参与决策公共事务，精确保障群众政治参与权利

政治参与是现代民主政治的具体体现，它不仅能促进民主政治的发展与进步，而且还能预防和解决某些公共问题，因而具有广泛的社会意义。协商民主作为一种重要的民主形式，能通过促进多元主体平等参与公共事务，保障群众的政治参与权利。

第一，协商民主体现参与主体的多元性。"协商民主以多方协商作为决策的基本形式，是平等的多元主体间的互动过程。"[1]多元主体要求在协商过程中尽可能地把受决策结果影响的组织和个人都吸纳进来，允许其表达自己的意见和建议，既能体现协商程序的公开、公正，又能体现协商结果的公平、合理。例如，在武汉关社区论坛中，参与协商的主体不仅包括政府人员以及单位代表，还包括社区组织成员和广大居民。所有的协商参与者都没有年龄、身份、地位等方面的限制，社区内所有常住人口和居住时间达半年以上的外来人口都可以参与论坛讨论并做出公共决策，充分体现了协商主体的多元性。协商主体多元性有利于增强群众对共同体的认同，增强群众对公共决策的认同度，实现社会整合。

第二，协商参与主体有平等对话的权力。平等性是协商民主的重要特征。所谓平等，不仅意味着群众有平等的参与机会，而且意味着群众有平等的协商讨论权利。群众平等、理性地参与公共事务的讨论并影响公共决策，是公共政策获得合法性的重要条件。协商主体在形成公共决策的过程中，不受外力压制，不简单采取少数服从多数的原则，而是通过公开、平等、理性的讨论，使不同群体尤其是弱势群体的利益诉求都能得到尊重，这有利于增强利益主体间的相互理解、信任和妥协，使不同的甚至相互冲突的利益最终实现整合，实现公共

---

[1]　叶战备、程广利：《村民自治下发展协商民主的可行性研究》，《皖西学院学报》，2010年第1期。

利益最大化，最终达成各利益主体都能接受的结果。

综上所述，协商主体的广泛性、协商过程的平等性等特点，决定了协商民主可以使不同阶层的群众都能有机会充分表达自己的意见和诉求，化解政府一元化管理模式的弊端，满足社会公众的政治参与权力。

（二）协商民主能深入了解群众利益诉求，促进物质资源公平分配，精细改善群众生活

协商民主有利于群众的利益表达。社区治理最终要回归到人的利益分配，而利益分配首先依赖于利益表达。传统社会管理的利益表达机制存在强势和弱势群众地位不对等的问题。而协商民主奉行的平等、对话、协商的原则，有助于将社区内各利益主体尤其是弱势群体的合理诉求通过制度化、规范化的渠道输入到公共决策过程，重构公平正义的利益表达机制，推动利益实现机制的精细化。

协商民主有利于促进利益均衡。实现利益均衡是治理的主要目标之一。在传统的政府一元化治理模式下，常常由社会精英主导了整个利益分配过程。理论上，精英们从平衡公共利益、群体利益和个人利益的角度出发处理各方利益关系，但在实践中，由于利益分配过程的垄断和暗箱操作，容易出现利益分配不公平、不合理的行为，引起公众的质疑、不满和敌视，甚至爆发公众与公共权力机关的种种矛盾。而协商民主可以最大限度地吸收利益相关者参与平等、公开、理性对话，将各利益方的意见和建议开诚布公地陈述出来，通过反复博弈最终达成各方相对满意的利益分配方案。这一过程以公开、透明的方式开放给所有的参与者，不仅接受有利益相关方的监督，也接受非利益相关方的监督，能有效促进公共事务尽可能照顾到各方的利益诉求，实现利益分配均衡。

协商民主有利于加强基层社会的反腐倡廉建设。民主协商的广泛开展是加强基层社会依法行使权力、推进反腐倡廉建设的重要举措。一方面，通过深入、广泛开展协商民主，有力推动了基层群众对公共事务的有序参与，满足了基层群众的知情权和参与权，有利于群众实现对基层政府的监督，对规范基层权力运行、防止权力异化、以权谋私等行为具有重要作用；另一方面，广泛的民主协商能有效地转变基层公职人员的行政理念，增强以人为本、执政为民、廉洁奉公的执政意识，强化为人民服务的责任感和使命感，这对于基层社会的防腐

廉政建设有着重要作用。

（三）协商民主能促进主体理性对话，化解社会矛盾，精准维护社会稳定

协商民主的核心功能就是将分散的利益诉求通过协商民主这个渠道，促进各利益主体的表达和博弈、妥协与和解，最终达成共识，解决各利益主体之间的矛盾，有效维护社会稳定。

首先，通过信息共享促进理解和信任。信息是现代治理的基础。现代社会是一个信息社会，信息即权力，谁最大限度地掌握并传播信息，谁就可能最大限度地拥有掌握时局发展的权力。随着网络的发展，信息传播相当迅速，容易对基层民众产生误导，使一些不明真相的基层群众变得不理性，激化并扩大本来已经存在的矛盾。同时，基层群众获得信息的途径较为单一，由于他们的文化素质的局限，使得基层群众很难获得准确的信息，可能因为无法分辨事实的真伪而被别有用心的人所误导。协调民主通过多元主体交流互动，互通信息，平等协商，实现官民之间、不同利益群体之间信息共享，促进相互了解和信任，使社会关系更加和谐。

其次，通过理性对话化解利益冲突。社区虽然区域不大，但仍然存在不同的利益主体，各利益主体对待具体问题时都有着自身的价值偏好，这些价值偏好就形成了利益冲突的根本原因。协商民主通过表达、对话、沟通、妥协，在互相尊重的前提下进行理性对话，有利于逐渐实现个体价值偏好的转换以形成共识，最终形成多方满意的解决方案，由此化解了纠纷，消除了社会矛盾。

五、当前社区治理存在的困境

习近平总书记指出："人民对美好生活的向往就是我们的奋斗目标。"[1] 随着社会不断发展，社区居民的需要不断丰富多元，利益诉求差异化明显，社区管理事务日趋复杂，政府单中心治理已难以满足群众的多元诉求，具体表现为政府的治理成本高、治理成效低、治理能力不足，而多元主体发挥的治理作用又相对弱小，难以实现社区精准化治理目标。

---

[1] 《习近平关于社会主义社会建设论述摘编》，中央文献出版社，2017年，第8页。

（一）治理方式行政命令化突出

近年来，中国努力构建"党委领导、政府负责、社会协同、公众参与、法治保障的社会治理体制"[①]，然而在实践中，由于受到长期形成的社区治理模式和传统治理理念的影响，部分基层党委和政府常常把自治组织当作行政权力在基层社会的延伸，将繁杂的行政事务以行政命令的方式下派给社区并进行考核，使自治组织在各种考核、评比中疲于奔命，而无暇顾及自治事务。而出于稳定和管理的需要，现代化进程中涌现的各种新兴社会组织则需要在政府的批准下才能开展治理活动，虽然这在一定程度上有利于稳定和管理，但也限制了这些主体力量在社区治理中有效发挥作用，从而导致了行政权力在社区的治理结构中仍然处于强势地位，行政命令仍然是主要治理方式，从而导致社会力量参与不足，影响治理效果。

（二）治理主体缺乏协作性

当前，中国社区治理主体主要包括基层政府（乡镇政府或街道办事处）、党的基层组织、居民委员会、社区中介组织、业主委员会、物业公司和社区居民等，各主体都在社区治理中发挥了不同的作用，都是治理的重要组成部分，但在实践中各主体也存在着相互冲突的问题。例如：基层政府与居委会的权限不明、党组织和居民委员会的职责错位、居委会与业主委员会以及物业公司之间存在冲突、社区中介组织发展滞后，专业化和社会化服务不够、社区居民个体参与社区公共事务积极性不高等问题。这些问题不解决，社区治理难以取得理想的效果，影响了社区的健康发展。此外，近年来虽然各地社区大力推进基层党组织引领社区自治，但在实践探索中依然存在各主体间的协商配合难的问题。尽管建立了党建联席会议，但在实际运行中社区基层党组织很难调动社区内其他单位、党派、社会团体和社会组织的资源参与治理。

（三）治理资源成市不优化

目前在社区治理中，较为广泛采用的是网格化管理。从实践上看，网格化

---

① 习近平：《决胜全面建成小康社会 夺取新时代中国特色社会主义伟大胜利——在中国共产党第十九次全国代表大会上的报告》，人民出版社，2017年，第49页。

管理在化解社会矛盾、及时采集社会信息、加强基层社会秩序等方面确实取得了良好的效果。但这一模式带来的治理成本也是巨大的，增加了政府的财政负担。在网格化组织体系中，设有总网格组长、网格组长和基层网格员。一般而言，总网格组长由公职人员担任，网格组长由社区工作人员担任，而数量庞大的基层网格员则需要从社会招聘，这笔费用需要从政府财政中支出，数额十分巨大。[①]此外，社区人力、物力等资源配置不合理。在实践中，由于社区事务准入机制不健全，社区工作站承接了大量的街道办和有关部门转移的行政事务，因此在人力、财力、物力上也得到了更多的倾斜，而自治组织（村委会或居委会）则由于人力、物力的不足而陷入空心化和边缘化困境。另外在人员配置上，多数社区一般由社区党委书记兼任居（村）委会主任，因为兼职领导职务繁忙而难以顾及居（村）委会工作，这也导致实践中自治效果大打折扣。

（四）社会参与能力不足

社区治理中需要提供精细化的管理和服务，单纯依靠政府的力量很难实现社区治理的各项目标。但当前社会力量的参与积极性不高，参与能力不强。首先，群众个体的参与积极性不强。由于中国基层民众的素质参差不齐、民主意识不强，存在一定程度的公共事务参与热情不足。在党建引领社区治理模式下，部分社区党组织的宣传发动意识不强，群众意见民主表达、收集、处理、反馈机制不健全，群众对基层党委的认知度、信心不高，参与热情随之降低。其次，社会组织虽然得到蓬勃发展，但由于社区组织多数是自发成立的组织，缺乏专业化、规范化的管理，再加上政府对社会组织有严格限制，导致社会组织在社会治理中的作用发挥有限。此外，流动人口参与社区事务的权利也是需要重视的问题，其群体结构和表现直接决定社区治理效果。当前，城市或东部沿海地区的社区流动人口较多。但这些人一般背井离乡，流动性大，且大多关注其经济收入而忽视民主参与，因此，其社区归属感弱，社区参与意识和参与能力不强，素质水平不高，给社区治理增加难度。

---

① 朱仁显、邬文英：《从网格管理到合作共治——转型期中国社区治理模式路径演进分析》，《厦门大学学报》（哲学社会科学版），2014年第1期。

（五）治理中信息化技术运用不够

传统的治理模式效率低、人工成本耗费高，需要采用更好的手段和方式提高治理效果。随着信息技术的迅猛发展，信息技术运用到社区治理中已成必然趋势。但实践中，社区治理对信息化技术的运用还十分有限。例如，从信息收集和整理来看，信息采取主要是靠群众反映和政府部门的实地巡查，容易出现采集对象不全面、采集信息不完全、采集信息处理不准确不及时等问题。即使在一些智慧社区，信息技术也主要用于各类网络宣传平台的建设和维护，真正将大数据、人工智能、物联网等先进信息技术用于社区治理的社区还十分少见，亟须采用现代化信息技术提高治理效果。

六、推进社区精准治理的路径选择

针对粗放型社区治理的现实困境，需要加强协商民主理念，提倡治理主体的多元性、治理方式的协同性、治理手段的先进性和治理效果的共享性，以共建共治共享的合作形式推进社区精准治理。

（一）治理方向精准：加强基层党组织建设

党的十九大明确指出："东西南北中，党是领导一切的。"[①]在推进社区精准治理中，基层党组织起着重要的引领作用，确保基层协商民主的政治方向。社区党委在社区管理中起牵头、宣传、动员、指导、监督的作用，为实现资源共享、优势互补、民主协商、和谐发展提供领导保障。首先，要重视基层党内协商。社区需要进一步完善党委议事机制、决策机制、监督机制。建立健全社区党员代表大会、党委委员会、党委监督委员会，逐步构建党的代表大会决策、社区治理委员会执行、社区监督委员会监督评议的格局。其次，要加强党与社会协商。社区党组织在领导社区事务的过程中，要加强与社区范围内不同党派、各种社会团体、利益群体的协商，引导社会力量参与重大事务的决策，凡是关系到社区群众利益的事情，都必须听取和征询社区群众的意见，实现从群众中

---

① 习近平：《决胜全面建成小康社会　夺取新时代中国特色社会主义伟大胜利——在中国共产党第十九次全国代表大会上的报告》，人民出版社，2017年，第20页。

来到群众中去的群众路线。这样既能保证社区治理方向，又能听到群众呼声，了解群众意愿，满足社区群众需要，解决社区群众的困难，从而达到精准治理的目的。

（二）治理制度精准：完善社区协商民主制度体系

推动基层协商民主需要一系列的制度安排来搭建一个稳定的制度平台。制度建设有助于明确各协商主体的责任，有效避免协商过程的随意性，保障协商成果的顺利转化。可以说，完善协商民主制度体系是社区精准治理的基础。首先，要从宏观到微观统筹推进协商民主制度建设：在中央、省级政府层面要制定统一的法规和规章对治理实践进行规范和引导；基层政府则要根据各地实际情况，制定具体的、操作性强的规程和实施办法，切实推动协商民主的有序进行；在社区层面要在广泛征求居民意见的基础上制定合乎居民意愿的章程和规定等。其次，要加快构建社区、街道（乡镇）、市县三级联动的民主协商机制。要根据社区协商治理的现状，加快完善社区一级的协商治理制度，在此基础上积极构建与街道（乡镇）、市县联动的民主协商机制。三级联动的民主协商机制是提高社区协商治理的现实要求，不仅有利于协商解决本地区、本部门的公共事务，还具有上情下达、下情上报的功能，提高社会治理的及时性和有效性。再次，要高度关注社区内的边缘群体，制定有利于边缘群体参与协商的制度。边缘群体主要是指没有固定居所的流动人口、没有固定收入的失业人口、文化程度不高的无业人口以及因生理方面的原因而导致的老弱病残等人群，通常也称为弱势群体。从社会心理学的角度看，这类群体更容易产生相对剥夺感，有着更强烈的改变现状的愿望和表达意愿，当他们的权益受到无理剥夺后更容易发生极端事件。因此，要建立相应的协商制度，充分保障他们的参与权和话语权，切实保障他们的权益。

（三）治理能力精准：提高协商主体的民主素养

所谓能力精准，就是要针对性地、有重点地培养和提高协商主体的协商能力，提高社会治理水平。民主制度的有效运转不仅需要群众有参与的权利，更需要有参与的能力，只有权利而无能力，民主也会虚置。在社区协商治理过程中，要着重增强协商主体的民主理念和民主素养，引导他们理性地对待和处理协商议题。当前虽然绝大部分社区根据社区的实际情况制定了村（社）规民约，明确规定了协商主体的责任和权利，但是由于部分干部群众民主意识和素养不强，在协商过程中不遵守协商的规则和程序，也难以保持理性、包容、公正的态度，造成协商效果不理想。这就要求切实加强对社区协商主体民主理念和素养的教育和培养。首先，要加强政治精英的民主素养教育，强化以人民为中心的发展思想，树立平等协商的观念，在解决社区公共事务时做到公开、公平、公正，在求同存异中寻求群众利益的最大公约数，尽可能在保障集体利益的同时兼顾个人利益。其次，要在广大群众中广泛开展科学文化知识教育，帮助他们树立科学的价值观和独立的政治人格，使其在协商过程中有意愿表达、有机会表达、有能力表达利益诉求，既能据理力争、积极博弈，努力维护自身权益，又能包容理性、客观公正，理解并尊重他人权益。其中尤其要重视对弱势群体、边缘群体的协商能力的培养，保障他们参与、学习和表达的权利。最后，要充分运用社会组织优势，提高群众协商能力。党的十九大提出，创新社区社会组织发展机制，激发社区治理活力，广泛推动社会组织协商。实践证明，社会组织为社区居民参与社区治理提供了有效的组织形式，只有当他们融入社会组织，才能实现个人的意见表达，提高协商能力，自觉参与社区共治活动。

（四）治理区域精准：因地制宜探索社区微治理

民主协商在达到理想的效果，需要合适的协商空间。当前出于行政和管理上的考虑，中国城乡社区治理普遍存在社区规模过大这一难题，在一定程度上不利于集聚社会资本。小规模居民群体之间容易形成熟人社会，故有机会和场地对公共议题进行充分互动与交流，促进社区协商治理。因此，可以根据空间的实际情况，因地制宜地开展城市社区微治理。微治理可分为两个层面：一是自成单元的社区大院治理。有着历史渊源、地缘渊源或少数亲友渊源的几幢楼可以结成单元共同体，就共同议题进行协商，集聚社会资本，和谐邻里，为居民提供精准服务。二是楼道治理。借助楼道这个小空间载体，鼓励民众自主协商解决问题，近距离地关心老人、关爱儿童、帮扶残疾人等，在社区之内、家庭之外营造出其乐融融的居住空间，增强群众的幸福感和归属感。

（五）治理技术精准：加强现代网络科技的运用

在探索社区精准治理模式中，要充分利用现代网络技术。借助互联网科技，构建"智慧社区"工程，通过建立大型居住社区信息化管理平台可以动态地了解居民需求，及时地为居民提供个性化服务。首先，社区干部可以通过网络征求民意，及时收集社情民意，更好地围绕群众关心的热点、焦点制定规划和决策，可以提高管理效率，及时发现并解决问题，降低管理成本；其次，社区可以通过建立门户网站、微信公众号、微信群，快捷、及时地为公众提供准确的信息，有利于提高公众对公共议题的关注，提高他们的协商积极性和协商效果；再次，网络本身就是一个协商平台，借助腾讯会议、钉钉等视频软件，干部群众可以就某一个议题进行远程协商，更快、更直接地反映群众诉求，表达群众意见，促进干群关系和谐，达成共识。

（肖雪莲：四川省社会科学院政治学所副编审）

第二编　小区治理

双流区推动小区分类治理
提升基层治理精细化水平

赵晓蓉

　　随着城市化的高速发展，居民小区作为主要的集中居住形式，小区治理成为社区治理的重要环节。成都市双流区作为成渝地区双城经济圈建设和国家级天府新区、四川自贸试验区重要承载板块，位列"全国百强区"第29位。据第七次全国人口普查显示，2020年全区户籍人口67万人，常住人口147万人，实际管理服务人口183.5万人，双流区成为成都市净流入人口最多的区，而这一趋势还在增加。四川省常住人口最多的5个街道，双流区就占有2个。由于人口数量剧增、人口结构多元、社会问题复杂，社会治理工作任务重、难度大。为破解管理幅度增大、难度增加与基层精细治理的矛盾，双流区坚持分类治理、创新治理、精细治理，在全域建立健全覆盖到小区、楼栋的基层党组织体系，推动党建引领社区发展治理工作下沉到小区，将治理最小单元聚焦聚力到全区1 168个小区，特别是870个"三无"院落，不断完善社会治理机制，持续提升社会治理水平，有效增强居民的获得感、幸福感和安全感。

一、坚持党建引领，汇聚小区治理"红色力量"

　　党建聚合力，双流区委社治委、人口服务管理委员会与小区管理服务中心互动形成"两委一中心"治理架构，联动9个镇（街道）、118个村（社区）、1 168个小区（院落），带动物业行业协会、180家物业企业，将党组织延伸至小区楼栋，建到物业企业，深入服务项目，初步形成以党建为引领、线上线下融合闭环治理的"区—镇（街道）—村（社区）—小区（院落）—楼栋—党员中心户"六级党组织联动治理体系，形成纵向到底、横向覆盖、协同共治的党建引领小区治理新格局。积极引导社区、小区党员、物业公司，通过单建、联建等形式筹建小区党支部，健全"镇（街道）—村（社区）—小区—楼栋"党组织体系，形成纵向联动、横向互动的基层党组织体系。同时着力发挥党员先锋模范作用，打造小区治理党员先锋队。采取单建、联建等方式，对全区515个老旧小区（院落）分类施策，开展2轮摸排，推动小区"组织找党员、党员找组织、物业党建找场地"，以奖代补建立小区党组织183个，升级党群服务站147个，引导物业服务企业培育"红色基因"党组织文化，与社区党组织、小区党组织共同开展"接待日"活动。双流区积极探索党建引领小区治理新路径，进一步提升党建引领城市居民小区治理水平。

二、坚持精准施策，靶向小区治理"对症下药"

聚焦商品房小区、农民拆迁安置小区、老旧小区等治理难点不一、群众需求各异的实际，坚持问题导向，积极探索分类治理、精细治理模式，着力构建党建引领、共建共治共享的小区治理格局。根据小区的产权性质、功能定位、居民结构、服务模式等，将全区1 168个小区（院落）分为商品房小区、农安小区（农集区）、老旧小区（"三无"院落）。对商品房小区，以"幸福乐居"为治理目标，探索了"三员三联四亮牌"商品房小区前端治理机制，全面推行"1+211"（党组织+业主大会和业主代表大会+业委会和监委会）治理模式，重点抓好长效治理机制良性运作。树立一批党建强、服务好、群众满意度高的社区生活服务商，提供多元化的社会服务、生活服务、物业服务，满足居民多元化需求。拓宽居民参与治理途径，推动业主自治组织全覆盖，逐步破除邻里关系陌生化现象，提升小区的烟火气、生活味、幸福感；对农安小区（农集区），以"睦邻友善"为治理目标，优化完善"1+3+1+N"（小区党组织+议事会、管委会、监委会+物业服务中心+其他社会组织）治理模式，重点抓好党建引领"意见领袖"居民自治为主线，鼓励有影响力的居民骨干担任议事会、管委会、监委会成员开展群众工作，发挥居民亲缘纽带作用，制定居民公约，化解拆迁矛盾，改变生活陋习，提高文明素养，推动"村民"向"市民"转变；对老旧小区（"三无"院落），以"美好家园"为治理目标，全面开展党建"四有一化"建设，坚持以"改善基础设施、改优居住环境"为主线，让居民群众感受到治理带来的变化。重点推进"长期失管"到"居民自管"，实现有党组织、有业主自治组织、有安全防护设施、有基本物业服务、有干净整洁环境、有长效管理机制等"六有"目标；对散居楼栋实施连片管理，推动清洁卫生、物业维修等基本服务全覆盖，实现有清扫保洁、有绿化养护、有物业维修、有保安防护、有停车管理等"五有"目标。

三、坚持线上线下，拓展小区治理"智慧场景"

为适应新形势下小区治理的新要求，坚持"线上线下"两种方式提质治理效能，推动基层治理末端见效，做强城乡融合发展"细胞"，通过打破信息孤岛、完善闭环机制、丰富场景应用等方式，让小区"治理"变小区"智理"，彰显精细化、精准化治理特色。线上开发"幸福双流"应用系统，推动打造智慧小区，前端采取"人脸识别系统、电话卡、门禁卡、身份证"等模式门禁通行，后台与省大数据中心打通信息壁垒，建立动态更新、科学精准数据底座。目前已在261个小区安装物理感知源884台，依托幸福双流智慧小区管理系统开辟党建线上阵地，2023年年内全域覆盖1 168个小区，构建群众诉求表达和党组织即时回应、快速办理、闭环落实机制。线下试点开展"小区体检"，将"体检"数据融入智慧数据底座，通过大数据分析实现异常情况实时预警，推动小区紧急事项和矛盾纠纷处早、处小、处快。推动"双线融合"强服务，依托智慧治理平台整合力量，线上畅通街道、社区、院落三级信息化"数据链"，线下整合社区民警、网格员、综治队员、红袖套、小区党员、热心群众等多种力量，形成"线上发现问题—派发整改清单—线下及时落实—限时督导问效"的工作责任闭环。拓展智慧应用场景延伸到小区，在主动融入"智慧蓉城"建设基础上，搭建网上群众路线综合服务平台，畅通党群沟通渠道，构建直达"部门镇街—村组—小区"接诉即办可视体系。

双流区把基层治理切口聚焦在小区，把工作任务落实到小区，把资源力量汇聚到小区。通过做实小区治理"微单元"，撬动基层治理"大格局"，推动城市治理更加科学化、精细化、智能化，切实把高质量发展成果转化为市民可感可及、普遍受益的社会认同。目前，双流区基层治理在创新探索中成效显著，老百姓获得感、幸福感、安全感明显增强。全区常住人口感到幸福的人口占比超过92.9%，成都连续14年获评"中国最具幸福感城市"第一名，双流区连续3年获评"中国最具幸福感城市（城区）"。

（赵晓蓉：中共成都市双流区委城乡社区发展治理委员会常务副主任）

双流区创新社会治理
推动城乡社区高质量发展

陈锋　汪明晨

　　小区是社会治理的末梢，是服务人民的最后一公里，小区得到善治，人民生活水平才能提升，社会治理水平才能质变，国之大厦才能巩固。"十四五"时期是中国"两个一百年"奋斗目标交汇的重要历史时期，经过百年奋斗，中国经济发展持续向好，科技支撑更加有力，城乡融合更加深入，发展质量问题被摆在了更加突出的位置，推动高质量发展成为主题。然而中国城乡发展不平衡、不充分的问题依旧存在，经济社会的发展依旧难以满足人民群众日益增长的美好生活需要，为此需要牢牢把握住"两个一百年"的战略机遇期，奋力书写城乡社区发展的新篇章，进一步推动社区高质量发展。

　　中国共产党的二十大指出要完善社会治理体系，必须强化体制保障，要健全党委领导、政府负责、群团组织助推、社会组织协同、人民群众参与的社会治理体系，建设人人有责、人人尽责、人人享有的社会治理共同体。为响应党和国家的号召，回应最广泛人民群众的需求，成都市双流区近年在基层社会治理上，尤其是在小区治理上展开了广泛实践，创新探索出"两委一中心"、五级党组织联动、"微网实格"、分级分类治理等治理方式，形成了从"大区"到小区的，横向覆盖、纵向到底的社会治理框架，有效推动了基层治理体系和治理能力现代化，尤其增强了小区治理水平，完善了末梢治理。

　　本文首先论述成都市双流区基层社会治理的重要性与紧迫性；然后从顶层设计入手，梳理双流区在推动社区高质量发展上所搭建的治理框架；再从基层落实出发，对当地治理质量较好的典型小区进行列举，分析他们是如何阐释双流治理框架、如何将理论与小区实际相结合，并成功提升治理水平的；最后将点出双流小区治理的实践经验并做反思展望。希望本文所述内容能够为中国城乡社会治理能力现代化和社区高质量发展提供新思路。

一、双流小区治理背景

美国康奈尔大学人类学博士施坚雅（G.William Skinner）对20世纪中国城乡发展规律进行了深入研究，他在《中国农村的市场和社会结构》一书中提到：较高层次集镇在向现代化贸易中心的转化过程中，邻近市场的需求会被引流至中心市场，从而呈现出一种邻近市场需求下降、贸易中心需求提升的情况，这就导致贸易中心的市场区域面积随着旧市场的关闭而不断扩大。书中他对成都平原的集镇发展做了较为详细的论述。他认为成都平原周边地区将凭借其平坦的地形、肥沃的土地以及与中心城区的距离优势，使周边集镇迅速迭代发展，从基层市场转变为中心市场、从基层农村转变为地区性城市，伴随这一过程的将是人口的激增、市场范围的扩大和社会结构的变迁。在施坚雅的理论下，一个现代化过程中的市场命运实质上由交通现代化的空间模式和时间顺序决定，成都平原充分利用地形优势，打造出了"环、射、绕、轴、线"相结合的城际快速公路网，实现一小时快速通勤，这又决定了成都平原最终将发展成集中连片的特大城市，成为中国西部地区的超大型市场，我们现在可以用"新型城市化"来称呼这一过程。

双流区作为历史文化积淀深厚、经济社会发展迅猛的具有浓郁成都特色的典型特征，其快速城市化进程集中发生于1981年来的30多年间，时间短变化大。这一过程中传统社区加速转型，现代化社区如雨后春笋般涌现。城市化是通过人口的自然增长、农村向城市移民以及农村就地转化而形成的。当前一个社区中，"新市民"或来自上百个村庄体系，社交圈边界的扩张导致居民之间几乎不能实现充分的了解和有效的一致性，曾经根植于"乡土中国"熟人社会自然形成的合作互助体系被逐渐瓦解，其经济社会功能也相应地遭到削弱。于是在现代市场体系中社交范围扩大的同时，又催生出"小区"这一概念。现代城乡体系中，社区范围不断扩张，社区人口密度与日俱增，社区逐渐难以承担精细化的管理、服务、教育、监督等职能，为了更好保障基层稳定，社区的诸多功能逐渐向小区让渡，社区更多地成了一个枢纽或统筹的概念，小区成了基层社会的末梢，小区善治顺理成章地成为了基层社会治理的重要抓手。双流辖区面积1 065平方千米，实际管辖面积466平方千米，共有家庭户50.8万户，现有小区1 168个，常住人口146.6万，其小区治理之难主要体现在以下几个方面。

（一）人口多、密度大

文献记载，双流人口在1735年（雍正十三年）仅有53 240人，60年后的1795年（乾隆六十年）增至94 385人，1812年（嘉庆十七年）少量增加，至97 254人，17年来年均增长2‰，此后100余年，双流人口无较大增长，到1914年（民国三年）人口仅到达107 007人。抗日战争期间，随着外省入川避难人口的迁徙，双流人口数量出现激增之势，到1949年中华人民共和国成立时，双流人口已近50万，1985年增至80万，2000年达86万。据第七次全国人口普查结果，目前双流区常住人口已增至146.6万人，人口数量位居成都市各区县第二。中华人民共和国成立以来，伴随着城市规划与发展，双流曾将诸多土地划归至邻近区县，其实际管理面积一直在缩小。按现行区划面积算，1949年双流每平方千米的土地上有451.29人，1985年每平方千米有720.93人，2000年为807.51人，如今更是达到了1 376.53人。双流区自中华人民共和国成立的70多年来，人口增长近300%，农村人口在改革开放后的40多年里，迅速转变为城镇人口，123平方千米的城市建成区中，竟容纳了超过100万人，人口十分稠密。

（二）人口结构变动剧烈

1949年双流城镇人口占4.39%，乡村人口占95.61%。在改革开放前，由于各种历史原因，双流城镇人口比重降为4.20%，1980年更是降至3.88%。改革开放后的1985年，双流城镇人口增至5.11%，邓小平同志南巡讲话后，全国城镇迎来快速发展之势，到2021年双流城镇人口剧增致77.78%。令人印象十分深刻的是，双流2021年末户籍人口只有70万左右，然而常住人口已达146.6万，可见其中外来人口数量显然十分庞大。当下双流区年龄结构中0~14岁占

13.65%，15~59岁占73.92%，60岁以上人口占12.43%，其中65岁以上老年人占比9.26%，明显超过了老龄化标准。

（三）少数民族众多

双流区是四川民族宗教工作重点区县，同时也是成都的涉藏维稳前沿区。1964年人口普查显示双流有9个少数民族居住，1982年上升至18个，到如今已经是56个民族全覆盖，少数民族同胞已达7万人，其中藏族、彝族、回族居多。由西藏自治区，甘孜、阿坝、凉山州等民族地区迁入双流的办事机构和干休所就有20个。多民族文化、风俗习惯乃至宗教信仰等是基层治理中必然要纳入考虑的因素。目前双流区正在加快建设黄水镇民族团结示范村，欲探索民族团结的双流经验。

（四）产业结构调整速度加快

在产业结构上，1985年的双流农业人口占总人口的88.43%，第一产业占据重要比例，是一个典型的农业县。如今随着城乡一体化建设的加快，农业人口与农业生产逐渐脱钩，更多地进入第三产业中，2021年第一产业GDP增同比增长3.9%，第二产业则为10.1%，第三产业为9.5%，其中值得一提的是，三次产业结构比为1.8∶27.2∶71.0，可以看出双流区实现了产业的转型升级。当下双流区的三大主导产业——航空经济、生物医药和电子信息，共同支撑着双流区的经济命脉。

（五）职业类别丰富多元

双流区处于"一带一路"、长江经济带和成渝双城经济圈的重要链接点，是中国西部重要的航空口岸城市，同时还是全国首个12年义务教育试验区，有着独特的区位价值，由此吸引了众多外来人口在此安家落户，也吸引了诸多商企甚至是外国友人的到来。此外，双流区辖区位于龙泉山脉中段西侧，地形地貌多样，境内分布有坝区、丘区和浅丘台地，区域内从核心商圈到郊区院落一应俱全，小区类型多样，人口职业错综复杂。

双流区人口规模大、密度大，人口结构不平衡，外来人口多，人口老龄化严重，少数民族人口数量多、文化习俗多样，职业类别复杂多元，大量人口集中于第三产业，基层治理难度可见一斑。国家快速发展，社会加速变迁，城乡二元体制的遗留问题需要解决，社会建设过程中的新问题在不断涌现。新时代、新问题、新需求、新挑战背景下，创新小区治理方式、创造性解决基层治理难题显得尤为必要且十分紧迫。如何让人们从"乡土中国"中走出来，适应"城乡中国"的新格局？如何将短时间内聚集起来的、差异化明显的群众组织起来，促进基层治理体系和治理能力现代化，实现人与城的和谐共生？这正是双流区近年来所探究的问题，而各个小区对这些问题的基层治理创新便是对这一问题的回应。

二、小区治理创新的双流经验

要想推动基层治理体系和治理能力现代化，单靠政府的行政力量是难以触及治理末梢的，况且历史也已证明政府的大包大揽并不是解决社会问题的有效方式。毛泽东同志曾在抗日战争期间做了一篇名为"组织起来"的讲话，其中深刻论述了把群众力量组织起来的重大意义，是当时党领导根据地大生产运动的基本纲领，其所体现的思想对如今小区治理也有指导意义。"把群众力量组织起来，我们就不怕任何困难。"同样我们也能将小区居民组织起来，通过增强居民积极性，开展小区居民自我管理、自我服务、自我教育和自我监督，共同发展小区生计、缓和小区矛盾、营造小区环境，不断提升居民归属感，从而实现小区善治。从以往国内基层治理经验来看，将人民群众组织起来，开展共建共治共享是确保治理有效的重要法宝。双流区深谙"组织起来"的重要意义，在城乡社会治理中将小区自治组织放在重要的位置，坚持认为自治是解决小区治理难题的重要手段，并将其落实到解决小区各类矛盾冲突中。

习近平总书记早在2014年就做出了重要论断："党是我们各项事业的领导核心，古人讲的'六合同风，九州共贯'，在当代中国，没有党的领导，这个是做不到的。"一方面，基层群众来自各行各业，受教育程度不同，社会分工亦不相同，不能预设居民精通社会治理，也不能奢求小区居民能在没有引导和支持的情况下完成小区治理工作。另一方面，历史和现实告诉我们，坚持和加强党的全面领导，增强党的政治领导力、思想引领力、群众组织力、社会号召力，永远保持党同人民群众的血肉联系，中国人民就一定能够形成强大合力，从容应对各种复杂局面和风险挑战。为此在社会治理中，也需要将党的领导融入社会治理的各个环节和小区治理全过程。

双流区以1 168个小区容纳了50.8万户家庭，其中超过60%的小区没有物业覆盖。在这些小区中，商品房小区有546个，而有物业公司入驻的仅345个。从以往调研情况来看，那些有物业管理的小区，其管理水平普遍低下，业主与物业之间存在诸多矛盾纠纷；另外相当一部分小区未成立业主大会、业主委员会等自治组织，即使有相应自治组织的小区，其自治比例也仅60%左右。在经济社会快速发展、需求复杂多变的社会转型期，如果说人民的需求具有一致性，那就是让自己居住的小区能够和谐安宁，自己购买的房产能够保值甚至升值，居民有着强烈的意愿让自己生活的小区变得更好。为此合理的做法就是在党的领导之下，政府及相关部委以科学的方法，将人民群众组织起来，调动小区居民自我服务的积极性。一方面通过制定科学有效的治理框架去指引居民进行自我服务，另一方面提供强大的制度保障和物质支撑确保工作能够顺利推进。双流区的做法就是不断从实践中提炼积累经验，制定一个从"大区"到小区的，横向覆盖、纵向到底的社会治理框架，以此去指导人民群众开展小区自治，同时将党建引领贯穿到治理的各个环节，以党的战斗堡垒作用保证治理工作的顺利推进。在此基础上，处于社会治理末梢的各个小区根据自身实际情况以提升小区治理能力为目标，对治理框架进行因地制宜的阐释，从而营造出党群共治的良好局面，最终达到全域社会治理水平新飞跃，基层治理体系和治理能力现代化。以下为双流区社会治理的框架。

（一）党建引领、自治组织、物业管理的全覆盖

双流区大力推进小区自治组织，党建引领全覆盖。建立了以镇街党组织为领导，社区党组织为核心，小区党组织为引领，业主委员会、物业服务机构为基础，党员群众互联互动、共建共治共享的居民小区联动工作体系，即"镇（街道）—村（社区）—小区（院落）—楼栋—党员中心户"五级党组织联动。由党员骨干构成小区自治组织成员，将党建工作纳入相关评级和行业评价指标，各级党建工作实施区域化、网格化管理。针对情况复杂、矛盾突出的居民小区，则选派机关干部下沉任党组织第一书记，保证治理工作能落实落细。居民小区党组织负责协调各类主体关系，组织动员各方依法有序参与小区治理。

双流区逐步实现小区、院落自治组织全覆盖。严格推动辖区内所有小区、院落设立业主大会、业主委员会或院委会等居民自治组织，同时鼓励社区专职工作者、小区党员、"两代表一委员"等参选自治组织委员。成立组织后，再加强协商议事，搭建起社区和小区党组织、业主委员会等居民自治组织、业主代表、物业服务机构等的沟通交流平台，推进小区协商议事制度化运行。此外还在此基础上，通过健全工作制度、完善信用监督、实行信息公开、定期沟通交流、建立负面清单、加大违规查处力度等一系列方式，规范和提高自治组织依规履职的能力，在保证人民当家做主的同时，又能切实发挥其小区治理效能。

采取多种方式推进物业服务管理全覆盖。鼓励镇街、社区引进优质服务企业整体承接辖区内各种小区的物业服务，村、社区集体经济成立专业物业公司，承接辖区内无物业服务小区的物业管理服务，推行"信托制"物业服务模式，实现辖区内小区物业服务全覆盖。同时还积极推进物业服务标准化，促进物业服务质价相符，严格规范物业服务信息公开标准，尽力缓和物业和业主之间的矛盾。此外还创新推出物业服务企业"红黑榜"制度，联合公众满意度和第三方评价机制，对物业服务机构的信用进行严格管理和考核，将信用和实绩与招投标、项目评优挂钩，落实部门联合惩戒，加大失信成本，推动物业服务提质升级。

（二）"两委一中心"治理架构

为了更好推动社区高质量发展，促进基层治理体系和治理能力现代化，双流区率先在全国成立了"小区管理服务中心"。小区管理服务中心是双流区的一个处级事业单位，由城乡社区发展治理委员会进行托管。小区管理服务中心的创立实现了体制机制上的创新，在全国具有开创意义。而所谓"两委一中心"，指的就是城乡社区发展治理委员会、人口服务管理委员会与小区管理服务中心三者共同构成的治理架构。"两委一中心"把原本住建领域的物业管理、监管、维修、资金监管等职责划归到小区管理服务中心，实现了简政放权和集中处置，有效提升了基层服务效率。小区管理服务中心主推党建和物业全覆盖、守住小区安全底线、推行小区智慧治理等工作，还包括对物业企业进行信用考核和清退，这些都是以往小区治理中的"老大难"问题，如今有了专门的机构进行管理和推进，工作效率大大提升。小区管理服务中心实质上是一个综合治理的部门，能够帮助解决物业和业主之间的矛盾，保障业主权益，维护小区安全，更能有效处理老百姓的问题，避免层层转介和发酵，实现基层问题基层解决。

（三）微网实格精细化治理

在党建全覆盖的原则下，双流区搭建了横向到边、纵向到底的网格管理框架。以村、社区为单位设置总网格，施行联席会议、议事协商会议等制度，打破壁垒，确保信息畅通；以城市小区、农村小组、老旧院落街巷等为单元设置一般网格，推进网格边界物理隔离，保证紧急情况下能够进行闭环管理；因地制宜划分微网格，高层楼房以楼栋为标准划分微网格，老旧小区以30~100户为标准划分微网格，确保能够在3小时内完成排查动员工作；分类设置专属网格，党政机关、企事业单位、商务楼宇、产业园区等根据实际情况设置专属网格，确定各专属网格联络员，建立与总网格、一般网格的定期联系机制。总网格、一般网格、微网格和专属网格共同构成横向到边、纵向到底的网格化管理框架，形成"微网实格"共建、共治、共享的局面。除搭建网格管理框架外，双流区还构建了专兼结合的人力资源体系，即干部下沉配强总网格长，书记兼任一般网格长，一般网格的党组织委员负责联系服务微网格，推进一般网格员专职化，优先选用党员骨干和自组织骨干为网格员，薪酬待遇按镇街编外人员执行。还完善了以"固定补贴＋激励补贴"的微网格员激励机制，大力培育社区自组织，吸引党员骨干、退役军人、热心居民、志愿者等参与"微网实格"治理。

（四）小区分类治理

在过去，双流区积极引导业主大会、业主委员会以及新型物业的发展。经过多年实践，相关工作的确得到了快速推广，但是业主与物业的纠纷、业主投诉等并未因此而减少。究其原因，是因为物业公司、业主大会、业委会、居委会、政府职能部门各自为政，缺乏沟通合作，以致小区治理碎片化造成的。从实践中遇到的问题来看，广泛存在着"组织—落实"之间的矛盾，即难组织、难落实；有组织、难落实；想落实、难组织，从而难以化解矛盾。鉴于以上情况，双流区在习近平新思想的指导下，痛定思痛，创新提出了商品房小区"1+211"自治管理机制、农安小区"1+3+1+N"自治管理机制和老旧院落

"党组织+院委会"自治管理机制，以党建为引领，根据不同小区特点，开展小区分类治理，现已取得明显成效。

"1+211"自治管理机制中，"1"即党组织，是"1+211"治理模式的核心，也就是在镇街党工委的统一领导下，构建"社区党组织+小区业主党支部+小区党员"的组织架构。"211"中的"2"指的是业主大会和业主代表大会，业主大会由小区的全体业主共同组成，业主代表大会是业主大会推举产生的常设机构。主要针对当前商品房小区规模较大、业主参与小区事务意愿低、业主大会运作难等问题而设立，在业主大会授权下，小区自治日常事务由业主代表大会研究表决。"211"中的两个"1"分别指业主委员会和监督委员会，二者均通过召开业主大会，经双1/2以上业主同意而选举产生。不同的是，业委会是业主大会、业主代表大会的执行机构，监督委员会是业主大会、业主代表大会的监督机构，主要监督业主代表大会、业委会的履职情况，以及小区公共场地用于经营、公共收益收支、维修资金使用、物业服务企业选聘和解聘等重大事项。

而针对"农安小区"，则实行"1+3+1+N"的自治管理模式，该模式强调居民的"自我管理、自我服务、自我教育、自我监督"，1即小区党组织，3分别是指小区议事会、监委会、管委会；第二个1指小区物业管理服务中心；N指多个其他社会组织和服务组织。老旧小区或院落则实行"党组织+院委会"的自治管理模式，在党支部的引领下，通过院委会开展协商治理，促进小区治理水平的提升。与"1+211"类似，"1+3+1+N"与"党组织+院委会"自治组织管理模式均强调党组织的引领作用，以及自治组织之间的相互制衡。三种自治管理模式为现代商品房小区、农户拆迁安置小区、老旧小区以及乡村院落等提供了先进的小区治理架构。双流区根据小区的不同类型进行分类施策，小区自身根据实际情况选取自治管理模式，并对其进行阐释，有效提升了小区治理水平，增加了居民的幸福感、归属感和获得感。

三、小区治理的不同探索

在双流区所搭建的治理框架下，各小区实事求是，从实际出发，对社会治理框架进行进一步的丰富和阐释，一方面通过小区自治管理实践，不断完善小区治理，让小区居民安居乐业；另一方面在实践中不断总结经验教训，为双流区的城乡社会治理提供更多实践数据，以便推出更加科学、合理和精细的治理方案。各小区存在的问题不一而足，面临的状况千差万别，一些小区需要解决业主与物业之间的纠纷，另一些小区则需要促进民族融合加强民族团结，还有的小区则是需要利用闲置资源发展生计。因此各个小区在阐释治理框架时，必然有所侧重，有的注重自治组织的健全和运行，有的注重于引进信义治理缓解物业与业主间的冲突，还有的注重发展小区生计、做强小区基金等。以下所列举的各个小区，都以自身实际情况为出发点，通过对双流区治理框架的不同阐释，实现了治理体系和治理能力的现代化，最终都达到了小区善治的目的。

（一）欧城花园——民族团结破解治理难题

欧城花园小区于2003年建成交房，小区因其精美的园区设计和一架停在小区内的退役飞机，吸引了大量业主前来购房。目前小区共858户，人口3 000有余，汇聚有藏族、彝族、土家族、满族等18个民族，少数民族人口约占总人数的20%，是一个典型的多民族聚集的老旧商品房小区。在小区建成交房后的十多年里，未曾成立业主大会及业委会，物业费收集难，物业费和小区公共收入难以承受庞大的小区维护开支。随着时间的推移，小区道路越来越烂，监控系统几乎失效，随处可见无序停放的车辆，到处都是违规堆放的杂物，小区管理陷入混乱。后来在政策的推动下，产生了业委会，然而业委会、物业服务企业、业主三方并未因此形成有效的沟通渠道，小区治理水平并未明显提升，居民生活仍旧充满不便，最终成了远近闻名的"脏乱差"小区。为改变这一现状，近年在双流区社治委、社区党委等多方努力下，欧城小区成为双流小区治理重点试验区。在党委领导下，欧城小区基于"1+211"自治管理架构，创新建立了"党建＋民族团结"的自治管理机制，在此机制下，大力开展小区整治及居民交往交流活动，形成了各民族居民共建、共治、共享的社区新格局。在强大的制度保障和科学的管理机制下，如今欧城花园摇身一变，由"脏乱差"小区成了知名的成都市"百佳示范小区"。

欧城花园"1+211"架构下的"党建＋民族团结"自治管理机制，始终坚持以小区党组织为核心，业主大会和业主代表大会、业主委员会、监督委员会齐参与。为贯彻党的引领带动作用，小区将党建引领写入各类规范性文件中，还充分吸纳了本小区各民族党员到党支部和各类自治组织中任职，与小区居民一同就重要事务展开民主协商。为充分发挥支部书记的带头作用，小区推选居住在本小区、有工作经验、有较高威望的退休老干部担任支部书记，支部党员依照法定程序担任业委会主任，使得党建引领贯穿小区治理的始终。在小区党支部的带领下，小区各自治组织与居民团结一心，重新铺设了道路；设立了"蓉城一家亲，最美欧城人"宣传栏，通过讲述多民族居民故事，营造出团结共建的良好氛围；通过评选"最美欧城人"来宣扬榜样力量，鼓励小区各族居民积极投入小区建设。在党支部的积极推动下，成功将曾经执行过国家领导人出访任务的退役飞机改造为红色教育基地和民族特色产品超市，并成为小区一道靓丽的风景线，吸引了大批游客前来拍照打卡，侧面为推广小区形象做了贡献。此外，为丰富居民业余文化生活，小区组织开展了丰富多彩的文娱活动，如锅庄舞、太极拳等，小区各族居民纷纷参与，增强了归属感和认同感。另外，为充分发挥小区多民族文化的优势，小区还建设了活动室，通过它展示民族工艺品、饰品，开展各族居民共同议事和感情交流。

从曾经问题重重的老旧小区，到获评成都市"百佳示范小区"，欧城花园小区在"1+211"自治管理架构的驱动下，成功走出了一条"党建+民族团结"的小区善治之路，让小区各族居民体会到了团结、共建、共治、共享的红利，人与人之间的空间距离、心理距离更加贴近，民族共同体意识进一步增强。如今欧城花园小区已成为居民参与多、欢声笑语多、民族团结多的"新三多"小区。

（二）长顺家园——自治驱动打造韧性小区

长顺家园小区是典型的"四村合一"农民安置小区，从2013年入住之初，便面临着缺配套公共服务、缺社区建设资金、缺人情味，闲置空间多、闲置土地多、闲散人员多的"三缺三多"局面。该局面下小区治理水平长期未能得到实质性提升，来自不同村庄的居民长期未能实现融合，矛盾冲突频繁。近年小区开始转变工作方式，引进了"1+3+1+N"自治管理架构，坚持党建引领，带领多元力量共同参与到小区共建共治中去，成功实现破局。如今长顺家园已成功将小区建设成为自给自足、展翅高飞的"麻雀式韧性小区"，同时还探索出了"发展、治理、生活、安全、行动"共同体的安置小区治理样板，为市域治理做出了贡献。

长顺家园小区的善治离不开强有力的居民自治体系。长顺家园根据双流区文件精神，积极搭建了"1+3+1+N"自治管理架构，完善了10余项小区管理制度，创新了物业服务方法，成功建起了一个在小区党组织引领下的居民自治体系。在小区议事会的推动下，长顺家园成功盘活了社区的闲置土地和空间，将户外零散闲置地改造成了停车位，将大型室内闲置空间改成了农贸市场、洗车场，这一方面弥补了小区公共服务不足的短板，另一方面也增加了小区公共资金收入，为小区绿化、污水管网、屋面漏水维修等提供了资金。除小区资源的充分利用外，小区议事会还通过开展一系列文化活动，如从陶艺、传统文化等入手，留住居民乡愁；通过打造邻里节，助力居民之间相知相熟；开展志愿服务，培育居民主人翁意识等，从而实现了农安小区的邻里关系重塑，使小区呈现出熟人小区的良好氛围。此外，为了落实小区安全，长顺家园还创新科技支撑，引进智慧小区系统，实现了人房精细化管理，将门禁、停车、监控等进行智能化升级，增加了小区生活的便利程度，还通过增设公共网络和应急广播系统等，提升了应对突发事件的能力。

长顺家园小区的自治组织，充分参与了小区治理工作。在"1+3+1+N"体系和社区党组织的引领下，各自治组织的行动变得有据可查、有法可依，实现了协商民主和决策的阳光透明，解决了自小区建成以来的"三缺三多"现象，大大缓解了小区的各项矛盾，尤其是传统物业同业主之间的矛盾，为小区共同事业做出了重大贡献。长顺家园小区在双流区横向到边、纵向到底的治理框架下，以自身实际出发，交出了一份令人满意的小区治理高分卷，为全国各地类似的安置小区提供了治理样板。

（三）燃建小区——以党带群实现"三无"蝶变

燃建小区始建于1997年，系破产改制企业职工宿舍，现居住户138户，共345人，在小区建成后的十多年里，一直未能引进小区物业，未成立小区党组织，更未产生自治组织，环境"脏乱差"，居民纠纷多，属于典型的老旧"三无院落"。由于没有党组织，小区事务没有专人负责，管理比较混乱，居民遇到任何困难都要找社区和街道予以解决，十分不便。近年燃建小区展开了"三无院落"整治，小区借此成立党支部，还形成了议事会、管委会、监委会等自治组织，小区的日常事务从此有了专门团队进行管理与处置。燃建小区坚持党建引领，打造"燃动力"党建驿站，规划了小区治理"三部曲"，即挖掘和动员治理积极分子、搭建小区管理服务体系和开展小区治理系列服务，着力发挥党组织的战斗堡垒作用，以党带群激活小区治理动力。

"三部曲"的第一步为寻找"燃料"，即广泛动员小区居民，发掘治理积极分子，开展党员双报到活动，形成了"党支部＋管委会＋居民骨干＋志愿者"的小区管理服务体系。第二步为点燃"火种"，即在成立党支部的基础上，组建由党支部领导的小区管委会、议事会等，以老旧小区改造为契机，创新小区微服务、微治理、微调解、微关爱、微互助的"五微工作法"，在燃建小区设立燃动力党建驿站，开展制度建设，明确工作职责，细化服务内容，为开好小区协商议事会打下坚实基础。第三步为激情"燃烧"，即党支部和管委会带领积极分子面向全体居民开展各种志愿服务，激活小区共治局面，激发小区共治活力，激励小区居民创造美好新生活。

在自治组织的运作下，小区基础设施得以完善，社区有了警务室，也补齐了物业、人口和环境的有关规章制度。燃建小区在"五微工作法"的指导下，依托燃动力党建驿站，积极开展如家庭美食大赛、电动车智慧规范停放、趣味运动会等小微特色治理活动，一个昔日的"三无"院落成功摘帽，完成了四星级院落的华丽蝶变。

（四）金河绿洲——信托制小区换新颜

金河绿洲小区于2016年动工，2018年9月开始入住，总共13栋楼房，34个单元，住有居民6 500余人，属于拆迁安置小区。小区建成时间较短，诸多基础设施未能及时完善，社区各项规章制度长期缺位。同大多数安置小区一样，金河绿洲曾经充斥着物业管理混乱、物业费收取难、物业与业主矛盾频发、群众满意度低下等问题。为提升小区物业管理水平，缓和物业与业主之间的矛盾，提升小区居民幸福感，金河绿洲小区在全区率先引入信托制物业管理模式，并在此基础上建立了"党支部—管委会—楼栋长—志愿者"四级自治管理体系，探索出"院落搭台、群众唱戏"的自治管理模式，并在党建引领下开始了社群共治活动。

信托制物业是一种以公开透明著称的新型物业服务模式。通过信托制，物业把居民的主动权带入小区中，确保了业主利益的最大化，有效破解了传统包干制物业暗箱操作、业主和物业相互猜忌等问题，不仅缓和了小区矛盾，还有效将业主的注意力转移到小区治理和建设上来。在实施信托制物业后，金河绿洲小区在党支部的引领下，广泛发动居民组建志愿者服务队、成立自组织，开展了"N"项民生微服务。经过小区居民的不懈努力，在设施上，小区新增了运动角、改造了停车场、建成了会客厅，基础设施日渐完善；在服务上，小区组建了7支志愿服务队、打造了多个品牌志愿服务项目、开展了数十次惠民服务，小区服务品类和质量日渐提升。

如今在实施信托制物业管理的金河绿洲小区，居民脸上洋溢着幸福的笑容，他们对小区环境和小区服务的满意度很高。在接下来的工作中，金河绿洲还将继续深化信托制物业的内涵，引导更多业主参与到小区自治中来，让金河绿洲小区真正成为"共建、共治、共享"的高品质宜居小区。

四、双流小区治理的成效和经验

双流区通过不断实践和创新，结合成都市域治理经验，再依据自身的经济社会发展现状，总结出了一套基层治理框架。不论各个小区对框架进行怎样实践、如何阐释，都离不开党的领导与支持。党建全覆盖解决了治理动力的问题，以党组织的战斗堡垒和党员的先锋模范作用，在整个治理中起到了"定心丸"的作用，使得整个治理工作不再是一纸空谈，而是能够落到实处。五级党组织联动有效实现了工作的全链条闭环处理，可以说党建全覆盖是双流区乃至全国各地小区治理工作有效开展的前提条件。双流区创新设立的"两委一中心"架构，创造性地实现了社会治理工作的高度集中与整合。从上层而言，打破了以往各部门职能交叉、跨部门沟通协调效率低、职能分散、牵一发而动全身等情况。"两委一中心"的设立很好地将社会治理职能集中起来，使得社治问题的千头万绪最终拧成一股绳，并得以落实。从下层来看，人民群众的问题有了明确的主管部门，一方面使得治理问题有人管、找得到人管，另一方面还降低了群众上访频率，实现基层问题基层解决，提升了办事效率和人民群众的满意度。双流区推进的"微网实格"治理架构有助于达成"一呼百应"的快速响应效果，为各项治理工作的落实支起了一张大网，将治理末梢的各个小区，乃至各户居民通过四级网格联系起来，真正做到快速响应。此外，双流区抓准了中国国情，以人为中心，首创了"1+211"小区自治管理模式，并在多年的实践推广中陆续延伸出了农安小区的"1+3+1+N"自治管理模式，以及老旧小区的"党组织＋院委会"自治管理模式，三大小区自治管理模式几乎涵盖了所有小区类型，并由此走上了小区分类治理的道路。

双流区所制定的社会治理体系更多的是一个框架，而非是一个事无巨细的操作手册。各个小区只需要在双流区编织的治理框架下，根据小区实际情况对该框架进行进一步丰富与阐释，最终达到小区善治的目的。每个小区的情况不可能完全一样，双流区已经在以往治理经验的基础上，最大限度地进行了分类治理。如前文所提到的欧城花园小区，它是一个典型的商业楼盘小区，十分适合"1+211"自治管理模式，他们在引入"1+211"自治管理模式的基础上，以小区多民族实际情况出发，创新搭建了"党建＋民族团结"新机制，并最终获得了良好的治理效果。

费孝通先生在《乡土中国》中专门开设了两个章节来讲述礼治秩序与无讼方面的内容，一套在传统中国乡土社会中普遍存在的解决矛盾纠纷的办法，在费孝通先生朴实的笔触下，娓娓道来。传统中国农村是熟人社会，矛盾纠纷具有乡土性，解决矛盾纠纷的依据主要是礼治、无讼、脸面、公道等。随着社会的转型，农村的矛盾纠纷逐渐脱离"鸡毛蒜皮、家长里短"，开始涉及劳动争议、侵权纠纷等，但这些纠纷始终未能脱离农村这个大的范围；解决矛盾的方式依旧基于熟人社会这个大前提，因此矛盾双方大多顾及脸面，进而追求和解与调解。而随着城市化的推进，《乡土中国》中描述的乡土社会正在快速转型，在相继经历城乡二元分割与城乡一体化后，"城乡中国"或将取代"乡土中国"，成为中国广大基层社会的新形态。像双流这般在较短时间内快速城镇化而形成的城市中，人们一方面保留着乡土社会中的"无讼"观念，追求"和合"，另一方面却又居住在人际收缩的城乡社区中，人们找不到有效解决矛盾纠纷的方式，矛盾不断积攒，社会治理问题便浮出水面。

党的十八大以来，习近平总书记提出了一系列社会治理的新理念、新思想，其中对坚持发展"枫桥经验"作出了重要指示。"枫桥经验"可以被概括为"发动和依靠群众，坚持矛盾不上交，就地解决，实现捕人少、治安好"的经验，这一经验被广泛引入到当下的社会治理中。双流区基于自身城市发展实际，结合"枫桥经验",在小区治理中大力推行群众自治,发展自治组织,欲以此来重建熟人社会,构建出小事小区办、大事社区办、矛盾不上交新格局。在实践过程中,双流区始终坚持党建引领和居民自治,在小区治理有着诸多经验可供借鉴和推广,其中有四条经验始终贯穿在治理的全过程中,那就是坚持党建引领、贯通纵向渠道、坚持居民自治以及开展信义治理。

(一)坚持党的领导,保持强大行动力

党的领导是中国特色社会主义制度的最大优势,基层党组织担负着推动发展、服务群众、凝聚人心、促进和谐的重要责任,是团结带领党员干部和群众贯彻党的理论路线、方针政策,落实党的任务的战斗堡垒。从双流小区治理实践来看,不论各个小区对治理架构进行怎样的阐释、开展怎样的实践,都离不开党的领导与支持。为什么需要以党建引领为前提呢?因为在小区治理中往往存在着长期积累、纷纭复杂的利益牵扯,没有党组织的强大行动力做支撑,就很难打破旧有、固化的利益格局。有了社区党委和"两委一中心"的支持,小区治理才能有人力、物力和财力做支撑,才能打破旧有利益链条,引入新的制度。双流区所推行的"镇(街道)—村(社区)—小区(院落)—楼栋—党员中心户"五级党组织联动体系正是看到了这一点,将党组织的强大行动力灌注到小区治理的全链条中,从而大大保障了治理的成效,也生动体现了全过程民主的中国风范。对于向问题突出、情况复杂的小区派驻党员干部任第一书记的做法,一方面是为了充分利用党员干部的聪明才干,为小区治理输送人才;另一方面也是出于将上级党组织的代言人直接派驻到基层,从而更好地调动各方资源,高效开展小区治理。

(二)贯通纵向渠道,提升行动反应力

从古至今,政令的畅通对于维护国家安全、应对突发事件、完成重大任务的意义尤为重要。畅通无阻的沟通机制,一方面能够让各部门、各阶层保持意志统一,迅速达成共识,从而确保政令畅通,使党和政府的决策部署能够迅速且有效地贯彻执行;另一方面也可以避免议而不决、决而不行、各行其是的软弱涣散现象发生。在过去的疫情防控中,正是由于党组织全力保障行政管理渠道的畅通,社会各方面的资源和力量才能够迅速地被组织起来,筑成防止疫情

之火蔓延的防火墙。在小区治理中，贯通纵向渠道依旧是工作任务高效贯彻落实的重要保证。双流区在小区治理过程中，通过设置总网格、一般网格、微网格和特殊网格的方式，在整个双流区编织了一张纵向到底的行政管理网络，从而形成了一呼百应、掷地有声的治理格局。在这张精心编制的网络下，基层难以自我解决的问题、小区的动态等能够经由网格员向上传递，出现在有关部门的决策预案中，政府的各种行政指示也能够通过网格向下快速传递和落实，更重要的是"微网实格"在应对重大突发状况和群体性危机时，能够高效进行管控，避免事态的进一步恶化。

（三）坚持居民自治，培育小区向心力

基层群众自治制度是中国特色社会主义政治制度体系的重要组成，是人民当家做主的一项基本政治制度，主要表现形式为居民自治和村民自治。自从1982年中国将居民自治写入宪法以来，40多年的实践证明居民自治毫无疑问，有利于调动人民群众参与基层治理的积极性，使中国民主真正具备广泛性和真实性，更有利于培养群众的公民意识。双流区的小区治理实践无一不是党建引领下的居民自治，引导居住在小区中的居民组成业主大会、业主委员会、院委会、居民议事会等自治组织，通过民主协商共同决定小区事务，公开透明接受小区居民监督。在这种自治机制下，小区重新回归到熟人社会，获得赋权的居民不再是治理的局外人，自主性被激活的居民能够在小区事务中真正"说得上话"，从而让居民发现自己的决策能够切实地影响小区的方方面面，以此调动居民同心协力推动小区治理能力现代化和社区的高质量发展。从双流区各个小区翻天覆地的变化来看，居民自治可称之为小区治理的制胜法宝。

（四）开展信义治理，构筑物业公信力

信义关系应被界定为，受托人对受益人的重要实际利益行使自由裁量权，委托人的授权给了受托人一种特殊权力。在小区治理中，信义治理更多地体现在信托制物业服务模式上。成都市近年来将推广和导入信托制物业作为社会治理体系和治理能力现代化、推动社区高质量发展和实现小区善治的重要抓手，广泛深入开展了信义治理实践。为实现小区善治，双流区在武侯区的示范引领下也开始推广以"公开透明、开放参与、信义为本"为理念的信托制物业管理

模式。信托法则下的信托制物业管理模式能使业主和物业公司严格遵守委托初心，二者构成命运共同体，为同一的目标精诚合作，从而有力地重建、发展和巩固业主与物业服务公司之间的信义关系。信托制物业的施行，解决了长期以来小区物业"信义缺失"的通病，从小区源头上化解了业主同物业公司的矛盾，提升了物业服务公司的公信力，推动了小区治理水平的提升。

五、结语

社会在不断发展，"乡土中国"被"城乡中国"取而代之是历史发展的必然，当下正处于二者的转型过程中，诸多遗留问题有待解决，新的问题不断涌现，理论和实践的创新成为新形势下解决社会问题、推进社会治理的必由之路。双流区的一系列变化，仅是中国城乡社会发展的一个缩影，它映射出中国基层社会发展的普遍规律，同时也告诉我们社会治理要实事求是、因地制宜。小区治理是社会治理的重要内容，社会治理是国家治理的重要方面，加强和创新社会治理，关键在体制创新，核心是对人的影响和改变。双流区在习近平新时代中国特色社会主义思想的指导下，以党建为引领，以人为核心，不断创新工作方式，在小区治理上取得了显著成效，其探索得出的经验也为中国其他地区的小区治理提供了经验。古语有云"郡县治，天下安"，双流区还需在变迁的社会中继续创新体制机制，不断更新小区治理的成果，持续推出社区高质量发展的新方法、新经验，将小区治理上升到市域治理，再拓展到全国各地，为中国社会治理体系和治理能力现代化、社区高质量发展等贡献双流力量。

（陈锋：成都信息工程大学社会工作系主任，博士；汪明晨：成都信息工程大学社会工作系硕士研究生）

突发公共事件流动人口社区
治理的质性研究

——以成都市青羊区某街道流动人口为例

刘颖　李彦沨

一、问题的提出

中国共产党的二十大报告强调，完善社会治理体系，健全共建共治共享的社会治理制度，提升社会治理效能，畅通和规范群众诉求表达、利益协调、权益保障通道，建设人人有责、人人尽责、人人享有的社会治理共同体。

突发公共事件是指突然发生，造成或者可能造成重大人员伤亡、财产损失、生态环境破坏和严重社会危害，危及公共安全的紧急事件。如"非典"、四川汶川地震、长江中下游洪灾、新冠疫情等，都属于突发公共事件。自然灾害、事故灾难、公共卫生事件和社会安全事件等突发公共事件对于社区治理体系是挑战和考验。如何应对突发公共事件，充分体现出中国国家治理体系的效能。

中国的治理体系特色之一，是自上而下的管理和自下而上的自治相结合。[①]这种特色，直接体现在基层社会治理实体社区上。在突发公共卫生事件下，社区是部署执行者和事务行动者，在管控、服务、救助等防疫实务中发挥了重要

---

① 燕继荣：《中国治理的特色在于自上而下的管理和自下而上的自治》，央广网，2019年。

作用。①推进流动人口基本公共服务均等化，是提高流动人口健康水平的重要途径，是促进农业转移人口市民化的必然要求，也是转变政府职能、创新社会治理体制的内在要求。

在突发公共事件发生时，社区对于流动人口的治理管控情况，能有效地暴露当前社区治理中存在的多个问题，在此基础上"对症下药"改进，实现社区治理的现代化，有效确保政治安全、社会安定、人民安宁，有助于推动中国社会治理与能力体系的现代化。

二、文献回顾

（一）文献综述

本文以 2005 年至 2023 年间"社区治理、流动人口"为主题词，在中国知网数据库进行检索，共有 147 篇文献。从 2013 年党的十八届三中全会将"推进国家治理体系和治理能力现代化"作为全面深化改革的总目标以来，有关社区治理和有关流动人口治理的研究便一直是热点。

1.突发公共事件下流动人口的社区治理研究

公共事件，一般是指大范围的、群体性的，在社会上造成了广泛影响的事件。而突发公共事件，则重在事件的突发性。根据释义，突发公共事件是指"突然发生，造成或者可能造成重大人员伤亡、财产损失、生态环境破坏和严重社会危害，危及公共安全的紧急事件"。关于突发公共事件的分类，又有按成因、危害性、可预测性、可防可控性和影响范围等多种分类方法。中国《国家突发公共事件总体应急预案》根据突发公共事件的发生过程、性质和机理，将其分为自然灾害、事故灾难、公共卫生事件和社会安全事件四类。

关于社区治理，不同学者的定义略有不同。社区治理是指在一定区域范围内政府与社区组织、社区公民共同管理社区公共事务的活动②；社区治理体现为

---

① 盛洪涛、周强、汪飈、卫东：《新冠疫情考验下的武汉社区治理新思考》，《城市规划》，2020 年第 9 期，第 1—5 页。

② 魏娜：《中国城市社区治理模式：发展演变与制度创新》，《中国人民大学学报》，2003 年第 1 期，第 135—140 页。

社区范围内的不同主体依托各自资源而进行的相互作用模式[1]；社区治理为社区范围内的多个政府、非政府组织机构，依据正式的法律、法规以及非正式社区规范、公约、约定等，通过协商谈判、协调互动、协同行动等对涉及社区共同利益的公共事物进行有效管理，从而增强社区凝聚力，增进社区成员社会福利，推进社区发展进步的过程[2]。可见，社区治理包括以下要素：特定的社会范围、多元的行为主体、对公共事物的管理以及多元主体依托资源的相互作用。本文认为社区治理是在社区范围内的多元主体，依托各自资源进行互动，实现对公共事物的管理的过程。

流动人口是公共卫生健康风险中的易感人群[3]，有学者从社区治理的视角提出保护管控策略，应当依托社区治理，根据流动人口的职业和居住性质进行分类管控。特大型城市中流动人口的社会风险更大一些，学者认为流动人口的聚居区有很多现实风险，给社会管理和灾害管理增加了难度[4]，提出要加强外来人口聚居区的管理与改造。

基于流动人口健康服务的供需矛盾，有学者提出依托社区完善流动人口健康服务[5]。总体而言，公共卫生健康的突发性使得多数研究主要关注治理主体如何应对宏观问题，而对流动人口的关注较少。

2.社区治理突发公共事件的相关研究

学者从城乡规划、公共卫生、风险社会等多种视角提出社区治理的新路径。部分学者试图通过各种视角进行论证社区治理的重要性。有学者强调社区在国家体系中的重要作用，认为应对公共事件应逐渐从社会治理向社区治理转

---

① 刘娴静：《城市社区治理模式的比较及中国的实践》，《云南行政学院学报》，2004年第6期，106—108页。

② 史柏年：《社区治理》，中央广播电视大学出版社，2004年。

③ 吴晓、张莹：《新冠肺炎疫情下结合社区治理的流动人口管控》，《南京社会科学》，2020年第3期，第21—27页。

④ 郭秀云：《特大型城市流动人口的社会风险及其治理》，《探索与争鸣》，2014年第8期，第25—28页。

⑤ 岳经纶、李晓燕：《社区视角下的流动人口健康意识与健康服务利用——基于珠三角的研究》，《公共管理学报》，2014年第4期，第125—135页、第144页。

变①，强调基层治理应对突发事件的视角探索治理创新的路径②。

学者从"风险社会"角度论述了在突发公共事件风险下加强社区治理的必要性，并提出了"社区治理共同体"的建构策略③。学者聚焦武汉社区，在两轮实地调研的基础上，针对各类治理问题提出相应的改进建议④。社会工作作为一种社会性疫苗⑤，在专业实践中发挥公共危机治理的作用。

3. 对流动人口的社区治理相关研究

流动人口是在中国户籍制度框架下，对区别于"户籍人口"人群的归类。根据国家统计局的定义，流动人口指"人户分离人口中不包括市辖区内人户分离的人口"，通俗一点说是离开户籍所在地，因工作、生活而居住在异地的人口。应当注意，流动和迁移是两个极为相似的概念，但在目前城乡二元户籍制度框架下，对人口流动或迁移的界定标准是"户籍是否发生了迁移"。在这种界定下，有两类群体无法很好地归类：一是已准备定居，但还未落户的群体；二是虽已落户，但在行动轨迹上仍然存在着"两地流动"的群体。因此，本文所指的流动人口是指，因各种原因居住在与户籍所在地相异地区的人口。

党的十八大以来，党中央、国务院高度重视流动人口的社会融合和社会治理工作，在国家相关部委的推动下，各项工作取得积极进展。但是受中国长期以来城乡"二元"体制的影响，流动人口即使长期在城市居住和就业，融入城市也面临很多制度性障碍；另外，流动人口从乡村流入城市，生活方式和价值观念需要有一个逐渐转变的过程。

蔡小慎教授等最早关注到城市化进程中流动人口激增所带来的社会治理问

---

① 殷俊海、高岩、贺达、云梦迪：《从"社会治理"到"社区治理"——新冠肺炎疫情防控对社区治理的启示》，《北方经济》，2020年第6期，第68—72页。

② 周向红、姚轶力：《从"小巷总理"到"国家治理"——从新冠肺炎社区防疫实践看治理创新》，《国家治理》，2020年第Z1期，第47—49页。

③ 文军：《直面新冠肺炎：风险社会的社区治理及其疫情防控》，《杭州师范大学学报》（社会科学版），2020年第2期，第3—11页。

④ 盛洪涛、周强、汪勰、卫东：《新冠疫情考验下的武汉社区治理新思考》，《城市规划》，2020年第9期，第1—5页。

⑤ 卫小将：《公共危机治理现代化中的社会工作研究》，《中国特色社会主义研究》，2020年第1期，第32—37页。

题①，认为政府管理和市场调节都不能有效治理流动人口，并提出以基层社区为依托的流动人口的管理模式。流动人口的问题是户籍制度下的城乡二元分割在社区形态中的体现②，提升治理效能，关键在社区化管理。基于成都市武侯区流动人口聚居社区治理实践，学者总结了流动人口治理下移至社区的创新治理模式③。

流动人口具有社区治理对象、参与者以及社区建设者的三重身份④，流动人口治理不能游离于社区治理之外，应当成为基层社区治理重点。要从管理法制化和社区治理基础建设入手⑤；关键在培育社会资本⑥，使社区成为"强社会"；运用博弈论分析方法，分析治理双方不同利益诉求关系⑦，得出脱离治理困境的有效模型。

流动人口在流入地的最大任务是社会融入，与其相关的社会问题，根源也多在于融入。社区治理各主体对流动人口群体排斥或非排斥的态度，直接影响着治理效能，社会治理的不科学会导致社会排斥，因此流动人口管理问题在于融入⑧，关键在以社区为载体的流动人口支持体系；应当以流动人口融入为重心建立社区治理体系⑨。

有学者关注社区治理的双向互动性，探究流动人口参与治理的可行性。流动人口自我管理有着"体制改革""流动人口自身多元需求""流动人口主体意

①　蔡小慎、王天崇：《社区治理与城市流动人口管理》，《前沿》，2005年第1期，第179—182页。

②　罗黎：《基于社区参与的外来人口管理模式研究》，厦门大学，2008年。

③　陈藻：《新时代成都社会治理重心下移的创新路径研究——以成都市武侯区流动人口聚居社区为例》，《中共成都市委党校学报》，2019年第3期，第86—90页。

④　李亚芹、吴增礼：《流动人口城市社区精准治理》，《湖南社会科学》，2021年第2期，第71—80页。

⑤　汤卫俊：《城市流动人口社区化管理研究》，上海交通大学，2011年。

⑥　邱洪敏：《中国城市化进程中的流动人口社区治理——基于对治理场域之社会资本培育的分析》，《甘肃理论学刊》，2014年第3期，第15—20页。

⑦　杨勇：《城市社区治理结构研究——流动人口管理的利益分析》，《北方民族大学学报》（哲学社会科学版），2017年第3期，第16—19页。

⑧　马国庆：《城市流动人口的社区支持研究》，中南大学，2013年。

⑨　孙健、刘帅顺、李豪生：《以流动人口融入为重心创新社区治理——基于深圳市清湖社区的调查》，《社会治理》，2020年第6期，第84—89页。

识""流动精英"等四大动力源①，为其自我管理提供合理性依据。城乡户籍制度、流动人口内生动力和社区治理空间②三个方面有助于提升流动人口参与治理的可行性。

重视流动人口党建引领，特别是自组织建设。动员、嵌入和整合这三种机制分别为党组织引领基层社会治理提供动力、组织和资源，是党组织引领基层社会治理从理论走向实践的通道③。在流动人口中建立基层党组织④，以基层党建治理流动人口。流动党组织通过亲缘乡缘网络机制、支部对党组织成员的约束和吸纳机制，以及服务资源的整合链接机制实现组织性嵌入⑤；流动人口对私人关系、社会报酬、物质报酬、政治报酬和组织认同等因素的考量，构成了其能够被党组织有效动员并成为持续参与社会治理的重要动力。

互联网、物联网、信息通信技术、传感器和App等技术手段⑥为基层大数据流动人口社区治理模式提供了可能。通过将数字信息在地化、系统化和逻辑化，国家得以改善基层治理过程中的信息不对称，提高其信息能力，并实现对社会治理的合理优化⑦。

三、研究方法

本研究在2020年7月至8月间，通过滚雪球方式对四川省成都市青羊区某

---

① 陈菊红、谢志强：《流动人口自我管理的动力问题研究》，《科学社会主义》，2014年第1期，第108—111页。

② 高斌、郭鸿炜：《流动人口参与社区治理的困境分析与对策建议》，《宁夏党校学报》，2019年第5期，第100—104页。

③ 孔凡义、阮和伟：《动员、嵌入和整合：党组织引领基层社会治理的三种机制》，《学习与实践》，2022年第2期，第83—91页。

④ 刘超、虞崇胜：《农民工党建：流动人口治理模式创新研究》，《学习与实践》，2018年第12期，第51—59页。

⑤ 钱晨、张桂金：《党建引领下的组织动员与公共参与——基于流动人口社区参与的混合研究》，《甘肃行政学院学报》，2022年第5期，第47—60页、第125—126页。

⑥ 何晓斌、李政毅、卢春天：《大数据技术下的基层社会治理：路径、问题和思考》，《西安交通大学学报》（社会科学版），2020年第1期，第97—105页。

⑦ 王雨磊：《数字下乡：农村精准扶贫中的技术治理》，《社会学研究》，2016年第6期，第119—142页、第244页。

街道7位被试者开展访谈，包括流动人口、社区工作人员和志愿者、社区居民等。访谈内容包括对社区治理各方主体表现的评价，社区防控工作情况及居民享受社区公共服务的情况，流动人口在社区中的支持体系及生活体验和流动人口在社区中的地位及作用。某街道隶属于四川省成都市青羊区，成立于2001年，面积约3.6平方千米，下辖4个社区，2015年总户数15 103户，总人口35 626人。访谈对象基本情况如下（见表1）。

表1　访谈对象基本信息

编号	性别	户籍地	流入地	年龄（岁）	类型	访谈时长（分）
P	女	四川成都	四川成都	21	居民	40
CG	男	重庆荣昌	云南昆明	50	流动人口	40
CC	女	北京	辽宁大连	19	志愿者	38
L	女	广东深圳	山东日照	20	流动人口	40
M	男	北京	新疆乌鲁木齐	21	志愿者	40
D	男	四川自贡	四川成都	40	社区工作者	45
W	女	四川成都	四川成都	58	小区党支部书记	50

四、研究结果

（一）以人民为中心的社区治理

1.社会秩序的保证

社会秩序以人民为中心，因为秩序的维系本质上就涉及利益冲突的缓解，实际上也就是回应人民需求的问题。社区进行的防控工作，重点回应社区居民的需求，提供人员进出的管控、疑似病患的排查、为居民供应生活物资等方面的服务。

疫情暴发初期，社区会有意识地收集疫情暴发前返回人员信息。

"从外面回来小区门口还有微信群其实都通知过，大家是自行上报，就是自己去社区登记。"（L）

"暴发之后他们就只是来问了一下情况，物业来的人。"（CG）

"当时给到我的要求是，如果碰到那种拿着大件行李箱的要留电话上报。"（CC）

"我们小区门外贴了个通知，说从外地回来要上报之类的。"（P）

在疫情严重的地区，社区会十分详细地排查。

"每家每户都要问，还都要测体温测核酸。所以不光是第二轮疫情，第一轮他们就每家每户地走，把自己辖区都摸清了。"（M）

"我们社区8 000多户，'两委'的十多个工作人员真的是一家一家走完了。"（D）

在疫情期间，需进入社区的外来人员都需要按照规定接受"基本流程"。

"如果外边人回来，当然就是先隔离。具体费用我不知道，听说有免费的，但大多数人是自费。"（M）

"留学生回来的多一些。他们回我们市隔离两周，然后回小区还是要做很严格的检查，就要做核酸检测和其他检查。"（L）

不同地区疫情形势不同，隔离政策和规则也有不同。在严重地区，隔离人员不允许出房门；不严重的地区多为自我隔离，且隔离人员可以在一定范围内活动。

"隔离期间不管有没有健康问题，都只能在隔离点待着，不能外出。"（M）

"当时我们的体温这些都是正常的，又有健康证明，他们就让我们把口罩戴上，就可以出去到超市买点东西，拿个外卖都是可以的。"（CC）

而涉及日常出入小区时，多数地区采取"凭证出入，测温登记"的模式。

"进出的话是有一个手机上的码，然后那个时候要出示。"（L）

"社区印出入证发给物管，物管隔五天左右发一次，一次发五张。"（CG）

"要出门工作的，就一个人发一张工作时间的证，每个家庭也发一张。"（P）

在管控严格的地区，社区会提供基本生活物资的供应服务。

"还会通过业主群统计大家需要买什么生活物资，好让小区统一购买，叫大家各自去领。"（L）

"小区里有个菜点，每个单元有个群，你群里面报需要的东西，我们把这个名单报给菜点的工作人员，他们配好，我们提过去。"（M）

社区会进行基本的疫情防控的宣传工作，各地的宣传方式不同。

"宣传力度还是挺大。他们会贴宣传单、发短信、发传单，劝告你不要出门。"（CC）

"我们市的话，有公众号在宣传，然后街上有带喇叭的车在宣传那种，有时候能听到，大概是让大家小心之类的，不是很多，我记得有。"（L）

"那段时间就来我们项目组，给我们说情况，强调了清洁卫生，让我们交些照片上去，然后发一些宣传资料。"（CG）

2.社会活力的张扬

社会活力则涉及社会的参与，促进社会参与才能更好激发社会活力，这涉及人民主体的问题。

流动人口有不同的流动形式和工作行业，这决定了在进入社区之后对其日常治理的复杂性。一般情况下，流动人口主要分为两类：零散的流动人口，以个体工商户、服务业者为主；被整合的流动人口，以建筑业、制造业劳动者为主。

对于零散流入的流动人口，因其多自行租住在不同居民区，社区主要采取所居住小区负责的方式。

"小区门口还有微信群里其实都通知过了，希望（从外面回来的）大家自觉去上报，业主其他的住户也会在群里或者和物业反映，反映过后物业也会去核实。"（L）

"他们虽然是租客，但是包户干一样管理，登记好了之后，管理就行。"（M）

对于被整合的流动人口，因其多生活在工厂、工地所开辟的工人生活区中，社区在整合型人口集中流入时前往其单位收集信息，之后采取单位负责的方式。

"要进入我们的施工场所，项目部还有我们都要陪着去查。每一个人包括工人，只要是在这个区域里面的所有人都要查。我们刚回来的时候来过一次，然后工人多起来了之后来过一次，之后就是我们上报，他们不会来了。"（CG）

对零散的流动人口，与社区的联系主要是通过小区的居民微信群。

"我们有在一个微信群里，在疫情期间主要就是发一些通知，告诉我们一些要注意的地方，后期还会通过这个群统计大家需要买什么生活物资，好让小区统一购买，叫大家各自去领。"（L）

对被整合的流动人口，单位便是他们与社区的联系媒介，也是其支持系统。

"工地里面就有食堂，工人宿舍还专门划了一块隔离区。工人遇到问题，肯定是先找我们反映问题，我们再把问题报给上面或者社区。平常他们是不出工地的，也没有必要出去。"（CG）

流动人口主动投入到流入地社区的治理工作中。

"有，我也算流动人口，而且这次我就当了志愿者。"（CC）

流动人口访谈对象也表示有意愿参加到社会治理的工作中。

"当然愿意，去了解那些东西我也很乐意，而且我们当时本来也没得啥子工作。但如果忙起来可能就不会去了。"（CG）

"之前有一个创办文明城市的活动，我就做过志愿工作，所以说我还是比较愿意为社区贡献的。"（L）

（二）党建引领下社会治理共同体

党建引领社会治理是党的领导在地方，特别是在基层层面上的具体呈现。社会治理也是体现党的领导的重要场域。基层党组织就有非常强大的动员能力和权威性，保证了在当前社会治理的创新过程中起到社会引领和各方面引领的作用。

疫情期间的社区治理在基层党组织动员下呈现多主体共同参与、共同治理的局面。既有社区党员，也有小区内的党员、居民志愿者、物业、社会工作者、志愿者等社会治理共同体。

"他们是一起来的，疾控中心、社区、物管应该是都派了人来的。"（CG）

"社区会派来包户干部，在他的团队里有三五个工作人员，可以说他们都是属于包户干，我们还有很多志愿者。"（M）

"先开始是政府的，之后是社区带着志愿者。我说的政府的是公务员居多。当时一些机关的公务员下来当防疫工作人员。"（CC）

"我就把我们小区支部里面的党员，全部组织起来，搞了个服务队，给他们封了楼的单元提供服务。"（W）

社区的各治理主体虽未直接分工，但多已形成了不同任务，不同区域不同主体负责的默契，且各主体在社区的统一领导下分别发挥作用。

"志愿者应该是有的，物业那边负责小区内部的事要多一点。"（L）

"社区那边派了干部来嘛，指导我们物业还有党员服务队的工作，还来统一安排物资分类发放这些。"（W）

"我们定期会召集各个小区、写字楼的物业负责人来社区开会，我们给他们传达相关的精神，也发一些防疫宣传材料什么的。"（D）

各治理主体都在社区的统一领导下进行，虽然社区并不是这些主体的直接领导，没有对其的管辖权，但是突发公共卫生事件链接了不同治理主体，自组织力量自发动员。

"但实际上我们社区'两委'没有执法权，也和他们没有领导被领导的关系，比如你看各个小区的物业是房管局管，文化公园是归文旅局管，某某集团写字楼也归他们管，传达精神，然后让他们协助收集信息。"（D）

不同地区的社区在基层防疫一线——居民小区的工作主体分工、贡献不同。如L和P所说，其社区的防疫主要是物业负责，CG家所在社区也是物业负责；而M则是社区干部负责；CC所处小区则是志愿者居多。

"社区印出门卡发给物管，物管隔几天发一次，应该是五天左右吧，一次就发五张，然后物管就凭出门卡放人。"（CG）

"确切地说，其实管出入和登记的是门口的保安大叔。"（P）

"我们这里有的叫包户干部，就负责我们这个片区，几个单元几栋楼。"（M）

"政府、社区还有志愿者做得比较多，物业相对较少了。"（CC）

社区工作者队伍中，专业服务人员所占比例较大，但从事的行政工作较多。

"三四十岁左右的，女性居多。专业服务我不了解，看不出来有好专业的。"（CG）

"我们这一块儿负责的人员就是包户干部和他手下的工作人员。"（M）

"我带出来的一个社工，她现在就在社区当主任嘛，但是他们平常还是做得更多的是行政工作，专业社会工作什么的就比较少了。"（W）

"我是考的社区工作者的证，但日常工作的话，主要还是对接街道布置的行政命令，然后转化为服务。我对接的就是城管口、武装部这些。"（D）

志愿者与社区的联系较多，他们由社区组织起来，将工作情况报给社区，和社区"打交道"的机会多。

"我们要去社区报名。然后领工作表格，领口罩、手套之类的物品，告诉我们要注意什么。我们每天的登记表也要交过去。"（CC）

"我们第一个想到的就是他，有什么事都直接找他，他全权负责这一块儿。"（M）

五、启示

党的十八大以来，以习近平同志为核心的党中央就社会治理现代化提出了一系列新理念、新思想、新战略，蕴含着完善社会治理方式的新要求。成都市青羊区某街道坚持以人民为中心，践行党建引领、自治强基、智慧支撑，有效解决了流动人口社区治理难题，给我们以下启示。

（一）党建引领下社会治理主体多元化

在社区治理工作中，党建引领下企业和社会协同、个人参与，相互配合、相互协调，形成主体协同的治理格局是促进流动人口社会融合和社会治理的基本方向。

社区能在较短时间内完成防控任务，建立服务平台，有效降低疫情在区内蔓延暴发的可能性；基层的问题能及时通过此体系向上反馈，并得到上层的应对方案。

社区居民委员会作为居民自治组织是不具有行政权的，对其他治理主体也并非直接管辖关系，社区居委会更多地扮演着一种"协调者"和"服务者"的角色。这套基层的多元主体治理体系在实践上又发挥了很大作用，领导和主心骨是社区党委或党总支，发挥党的领导作用，统筹布局，积极引领指导防疫工作。

（二）流动人口社区治理的自组织化

流动人口群体中拥有众多分散的、有理想和有智慧的青年才俊，在公共卫生实践中流动人口自组织从无到有、从自娱自乐到自助互助，组织化程度和社会影响都在社区治理中发挥着重要作用。

在社区治理的研究中，流动人口往往是治理行为的承受者。然而，根据多中心理论，治理主体是双向互动的。流动人口不仅是被治理者，更应该是治理者。流动人口的流动性质决定了其可以提供来自区外的有关当前"社会风险"的即时信息；在社区人手不足时，其能提供有效支援；流动人口参与社区事务，能有助于激发其主人翁的精神，提升其社区的归属和认同，进而促进其社会融合。

而流动人口治理社区的阻力，一般观点将其归咎于流动人口无参与意愿。但根据访谈，流动人口受访者参与意愿明显，可见流动人口的主观意愿不是治理社区的主要阻力。有受访者提出，社区没有特别组织鼓励流动人口参与志愿工作。这一方面因为社区在招募志愿者时不会过多关注户籍，另一方面因为流动人口居住分散，社区无法有效整合其力量。因此要发挥其作用的关键在于"整合"，而新媒体技术的发展，使得这种整合成为可能。

（三）智慧平台建设助力流动人口社区治理

在公共突发事件发生时，除保持现有的社区治理模式外，要建设专业化队伍，联合区内区外社会工作和志愿服务组织建立专业服务平台，在管理的基础上，有效为区内居民提供多样的服务，促进社区从行政化向"行政—服务"兼备化转变。

社区要有效治理流动人口、有效组织整合流动人口，掌握区内其整体情况，提升管理的精确性；要关注每一位流动个体，了解其在社区的需要，及时地链接相应资源，为其打造有效的社会支持系统。在治理时，可融入党建思维，在流动人口中成立临时党支部，发挥流动人口党员的模范服务作用，凝聚起更多流动人口；同时也可发挥新媒体的作用，用微信群等将松散的流动人口联系起来。社区在整合流动人口的基础上，使其成为社区治理的主体之一，发挥其力量的同时也能加强其对社区的认同感、归属感、融入感。

中国的基层组织和社区管理制度展现了快速有效的执行能力，在保障居家隔离人员健康安全的同时，保障流动人口和居民必要的生活物资供应。各大企业也主动承担起社会责任，5G技术、大数据、云计算等现代技术的灵活应用，为患者病情排查与疫情防控做出了巨大贡献。大数据技术下的流动人口社区治理，注重以人为本，打造互联网平台，实现信息共享，合理控制开发成本，考虑流动人口、社区和政府工作人员的教育程度和学习能力，理顺基层行政链条，解决部门分割所形成的信息孤岛等问题。

（刘颖：北京理工大学人文学院社会工作系讲师；李彦沨：中国人民大学社会与人口学院硕士研究生）

探讨"警格＋网格"双融合在
基层治理中的作用及路径

牛小军

2020年6月，根据行政区划调整，彭州市隆丰街道万皇村由原隆丰镇万安村与高皇村合并成立。万皇村辖区面积3.8平方千米，16个村民小组，2个"集中居住区"，常住人口3 700人，流动人口达6 000余人。该村是全国闻名的"大蒜基地"，位于成都新材料产业功能区附近，外来人口多、遗留问题多、矛盾诉求多，加之有相当多的村民对"合村并街"抱有抵触情绪，干群关系十分紧张，一度被评为"软弱涣散"党组织。为有效防范化解各类风险，增强党支部战斗堡垒作用，9月，按照当地组织部门统一部署，市公安局指挥中心（办公室）党支部与万皇村党总支结成对子，立足公安部"一村一警"改革要求，积极探索"警格＋网格"双融合基层治理工程。"结对"后，支部会同辖区派出所累计化解矛盾纠纷236起，破获各类案件32起，整治治安热点地带4处，规划停车点位100余个，重点人员实现了"清零"，风险隐患实现了"清底"，逐渐走出了一条"发案少、秩序好、环境美、产业旺"城乡社区发展治理新路子。2022年，该村获得"成都市级幸福美好公园社区"称号。

一、"警格＋网格"双融合在基层治理中取得的效果

（一）改变了党组织"软弱涣散"局面

万皇村未合并前，党组织建设几乎"一片空白"，"三会一课"形同虚设，

党支部战斗堡垒作用基本为零，村上风险高发、矛盾复杂，重点项目、民生工程无法进行，群众意见较大。推行"警格＋网格"双融合工程后，指挥中心（办公室）党支部主要从以下几点抓起：一是副市长、公安局局长多次到该村指导"两委"改选，推荐致富带头人"临危受命"担任村支书，重整班子结构、重塑班子形象、重拾村民信心；二是组织"讲师"和其他地区优秀村支书到该村举办学习班，传授经验，打开村干部眼界、拓宽思维；三是引导村干部"学会"读书看报，及时了解和领会上级政策，并结合隆丰街道发展规划和功能定位，勾画本村未来方向；四是通过村民议事会、党员大会等载体，抓好党员管理教育。

"人心齐，泰山移。"经过大刀阔斧改革和两个基层党组织交流互动，万皇村党组织很快扭转了被动局面，书记村主任做表率、打头阵，其他班子成员主动跟进，个别老党员、老支书看到了"希望"，主动"递点子""献良方"，村民见到村干部"绕道走""开半边门""说半句话"的现象消失，半年时间就摘掉了"后进"帽子。先后联合开展了"宣讲党的二十大"、老党员"迎七一·感党恩"座谈、《我宣誓》联唱、《党史》知识竞赛等活动，通过系列主题党日活动凝聚人心。两个支部书记分别被评为"优秀基层党支部书记""党建引领社区治理先进村支书"等称号。

（二）改变了矛盾纠纷"多点爆发"局面

由于该村涉及征地拆迁、灾后安置、场镇建设、田地复耕等，矛盾纠纷"燃点低"，群众诉求"解决难"。之前，村干部没有深入倾听群众的声音，没有下真功夫解决疑难杂症，致使个别"小苗头"演变为"大问题"。实施"警格＋网格"工程后，支部联合辖区派出所指导该村整合网格员、治安积极分子等力量，对辖区历史遗留问题、现实矛盾纠纷、项目实施可能产生的涉稳因素等"大起底""大筛查"，从群众反映最强烈的问题"落脚"，从群众"急难愁盼"问题"落棋"，对症下药，攻坚破难。其间，运用"1＋3＋N"机制和"1＋10＋N"机制搜集各类信息640余条，妥处苗头性问题2起，排查风险86个，化解矛盾纠纷236起，3名重点人员停访息诉，1个重点群体圆满解决，5名与村干部对着干的村民主动当起了"社情民意观察员""矛盾纠纷和事佬"，实现了"微事不出网格、小事不出村、大事不出街"的目标。

（三）改变了村上环境"秩序混乱"局面

以前，由于村干部"不管事""怕管事"，村上乱象丛生，秩序混乱。实施"警格＋网格"工程后，发挥公安优势，找准薄弱点，由"乱"入手，重拳整治：一是主动"打"。实施重点攻坚、深挖积案、快破现案，先后成功侦破"张某系列盗窃电瓶车"案，打掉3个流窜盗窃团伙，铲除4个黄赌毒窝点，挽回经济损失130万元，电信网络诈骗连续两年为零；二是重点"防"。加强对治安热点区域、独家村院、偏僻地带的巡逻防范，落实小区门卫16名，安装小区周界监控40处，升级改造出入小区车牌号和"刷脸"系统8处，整治围墙乱开门、乱打洞、倒塌失修23处，增加感知源系统60余个，从人防、物防、技防上堵漏洞；三是常态"治"。会同交警、辖区派出所划分停车泊位100余个，加大对各类交通违法行为和治安热点区域的常态整治，连续5年没有发生亡人交通事故，4处治安热点区域得到了根治；四是抓好"宣"。开展"防交通事故、防盗抢骗、防境外赌博、防吸毒贩毒种毒"等安全宣传，运用身边事、惨痛教训、典型案例使宣传更加具有穿透力、说服力。侵财类案件由每年23起下降到每年2起，无新增违法犯罪人员。五是就近"办"。把党群服务中心变成"警民之家""服务之家"，将行政事务功能融入日常服务，列出直接办理事项、代办政务服务事项和特色便民服务事项，变"群众跑"为"干部跑""民警跑"，变"线下跑"为"线上跑""指尖跑"。2022年，共收集民生诉求18起，预防可能引发的极端行为1起，化解矛盾纠纷13起，群众求助7起，送证上门107起。

（四）改变了村上经济"闲置浪费"现象

相较于其他偏远农村，曾经的高皇村和万安村具有得天独厚的优势，地处平坝、场镇和重点项目附近，但因支部战斗堡垒作用弱、党员模范作用差，对村上经济发展、产业升级、资产盘活无思考、无谋划、无部署，致使集体经济闲置浪费。实施"警格＋网格"工程后，两个支部就发展壮大集体经济实施了四大行动：一是"起底"行动。对村上价值700万集体资产进行了"大起底""大排查"，摸清家底，掌握实情，能出租就出租、能招商就招商，让"死"资产"活"起来，变"输血"为"造血""储血"。二是"创收"行动。村干部和驻村民警带头跑资金、抢项目、要政策，利用"荒凉地"建成了篮球场、"时光与树"咖啡屋、大蒜博物馆，修建了滨河公园，通过一系列大手笔，"宜美宜居"乡村场景逐渐形成，集体经济从无到有。如本村60岁以上老人可免费休闲娱乐，这些场景消费也成为附近企业员工放松心情的好去处。大蒜博物馆既可供游客参观，也可出售多达20个品种的"隆丰大蒜"、文创产品等；篮球场24小时免费开放。2022年以来，该村共接待观摩学习团8批次200余人，举办"警格＋网格"双融合基层治理现场会1次。三是"增收"行动。为助力"天府粮仓"，提高土地利用价值，2022年11月，该村对闲置的土地进行了重新测量，并30天完成了100户村民新农村搬迁任务，共计腾退2 000亩土地。指挥中心（办公室）党支部主动联系四川某农业科技公司，邀请专家到田间地头调研土质结构、土壤墒情等，动员村民拿出4亩耕地试用蛋白质肥料种植农作物。该蛋白质肥料具有"改善土壤结构、增产增收节水、无公害无污染"等特点。从试点情况来看，效果显著，成功后拟在该村扩大种植面积500亩。四是"引资"行动。先后争取项目资金200万元用于修建沟渠村道、建设公共设施设备；引进6家商家和企业入驻闲置的村公场所；市公安局协调了价值30万元办公设备改善村办公环境，联系公益团队为70户困难群众送上生活必需品和床上用品，解决了3名村民的就业问题。

二、"警格＋网格"双融合给基层治理带来的启示

（一）上级党组织关心支持是关键

市公安局党委和隆丰街道党委从"警格＋网格"工程实施之初就明确了路线图、任务书、责任单。其间，副市长、公安局局长多次下沉调查研究，出席村民议事会，开展理论宣讲，慰问基层群众，以双重身份参加主题党日活动，解决了村道无路灯问题，争取500亩高标准农田示范区建设指标。2022年疫情多点暴发期间，从机关抽调警力支援该村开展核酸检测秩序维护、小区封闭管理、追阳断链、治安巡防等工作，正是有上级党组织和领导的关心与支持，两个党支部才有了"定心丸"。

（二）党建工作有力有效是前提

面对世纪疫情、行政区划调整、突发自然灾害等不确定因素，两个支部坚持以党建为龙头，把政治建设放在首位，严格按照《中国共产党章程》要求开展理论学习，深刻领悟习近平总书记对基层治理的指示以及对乡村产业发展的讲话。如"警格＋网格"基层治理模式从理论上解决了村干部"脑瓜子"问题，从实践层面解决了环境秩序"脏乱差"问题，从发展方向上壮大了集体经济，从村民增收方面"鼓了钱袋子"。

（三）支部团结奋进是条件

结对后，两个支部战斗堡垒作用得到了有效锤炼和锻炼，克服事务多、时间紧、任务杂等困难，严格遵守结对帮扶要求，严格落实双方建立互助机制，做到了"随时沟通、下沉到底、遇事商量"，不以"工作忙""脱不开身"找借口、走过场。其间，互动交流20余次，举行政治生日、党员宣誓、困难帮扶、产业发展等活动11次。制订了党建牵手、党员教育、"三会一课"、信息收集、助农增收、向上对接等责任清单，落实了牵头人、联络人。2023年初，社治委将该村作为基层治理改革创新项目纳入全市整体示范点打造，明确要求把"警格＋网格"双融合基层治理"效果图"变为"实景图"。

（四）群众理解支持是基础

当地村民经历了从对立、质疑、旁观、参与、点赞的过程，他们深切感受到新的村支"两委"精神面貌、工作作风发生的变化，从民警身上感受到"不是来走过场，不是来照相留影"。两个支部用实打实的干劲和业绩赢得了村民信任与支持。如在文明典范城市测评中，村民自发组织了"秩序队"，配合开展"脏乱差"整治；大蒜博物馆建设中，村民有力出力、有物捐物；个别老党员把珍藏多年书籍捐赠给"时光与树"咖啡屋，咖啡香、书香、鲜花香，让客人流连忘返，无形中增加了村里的收入，壮大了集体经济。

三、"警格＋网格"双融合在基层治理中存在的短板

（一）"警格＋网格"双融合发展不平衡

虽然从2018年起，市公安局就开展了"警格＋网格"双融合基层治理试点，但从实践情况来看，只有极少数党支部开展了品牌创建工作，其他党支部等待观望，按部就班开展工作较多。如有的支部表面上轰轰烈烈，实际上党员参与度不高。有的农村基层党组织把"拼经济、搞建设"放在第一位，与公安联动开展"警格＋网格"热情度不够。

（二）"警格＋网格"双融合效应不凸显

公安机关虽然在"警格＋网格"双融合基层治理中做出了一些有益探索，如矛盾化解"十大战法"，应急处突"1+10+N"模式、"一村一警"机制等，但在聚集整合力量、发挥品牌效用上还存在差距。如民警与网格员、"红袖套"融合度不深，"自转"多，"公转"少。

（三）"警格＋网格"双融合服务不深入

"警格＋网格"双融合是助推市域治理现代化有效抓手，应该是涵盖服务改革、服务发展、服务基层、服务党员、服务群众在内的有机整体。但实践中，部分支部注重"管理"，缺少"服务"，导致群众对"警格＋网格"双融合的温度、热度感知甚少。

四、"警格＋网格"双融合在基层治理中的路径

（一）找准定位，让"警格＋网格"双融合基层治理"响起来"

一要强化政治意识。"警格＋网格"双融合基层治理是服务改革、发展、稳定的必然要求和时代呼唤，在实施过程中要始终贯彻政治建警要求，在加强政治建设、压实政治责任、凸显政治属性、强化政治引领上下功夫；二要强化精品意识。"警格＋网格"双融合基层治理本身就是"风景线"，但如果建不好就是自砸招牌，失去群众的理解与支持。所以，从一开始就要有精品意识和长远

规划，既要做到"一炮打响"，又要做到"持续走红"；三要强化宗旨意识。"警格＋网格"双融合基层治理不是"花架子"，必须以人为本，落地见效。如围绕旅游经济、民宿发展等，可持续探索景区"嵌入式"勤务新路子，破解旅游季道路拥堵问题，让群众感到更加平安顺畅。

（二）明晰责任，让"警格＋网格"双融合基层治理"硬起来"

一是要肩扛主体责任。党支部书记要强化党建引领，肩扛主体责任，辩证分析"警格"与"网格"在基层治理中的兼容性与互补性，既做到各司其职，又实现互为补充，确保在党委政府统一部署下开展工作。二是要狠抓日常考评。要发挥目标考评指挥棒与风向标作用，不能"做好做坏一个样、做与不做一个样"，对存在问题及时通报，限期整改。三是要强化久久为功。要将"警格＋网格"作为一项长期性工作抓紧抓实，建立一套切实可行、行之有效的保障机制，确保该项工作久久为功。具体操作中，可以清单式、菜单式量化考评指标、列出考评内容，增加考评权重。

（三）两轮驱动，让"警格＋网格"双融合基层治理"合起来"

一是抓思想融合。"警格＋网格"基层治理的对象是人、事、地、物、网，不能简单地把"警格"和"网格""物理捆绑"，而是要从提高认识出发，引导民警辅警与广大网格员"一条心"，通过思想自觉引领行动自觉。二是抓队伍融合。要把公安力量与网格队伍有机融合，如民警辅警可带领网格员开展社区走访、一标三实信息采集等工作，网格员主动报告发现的风险与问题，形成同频共振良好态势。三是抓效果融合。"警格＋网格"双融合基层治理最终成效要看群众"点不点头""满不满意"，否则就会失去生存的土壤。如针对电信网络诈骗等新型违法犯罪活动，要整合各类力量采取"大数据＋大脚板""传统宣传＋新兴媒体"等方式精准宣传预防，源头治理和追赃挽损，保护群众"钱袋子""救命钱"，用成果检验成效。

（牛小军：成都市公安局彭州市局）

中国数字化社区建设的未来展望

包路林

近年来，随着移动互联网、大数据、人工智能等技术为代表的数字经济迅猛发展，新产业、新业态、新模式大量涌现，特别是在新冠疫情期间表现出极强的生命力和适应性，深刻影响着社会各行各业和人们的生活习惯。移动支付、共享经济、直播购物、远程会议等新兴模式不断涌现并推广，数字化应用在社区层面也表现得愈发突出，智慧社区、数字社区、未来社区、虚拟社区等概念相继出现。

根据中国信息通信研究院发布的《数字社区研究报告（2022年）》提示，数字社区是"以新一代信息技术为基础，以海量数据为流通要素，以先进的数字化交互手段为主要表现形式，通过打造高互动的数字生活场景，建立人与人、人与物、人与社会之间的信任链接，从而实现线上线下高效融合的新型互联网社区"。这里的数字社区内涵广泛，涵盖了以数字平台为核心的所有人、物、产业等，已经突破传统的社区概念。未来，随着信息技术的进一步发展，社区内外的人、物、信息的交换进一步网络化、数字化，可能形成与现实社区相对应的真正数字社区，即虚拟社区、未来社区等。民政部等部门印发的《关于深入推进智慧社区建设的意见》（民发〔2022〕29号）中指出，智慧社区是"充分应用大数据、云计算、人工智能等信息技术手段，整合社区各类服务资源，打造基于信息化、智能化管理与服务的社区治理新形态"。

本文中的数字化社区的概念与以上数字社区、智慧社区既有联系也有区别。数字化社区以现实中的街区、社区为主要对象，主要是指通过数字化信息系统将社区服务相关内容通过数据要素、数字化交互手段重新整合，为社区居民提供更为高效、便捷、人性化服务的新型社区形式。数字化社区是数字经济的基本组成单元，是"最后一公里"的社区经济圈，对于优化促进生活性服务业的转型升级意义重大。数字化社区是智慧社区中关注数字化应用的一种形态，是含义更为广泛的数字社区的一个重要组成部分。由于近三年疫情的肆虐，在社区层面积累了很多社区相关的数据基础，以及中国数字经济的加速发展，当前以数字化社区为主要形式的社区建设成为关注的热点。

表1　数字化社区、数字社区、智慧社区的关系与区别

项目	数字化社区	数字社区	智慧社区
与居民社区的关联度	以居民社区为主要对象	突破了居民社区的概念	以居民社区为主要对象
技术支撑	新一代信息技术	新一代信息技术	新一代信息技术
基本要素	强调社区内部及周边的数据库为基础	强调全社会的海量数据为流通要素	突出利用数字化、网络化等先进手段进行社区治理
主要目标	应用数字化手段和平台，为社区居民提供更高效的服务	将物理世界的要素（人、产业、区域）在数字世界连接成互联网社区	发挥数字化的整体效能，形成社会治理与社区服务的新形态
核心要义	突出当前数字化加快发展的形势，是智慧社区中突出数字化应用的一个方面	更加突出全社会所有网民的数字化生活圈，更倾向于"数字社会"图景	更为综合和宽泛意义上利用科技创新成果的新型社区理念

一、数字化社区建设的主要成效

（一）数字化社区建设政策支持力度大

社区作为社会治理的重要组成单元，社区建设和社区服务问题一直受到党和政府的高度重视。大数据、人工智能、数据孪生等技术迅速发展带动社区治理走向数字化发展阶段，数字化社区建设成为智慧社区建设的重要保障。中国共产党的十九届五中全会提出，"要建设数字中国，加快数字化发展"。2020年11月，习近平总书记在20国集团领导人第十五次峰会上曾指出"以科技创新和数字化变革催生新的发展动能"。《中华人民共和国国民经济和社会发展第

十四个五年规划和 2035 年远景目标纲要》也描绘了未来中国数字社会建设的图景，提出"加快数字社会建设步伐。构筑全民畅享的数字生活，推动购物消费、居家生活、旅游休闲、交通出行等各类场景数字化，打造智慧共享、和睦共治的新型数字生活"。2022 年 5 月，民政部、中央政法委等部门印发《关于深入推进智慧社区建设的意见》提出："到 2025 年基本构建起网格化管理、精细化服务、信息化支撑、开放共享的智慧社区服务平台，初步打造成智慧共享、和睦共治的新型数字社区。"党的二十大提出："要加快建设数字中国，加快发展数字经济，促进数字经济和实体经济深度融合。"

表 2　数字化社区建设相关政策

时间	政策文件/重大会议	相关内容
2020 年 1 月	党的十九届五中全会	建设数字中国，加快数字化发展
2020 年 11 月	习近平总书记在"二十国集团领导人第十五次峰会"发言	以科技创新和数字化变革催生新的发展动能
2021 年 3 月	中华人民共和国国民经济和社会发展第十四个五年规划和 2035 年远景目标纲要	构筑美好数字生活新图景，推动购物消费、居家生活、旅游休闲、交通出行等各类场景数字化，打造智慧共享、和睦共治的新型数字生活
2022 年 5 月	关于深入推进智慧社区建设的意见	到 2025 年基本构建起网格化管理、精细化服务、信息化支撑、开放共享的智慧社区服务平台，初步打造成智慧共享、和睦共治的新型数字社区
2022 年 1 月	党的二十大	要加快建设数字中国。加快发展数字经济，促进数字经济和实体经济深度融合

（二）数字化社区服务产品开始推广

在数字经济时代，数据成为最重要的生产要素。5G、人工智能、移动互联网、大数据等数字新技术渗透到产业各个环节和社会各个领域，推动生产方式、业务形态、商业模式发生颠覆式重构。数字技术给人们的出行、购物、社交、娱乐、就医、教育等各方面带来极大便利，人们的生产生活方式正在全面线上化、数字化。①民政部等多部门联合部署开展中国智慧社区综合信息平台建设，将各类不同层级、不同部门的社区信息系统进行对接与集成。针对数字化改造的市场需求，已有一些企业提供集成的数字社区建设服务，重点服务领域包括以下五方面智能体系。一是智能人车管理，主要是利用可视对讲、人脸识别等技术在门口闸机设置居民和车辆无感通行，外来人员和车辆进行管控和收费提示，同时记录特殊关怀人员的出行信息等；二是智能监控，包括对社区内部配套设施、楼栋房屋、公共设备等随时进行视频监控，并连接广播、预警、报警、指挥系统；三是智慧物业，包括物业服务全程线上提交、处理、跟踪、反馈，提升服务效率；四是安全管理，包括高空抛物视频监测和AI事后追溯模型、视频监控报警等功能；五是信息发布，包括发布各类通知消息以及党建宣传、文化宣传等。例如，北京市东城区民安小区等小区开展了全市首批"数字化社区"，安装了智能门禁、天眼、智能井盖、智慧停车等八个方面的数字化设备，给街道、物业、社区居民带来更多便利感和幸福感。

（三）社区数字化应用前景广阔

社区服务涉及居民的日常衣食住行、生老病死的多种多样需求，与当前生活服务型数字经济匹配性强，对于市场来讲是巨大的商机，对于社区服务来讲是重要的转型发展的契机。很多服务可以由线下转到线上，人工智能在生活应用上也逐渐崭露头角，为智能化识别、预警、处理各种社区服务提供了无限可能。这些新应用、新模式、新商机带来的改变为社区公共服务的数字化应用带来了广阔的前景，撬动了社区服务的创新。从社区商业看，美团、京东等越来越多的商品供给和配送方式的创新，为社区基本生活服务提供了更多的选择；从居民就业来看，更多的人选择在家中通过直播电商等形式创业就业；从养老托幼服务看，通过网络催生了很多服务供给的新形态，进而对于社区服务提供了更多可参考的模式。

---

① 《数字社区加速数实融合》，光明网，2023年1月10日，https://m.gmw.cn/toutiao/2023-01/10/content_36291299.htm。

二、社区数字化应用的主要问题

（一）数字化社区建设的整体水平较低

中国数字化社区建设依然任重道远。随着科技发展带来人们生活方式的改变，社区服务在数字化改造上首先要有相应的基础设施配套。在数据库基础方面，当前多数社区还没有形成基础信息的统一采集和录入，需要加强在地理空间基础信息、地名地址信息、社区重点场所信息、居民分类基础信息、重点人群信息等方面尽快完善数据，建立标准统一、动态管理的社区数据资源体系。在社区配套设施和服务设施方面，很多社区还没有进行智慧化改造，缺乏能用且好用的智能化设施，包括水电气热等市政设施、视频监控、门禁系统、停车设施、快递柜、垃圾收集处理设施、便利店、政务通用自助服务一体机等自助便民服务设施。在城市老旧小区和农村情况更不乐观。以农村地区为例，2020年中国农村社区综合服务设施覆盖率为65.7%，与同期城市社区100%覆盖率相比相差很大。在服务设施还没有全覆盖的情况下，数字化改造、智能化提升还需要更多的投入。

（二）社区层面数字化应用场景还不成熟

数字化社区是数字经济的重要载体，是数字经济在生活性服务业方面最直接的体现。数字化应用的普及和迭代速度很快，但当前与社区公共服务之间的结合点还没有形成，应用场景还不成熟。根据中国互联网络信息中心《中国互联网络发展状况统计报告》（第51次），截至2022年底，中国网民规模达10.67亿，较2021年12月增长3 549万，互联网普及率达75.6%。中国线上办公用户规模达5.40亿，互联网医疗用户规模达3.63亿。网络的普及，尤其是数字化应用程序的使用已经改变了人们的生活方式，包括教育、办公、养老、健康等。《关于深入推进智慧社区建设的意见》提出，要推动就业、健康、卫生、医疗、救助、养老、助残、托育、未成年人保护等服务"指尖办""网上办""就近办"，推动社区购物消费、居家生活、公共文化生活、休闲娱乐、交通出行等各类生活场景数字化。通常，城市居民的日常消费支出很多集中在社区周边一千米范围内，也就是步行15分钟的距离。在这个范围内，消费市场潜力还很大。

据商务部统计，中国目前已建设1 402个便民生活圈，服务社区居民3 200多万人。[①]商务部在2023年3月的新闻发布会上表示，将在全国范围内开展一刻钟便民生活圈建设三年行动，重点是发展一店一早（便利店、早餐点）、一菜一修（菜场和配钥匙、修鞋等修理店）、一老一小（老年康护、幼儿托管）。在大力倡导社区服务圈、商圈建设的当前，数字化建设是最强有力的措施手段，以数据赋能物业管理、家政服务、养老托幼服务等生活服务业，形成社区层面数字化应用的多个场景。

（三）政府和市场之间的衔接机制还需完善

中国社区公共服务当前主要还是以街道办事处、社区居委会为主体的部门供给，市场化程度还不高。科技改变生活更多地体现在居民在衣食住行方面利用市场化的程序和模式改变了生活方式。社区服务在养老托幼、政务办理、设施运营维护等方面数字化应用程度还不足，而且还出现社区服务App使用率低，小区的监控等智能设备的运营管理不善、停车设施和空间不足、垃圾分类收集不合理等问题，形成社会面数字化快速发展，居民数字化应用普及，但社区公共服务提供的数字化程度、智能化程度相对滞后的局面，体现出政府与市场之间的衔接不足。此外，疫情期间积累的居民信息等数据资源，并未能转化为数字化转型的源泉和动能，而且社区工作人员和工作经费并没有增加，没有形成主动识别、协助和改善社区居民的教育、就医、托老托幼服务，数字化应用在社区公共服务层面的融入机制还需要给予更多关注和指导。数字化转型和社区治理之间还需要更强有力的衔接，数字赋能社区治理还需要政府加大力气进一步推动。

三、数字化社区建设的展望

（一）硬件建设方面，分类推进基础设施建设

数字化发展的前景不可估量，它将改变组织、人、物之间的互动方式，未

---

① 商务部：《把一刻钟生活圈建成社区居民"幸福圈"》，人民网，2023年3月3日，http://finance.people.com.cn/n1/2023/0303/c1004-32635599.html。

来对于人类的生产生活方式将产生颠覆性的改变。数字化转型是生活性服务业转型升级的必然途径。数字化社区建设的目的是让社区居民能够享受科技创新的成果，让生活更加便利。首先，应加快居住社区的智能化设施改造，只有具备了一定的硬件条件才能更好地应用数字化手段。尤其是农村地区、老旧小区的改造中要加强对于智能设备的引入，让数字化社区更加普惠。集成、统一、简洁的数字信息系统是数字化应用的基础保障。建议在各地社区网格化建设多年累积的基础上，以网格划分为底图，按照新建小区、老旧小区、农村社区等不同类型布局社区数字化信息系统，全面对接居民和社区工作人员。当前，购物、用餐、休闲等方面的服务市场化程度较高，但养老托幼、应急安全、环境秩序方面的数字化应用程度还不足，还没有充分利用好已有的数据资源。因此，需要以居民信息为基础，结合社区生活圈、服务配套设施建设，加强对社区基本公共服务和社区居民急难愁盼问题的数字化服务模块和内容的提升，真正发挥数据资源的价值。此外，面对众多不同功能的社区服务相关程序和软件，建议大幅精简有关社区服务的各类App，将分散在政府、企业和社会各方面的数据资源进行整合。

（二）软件配套方面，完善社区数字应用环境

数字化建设的内核依然是提升社区服务的治理水平。随着大数据、人工智能等新技术与实体经济深度融合，数字化为社区公共服务的转型升级提供了新动能。在社区层面的数字化应用系统关键在于实现供需之间的互动，这种互动关系以社区居民和社区服务提供者（包括社区居委会、物业、服务供应商）为主，良好的互动关系才能催生更多的数字化应用场景。首先，数字化社区围绕生活服务、养老托育、文化体育等民生核心需求，需要形成以政府引导、社区服务机构配合、平台支撑三个支柱组成的合力，以数据提升社区治理的水平和效率。其次，数字化转型的主要目的是推进生产方式变革和管理效率提升，这就要求社区的工作人员首先要具备一定的素质和技能。社区治理、社区服务的人才建设是数字化应用最重要的软实力，具有相应素质和技能的社区人才才可以面对创新性强、头绪众多的社区数字化应用问题，激发数据要素的创新驱动潜能。此外，基层工作具有"千条线一根针"的特征。"十四五"城乡社区服务体系建设规划提出，要充分运用数字技术为社区赋能减负，用数字化构建社区

服务新模式，提升服务品质和效能。数字化手段可以帮助社区工作者从烦琐事务中解放出来更好地服务于居民。由于数字化应用和管理具有较强的专业性，建议以政府购买服务的方式引导和鼓励专业的企业参与到社区服务中，实现资源整合，研发具有操作简单、使用便捷的数字化服务方式，为社区工作减负增效，提升居民的幸福感和满意度。

（三）功能定位方面，加强与社区服务有机融合

营建社区建设运营低碳场景。社区生活与城市发展的目标紧密相关。社区中每个家庭的能耗与碳达峰和碳中和的要求紧密相关，可以借鉴国外在低碳社区建设方面的成熟经验，通过科技手段降低社区碳排放。例如，荷兰阿姆斯特丹就通过格森维尔德（Genzenveld）项目、西奥兰治（West Orange）项目等智能化手段，有效监测和降低了居民能耗与碳排放。格森维尔德项目通过为居民安装智能电表和能源反馈显示器等设备形成了一套能够实时监控能源用量并反映排放数据的系统，从而有效地提高了居民对能源用量的敏感性，并降低了阿姆斯特丹的碳排放和能源浪费。西奥兰治项目则是通过智能的自动能源管理系统，让居民随时可以掌握家中任何一件家用电器的能源消耗情况，有效节省了电力消耗，并降低了碳排放。

打造社区公共设施维护场景。社区服务设施、市政设施的损坏情况通常很难得到及时的反馈和处理。当前，以北京市为代表的很多城市主要是通过"12345"等公共服务热线反映情况，然后通过派单方式由某个相关部门或街道、社区来解决。在数字化社区建设背景下，可以通过手机小程序（App）等方式及时反馈和解决。例如，波士顿的公共服务系统（Boston Citizens Connect，波士顿市民热线）可以由市民随时通过手机App定位和报告公共设施的损坏情况，并随时查看问题的解决情况，报送和解决问题的效率较高。App中集成了图片、地理位置、留言等交互功能，在政府和市民间搭起了快速连接的桥梁，有效减少了市政服务和社区服务的盲点，减少了居民的抱怨。

建设社区智能养老场景。养老服务是社区公共服务的重要组成部分，依托数字化手段，可以有效提升中国社区居家养老服务的效率。以英国布林顿社区为例，在社区智能养老方面的做法值得借鉴。该社区应用"终生家园"智能养老医护系统，形成完整的社区老年人健康数据库和电子病历，并与专业医疗机

构联网同步。通过免费提供的可穿戴、远程监控等智能化设备，可以实时监测和反馈老年人的特殊身体状况，并将异常信息传输到护理站或医生办公室，使社区居民即使独居家中也能及时得到诊疗和救助。社区内使用的监测设备包括防滑跌监测器、低体温监测器、癫痫发作监测器和梦游监测器等。中国数字化社区建设可以借鉴这些做法，探索利用人工智能技术建立社区老年人健康监测的预警系统，实现对辖区老年人的智能守护，有效提升社区养老服务的水平。

（四）监督管理方面，加强数字信息的有效监管

数字化社区的前提是掌握了大量的居民信息和社区相关信息，部分信息涉及个人隐私和一定程度上对外保密的其他信息。这些信息如果在数字化应用过程中管理不严则很容易泄露，对个人、社区乃至更大的层面造成损失，也可能引起负面舆论，影响社区治理的整体效能。因此，要加强在数字信息方面的保密制度建设，避免数据过度采集，加大对数据的有效监管。由于很多数字化建设要委托给相关企业运营管理，需要对企业加强标准约束和规范要求，夯实数字化社区的安全基础。

（包路林：北京市社会科学院城市问题研究所研究员）

第三编 物业服务

双流区"1+211"模式理顺商品房
小区治理服务机制

赵晓蓉　　刘宗英

近年来，商品房小区矛盾纠纷愈加剧烈。为理顺关系、化解矛盾，双流区立足主体作用发挥，深入分析原因，探索构建"1+211"自治模式。该模式重点对党组织（党员）参与小区自治、主体制衡设计、自治监督、行业监管等难题进行创新探索，从组织构架、体制建立、机制运行进行创新重塑，推动解决了商品房小区治理难点、痛点。本文以欧城花园小区为例，具体分析和展示"1+211"自治模式构建及其运转成效，证明了该模式能使党组织正能量显性化、推进自治运行高效化、实现小区治理秩序化、促进业委会与物业公司关系正常化，推广实施示范化。

一、背景与起因

（一）商品房小区治理现状

欧城花园是双流区一个已交付15年的老商品房小区，2003年交房时，小区的高品质让在此购房的业主深感自豪。然而光阴荏苒，芳华不再。由于业主委员会（以下简称"业委会"）长时间未成立，申请维修资金程序繁杂困难，物业费收入难以承受庞大的小区维护开支，小区道路越来越烂，监控大部分失效，外来人员管控不力，车辆停放无序，偷盗行为经常发生，小区管理陷入混乱。之后，几经周折产生的第一届业委会，却因问题多、管理难度大等原因提前两年集体辞职。而后续一届业委会因成员观念偏离严重、素质参差不齐、能力不足及不作为，加之长期不愿与物业公司进行坦诚沟通协调，致使小区的各项工作无法正常开展。此后又因未按程序强行更换物业公司一事，造成小区业主之间产生严重矛盾冲突，以致公安110防暴大队出警、职能部门前来维护秩序和协调处理、多家新闻媒体赶到冲突现场进行长时间报道。之后，由于业委会，物业公司、业主三方之间未建立有效的沟通渠道，致使多方上访，业主见面时吐口水甚至对骂，小区安全环境恶化等问题持续升级；业主、物业公司矛盾积怨越来越深，小区信访投诉绵绵不断、各类群体性事件频发，一时间，小区成为"远近闻名"令人闻之皱眉的一个典型的"脏乱差"小区，造成很多业主选择惹不起躲得起，卖房而去。至此，曾经被人羡慕的时尚小区沦为笑柄。

（二）商品房小区治理无序的原因分析

当前，类似欧城花园这样的商品房小区因物业管理引发的纠纷越来越多。从社会治理的角度考察小区治理，发现参与小区治理的物业公司、业委会、业主（代表）大会、居委会以及政府相关职能部门等多主体之间存在相互割裂、各自为政、自行其是的碎片化治理状态。究其原因主要有：

1.各主体属性不同，且没有在各自遵循的规则之上达成有效的协同治理共识。物业公司是市场主体，业委会、业主（代表）大会、居委会是自治组织，发改委、住建委、房管局、城管局、街道办等则属于政府部门或机构，这些主体在小区治理中没有明确的权责边界或制衡设置。

2.小区的业主之间关系松散。商品房小区居住密度大，且是"原子化"的陌生人社会，业主之间连接松散。即使成立了业委会，也往往因为相互之间沟通合作不够，难以在商品房小区治理中发挥应有的主体作用。

3.公共治理权威尚未形成。虽然近年政府一直致力于为社区"减负"，但当前居委会承担的行政事务依然繁多，自治职能弱化。《中共中央国务院关于加强和完善城乡社区治理的意见》中提出的"在社区居民委员会下设环境和物业管理委员会，督促业委会和物业服务企业履行职责"也在探索中，本应在小区治理中起到"黏合剂"作用的社区，目前却是功能缺失。物业公司由于是市场化的组织，且当前普遍实行的是"包干制"收费模式，这种由物业公司自负盈亏的收费模式，各类信息不透明、业主不能查账等因素，导致业主很难有效约束物业公司，质价不符，物业公司与居民的矛盾频发。业委会的成立，本是为了协调解决个体化的业主和组织化的物业公司之间的矛盾，当前却处于尴尬境地，一方面缺乏居民的信任和支持，达成集体行动难；另一方面，由于对业委会的有效约束不足，业委会也曾与物业公司"利益合谋"或追逐个体私利以"炒物管"为手段，造成业主、业委会、物业公司三者矛盾加剧。政府管理部门因人力、职能属性、运作惯性等因素的影响，通常不直接参与小区治理工作，小区的治理主要依靠居委会、业委会和物业公司等三大主体来落实。

二、做法与经过

（一）"1+211"模式的组织架构

"1"即党组织，是"1+211"治理模式的核心。在镇（街道）党工委的统一领导下，构建"社区党组织＋小区业主/物业公司党支部＋小区党员/物业公司党员"组织架构。在小区内，由于业主和物业公司分属两个不同的利益群体，为避免利益交织和群众质疑，因此，业主和物业公司分别成立党支部。党员业主到居住的小区党支部报到，参与小区治理。小区党支部主要为业委会搭平台、定规矩、把方向。物业公司党员队伍比例、党建工作开展情况纳入企业信用评级、行业评比、物业项目招投标体系，此举增强了社区党组织领导物业公司的抓手。

"211"中的"2"即业主大会和业主代表大会（以下简称"业代会"）。业主大会由小区的全体业主组成。业代会是业主大会的常设机构，由每个自治单元选出的业主代表集合而成，主要针对当前商品房小区过大、业主参与小区共同管理事务意愿度过低、业主大会运作困难而设立，在业主大会授权范围下，小区自治日常事务由业代会研究表决。自治单元一般为45户，但可根据栋/单元/楼层的住户情况确定，单元内选举产生本自治单元的业主代表。

"211"中的两个"1"分别是业委会和监督委员会（以下简称"监委会"），都是通过业主召开业主大会会议，经双1/2以上的业主同意选举产生。不同的是业委会是业主大会、业代会的执行机构，监委会是业主大会、业代会的监督机构，主要监督业代会、业委会的履职情况，以及小区公共场地用于经营、公共收益收支、维修资金使用、物业服务企业选／解聘等重大事项。

（二）"1+211"模式的体制创新

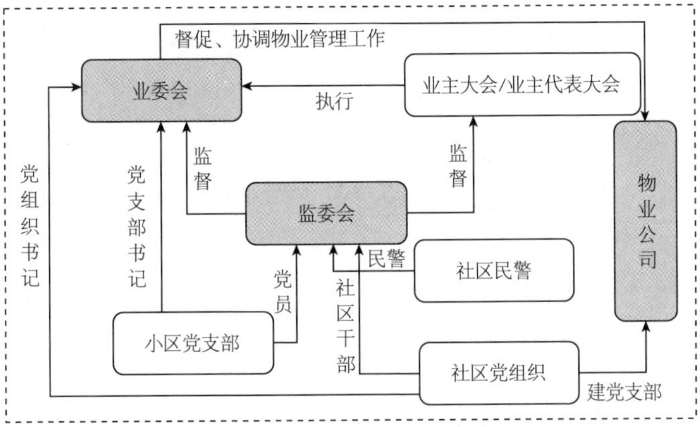

图1　双流区"1+211"商品房小区治理主体关系

1.推行交叉任职，加强党组织的领导监督

双流区房管局在小区《业主大会议事规则（建议文本）》中明确约定，由拥有小区业主身份的社区党组织书记或小区党支部书记（党小组组长）担任业委会主任；社区党组织书记和小区党支部书记（党小组组长）不是小区业主的，推选符合条件的社区党组织委员、小区党支部（党小组）党员担任业委会主任。小区监委会由5~13人的奇数组成，优先考虑小区党支部（党小组）党员，本小区民警自动进入，主任由所在社区选派1名"两委"干部担任。小区民警和社区干部的加入，确保了监督的有效性。

2.避免"交叉任职"，形成权力制衡

双流区房管局制定的《管理规约（建议文本）》中规定，业代会代表、业委会委员、监委会委员不得交叉任职，这就避免了权力过于集中，业委会既当运动员，又当裁判员的现象。而互不交叉的设计在制度上确保了三方不同的权责和利益立场，有一定的制衡作用。

3.建立信用档案，严格考评应用

建立业代会代表、业委会委员、监委会委员信用档案，严格业委会、物业服务机构的行业信用考评，并将考评结果纳入物业服务合同的重要内容，若连

续两年考评结果不合格的，建议业主解除物业服务合同。

（三）"1+211" 模式的运行机制

1.人事制度设计筑牢党建引领平台

以欧城花园为例，在小区物业管理陷入僵局的时候，白鹤社区党委采取措施，组织业委会换届。在此之前，社区党委经过长期了解，把小区内能干事、会干事、愿干事的党员组织起来，成立欧城花园党支部。随后，党支部主要成员和街办、社区一起牵头组建了换届筹备工作小组，在严格按规定程序和有效监督下选举出7人组成的新一届业委会、5人组成的监委会和32名业主代表。实践证明，社区党委在选人上的把关非常重要，欧城花园选出的业委会和监委会具有很强的党性和工作能力。

表1　欧城花园业委会和监委会成员及曾任职务

业委会成员	曾任职务	整治面貌	监委会成员	曾任职务	整治面貌
业委会主任（小区党支部书记）	白玉县委书记	党员	社区干部	—	党员
业委会副主任	某县副县长	党员	小区民警	—	党员
委员1	双流机场中层管理干部	党员	委员1	成都某厂书记退休	党员
委员2	西藏军区军人家属	党员	委员2	县法院副院长退休	党员
委员3	检察院退休干部	党员	委员3	县广电局退休	党员
委员4	双流退休教师	群众		—	
委员5	企业退休人员	群众			

2.多主体间的制衡关系确保小区治理的有效性

引入监委会后，小区治理形成了有制衡关系的三主体——业委会、监委会和物业公司。监委会成立前，很多小区面临着业委会职能缺失、错位或者业委会与物业公司"勾结"或"炒物管"作为利益诉求的局面。监委会成立后，这一局面被打破，业委会和物业公司都置于监委会的监管之下，且通过《业主大会议事规则》约定业委会要接受街办等相关部门的考评[①]，而监委会的执行力有社区干部和社区民警参与确保。这样的组织架构确保了多主体治理小区的有效性。

3.政府定规则、严考评，促进小区治理有序开展

实行区、街道两级物业服务质量考评机制，双方各占50%；同时，建立从业人员、物业服务机构的"黑名单"制度，通过建议业主解除物业服务合同、一年内禁止该物业服务机构在双流区内承接新的物业服务项目、在双流区门户网站、《双流报》等公众媒体和所在小区进行公开曝光等方式实行惩戒共鉴。2016年，16个项目的15家物业公司被实施双流区"市场禁入"；2018年41个项目的33家企业被列入双流区"黑名单"，引起社会和行业强烈反响。同时，双流区通过与发改委等相关部门合作，对住改商以违反民用水电商用的相关规定，责成水电相关单位对行为人进行断水断电，彻底解决了中海右岸等小区住改商问题，为住改商难题找到了一条治理通道。

4.多主体协商共治，成就良好治理局面

各主体严格按照《物业管理条例》《管理规约》《业主大会议事规则》《业委会工作规则》，以及业主代表大会通过的管理制度和议事规则、工作制度，确定各自的工作制度和职责分工。目前欧城花园每月6日和26日为业主接待日，由支部、业委会、监事会分组负责接待；每月16日为党支部、业委会、监委会联席会议日；每两月或视需要召开业主代表会议审议有关重大事项。针对业主反映突出的问题，换届后的业委会与物业公司签订了为期1年的整改协议，并视问题的轻重缓急制定了整改计划。该协议与整改计划是经支部、业委会、监事会反复研究，并通过了业主代表会议审查同意才签订实施的，这些整改计划经过业委会与物业公司共同努力，目前正有序推进。

---

① 街办及政府相关部门对业委会考评权力及结果运用等介入，来源于引导业主通过《业主大会议事规则》约定，既解决当前业委会监督难题，反映群众诉求；又克服街办及政府相关部门介入法律不足的困难。

三、成效与反响

目前，双流区已经在22个商品房小区全面采用了"1+211"小区治理模式试点工作，均取得了很好的效果，甚至解决了很多小区普遍存在的难点问题，试点小区治理走上了良性循环轨道，为"做强党建引领小区治理工作体系、做优小区党组织扩面提质、做实小区党建引领工作质效"提供了宝贵经验。

（一）党组织的正能量显性化

小区党支部在开展各项工作中，充分发挥党员讲党性、有觉悟、乐奉献的优良素质，在小区建设中始终传递着正能量，让小区治理从"脏乱"到"优美"，"无序"到"有序"，从"矛盾"到"和谐"，从"瘫痪"到"善治"，以一种让居民"看得见、摸得着、感受得到"的变化影响带动居民的改变。目前双流区商品房小区党组织覆盖率达到90％以上。

（二）推进了业主大会自治运行高效化

业主大会是小区治理的重要主体，业主代表大会作为业主大会常设机构，为业主大会自治运行高效化提供组织支持。除欧城花园外，贵通御苑风景等以往业主大会运作困难的小区，采用"1+211"模式后成效显著，形成的示范效益也已助推超过100个商品房小区业主大会的成立和良性运行。

（三）实现了小区治理的秩序化

在小区内部重大事务的决策上，小区党组织积极参与研讨，并监督业委会的执行情况，确保了在涉及业主重大利益上得到了公平公正的处理和解决；督促物业公司严格履行合同和执行服务标准。对业主提出的问题进行妥善解决，及时消除了各类安全隐患，促进了小区管理秩序井然。

（四）促进了小区业委会和物业公司关系正常化

在小区管理中，业委会督促物业公司加强管理，执行过程中经常会产生矛盾，致使业委会和物业公司之间关系不融洽、小区管理困难，在小区党组织介入和调处下，避免了物业管理的混乱，也杜绝了小区业委会和物业公司制定一些损害小区业主利益的事。

（五）引起行业和社会广泛关注，推广实施形成示范化

采用"1+211"模式，特别是业主代表大会和监委会探索实践，是积极响应成都市印发的《关于全面提升物业服务管理水平建设高品质和谐宜居生活社区的实施意见》中提出的"在有条件的物业管理区域探索业主代表大会、监事会制度"的具体实践。新华社曾在《业主委员会该如何破解"信任危机"》一文中，就探索发挥党组织领导下的群众监督问题，报道了成都市双流区在党组织领导下，"业主大会+业主代表大会"决策、业委会执行、业主监督委员会监督的模式，对双流区"1+211"模式给予肯定。双流区引导业主在《业主大会议事规则》中约定街办及政府相关部门对业委会监督考核作为履职、任职、罢免的条件，引起住建部关注，《中国建设报》2018年2月28日刊文作为经验报道推广。四川省社科院在四川蓝皮书《四川社会发展报告（2018）：城乡社区治理》中将双流区"1+211"小区治理模式作为四川城乡社区治理中物业服务管理能力中探索"党建引领机制"典型案例。另外，"1+211"小区治理形成的可操作做法，被《四川省物业管理条例》立法吸收，为地方立法提供实践依据。目前在双流区欧城花园、贵通·御苑枫景等22个商品房小区全面推行"1+211"小区治理模式已取得成效，形成的示范效应将惠及更多小区。

此外，"1+211"模式在保持"1"即党的领导核心不变的情况下，双流区根据实际情况构建"211"，在老旧小区、保障房小区、安置房小区等类型居住区吸收推广，也已取得了良好效果。双流南昌路31号房管所家属院作为一个典型老旧小区，吸收运用该模式成功解决了电梯加装难的问题。

四、探讨与思考

"1+211"模式通过体制创新，构建的"社区党组织+小区业主／物管公司党支部+小区党员／物管公司党员"结构，完善了党在基层领导的组织体系，使党的影响力渗透到基层的根须血液里，做实了党在基层治理中的"战斗堡垒"；同时，业主党支部和物业公司党支部的分离，遵循了治理结构的最优化设计，能更好地促进各自功能的发挥；而监委会的设计改变了原来业委会和物

业公司之间的"两极化"关系，促进小区治理走上良性运行轨道。

与此同时，"1+211"治理模式中还有做细、做精的空间，包括党员业主到小区党支部报到问题、党员业主加入小区党支部不积极的问题、小区党组织在小区治理中的职责边界问题以及小区党组织活动阵地、活动经费、活动场所缺乏等一系列问题，需要进一步想办法、添措施、学经验。

（赵晓蓉：中共成都市双流区委城乡社区发展治理委员会常务副主任；刘宗英：四川省社会科学院社会学所副研究员）

基层治理中社区物业服务管理能力

伍三明

物业管理既属产业发展的范畴，又属社会管理的重要范畴，实质是城市治理和社会治理的重要组成部分。然而，长期以来，物业管理仅被视作房地产业的组成部分，其社会管理的基础性功能被忽视，以至于成为社区治理的短板。近年来，四川省积极推进基层社会治理创新，不断健全物业管理法规政策，在物业管理体制和机制上积累了一定经验。新形势下，四川省积极探索实践。本文将在总结分析四川物业管理的实践的基础上，结合当前物业管理的实际情况，提出相关建议。

一、引言

随着改革开放以来中国城镇住房制度改革不断深化，房屋的所有权结构发生了重大变化。从过去计划经济的房屋分配模式转变到现在的市场化模式，原来的公房管理者与住户之间管理与被管理的关系，也逐渐演变为物业服务企业与房屋所有权人之间服务与被服务的关系。在住房制度改革和城市发展过程中，物业管理行业应运而生。作为新兴行业，一方面，它是现代城市治理中不可或缺的重要环节；另一方面，又是人们日常生活和工作的迫切需要，是老百姓不可或缺的一项基本服务，与人民群众生活息息相关，是实现安居梦的重要组成部分。1981年3月，深圳成立第一家专业化的物业管理公司，中国物业管理开始进入起步与探索阶段；从2003年国务院《物业管理条例》到2007年《物权法》颁布实施，中国物业管理发展逐渐迈入法制化轨道。2017年4月，中共中央、国务院下发的《关于加强与完善城乡社区治理的意见》把改进社区物业服务管理作为补齐城乡社区治理短板的重要内容提出，表明物业管理已引起党和国家高度重视，物业管理被纳入社区治理范畴。2017年国务院及住建部相继发文，取消物业服务企业资质核定，物业管理市场全面放开，原沿用的以企业资质监管为核心的行政监管体制过渡到新型物业管理市场监管体制。2021年1月1日，《民法典》正式施行，从不同角度对物业管理活动进行了一系列的规范和调整，在业主自治、物业服务市场秩序等方面做了许多新的规定，从基本法层面确立物业管理制度框架，物业管理步入"民法典时代"。2021年1月，住房和城乡建设部等部门印发《关于加强和改进住宅物业管理工作的通知》，推动物业管理工作融入基层社会治理体系，促进物业管理与基层治理深度融合。2021年4月，中共中央、国务院印发《关于加强基层治理体系和治理能力现代化建设的意见》提出街道要做好物业管理工作，为加强党建引领物业管理融入基层治理指明了方向，物业管理发展进入新阶段。

四川省的物业服务管理起步于20世纪90年代初。1999年，四川省政府发布的119号令《四川省城市住宅物业管理暂行办法》拉开了全省物业服务管理的序幕。2012年7月1日，《四川省物业管理条例》的颁布和实施大大推动了全省物业管理行业的健康有序发展。2019年12月，中共四川省委十一届六次全体会议审议通过《中共四川省委关于深入贯彻党的十九届四中全会精神、推进城乡基层治理制度创新和能力建设的决定》提出构建党建引领居民小区治理机制。构建"街道党组织—社区党组织—小区党组织"三级架构，形成"小区党组织+业主委员会+物业服务企业"三方联动格局，极大推动物业管理融入基层社会治理。2021年1月，四川省住房和城乡建设厅、省委组织部等13部门联合印发《关于加快物业服务业转型升级发展助推城市基层治理能力提升的指导意见》，把社区物业服务管理工作紧密融入城市基层治理中。2022年5月1日，修订施行的《四川省物业管理条例》进一步规范物业管理活动，有力推动行业治理与基层治理体系建设，助力基层社会治理。目前，全省新建物业基本实现全覆盖，老旧物业逐步推行物业管理；物业管理从城市延伸到农村，物业类型从住宅扩展到商务楼宇、机关、学校、医院、机场、工业园区、公园广场、交通枢纽等，全省21个地市州都有了专业化的物业管理。物业服务行业规模稳步增长，服务队伍逐步壮大，在全省服务业发展中的地位和作用日益明显。全省已建立物业服务企业党组织1 668个，居住小区党组织9 132个，业内党员达14 000余名，行业组织力、凝聚力、战斗力不断充实。四川省物业管理纳入基层社会治理范畴，加强社区物业服务管理的相应创新举措正稳步推进，社会治理的"最后一公里"不仅有法规和政策依据，也有组织和服务供给能力保障。

二、社区物业服务管理的基本情况

（一）规模

截至2022年12月，四川省实施物业服务的项目约4.9万个，物业服务面积15.92亿平方米。

（二）业主组织

根据2021年初四川省有关部门对全省小区治理情况摸底数据显示，全省小区、院落总数76 441个，其中有业委会、自管会23 556个，业委会、自管会的比例约占小区、院落总数的31%。

（三）机构发展

近年来，四川省物业管理市场环境日趋成熟，嘉诚新悦、新希望服务、领悦服务、德商产投等一批品牌物业服务企业迅速崛起，在探讨商业模式、服务方式、管理方法创新的同时，带动了更多的中小物业服务企业参与到行业持续发展的实践中，促进了四川物业管理产业的快速发展。

有数据显示，截至2022年底，四川省共有8 891家物业服务企业，从业人员50万人。根据四川省第四次全国经济普查公报显示，2018年，全省物业服务企业主营业务收入及其他收入333.74亿元，位居全国第九。

（四）主要问题

当前，在社区物业服务管理中，还存在着一些突出的矛盾和问题，主要表现在以下三个方面。

首先，工作机制不完善。一是小区业委会和物业管理涉及部门较多，相关部门权责不清，部门齐抓共管的机制尚未形成。二是根据《四川省物业管理条例》规定，街道办事处具有物业监督管理部分事权；但全省各地街道办事处普遍缺乏物业管理专门机构和人员保障，导致这项工作"接不住、管不好"，物业管理工作抓不实，群众意见较大，严重影响社会稳定。

其次，管理责任难到位。一是街道办事处对业委会成员候选人把关不严，对业主大会的设立和业委会选举换届工作组织、指导、协调工作力度欠缺，有时迫于纠纷才面对处理。部分小区业委会缺乏有力监管和指导，运行不顺畅或无序运行，有的形同虚设，不发挥作用。二是对物业服务行业监管乏力，居民反映部分物业服务企业侵占小区公共收益、擅自收取装修保证金及工本费、收费项目不公示，"质价不符"问题不能及时查处。三是街道办事处没有行政执法权限，"街道吹哨、部门报到"的机制没建立，"看得见的管不住，管得住的看不见"的现象普遍存在。

再次，能力水平有待提升。一是小区自治能力偏低。相当部分居民对自身主人翁地位认识不足、参与小区管理积极性不高，业主大会会议召开难、投票通过难，业委会组建率低。二是业委会履职能力偏低。部分业委会不作为、乱作为，自治领头羊作用发挥不足，甚至成为利益的争夺者。三是部分物业企业服务意识和能力差，收费与服务信息不公开、不透明，质价不符，业主选聘和更换物业难，物业矛盾纠纷容易激化升级，发生规模性群体事件风险较高。四是街道社区缺乏熟悉物业管理相关法律知识、专业背景和工作经验的人员，面对基层矛盾常常束手无策。

三、制度建设与体制机制完善

为规范蓬勃发展的物业管理市场，推动物业服务融入基层社会治理体系，近年来，国家、四川省和相应的地市州陆续出台了一系列涉及物业管理有关法律、法规和政策。截至目前，四川物业管理政策法规体系已基本形成，制度建设治理体制不断完善。

（一）法律法规和政策

1.国家层面

在法律层面，2021年1月1日，《中华人民共和国民法典》（以下简称《民法典》）正式实施。《民法典》中"物权编"的"业主的建筑物区分所有权"，"合同编"的"物业服务合同"及"侵权责任编"的"建筑物和物件损害责任"等章节，涉及物业管理，构筑一套相对完善的物业管理基本制度。2020年12月23日，最高人民法院发布了修正的《关于审理物业服务纠纷具体应用法律若干问题的解释》和《关于审理建筑物区分所有权纠纷案件具体应用法律若干问题的解释》；在行政法规层面，国务院颁布了《物业管理条例》；在行政规章和规范性文件层面，建设部、财政部印发了《住宅专项维修资金管理办法》，国家发展改革委、住房和城乡建设部印发了《物业服务收费管理办法》《物业服务定价成本监审办法（试行）》，建设部发布了《物业承接查验办法》《前期物业管理招投标管理暂行办法》等。2017年4月4日，中共中央、国务院印发《关于加强和完善城乡社区治理的意见》（中发〔2017〕13号），作为以党中央、国务院名义出台的关于城乡社区治理的纲领性文件，提出改进社区物业服务管理，首次将物业服务管理写进治国理政大政方针。2021年4月28日，中共中央、国务院印发的《关于加强基层治理体系和治理能力现代化建设的意见》，提出街道要做好物业管理工作，这也是以党中央、国务院名义首次做出"街道做好物业管理工作"的工作部署。

2.省级层面

在法规层面，2012年3月四川省第十一届人大常委会通过了《四川省物业管理条例》，并于2012年7月1日正式施行。2021年9月，四川省第十三届人大常委会第三十次会议修订通过了《四川省物业管理条例》，并于2022年5月1日起施行。在政策层面，围绕修订的《四川省物业管理条例》，四川省构建了"1+1+2+10+18"制度框架，完善了物业管理政策体系。具体为：第1个1是1个条例（《四川省物业管理条例》）；第2个1是1个指导意见（《关于加快物业服务业转型升级发展助推城市基层治理能力提升的指导意见》）；2是业主电子投票表决和物业管理信用信息监管2个系统平台；10是物业服务招标投标管理办法、物业服务人退出物业服务项目管理办法等10个配套文件；18是住宅、写字楼、商场、公园、医院等18项物业服务标准。

3.市（州）层面

四川省各地市州结合地方实际，纷纷制定适用于本地物业管理的法规政策。如成都、绵阳、德阳、资阳、泸州、眉山、南充、自贡等地通过地方立法，制定地方性物业管理条例。广安等地通过制定政府规章，广元、巴中等地通过制定规范性文件，规范物业管理活动。

当前，从中央到地方多层次的物业管理法律法规和政策制度已基本形成。四川省完善物业行业治理与基层治理制度体系，为进一步规范物业服务市场秩序、全面提升全省基层治理水平、建设新时代高品质生活宜居地提供有力支撑。

（二）物业服务管理体制

1.监管体制

2021年1月1日《民法典》出台，从国家基本法层面确立的物业管理制度框架，为物业管理活动提供了基本准则，奠定了物业管理的民事法律基础，特别是在业主自治、物业服务市场秩序等方面做出了许多新的规定。为全面贯彻落实《民法典》精神，进一步规范物业管理活动，维护物业管理各方主体合法权益，助推基层社会治理能力提升，四川省修订了《四川省物业管理条例》（以下简称《条例》），《条例》由四川省第十三届人民代表大会常务委员会第三十次会议于2021年9月29日修订通过，自2022年5月1日起施行。《条例》确立了四川省物业管理实行"行业监管与属地管理相结合"的行政监管体制，建立了以住建部门为主，各有关部门相互配合、相互支持、相互监督的物业管理工作机制。根据《条例》的规定，住房和城乡建设厅负责全省物业管理活动的监督管理工作；市、县级人民政府住房城乡建设行政主管部门负责本行政区域内物业管理活动的监督管理工作；县级以上地方人民政府发改、公安、民政、司法、财政、环保、城乡规划、卫生、工商、质监等有关部门按照各自职责，依法实施对物业管理活动的服务和监督工作；街道办事处（乡、镇人民政府）组织、指导、协调本辖区内物业管理区域业主大会的设立和业主委员会的工作，督促业主大会和业主委员会依法履行职责，协调社区建设与物业管理的关系，调解处理物业管理矛盾纠纷；居（村）民委员会协助街道办事处（乡、镇人民政府）开展物业管理有关的工作。

2.街道职责

《条例》进一步压实街道办事处（乡镇人民政府）在物业管理中的职责。如:《条例》要求县级以上地方人民政府应当加强对物业管理活动及其监督管理工作的领导，建立保障机制；县（市、区）人民政府应当明确街道办事处（乡镇人民政府）承担指导和监督物业管理活动的工作机构和人员，并保障工作经费。为街道（乡镇）履职赋能，赋权街道办事处（乡镇人民政府）组织、指导、协调本辖区内业主大会的设立和业主委员会选举、换届，指导、督促业主大会、业主委员会、物业服务人依法履行职责，调解处理物业管理纠纷，协调社区建设与物业管理的关系。并对街道（乡镇）规定了20余条（项）物业管理具体工作职责，推动物业管理纳入基层社会治理，落实街道（乡镇）物业管理工作职责，进一步加强了工作统筹。

3.部门职责

《条例》还进一步明确了政府各部门在物业管理工作中的职责。《条例》规定了自然资源、市场监管、公安等部门在物业管理活动中的职责，特别是公安部门，如规定公安派出所代表参与首次业主大会筹备组、公安机关依法调查处理新老业主委员会移交活动中拒不移交的违法行为、新老物业退出交接活动中拒不退出的违法行为，等等。这些规定，需要衔接相关部门落实好。尤其是《条例》破解了物业服务违法惩戒无法可依问题。《条例》针对建设单位与物业企业不依法开展承接查验或者弄虚作假问题，新增了对建设单位与物业企业处罚规定；对业主委员会成员违法违规行为，处以警告和罚款；对物业企业拒不依法移交退出的，处以罚款且两年内不得承接新的物业项目等惩戒。这些大胆的尝试既是对群众关切的"痛点""难点""堵点"的积极回应，也是为行业立法提供了先行先试的宝贵经验。

（三）物业服务管理机制

1.业主自治机制

为解决业主委员会"选举难、备案难、履职难、换届难、追责难"等"五难"问题，《四川省物业管理条例》针对问题导向，完善相应规定，如针对选举难，明确规定符合首次业主大会会议召开的情形，20名业主即可发起申请成立业主大会筹备组。针对备案难，明确规定备案材料齐备的，街道办事处（乡镇人民政府）应当在收到备案材料15个工作日内发出备案通知书。履职难，明确规定县级以上地方人民政府可以按照国家有关规定对本辖区内模范履职的业主委员会、业主委员会成员给予表彰。针对换届难，明确规定业主委员会成员不足总数的1/2或者存在无法正常履行职责的其他情形，20名以上业主联名可以书面向街道办事处（乡镇人民政府）要求组织提前换届，街道办事处（乡镇人民政府）应当组织召开业主大会会议，选举新一届业主委员会成员。还对业主委员会组建换届小组组织换届和街道办事处组建换届小组等进行具体规定。对于追责难，明确规定业主委员会成员触碰9条"高压线"，由物业所在地的县级以上地方人民政府住房城乡建设主管部门给予警告，可处5 000元以上、2万元以下罚款，有违法所得的，没收违法所得。给业主造成损害的，应当承担相应的赔偿责任；构成犯罪的，依法追究刑事责任。另外，还配套出台《四川省业主大会和业主委员会指导规则》《四川省业主大会活动规则》《四川省业主委员会工作规则》等配套文件，形成一套相对完备的业主自治机制。

2.市场竞争机制

为规范物业服务市场秩序，推进市场优胜劣汰，促进物业服务市场公平竞争，解决物业服务市场"小散乱"现象和物业服务质量水平不高等问题，《四川省物业管理条例》规定物业服务市场进入和退出等机制。在进入方面，规定新建物业，由住宅物业的建设单位应当按照国家有关规定通过招投标方式选聘前期物业服务人。建设单位与物业服务人签订前期物业服务合同，合同期限最长不超过两年。对于既有物业，又有业主委员会的，并规定由业主委员会根据业主共同决定通过招投标方式选聘物业服务人的，应当在街道办事处（乡镇人民政府）或者县（市、区）人民政府住房城乡建设主管部门监督指导下进行；未产生业主委员会的，经业主共同决定，可以委托街道办事处（乡镇人民政府）或者县（市、区）人民政府住房城乡建设主管部门组织公开招投标选聘物业服务人。在退出方面，规定物业服务合同解除或者终止后，物业服务人不得以业主欠交物业费、阶段工作未完成、对业主共同决定有异议、其他纠纷未解决等为由拒绝退出及办理交接，不得以任何理由阻挠新物业服务人进场服务。物业服务人违反前款规定，不得请求业主支付物业服务合同解除或者终止后的物业费；造成业主损失的，应当赔偿损失。合同解除或者终止后拒不退出，经县（市、区）人民政府住房城乡建设主管部门责令限期移交、退出，逾期仍不移交或者退出的，对拒不移交有关资料或者财物的，对物业服务人予以通报，处1万元以上、10万元以下罚款，对拒不退出物业服务区域的，自责令规定时间届满次日起处每日1万元罚款，且两年内不得承接新的物业项目。同时出台了《四川省物业服务招标投标管理办法》《四川省物业服务人退出物业服务项目管理办法》《四川省物业服务合同（示范文本）》等配套文件，极大完善了物业服务市场竞争机制。

3.矛盾纠纷预防与化解机制

在矛盾纠纷预防方面，县（市、区）人民政府应当建立健全人民调解、行业调解、行政调解、司法调解等相衔接的物业管理活动纠纷多元调处、化解机制，加强纠纷源头治理。

在重大矛盾纠纷方面，《四川省物业管理条例》规定县（市、区）人民政府应当建立应急物业服务保障机制。物业服务区域突发失管状态或者因物业服务合同终止引发重大矛盾纠纷，街道办事处（乡镇人民政府）应当确定应急物业服务人，提供维持业主基本生活服务事项的应急服务；还规定街道办事处（乡镇人民政府）应当建立健全物业管理联席会议等相关协调工作机制，协调处理在业主大会设立、业主委员会选举及换届、物业服务人交接等物业管理活动中出现的重大矛盾纠纷。

四、物业服务管理的实践探索

中共中央、国务院印发的《关于加强和完善城乡社区治理的意见》（中发〔2017〕13号），把改进社区物业服务管理作为补齐城乡社区治理短板的重要内容提出，四川省以物业管理为抓手，注重发挥物业管理在社区治理工作中的基础作用，主动探索物业服务管理作为补齐城乡社区治理短板的四川经验。

（一）探索党建引领机制

四川省成立了直属于四川省委"两新"工委的功能性党组织——四川省物业行业党委，并指导全省21个市（州）、108个县（市、区）成立了本级物业行业党委，要求按照"协会和企业全面建、项目逐步建"的原则，推动形成"行业协会党组织—物业服务企业党组织—物业服务项目党组织"三级组织体系。

另外，四川省还创新开展基层治理百佳示范小区评选活动，2022年选树了100个基层治理百佳示范小区，基层治理引领示范作用有效提升。

为破解商品房小区治理难点，成都市双流区以党建为引领，创新"1+211"商品房小区治理模式，"1+211"模式，即"党组织+业主大会和业主代表大会+业委会+监委会"。该模式运行后，推进基层党组织体系向居民小区延伸，全面构建强化党建引领深化小区治理共建美好家园的共治共享机制，为"做强党建引领小区治理工作体系、做优小区党组织扩面提质、做实小区党建引领工作质效"提供了宝贵经验。

2019年，在欧城花园小区试点的"1+211"自治管理模式，受到中央电视台《新闻联播》等多家中央、省市媒体关注。其党建引领、业主代表大会等做法经验被修订的《四川省物业管理条例》所吸收。

（二）探索监管机构设置

《四川省物业管理条例》规定，县（市、区）人民政府应当明确街道办事处（乡镇人民政府）承担指导和监督物业管理活动的工作机构和人员，并保障工作经费。

泸州市构建体制机制，"小物业"融入"大治理"，坚持"重心下移"与"减负增能"。2021年3月，泸州市成立了市物业管理中心，择优配备了高素质的专业管理队伍。全市7个区县全部成立物业行业综合党委，推动3个区成立了物业管理中心、主城区20个街道设立环境和物业管理委员会，逐步完善了市、区县、街道、社区四级物业管理体制，最大限度把党的政治优势、组织优势转化为治理优势、治理效能。

成都市双流区在社区物业服务管理体制机制改革上大胆探索，创新成立区小区管理服务中心，将物业管理和维修资金、老旧小区改造等职能职责划入区小区管理服务中心，形成纵向到底的小区治理服务阵地建设，实行实体化运营小区治理服务中心，统筹推进全区小区治理服务工作。

成都市新都区犀浦街道在社区设置物业专干，全面提升物业管理服务水平，调解处理业主、业委会、物业之间的矛盾等工作，让物业成为政策宣传员、安全信息员、矛盾调解员。

（三）探索建立三方互评机制

南充市在试点小区探索建立起"小区党组织+业主代表大会+物业服务企业"的三方互评机制，年终围绕监督协调、服务质量等开展年终述职评议，党组织作用发挥不到位的将纳入软弱涣散党组织整顿范围，物业服务质量欠缺的将由房管部门指导整改，业主违法违规的将移交相关部门处理，推动三方主体聚焦各自职责任务，不断优化管理服务。在三方联动和三方互评机制的指引下，小区实施专业化物业管理，物业管理服务规范，小区环境整洁、秩序良好，实现垃圾分类投放收集，无违章搭建、占用堵塞消防车通道等现象，物业服务企业近一年无行政处罚记录，物业服务费收取规范，收缴率达96%以上，社区在小区开展了物业服务满意度调查，业主对物业管理满意度达95.6%。

泸州市龙马潭区积极推进在有条件的小区成立党支部，形成"街道大党工委+社区大党委+网格党组织+楼院（栋）党小组+党员中心户"一管到底的组织体系；选举政治素质好、组织能力强、热心群众工作的党员为小区党支部书记。选优配强业委会，采取社区"两委"推荐、网格（小区）党组织推荐等方式确定业委会初步候选人，经街道、社区严格审查后，通过法定程序选举产生业委会成员。鼓励支持网格（小区）党组织书记、业主委员会主任"一肩挑"，推动网格（小区）党组织和业主委员会成员"交叉任职"；提高自治水平，合理界定业委会职权范围，制定工作规则，构建完善的业主自治机制。四川泾华物业服务有限公司打造"红色物业、区域标杆"，探索出"居委会、业委会、物业服务企业"三方联动，三方共建党组织、活动阵地、党员先锋的工作思路，定期召开党员及退转役军人座谈会、组织党员活动，组织红色旅游、参加党史学习教育，在"红色物业"理念的指引下，该物业服务企业开始尝试对传统服务模式的转变，实现从"满意服务"到"感动服务"的飞跃，牵头成立46人志愿者队伍，开展扶贫救弱公益活动。

（四）探索建立"四位一体"平台

在以街道社区党组织为领导核心，探索"1+N"社区共同治理机制的同时，四川省积极构建由社区党组织、社区居民委员会、业主委员会和物业服务企业组成的"四位一体"议事协调联动机制，调动社区居委会、业委会、物业管理、社会组织、志愿者和居民群众等多元主体参与社区治理的积极性，形成"合作共治"的良好局面。

成都嘉诚新悦物业管理集团有限公司在绿地圣路易小区，把社区进小区和社区的网格化议事有效对接起来，形成了各方对小区纠纷进行调解的长效机制。多年来，绿地圣路易小区矛盾均能有效地化解在院落里，实现了业主的零上访。宜宾市莱茵社区的社区党支部通过"双向进入、交叉任职"方式，搭建"社区党支部＋社区居委会＋业主委员会＋物业服务企业"服务平台。党支部书记为总负责人，物业服务企业负责人担任社区党支部第一书记，业主委员会成员分别进入社区"两委"，党支部统领社区居委会、业主委员会和物业服务企业，形成了以党支部为核心的"四位一体"运行服务体系。莱茵社区党支部按照"议事程序规范、操作实施规范、过程监管规范"原则，建立"业主委员会、居民（党）小组长、党员楼栋长"三级居民自治网络，协调解决小区矛盾和问题，组建"党工＋社工＋义工""三工"志愿服务队，以义诊、送医上门、益智教育、文艺会演、结对帮扶等形式，广泛开展"助学、助乐、助医、助餐、助洁"等行动，为病、残、独居老人和未成年人提供志愿服务，形成了良好的社区治理格局。

五、存在的问题

（一）物业管理认识不足，管理体制不顺

长期以来，物业管理在改善人居环境、提升城市形象、促进社会和谐、维护社会稳定等方面发挥了重要作用，但当前各地政府还没有把物业管理当作城市管理的一个重要环节看待，只是或多或少地将其视为一种实现住宅商品化和推进房地产业发展的辅助手段，忽视了物业管理实质是城市管理和社会治理的重要组成部分。认识不足导致对物业管理工作开展力度有所欠缺，形成了当前物业管理体制不顺的局面。相关主体对《四川省物业管理条例》中专业经营设施设备移交等规定执行落实不到位。与此同时，规划、城管、工商、公安等相关部门职责不清、协调配合不畅、齐抓共管的良好局面还没有形成；而街道和

社区人力、财力、物力薄弱，也难以保证监管到位，特别是将物业服务纳入社区治理中，传统的社区与物业管理之间的关系发生重大变化，社区肩负社区物业服务管理责任，这对于当前的社区工作是一个全新的挑战，加强属地化的社区承担物业服务指导监督职责，但社区在改进社区物业服务管理中存在人力财力少、法规基础薄弱和人员流动性强等客观情况。

（二）业主自治能力不足，权责意识不强

业主作为物业管理活动的权利与义务主体，既是物业管理成果的享有者，又是物业管理义务的承担者。但在物业管理实践活动中，部分业主自律意识不强、拒不履行义务的情况时有发生。主要表现为：违反管理规约、不支付物业费、违规搭建乱建等"失信"行为；不愿意参与小区公共事务，导致业主大会成立难、会议召开难；业主自律机制尚不完善，业主的不尽义务，特别是恶意拒交物业费常常导致物业服务企业经营困难。物业服务企业如果采用法律手段，诉讼成本高、周期长。同时，业主委员会产生难、运行难、换届难、监督难的情况真实客观存在，业主委员会的法律地位不明确，业主委员会无法追责，缺乏对业主委员会及委员不作为、乱作为、随心所欲行为的制约手段，出现个别破坏和谐违反规约行为不能第一时间有效制约和予以纠正，导致不和谐现象在小区继续蔓延；特别是业委会成员薪酬没有明确规定，单纯寄希望于业委会成员的奉献已经脱离实际。

与此同时，业主的自治能力不足，也严重影响业主权益的维护。一方面，业主自治主体缺位现象严重，主要是前期物业管理阶段，未产生业主委员会，没有相应主体对物业服务合同履行情况进行监管。另一方面，业主委员会产生后，除了其法律主体地位不明确，成员工作仅为公益奉献，失职行为无法追究其责任外，缺乏相应运作经验和履责能力，也制约了业主自治水平的提高。

（三）物业服务企业发展障碍重重，步伐受制

总结制约四川物业服务企业发展的障碍主要有以下几个方面。

1. 业主物业费欠费现象严重，企业因收费率低而降低服务标准，服务与收费陷入恶性循环

2017年的相关调查显示，四川省物业费收缴率在90％以上的小区不到一

半，仅占46.1％。物业费收费率不高，大量业主拖欠物业费的问题，一方面反映出当前存在大量物业服务矛盾纠纷，业主与物业服务企业之间履约情况不容乐观；另一方面，严重拖欠物业费会影响到物业服务企业的正常经营，制约物业服务市场的健康有序发展。

2.政府指导价约束市场价格形成机制

四川省住宅小区前期物业服务定价采取政府指导价，部分区域指导价偏低且常年不变，指导价格失去了"指导"的功能和作用。而物业服务收费往往后期调价困难，如此势必受到服务成本的刚性增长和服务价格缺乏弹性的双重挤压。不少物业服务企业为确保企业经营利润，往往铤而走险，侵占业主公共收益，降低服务标准，特别是节省了业主不易发现的设施设备维护成本，最终导致矛盾纠纷。

3.物业服务企业税负及摊派培训负担过重

营业税改增值税后，部分人力成本无法取得抵扣项，此外，物业服务行业在水、电、垃圾清运等公用事业单位无法取得增值税进项税发票，大大增加了企业税负。还有根据财税〔2016〕36号文，物业管理属于现代服务中的商务辅助服务，无法享受相应的生活性服务业的税收优惠政策。

4.水、电、气等专业经营单位未履行专业经营设施维修养护义务

专业经营单位不履行《四川省物业管理条例》规定的移交承接义务，专业经营设施维护管理职责常转嫁于物业服务企业，无形之中加大物业服务企业的责任和成本。

5.无序竞争、恶性竞争破坏物业市场

由于进入物业管理门槛过低，大量小微企业存在，为抢夺市场资源往往不择手段。如全省8 891家物业服务企业，全省共4.9万个物业服务项目，单个企业管理5.5个项目，企业规模过小，难以形成规模效益，市场无序竞争现象严重。

（四）部分企业追求短期利益，服务水平较低

部分物业服务企业服务水平低，质量意识淡薄，不能完全做到公开透明，特别是公共经营收益，导致业主与物业相互猜忌、互相怀疑，为双方更大纠纷埋下隐患。部分物业服务企业管理服务不规范，对业主诉求置之不理或行动时

效差，服务质量不达标，合同履约意识差，导致业主拒交费，最终形成恶性循环。还有擅自调整收费侵害业主权益行为。

（五）开发建设遗留问题多，后期履责存难题

开发遗留问题主要表现有以下几方面。一是小区公建配套问题。如社区用房、农贸市场、幼儿园等在土地拍卖时是否列为公建配套，建成后如何移交、由谁管理等没有规范性文件，易引发使用和管理纠纷。二是消防、电梯、安防等设施设备建设在品牌、型号、价值选择上无管理标准，虽经有关单位验收合格，但实际无法正常使用，业主把怨气投向物业。三是小区车位建设单位只租不售、只售不租或不投入使用等纠纷逐渐演变为社会的热点、难点问题。因此，处理好建设遗留问题是小区物业管理有序开展的前提条件。另外，开发商履责问题主要表现在以下三方面：一是不履行首次业主大会成立报告及配合责任，甚至因利益驱使阻挠成立业主大会；二是不履行交付后物业保修责任；三是不符合新建物业交付前的物业承接查验政策要求，交付物业硬件有硬伤。

（六）物业服务契约意识不强，矛盾隐患突出

物业管理市场中，物业服务企业是根据开发商销售承诺的物业服务标准、服务内容确定物业服务成本，承诺提供对应收费标准的物业服务，与业主建立了物业服务合同契约关系。而业主是根据合同契约获得相应服务。在实践中，常出现"质价不符"现象，一方面，物业服务企业未提供合同约定服务；另一方面，业主对服务预期设定目标太高，不是根据合同契约确定的标准，而是自身设定的理想化服务标准，因此极易出现纠纷。同时，在小区交付后，公共设施设备故障常易出现业主纠纷，主要原因是物业服务企业在承接查验中缺乏专业性，物业公共设施设备承接查验专业查验把关不严，导致后期物业管理与业主矛盾存在极大隐患。

（七）物业资质监管已被取消，新型市场监管体制尚未形成

2017年9月6日，国务院正式取消了物业服务企业一级资质的核定。而目前，中国信用监管的政策、制度、体系尚不健全，社会对信用监管的认知度也

不高，物业市场监管面临巨大挑战。从物业服务企业角度看，一些企业对企业信用风险的认识不足，没有意识到企业信用对企业未来发展的长远影响，也由此导致企业缺乏自我约束、依法经营的责任感；从业主角度看，虽然业主强烈希望获得真实的物业服务企业与业主委员会信用资料，但对物业企业及业主委员会信用监管制度的运行机制及其发挥的作用知之甚微；从监管部门角度看，使用行政审批监管方式管控物业服务企业的惯性思维将长期存在。另外，部门之间信息存在壁垒，信息孤岛现象严重，难以形成部门联合激励和联合惩戒。如何走出资质监管、适应新型物业管理市场监管成为重要课题。

六、对策建议

物业管理是事关人民群众福祉、城市社会治理和党的执政基础的重大民生问题、社会问题、政治问题，是城市基层党建最关键，与老百姓关系最密切的领域和环节。需要以贯彻落实《中共中央 国务院关于加强和完善城乡社区治理的意见》《中共中央 国务院关于加强基层治理体系和治理能力现代化建设的意见》等政策为契机，落实《民法典》《物业管理条例》等法律法规，进一步理顺物业管理体制，创新物业管理机制，大力推进社区物业服务管理，不断提升基层治理能力和水平，提高人民群众生活幸福指数，满足人民群众日益增长的美好生活需求。具体建议如下。

（一）提升物业管理认识，理顺行业管理体制

当前，高附加值的现代服务业成为经济发展的新增长点。作为现代服务业的重要组成部分，物业管理行业在经济新常态下迅速崛起。与此同时，物业服务也是现代城乡基层社会治理的重要内容。因此，有必要将物业服务管理纳入四川省现代服务业发展规划、城市治理与基层社会治理体系之中，理顺行业管理体制。要进一步明确城乡规划、公安、民政、环境保护、城市管理、市场监管等行政主管部门职责，依法实施对物业管理活动的监督管理；将物业管理工作抓得好不好纳入基层政府考核内容，大力推进属地化物业管理监管，落实街道办事处在业主大会设立、物业管理矛盾纠纷调解等物业管理活动中的组织、协调职责；建立健全由社区党组织、社区居民委员会、物业服务企业和业主委

员会组成的"四位一体"议事协调机制；进一步规范和完善相关主体的法律责任，如业主不交纳物业费、擅自"住改商"、违规装修搭建，业主委员会委员不履职或乱作为等行为的法律责任。

（二）健全工作机制，筑牢治理基础

一是进一步明确住建部门和相关部门的权利义务，建立健全住宅物业管理工作督办、调度、约谈考核制度，对职能部门推诿塞责、履职不力的应严肃问责。二是在街道办事处明确承担指导和监督物业管理活动的工作机构和人员，并保障工作经费。结合推进和深化我省街道管理体制改革工作，根据优化完善街道机构设置的有关要求，县（市、区）应进一步强化物业管理工作，抓好街道物业管理机构、人员、经费"三落实"，强化基层物业管理工作保障，确保有机构履职、有人员干事。

（三）强化组织保障，加强监督管理

一是坚持以党建引领推动物业管理融入基层社会治理体系，充分发挥街道、社区党组织对物业服务的引领作用，提升业委会组建率，加强业委会人选把关，规范业委会运行，促进业委会履职。二是制定以群众满意度为主要指标的物业管理工作评价标准，建立矛盾纠纷预判排查制度，完善物业服务投诉快速处置机制，编制物业服务标准和从业人员行为规范，督促物业企业切实履行法定义务和合同承诺。构建以信用管理为主的行业监管制度，建立物业服务机构市场准入和退出机制，落实部门联合惩戒。三是推进我省街道办事处地方立法，将街道负责物业管理事项相关物业管理处罚权交由能够有效承接的街道办事处（乡镇人民政府）行使。

（四）提升治理能力，增强治理效能

一是积极引导业主中党员、在职干部、离退休人员、"两代表一委员"、法律工作者等成为自治组织成员。加大《四川省物业管理条例》宣传力度，引导小区居民根据业主大会议事规则约定，监督业委会、监委会、物业服务企业履职情况。二是建立以居民满意度为重点的业委会履职评价机制。依法依规推行居民小区党组织与业委会双向培养、双向进入制度，提高业委会委员中党员比

例。开展业委会换届和业委会主任离任经济责任审计，严格追究法律责任。三是建立矛盾纠纷多元化解工作机制，定期组织基层干部、网格员、调解员、楼栋长等，针对基层矛盾纠纷开展大排查，建立工作台账，实施动态管理，提高重大风险隐患发现预警、日常管控和快速反应能力。四是加大对街道物业管理人员和物业从业人员培训力度，开展法律法规专门培训，提高物业管理工作指导和物业服务能力水平。

（五）优化企业发展环境，助推物业服务行业发展

贯彻落实《四川省物业管理条例》规定，推动专业经营单位承接专业经营设施设备，承担专业经营设施设备维护管理职责；依法落实开发建设单位履行承接查验、房屋保修等主体责任，规范物业管理市场秩序，约束无序竞争或恶性竞争，对不良竞争行为计入企业信用记录或限制市场竞争资格。

以健全法规为基础，以完善制度为核心，以严抓执行为保障，大力推进物业服务企业信用体系建设工作。建立完善全省统一的物业服务市场诚信体系和信用平台，打通与发改委、市场监管信用信息共享互通通道，实现"老百姓好查、政府好管、企业好用"。公开物业服务项目信息和信用信息，并会同相关部门及有关单位对失信物业服务市场主体实施联合惩戒。进一步规范物业服务企业退出物业项目的行为。

推动制定物业服务业财税扶持政策，对住宅小区提供服务的物业企业，实行减免企业所得税、增值税、城市维护建设税、教育附加税等优惠政策，并将其纳入生活性服务业享受税收优惠政策。

（六）培育专业社会组织，引进社会力量参与

当前，物业管理矛盾纠纷主要集中在业主大会设立及业主委员会选举、业主委员会及委员履职、物业服务企业服务与收费等领域，引入物业管理第三方机构介入物业管理活动中，对于解决市场主体之间的信息对称、破解业主自治主体缺失短板、提升业主自治主体专业水平等具有十分重要的意义。发挥第三方物业管理中介机构参与物业管理矛盾纠纷的功能，采用第三方机构按照一定的业务规则或程序为委托人提供中介服务，引入新的程序和社会机制，培育新的市场和社会要素，从而利用社会力量和市场机制替代纯行政手段解决物业管

理领域的痼疾，是化解物业管理矛盾纠纷重大制度创新，具有迫切性和必要性。吸收北京、南京等城市相应经验，引导、培育专业社会组织参与物业管理活动。

（伍三明：四川大学公共管理学院社区治理与现代物业研究中心副主任、高级工程师）

构建信义关系　破解物业服务困局

陈剑军

　　近年来，住宅小区物业服务的深层次矛盾逐渐显现，物业服务过程中各种纠纷层出不穷，已经严重影响到居住小区的生活与秩序。当研究住宅小区物业服务纠纷的时候，我们发现"合作演化与治理机制错配"是产生矛盾的根源，解决问题的办法是小区业主与物业服务人（以下或称"物管"，或称"物业服务企业"）应当重构信义关系。

一、合作演化

　　伴随着住房商品化改革与市场经济的不断深入，业主与物业服务人之间的合作发生了深刻变化，业主弱化成为趋势，改变了业主与物业服务人之间的合作均衡。业主弱化包括两个方面：知识弱化与自组织弱化。

　　首先，长期流行的"买房"话术遮蔽了业主对房地产交易的真相的认知。业主从单位或开发商购买小区住宅的行为，准确概念是"买楼入伙"，而不是"买房"。"房"是指一个由墙、屋顶、地面包围的空间。空间是无形的，给人一种不会损坏、自由使用、无须维护的概念。空间属于业主个体所有，业主可以自由使用该空间，与其他业主无关。"买房"引导业主们只重视内部空间，只重视自身的权利。"楼"则是指一个建造的物质实体，包括各种结构与设备设施。结构与设备设施会损坏，需要长期维护。楼属于全体业主共有。业主们要结为伙伴关系，人人有责、人人担责，共同承担大楼的长期维护义务。"买楼入伙"引导业主们重视外部物质实体，重视团体成员的义务。业主意识到所谓的房屋交易行为，是自己与一群陌生人共同合买了一个建筑物。要共同验收整个建筑物，确保建筑物没有大的建造质量问题。其次要择邻而居。因为长期维护维修与更新的总支出，是一笔巨款。为了保障大楼的长期健康运行，已经买楼的业主们应当审慎选择新加入的伙伴，只有承诺履行长期义务的才能许可其入伙，避免产生类似某一户业主装修拆除承重墙产生楼房严重损坏致使整栋楼业主无家可归的状况。所以"买楼入伙"才是小区房屋交易的真相。"买房"话术的流行以及配套制度的构建，造成业主们对建造质量与物业服务普遍的知识缺乏。

其次，住房改革使得业主从单一的单位或开发商演化为人数众多的房屋所有权人。对于房改房的小区，业主从某个单位变成了这个单位的职工们。对于商品房的小区，业主从开发商变成了众多的购房人。"业主"这个词，不再代表强势主体，而是原子化的势单力薄的个体。为了让业主们变成可以在市场中做交易的主体，政府立法让业主们设立业主大会选举业主委员会，形成自组织，方好通过自组织与物管博弈。但中国小区的业主数量巨大，业主间难以有效沟通，难于回到像单位那样拥有一个有效运转的权威中心，反而是常常处于没有权威中心或权威中心失能状态。可是按照法律要求，业主们要维护权利就必须经由业主共同决定。结果小区越大，业主群体越难组织共同决定，越难以维护自己的权利。

而物业服务企业则从当初的弱小发展到如今的壮大，有的还发展成为上市公司。而且小区越大，物业服务企业获得的资金量越大，工作人员越多，组织管控的效能也越强，因而变得更为强势。于是，业主与物业服务企业的合作不仅从强强合作演化为弱强合作，且弱强差距也前所未有地拉大。

二、利益冲突

传统的住宅小区物业管理模式中存在众多类型的利益冲突，使业主与物业服务企业追求私利而偏离合作。

比如，业主与物业服务企业的利益冲突。业主们不具备管理能力，所以从物业服务企业聘请项目管理人，由项目管理人为业主们服务（受人之托、忠人之事的受托人逻辑要求项目管理人以业主利益为中心）。但企业亦追求自身利益最大，因此企业亦要求项目管理人要为企业的最大利益服务。于是，在同一财产管理中产生了两个利益中心需要。由于项目管理人的薪酬待遇来自企业，如果企业以项目盈利指标为薪酬考核依据来评价项目管理人，则项目管理人势必会以企业盈利最大化为其工作目标。这显然会损害业主们的利益。这就是业主与物业服务企业天然的利益冲突。为追求自身利益最大化，物业服务企业常常通过转移资金、降低服务、隐藏交易等行为扩大了利益冲突。

比如，通货膨胀造成购买力递减。长期的通货膨胀降低了业主们所缴纳的物业费的购买力。过去交1块钱是1块钱的购买力，而20年后，则只有相当于当初2毛钱的购买力。物业服务企业要确保提供已经承诺的服务标准，物业费的购买力不足了，就要垫入自有资金确保服务做到位。如果这20年的物业费没有追上通胀，就变相地让物业服务企业通过垫资承担了物价上涨的成本。长期垫资超出物业服务企业的承受能力，但业主们并不买账，一方面不投票涨费，另一方面继续索要历史上同等水平的物业服务。通货膨胀与难以涨费制造了类似业主降低缴费的利益冲突。

还有许多利益冲突，无法一一详细叙述。在弱强合作的场景下，如何有效约束住利益冲突，使得业主与物业服务企业可以持久合作，是治理机制选择的关键。

三、两组关系比较

一般合同关系与信义关系是两组不同的法律关系。

一般合同关系是基于平等主体的各为己利。合作的甲乙双方，均有可能出现为自身利益的投机行为，会损害对方利益。如果双方都具有足够的专业能力、监督能力、应变能力与决策能力，很容易发现对方的投机行为并及时加以处理，就能保护自身利益。此外，一般合同具有不完备性，无论写几十条合同条款，还是写几百条，都存在条款之外的漏洞可钻。一般合同对此不做限制，鼓励大家各为己利去竞争。因此，一般合同有效性取决于甲乙两方的均势。在强强合作下，单位业主与物业服务企业虽然都各为己利，一旦单位业主发现物业服务企业出现背离合同的行为，单位可以依约予以惩罚或辞退，由此迫使对方回到合作轨道。因此，强强合作可以通过一般合同来规范，此机制对克服合作中的投机行为是有效的。

但在弱强合作中，仅仅依靠一般合同难以约束强势主体。物业服务企业能够借助强势地位——在包干制下通过降低服务、在酬金制下通过推高业主债务侵害业主利益，从而扩大自身牟利，但作为弱势一方的业主由于其行使权利的主体——业主大会则常常难以设立，或虽然设立但常常处于失能状态而无法维权。同时，伴随业主们的弱势，行政与市场关系过于密切，行政监督失灵，物业服务企业更可以随意违背一般合同约定降低服务，于是无风险的不义之财出现了。无风险不义之财极大吸引与便利贪腐权力、贪婪资本、贪心业主经由物业服务企业为渠道，联合起来肆意侵占弱势业主利益。事实上，小区业主们并非面对一群所谓"老弱"员工的物业服务企业去维权，而是面对一群有权有势有财的不义之财联盟去维权。于是，在弱强合作的场景下，一般合同关系不仅无法约束物管，反倒放大了利益冲突。

在弱强合作中，弱者对强者有依赖，就像病人对医生产生专业的依赖一样。此时，弱者为便利强者替自己采取有力措施，往往赋予强者以充分的自由裁量权。但如果强者借机滥用自由裁量权来谋私，会极大侵犯弱者利益。因此，弱强合作需要另外一种有别于一般合同的合作机制，不是基于平等、利己与自强，而是基于难以改变的不平等、利他与帮助弱者的合作机制，也就是从形式正义走向实质正义。这种关系就是信义关系。信义关系需要有强大的法律支撑，《中华人民共和国信托法》是信义关系的基础法。这样通过立法强制地、总括地要求强势方要为弱势方承担信义义务——要为弱势方的最佳利益服务来保护弱者利益。信义关系是完备的，不论弱强两方为合作缔结了多少条款，强者都要承担信义义务，堵住了各种可能的投机与漏洞。信义关系也是具体的，在财产的隔离、存管、使用、交易、记录、便利弱者监督、救济上都有具体的法律规定。信义关系还是社会化的，违背者将极大损坏自身名誉，遭到行业抵制的惩罚。由此，信义关系为弱者建立起最大可能的扶助与保护的社会环境。

四、治理机制错配

在业主弱化的演化趋势下，恰当的制度演化要求加强对业主们的保护，也就是要引入信义关系，强化物业服务人的信义义务。但恰恰相反，历史竟然开了玩笑，出现了背道而驰的普遍的物业服务"去信义"的趋势。

比如，单位房改小区出现了去信义趋势。在房改前，小区共用部分属于单位所有，单位后勤部门管理共用部分就是自家管理自家财产，自然就负有忠诚善管的信义义务。职工从物业服务所得的是信义级回报。在房改后，共用部分成为职工们私人共有。此时的单位不再是"为自己管理财产"，而是"为他人管理财产"。职工与单位后勤的关系就成为委托代理关系，存在委托代理的利益冲突。职工们从物业服务所得的就从信义级回报降低为代理级回报。进一步说，若改为由市场化的物业服务企业来提供服务，职工们与物业服务企业之间采取物业服务合同，双方是对立关系，呈现很强的利益冲突，信义关系在此消失。

再比如，商品房小区也出现"去信义"的趋势。在售房前，开发商是小区的单一业主。为了确保物业服务企业忠诚善管，开发商设立子公司来承担前期物业服务，通过母子公司的财务监督来构建信义关系，克服了包干制下物业服务企业缺乏信义义务与信息不透明的不足。等到房屋卖完，业主就从单一大业主的开发商逐渐变成原子化的个体业主。母子公司的财务约束伴随开发商的离场脱离小区，个体业主对小区物业服务资金原本拥有的监督权与知情权消失，业主与物业服务企业的法律关系只剩下没有信义义务约束的物业服务合同关系。

将强强合作的一般合同关系机械地套入弱强合作，取消弱强合作该有的信义关系，产生了机制错配。

有人提出这样的问题：既然强强合作没有纠纷，那么将弱强合作的弱者提升为强者，不就可以化解纠纷吗？

当前很多物业管理模式创新都采用了将弱者变强者的策略：比如既然业主们缺乏主体性，就设法帮助业主们组织起来选举产生业委会这个权威中心，改变业主一盘散沙的状态；比如发生业委会被物业服务企业收买，就再建监督委员会来监督业委会……总之，是希望业主们有个强势的权威中心——代替"一盘散沙"的业主们而成为市场中"有力"的甲方，使得小区业主与物管的合作，从弱强合作可以提升为类似单位业主与物管的强强合作。

但实践证明，为了实现弱者变强而不断创设出来的组织其实也难保对业主们忠诚，"为问题而设立的组织却成为问题"：他们要么因为权力制衡权力而引发小区派系斗争，导致小区混乱；要么因为权力与权力合谋，走向沆瀣一气而更疯狂地侵占业主利益，致使小区面临更大的混乱。这种以新强者制衡旧强者的方法，逻辑上依然包含了作为弱者的业主们如何与新强者、更强者合作的问题。不论是业主们内部产生的新强者，还是政府帮助建立的新强者，包括原强者，在业主们面前，依旧是强者。这些强者与业主们的弱强关系依旧存在。于是，旧问题没有解决，反倒产生新问题。不断创设下去，产生更为复杂的互相争斗的混乱局面。一旦新旧强者们联合起来，产生相比业主们更强的强者联盟，共同欺负更为弱势的业主们，结果更加堪忧。

机制错配只看见零和博弈在利益上你多我少或者我多你少，看不见向上向善的信义，于是陷入将"弱者变强者"的定式思维中。

五、物业服务困局

业主们的弱势，使得业主们容易遭受利益损失，产生了大量的利益冲突，但"去信义"的机制错配，更加大便利物业服务企业恃强凌弱，使得这些利益冲突继续扩大、放大与持续。与此同时，业主们却被机制错配牢牢捆缚思想与手脚，造成业主们极大不满，干脆走向普遍的背约与大量的信访群访，与物业服务企业共同陷入相互报复的恶性循环里，进入长期难以化解的困境。

在住宅小区物业服务的典型场景中，业主与物业服务企业可以分别选择合作或不合作两种策略进行博弈。对于业主，合作对应缴费，不合作对应少缴费甚至不缴费。对于物业服务企业，合作对应尽职提供服务，不合作对应降低服务质量。两两组合起来共有四种状态，如表1。在缺乏相互沟通与制度约束下，业主与物业服务企业之间两两合作的状态是不稳定的，两两不合作的状态反倒是稳定的。这就像一个暗藏的陷阱，业主与物业服务企业总是容易跌落其中，且难以自己爬出来。

表1　业主与物业管理人的合作状态

合作状态		物管	
		合作	不合作
业主	合作	（业主缴费，物管服务）	（业主缴费，物管降低服务）
	不合作	（业主少缴费，物管服务）	（业主少缴费，物管降低服务）

虽然一般而言，物管与业主在初始状态时是处于共同合作的，但业主的弱

势与物管的非信义、共同合作状态缺乏有效约束，任何一点利己诱惑都会驱动两方背离合作，共同合同状态极不稳定。业主少缴费还享受了物业服务，物管只好降低服务增加利润。因而双方都被利己之欲驱动，就会背离合作策略而选择非合作策略。但接下来，由于这种为自己的利益极大而采取的单边行动会损伤对方的利益，就招致对方报复，结果反而使自己受损。于是，共同体从两两合作状态穿过中间状态而进入互不合作的状态。

互不合作状态犹如一个陷阱：任何一方单独选择合作策略，只会遭到更大损失而无法持续，从而阻碍他们独自逃离陷阱。假设物管独自选择合作策略，愿意提升服务，但业主继续保持在少缴费的不合作策略里，那么物管的损失就会放大。业主也一样，假设业主独自选择合作策略，愿意提升缴费率，但物管继续保持在降低服务的不合作策略里，则业主的损失就会放大，业主也只好放弃。

于是，在双方不能同时基于利他而采取一致选择合作的情况下，大家都会继续保持在陷阱里。唯有两方打破互不信任的坚冰，建立互信联盟，采取一致行动，同时选择合作，才能一起走出陷阱。

六、破解困局的理论与实践

从理论上讲，破解困局的关键就是一致的利他行动。要反其道而行之，唤醒利他，打破隔阂，约束私欲。而要约束私欲，就不能仅仅在乎自己的权利，更要在乎他人的权利。于是从极端的人人过度利己转而另外一个极端——一致利他。只有完成这样的思想与行动的转变之后，才能共同走出陷阱，实现双赢。

根据表1分析，如果博弈双方都采取利他思维，同时选择合作策略，双方都有获利，就能一起从非合作状态的陷阱中跳出。更进一步说，如果博弈双方在跳出陷阱后还能采取信义机制固化利他行为，背弃利他将产生名誉与利益双失的高代价而抵住日后各种利益诱惑，就能稳定在合作状态里，而不会再次落入陷阱之中。法律化的一致利他，特别是弱强合作中，就是信义关系。因此，再造信义关系、固化信义关系，就是破解困局的核心策略。

对于深陷冲突的两方，沟通不畅，相互难以信任，此时再造信义关系，往往需要一个与双方利益无直接冲突，且两方都信任的第三方来帮助。第三方在社会上是否大量存在、是否便利提供服务，是困局可否顺利破解的关键。作为行政机关，首先要致力于成为这样的第三方，培养起广泛的信任，为社会提供最便利有效的第三方公共服务。长期去信义的市场，使得行政与市场关系过于密切，权力寻租造成各方的不信任，寻找行政第三方变为困难，这是许多社会问题不断累积而难解的原因。成都多年来致力社区营造，使得相当比例的社区"两委"、社会组织获得居民信任成为第三方，为破解物业服务困局打下良好基础。

在双方走出陷阱后，为了防止再次的背约，第三方要及时引导双方从人际信任走向制度信任，也就是要以业主大会表决或共同决定等方式，重新构建起法律约束的弱强合作的信义关系，便利双方相互监督以有效约束彼此未来可能的偏离行为。信义关系就像设置了两个防止过度利己的挡板，一个挡住业主随意不缴费，一个挡住物管随意转移资金与降低服务，将不稳定的合作状态改为稳定的合作状态，远离困局。

在成都实践中，建立信义关系的法律是《信托法》，将信义关系植入物业服务的具体机制与制度是信托制。

从2019年武侯区率先开始信托制试点，到2022年底，全市已有208个信托制小区，涵盖商品楼盘、院落、老旧小区、小产权房、安置小区、农民集中居住区等类型。信托制小区普遍实现"两升一降"——物业服务满意率从52%提升到95%，物业费平均缴费率从56%提高到90%，矛盾纠纷同比下降95%。

信托制物业服务大幅降低小区治理的参与门槛，提升业主家园意识，利用最小的公益成本让全体获益。中大君悦金沙一、二期的一个业主曾在消防支队工作，将消防维修预算从280万调到30多万。信托制物业服务使久违的团结、信任与友爱、互助在业主中逐步形成。在2022年成都最热时候，交大智能二期的配电室里到处烫手，项目经理仍坚守岗位。由于市面上买不到冰，情急之下项目经理在群里呼吁各家用冰箱制冰。业主们端着盆、带着碗，装着大量冰块与物管一起保住了配电室使得未停电。事后业主们纷纷给物管发红包，但物管没有收取。信义义务促使物管走向忠诚、干净、担当，成为业主身边可以看到、可以够着的利他榜样，帮助业主们看见团结、友爱的希望，继而更多业主参与带动整个小区走向文明善治。这个通过民众基于信义创设自治职权，产生身边可持续、够得着的"活雷锋"的机制，是非常重要的。

制度优势吸引行业追随。Z企业是创新的物业社会企业，其章程规定30%的利润用于公益事业。Z企业仅仅四年时间就承接了23个项目，年酬金达到208万，具备极大发展潜力。如果未来其能发展到上千个项目，年酬金达到上亿，用于公益的年资金将超过3 000万，将成为成都公益领域可持续的资金渠道。此外，信托制比选会时，金牛花园有38个、中大君悦金沙一、二期有27个物管报名，其中有许多优秀企业。而C企业是大型品牌物业服务企业，也开始将信托制纳入企业发展战略。

信托制还产生了辐射效应。在桂东社区，信托制从1个小区向9个小区扩展。在彭州葛仙山镇，全镇32个乡村集中居住小区全部导入信托制。信托制现已走出成都，开始在四川、海南、江苏、湖北、云南、浙江、河南、山东、北京、重庆、广西等8省、2直辖市、1自治区内落地。

七、以信托制重构物业服务的信义关系

以下具体介绍在物业服务中用于构建信义关系的信托制的制度特色。

从利他合作的角度来理解物业服务，业主出资金、物管出劳动，资金与劳动这两种生产要素结合到一起，生产出两方各自所需的回报。由于业主处于弱势，资金与劳动都依赖物管管理，物管有较大自由裁量权，因此应当是典型的信义关系，物管要依法承担信义义务。信托制将信义关系具体落实到资金与劳动要素的锁定、剩余分配、成本分配与监督等关键环节。

第一是资金锁定。资金具有很强流动性，容易被资金所有人与管理人转移到其他领域，也容易被所有人的其他债权人追讨拿走。为保障合作的资金需要，借助了信托财产的隔离功能来锁定资金。业主们将资金设立为信托财产，资金所有权被分为受益权与管理权两个对等部分。业主持有受益权，物管持有管理权。资金上的对等分权设置，使得业主与物管都具有资金使用的同等知情权与监督权，资金流动在每个业主眼皮底下，难以逃避业主、业主委员会与信托监察人的监督，确保资金要为小区物业服务的事业所专用。资金存放在专属小区的独立账户里，与物管的其他账户隔离。物管随意挪用资金将构成职务侵占罪。如果物管将资金投入其他项目获利，获利部分与本金都要归入小区基金。就算物管破产，资金独立隔离了其他债权人的清算与法院强制执行。由此，小区物

业服务的资金得到切实保障，使得资金既不归业主所有，也不归物管所有，而是合作事业的"专款"，只能专用于合作事业，要在专属账户内独立存管，与物管的其他资金隔离。隔离物管借口具有所有权而随意挪用，也隔离了物管的其他债权人的索求。

第二是劳动锁定。物业服务的劳动内容繁杂、琐碎，难以监督。比如预算需要劳动者为50人，但是实际只到了20人，出现"吃人头"的现象。就算到岗了，不同的劳动者，有的全心全意，有的三心二意。锁定劳动的办法首先是物管通过承担信义义务，转变了角色。物管不再是业主们的对手，而是为业主们挡风遮雨的大帮手，要为业主利益最大化服务，负有最高的忠诚义务与善管义务。角色转变消除了物管通过降低服务、减少劳动以扩大利润的主观动机，而是尽心尽力为业主们规划资金、管理资金、规避风险，最大可能地从市场中获得最佳利益。业主人人都有监督权，都有权查阅、复制物业服务全过程信息，包括物业服务标准与质量管理体系、采购流程文件与过程记录、财务原始凭证、物业服务记录等一切过程文件，每个业主的缴费情况、车位分配情况也向大家公开，极大便利个体业主直接监督。再就是降低参与成本，便利业主参与。比如通过开放式预算来确定服务与资金计划。传统做法的物业服务预算或者封闭在企业内完成，或者封闭在业委会与物管之间完成，业主难以参与。开放式预算除了物管、业委、社区参与之外，还主动邀请具有专业背景的热心业主参与，并将预算情况公开到业主群。开放式预算促进业主与物管共同确认小区资源水平、共同研判市场行情、达成对物业服务标准的共识。

第三是成本分配。信托制区分小区规模、物管专业性等不同优势来配置成本。历史上的立法者并没有意识到，未来将出现长期通货膨胀与业主弱化这两大趋势。长期通胀给物管带来巨大成本压力，动摇了包干制。业主弱化给业主承担管理责任带来很大压力，动摇了酬金制。信托制作为新制度，考虑到这两大趋势，其成本分配相比包干制与酬金制更为公允。对于长期通胀，业主数量大，一起来承担，每个业主分到的压力就很小。因为信托制的高度透明，业主们知情市场行情真实变化，也知情小区物业费与公共收益真实规模，如果必要涨费，涨费表决也容易通过。如果甘愿降低服务标准，大家知情同意后，也不会质疑物管借降低服务"吃钱"。同时，业主们可以增加激励调动物管提高劳动生产率与公共收益，一起对抗长期通胀。对于管理责任，物管比起业主要更具有专业能力，所有的管理责任都应由物管首先来承担。其中，重大与故意的过失则只能由物管的固有财产来承担，而不能用小区物业服务的独立资金来承担。这样的分配使得业主与物管的担子都得到减轻，更有利业主与物管的合作。进一步说，考虑到存在"负剩余"——扩大资金缴付义务的风险，在弱强合作中，为保护弱者，信托制严格要求量入为出的花费原则。对于超越预算出现的额外成本，容易造成负剩余，强者要首先承担。

第四是剩余共享。剩余分配方式有两种，剩余独占或剩余共享。如果物管独占剩余，就容易刺激物管降低服务；如果业主独占剩余，就容易刺激物管借助"负剩余"倒逼业主额外欠费。业主的弱势地位决定了剩余独占会损伤业主利益。因此信托制采取剩余共享，促进业主与物管在合作方向上同心协力。如果物管能做到努力提高公共收益，努力提高劳动生产率、降低服务支出，那么物业费与公共收益花到年底还有正的剩余。这个时候，物管还可以获得激励，类似公司给管理团队期权。

第五是监督。在弱强合作下，要便利弱势方的监督，否则强势方容易侵占弱势方利益。监督可以分为直接监督与间接监督。

业主们选举业委会委员来代行监督，属于间接监督。传统制度下，业主们设立业主大会作为物业服务的甲方，并将自身的监督权全部让渡给了业主大会，由业主大会的执行机构（比如业委会）全权、排他地行使。这种侧重间接监督的机制，一方面个体业主失去了直接监督，另一方面，监督权被业委会垄断。个体业主的直接监督越难，就越便利间接监督的委员利用监督权与物管交换利益，业委会反倒演化成无人监督的权力组织。如果物管反过来依附这个不透明的权力，两方可以共谋侵占业主利益，业主损失更大。即便委员们没有与物管合谋，但直接监督的缺失，也降低了业主对业委会的信任。

因此，信托制度尽最大努力一视同仁地降低直接监督与间接监督的成本，便利业主们选择、行使各种类型的监督权利。首先，信托制丰富了间接监督。小区可以设立信托监察人，欢迎政府与社会前来协同治理。监察人可以是业主代表、街镇和村社区干部或法律、财务、社会工作等专业人士。信托监察人除具有业主同等的知情权外，还能以自己名义采取法律手段维护业主共同利益。其次，信托制保有个体业主的直接监督。虽然业主群体是知识弱势与自组织弱势，但是中国小区规模大，业主当中有许多专业能人，或认识具备专业知识的朋友。在小区物业服务不透明的情况下，专业能人往往迫于工作压力，没有时间、精力与物管、业委纠缠，只好放弃自身的专业监督。一旦小区建立起信义关系，服务信息公开透明后，专业业主很容易判断小区物业服务是否达到小区物业费支撑的服务水准。业主能人的直接监督就可以发挥作用，以"最小成本实现最大共益"。这类案例在信托制物业服务的小区非常多。

八、结语

在成都，信托制物业服务落地的过程，实现了党建引领住宅小区治理的信义贯通，基层党组织在推动落地信义关系的过程中提升了组织力、公信力，巩固了党在基层的领导基础。

在此基础上，我们还将在基层党组织的领导下把"信义"理念拓展运用到基层治理的更广领域，如社区保障资金、社区微基金、社区普惠保险、时间银行、社区公共空间托管、社区房屋租赁等，探索形成社区信义治理体系，推动建设人人有责、人人尽责、人人享有的社会生活共同体。

信义关系不仅在破解物业服务困局上发挥了积极作用，未来在破解其他类似困局上必将还会发挥更多的积极作用。

（陈剑军：成都社区信义治理学院院长）

物业服务助力产业社区发展治理

——以成都麓湖产业社区为例

赵巍然　　伍三明

产业社区是《成都市城乡社区发展治理总体规划（2018—2035 年）》提出的三大社区类型之一。抓好产业社区治理对于成都市建设全面体现新发展理念的国家中心城市、公园城市，推进城市治理体系和治理能力现代化，形成引领高质量发展增长极和动力源至关重要。

物业服务是产业社区发展治理的基础性工作，也是产业功能区保持优良生产空间和创新环境的保障。成都市计划建设250至350个产业社区，如何发挥物业服务的优势，破解产业社区发展治理难题至关重要。本文以成都麓湖产业社区为例，探析物业服务助力产业社区发展治理的实现路径，以期为产业社区发展治理提供参考。

一、成都产业社区发展概况及其治理难点

产业社区是产业和生活协同发展的新型产业集聚区。它打破了传统产业园区生产生活分离、园区内外隔离、社群关系疏离的状态，实现产城融合、文旅产融合、产业链融合、居业融合，企业生态更多元、社群交流更活跃、居住品质更高端，是未来产城布局的创新空间模式，是城市高质量发展的必然选择。

（一）成都市产业社区发展概况

成都市高度重视产业社区建设。2017年7月提出规划建设产业功能区，协

同建设大尺度的"独立城市"和小尺度的"产业社区",促进人口分布与产业分布高度契合。随后规划了66个产业功能区,并在《成都市城乡社区发展治理总体规划(2018—2035年)》中将产业社区作为单独一类社区规划建设,试图以产业社区为单元,推进高品质产业功能区建设。麓湖产业社区是成都市首批13个试点国际社区之一,也是天府新区产业功能区——天府总部商务区重要组成部分,其典型的产业特征对探索产业社区发展治理具有一定的借鉴意义。

(二)麓湖产业社区的基市情况

麓湖产业社区总用地面积9.34平方千米,建筑面积700万平方米,有2 400亩湖区、1 000亩公园区、12个公园,规划容纳人口8万余,是一座以生态自然为基底,集合高端居住与复合产业的未来新城。

(三)麓湖产业社区物业服务面临的困难和挑战

麓湖产业社区物业服务主要为物业公司为居民提供居住需求之基础性服务,为开发商提供营销配合服务。麓湖产业社区的特征决定了物业服务的困难和挑战,主要表现在以下几个方面:

第一,服务能力方面的挑战。产业社区的物业不但要服务人的生活,也要服务企业的发展。麓湖产业社区主要居住的是高职化、年轻化、高学历和国际化群体,预计未来常住外籍人士将占社区总人群的15%。而物业企业人才普遍学历不高,缺乏专业技术人才,服务高端人群需求面临着挑战,特别是传统的基础性"四保"服务难以满足产业社区人群宜居、宜业、宜商的需求。

第二,物业运营方面的挑战。产业社区的物业不但要服务好,更要运营好。麓湖社区容积率极低,公共区域面积大,特别是2 400亩水域要长期保持Ⅱ类水质的现状需要长期投入巨额经费,社区治理的总体成本极高。这要求物业服务要把产业社区作为一个相对独立的有机体进行运营,所得利润用于平衡公共区域治理所需;对于大多数仅关注住宅的基础物业企业而言,是一个巨大的挑战。

第三,治理能力方面的挑战。产业社区治理,自治是动力,法治是保障。麓湖产业社区不但物业类型多,而且权属主体多。物业类型不但有居住区、公园、湖区水域,还有总部经济、创意产业集群等。物业类型不同,对物业管理的专业性需求也不同，要同时管理好这些物业存在挑战。麓湖有66个组团，理论上可能产生66个业主委员会，聘请66家物业企业进行管理；此外，麓湖社区还有其他的开发商，权属主体不仅有个人还有企业，不仅有公权还有私权，多主体在共同治理中很难达成统一的规则，还有可能造成物业管理区域的割裂，降低物业治理效能。

二、物业服务在产业社区发展治理中的功能与发展趋势

（一）功能

在新冠肺炎疫情社区防控中，物业服务发挥自身专业和服务优势，有效分担社区工作人员的防控压力，为筑牢疫情联防联控安全防线发挥了重要作用，赢得了社会普遍肯定，体现出了"最后一公里"的服务价值，充分说明物业服务是以市场方式承担社会责任、提供社区服务、解决社会问题的重要主体和有效手段。发挥物业服务管理的生活服务、生产服务、城市服务功能，推动物业服务成为高品质生活的提供者、高效能治理的实践者和城市高质量发展的参与者，在治理能力和治理体系建设背景下，意义重大。

（二）发展趋势

1.从"四保"到资产管理

传统的基础物业管理主要提供"四保"——保安、保绿、保洁、保修服务。近年来，物业资产管理作为一种更高级的管理模式在国际上出现。所谓物业资产管理，是指为了满足置业投资者的目标，综合利用物业服务、设施管理、房地产资产管理、房地产组合投资管理的技术、手段和模式，以收益性物业为对象，为投资提供的贯穿于物业整个寿命周期的综合性管理服务。物业资产管理的实施可以给予单位和个人最大的财产保障。

2.从管理"物"到服务"人"

物业服务不仅实现对"物"（建筑物及配套设施设备）的管理，还延伸至"人"（居住、工作的各类人，包括企业法人）的需求服务，将养老、家政、商旅、休闲等延伸增值需求纳入物业服务。而对人的需求服务，对住户而言，高

品质的物业服务能带给人们安全、便捷的服务和舒适的居住环境，能起到宜居作用；而对于产业企业客户而言，一个贴心周全的"好管家"，能起到宜业作用；对于政府公共服务体系而言，物业服务凭借与住户、商家、企业等物理距离最近优势，24小时紧密无缝连接，物业服务又能起到优化营商环境体现宜商作用。

3. 从管理"楼"到服务"城"

在管"楼"上，物业服务经历了从住宅物业服务向办公楼、工业企业、城市综合体等多种物业服务延伸拓展，随着"放管服"改革的推进，政府部门开始解决多线管理产生的摩擦成本，"物业城市"服务崛起。从2018年起，物业服务开始从管理"楼"向服务"城"进发。所谓管"城"即"物业城市"，是指政府把城市公共空间整体作为一个"大物业项目"，委托一家市场化的企业统筹运营管理，运用一体化的思想，遵循市场化的原则，通过数字化、机械化、专业化的运营手段，赋能各专业作业端，降低运营服务成本，提高城市服务的效率和水平。

三、物业服务助力产业社区发展治理的对策

中国共产党的十九届四中全会提出，加强和创新社会治理，完善"党委领导、政府负责、民主协商、社会协同、公众参与、法治保障、科技支撑"的社会治理体系；对于产业社区发展治理，亟待在管理体制机制、运营模式上深化改革，需要进一步提升产业社区发展治理能力、服务能力、运营能力，发挥物业服务在产业社区发展治理中的助力作用。

（一）构建党建引领、政府负责、公众参与的产业社区发展治理机制

1. 突出党建引领

对于产业社区主体多元、利益多元、诉求多元等治理特征，需要加强社区党建工作，突出党在社区治理中的资源整合者、利益协调平台搭建者的引领作用。党以执政党的名义为产业社区治理把握政治方向，掌握社区治理治权，大力推行社区"两委"与物业公司、社区民警、驻区单位等"双向进入、交叉任职"，建立产业社区党组织领导下的居委会、业主委员会、物业服务企业等多方

协调运行机制，发挥好党组织在社区事务中方向性引领作用。这对于规避产业社区物业管理区域的割裂和预防、化解各类社会治理风险具有重要意义。

2.发挥政府负责

政府承担着推动经济社会发展、管理社会事务、服务人民群众的重大职责，对于产业社区具有的高能级产业、高质量生态、高品质配套和高颜值神韵等特征，要积极发挥各级政府负责社会治理的职能，采取多种措施和途径，推进"政务服务＋物业服务"线上线下融合，推进政务服务进社区。对物业服务而言，需要厘清物业服务与政府管理、行政执法、公共服务、专业运营的责任边界，制定政府部门职责清单，确保管理执法延伸到小区、资源下沉到小区、服务拓展到小区。

3.引导公众参与

社区发展治理的关键在于培育人民群众主体参与意识，通过公民精神培育唤醒居民的主体意识、参与意识、责任意识和规则意识。对于产业社区而言，充分发挥物业服务业主"最后一米"天然优势，充分挖掘社区各类文体人才资源和社区场地资源，发挥物业服务在社群服务平台搭建作用，围绕产业社区生产生活、社会交往、休闲娱乐、学习发展等不同层次需求，致力完善产业社区人精神生活"软配套"。另外通过业主关注物业服务事务，社区党组织通过党建引领，大力推进基层协商民主工作方式实行自我管理，推进成立业主委员会或者居民议事会，实现"群众的事让群众商量着办"，切实推进产业社区自治运作。

（二）推进科技支撑的产业社区统一运营模式

1.推进产业社区统一运营模式

产业社区统一运营是产业社区发展的关键，是产业社区软实力建设的保障。统一运营要求物业服务并入产业社区运营体系，深度参与设计、施工、招商、运营全环节。具体要求物业服务前端参与产业社区的规划、设计和建设，从物业管理服务的角度上提出意见和建议，以便将来更好地满足产业人使用的要求；同时物业服务从中端参与产业招商、商家入驻；尾端参与围绕产业商户、产业人需求服务，纳入统一产业运营体系，发挥其在产业运营体系的基础保障作用。

2.推进"物业城市"城市空间管理

积极探索城市服务创新模式，引导物业服务成为精细化、一体化的城市服务解决方案的提供者，提供城市管理、市政养护、物业管理、停车场管理、社区资产管理、交通管理、城市治安、市民生活服务等多领域的业务。产业社区城市公共空间整体作为一个"大物业项目"，物业服务企业可以统筹运营管理，运用一体化的思想，遵循市场化的原则，通过数字化、机械化、专业化的运营手段，赋能各专业作业端，降低运营成本，提高城市服务的效率和水平。

（三）推动高质量发展提升物业服务能力路径

1.丰富文化内涵和改善服务方式

拓展和丰富物业服务内涵，将养老、家政、商旅、休闲等延伸增值需求纳入物业服务，产业社区物业服务可以延伸餐饮、设施管理与租赁等基础配套服务，可以涵盖金融、人力资源、物流、咨询等增值性服务，促进线上线下服务融合发展。改善物业服务方式，通过互联网推行"互联网＋"服务，以物业服务为基础结合互联网、物联网开展无边界服务。综合利用大数据、人工智能、物联网、云计算等先进的信息技术实现物业服务"智能＋"，提升管理效率和服务体验，焕发出物业服务更高的能效和更强的活力。

2.推行物业资产管理

关注产业社区产业和服务之间的全生命周期的关系，实现社区服务与资产管理整合运营，增强产业运营造血能力。物业资产管理服务范围可以延伸到资产管理、金融投资、仓储物流、养老健康等，甚至环境管理、能耗管理等业务领域。注重产业圈生命周期、产业全链条的运营情况，融合产业优势为物业管理自身创造更多的价值。

3.建立高质量发展人才队伍

物业服务要高质量发展，人才的素质和结构是最根本的保障，尤其在产业社区物业服务朝智能化、信息化、资产化方向发展，管理和服务、经营的要求更高，迫切需要复合型、创新型的人才。产业社区物业企业要建立人才吸引机制和长期激励机制，吸引人、培养人、留住人是产业运营物业服务能力建设的关键。

（赵巍然：成都市设计咨询集团党委委员、副总经理；伍三明：四川大学公共管理学院社区治理与现代物业研究中心副主任、高级工程师）

双流区小区信托制物业实践

陈锋　　王艺伟

基层治理是国家治理的基石。2021年《中共中央　国务院关于加强基层治理体系和治理能力现代化建设的意见》中指出，要从体系、机制、平台等不同角度入手提高基层治理能力，争取用15年左右的时间基本实现基层治理体系和治理能力现代化。而植根于中国传统文化中的强调信任、道德和忠诚的"信义关系"则为当前基层治理理念的创新提供了突破口，以此为基础的信托制物业也以其独特的治理方式正在进入人们的视野。本文以成都市双流区小区信托制物业的实践作为切入点，通过分析信托制物业在双流区小区的运行机制和实践案例，总结其成功经验，从小区治理逻辑中窥探基层治理逻辑。事实证明，小区治理中信托制物业的成功实践为信义治理进一步成为基层治理的新路径提供了方向。

一、基层治理的历史演进

在国家治理体系中，基层不仅有空间表征上的层级、场域，也有时间序列上的传统、变迁、发展，更有共同意义上的深刻关系，其核心要素融合了政治性、人民性、场域性和系统性特征[1]。基层治理是国家治理体系的一部分，而城市基层治理是国家治理在城市治理中的表现形式。

徐平教授在《文化的适应与变迁》一书中提道："……现代社会是一个严酷的再生时期……我们如何在现代化的潮流中，主动把握住民族和个人之舵，自

---

① 郭金云：《坚持基层社会治理为了人民》，《光明日报》，2022年。

觉顺应时代的潮流，让我们的社会和自己都健康顺利地适应现代化节奏，这是我们每个人都需要认真思考的问题"①。而面对当前正身处百年未有之大变局、全球治理重塑期中的中国，如何在新的背景下、在适应现代化节奏中提高国家治理能力，是我们进一步思考的问题。从基层治理的角度看，中国社会基层治理的历史变迁亦是城市化和现代化双重作用的结果。一方面，城市化进程推动了中国社会结构的变化，现代化工业的发展加速了城市化进程，导致农村传统的小农经济和以血缘、地缘及业缘为特征的熟人社会的解体，基于熟人的礼治体系和互助体系逐步转向了基于陌生人和行政力量为主的法治体系；另一方面，社会经济的快速发展，特别是改革开放后，中国确立了社会主义市场经济体制，这就为政治、社会、文化和生态现代化的发展注入了新的特征，法制化、专业化、理性化和多元化参与成为当前基层治理结构的新变化，从而带动了传统基层治理机制的历史演进。

（一）"乡土中国"背景下的熟人社会治理

在《乡土中国》"乡土本色"一章中，费孝通先生指出"从基层上看去，中国社会是乡土性的"②，这里的"乡土性"意义内涵丰富，需要我们从经济、政治、文化等不同的层面细细品味。从经济层面来讲，传统的中国以小农经济为主，自给自足是其主要特征，但小农经济又不仅限于农业，而是指小农制和乡村工业的配合，二者共同为中国城市和农村的生产和消费提供来源。"小农制和乡村工业在中国经济中的配合有极长的历史。……中国从来不是个纯粹的农业国家……可是传统的工业却并不集中在都市里，而分散在无数的乡村里。"③从政治层面来讲，"皇权不下县"和"双轨政治"是其主要特征。从自上而下的角度看，传统治理推崇"无为而治"，同时中央派遣到地方的官员到知县为止；从自下而上的角度看，"从县衙到每户"的过程一般是由地方自治团体对接。王小章指出"中国传统政治结构有中央集权和地方自治两层。中央所做的

---

① 徐平：《文化的适应和变迁——四川羌村调查》，上海人民出版社，2006年，第3页。
② 费孝通：《乡土中国》，北京大学出版社，2012年，第19页。
③ 王小章：《"乡土中国"及其终结：费孝通"乡土中国"理论再认识——兼谈整体社会形态视野下的新型城镇化》，《山东社会科学》，2015年第2期。

事是极有限的，地方上的公益不受中央干涉，由自治团体管理"①。从社会关系层面来讲，以"差序关系"成为熟人社会自治的基础。"以'己'为中心，像石子一般投入水中，和别人所联系成的社会关系……在差序格局中，社会关系是逐渐从一个一个人推出去的，是私人联系的增加，社会范围是一根根私人联系所构成的网络，因之，我们传统社会里所有的社会道德也只在私人联系中发生意义。"②而这种"私人联系"就构成了熟人社会。

熟人社会以持久的私人间的感情关系为依托，久而久之就固化为一种内在的结构性力量，看不见但却有极强的排外性，极其封闭和稳定。熟人社会的治理具有天然的优势，体现为熟人内部彼此之间相互熟悉，信息高度透明、利益互联性强，这就使得熟人社会的治理成本相对较低，且治理效率相对较高。同时，熟人社会对内部成员的道德性约束非常强，内部成员往往具有高度的情感认同，一旦发生矛盾冲突，就会通过道德约束、情感认同等方式达成治理目标。自晚清始，西方资本主义裹挟着中国逐步迈入现代化潮流，传统的"乡土中国"被迫终结，这种趋势随着城市化进程和市场化进程不断加快，熟人社会治理已不足以应对现代社会带来的新问题。

（二）单位制社区治理

为恢复发展国民经济、稳定社会秩序，自新中国成立伊始，实行具有政治、经济和社会三重性质的单位制。在单位制下，基层治理资源丰富、组织完备，同时又以国家强力的行政力量作保障，既能够短时高效地解决组织内部的各种问题，又能够为内部成员提供充足的物质保障，对整个社会成员具有极大的吸引力，一定程度上有利于维护社会的稳定。这一时期，由于当时的中国还未获得现代化发展的基础条件，社会转型也并未触及深层的社会结构，基层社会的乡土本色在现代化探索阶段并未发生本质改变。③

单位制的社区治理机制作为特殊历史时期的产物具有以下几个特点:（1）

---

① 王小章：《"乡土中国"及其终结：费孝通"乡土中国"理论再认识——兼谈整体社会形态视野下的新型城镇化》，《山东社会科学》，2015年第2期。

② 费孝通：《乡土中国》，北京大学出版社，2012年，第61—64页。

③ 朱战辉：《城乡中国：乡村社会转型中的结构与秩序》，《华南农业大学学报》（社会科学版），2019年第1期。

单位成为小区公共服务的唯一主体。当时的中国社会百废待兴、社会治理秩序遭到极大的破坏、公共服务资源相当匮乏，与计划经济体制相对应的社会管理模式就以单位制管理为主，这种管理行政色彩鲜明，使得单位成为小区成员生活和工作的主导者，自然而然也就成为管理小区和供给公共服务的唯一主体。（2）具有排外性，向单位制内的成员提供趋向于无差别的公共服务。单位制下对内部成员提供趋向于无差别的公共服务，而对外部成员划分出明确的边界。这也从另一方面说明单位制强化了内部成员的集体主义意识，增强了成员间的凝聚力。（3）弱化了其他主体参与社会治理的能力。单位制小区的公共服务的排他性和垄断性导致其内部成员往往只是被动接受公共服务的配给，而外部成员一方面无法参与公共服务的分配，另一方面力量不及单位这个"一元"主体，从而导致社会治理整体上呈现"一元"主导治理的特点，缺乏多元性。

（三）进入"城乡中国"后的街居制社区治理

改革开放带动中国社会发生了翻天覆地的变化，这一时期，中国经济体制发生了变化，特别是非公有制经济的发展带来了新的要素资源的自由流动，打破了人们对单位的过度依赖；市场经济快速发展带动了社会的转型，并以此带动了社会结构的深刻变化，以往乡土中国的封闭性、稳定性被打破，资本、技术、劳动力等要素大量流入城市，人员的自由流动导致熟人社会逐步瓦解，"乡土中国"逐步进入"城乡中国"，并走向更加开放的现代社会。

1978年中国共产党的十一届三中全会后，多次调整街道办事处的职能与机构设置，街居体系得到恢复和发展。1980年全国人大重新颁布实施《城镇街道办事处条例》《居民委员会组织条例》，街道办事处和居民委员会迎来发展的新阶段。街居制社区治理体系特点如下：（1）打破了以单位身份区分公共服务对象的弊端，公共服务的主体由城市政府、街道办事处和社区承担；（2）街居制下的基层社会治理是以政府主导的公共服务管理体系辅之以社区为主导的自治体系共同运行的，有利于打破"一元"治理，为探索政府、社会、居民的多元互动奠定基础。

（四）社区制治理

"社区"一词最早由德国社会学家斐迪南·滕尼斯（Ferdinand Tönnies）

提出，他认为："社区是以一定的地域、共同的价值观为联系而形成的封闭性的社会生活共同体。"①而中国在1986年民政部在推进社会福利工作改革过程中，为区别民政部门代表国家办的社会福利而把社会福利称为"社区服务"后，"社区"一词开始被广泛使用。②

社区制的出现符合社会发展的要求，是对单位制、街居制的超越和发展。一方面，随着改革开放带来的社会结构调整的深化，传统的熟人社会的特征不再明显，取而代之的是居民间的异质性、陌生性不断增强，而且社区治理的主体开始日益多元；另一方面，新一轮技术革命的发展为社区治理带来了新的动力，以云计算、大数据、物联网、人工智能等为代表的新兴技术开始与社区治理相融合，为社区治理带来了新的挑战和机遇。社区制具体特征有：（1）开始注重人的主体性，变管理为服务。社区制以服务为核心，强调发挥人的能动性，关注与居民日常相关的事务；（2）弱化"一元"行政色彩，强调多元主体参与治理。无论是单位制还是街居制，都具有明显的行政色彩，并表现出带有命令、服从的科层制特点，而社区制则注重居民和其他社会力量的广泛参与，强调政府、社会、居民"共治"。

二、城市社区治理的新选择——信义治理

随着社会经济的快速发展，人员的高速流动打破了以往单位制对社区人员的固化，也打破了社区居住群体的同质化，这就使得不同户籍、不同职业、不同单位的人开始聚居于城市，城市日益成为人们生活和工作的主要区域，也成为社会治理和公共服务关注的焦点。

（一）城市社区治理的新要求

1.治理对象从社区到小区

习近平总书记指出："新时代城乡社区治理，要坚持以人民为中心，把居民群众的诉求作为第一信号，把居民群众的服务需求作为第一目标，把居民群众

---

① ［德］滕尼斯：《共同体与社会》，林荣远译，商务印书馆，1999年，第78页。
② 何海兵：《中国城市基层社会管理体制的变迁：从单位制、街居制到社区制》，《管理世界》，2023年第6期。

的获得感、幸福感和满意度作为检验工作成效的第一标准，把实现好维护好发展好居民群众的根本利益作为首要目的。"在当前的城市，社区更多的是作为一种管理单位而存在，具有明显的行政区划、组织建设和财权事权的特点，反而小区（院落）与居民的关系更为密切。具体来讲，一是小区的共同利益属性更明显。居住于同一小区的群体基于共同的住宅权益、物业服务等因素有共同的居住需求、共同的参与动机和动员机制。二是小区的治理边界更清晰。与社区不同，小区具有明确的时空边界和治理对象，小区治理和服务内容因小区属性不同而具有不同的形式。三是小区治理主体更明确。小区的治理主体除业主、社区自治组织、社会组织外，还有物业服务企业，通过明晰责任界限，使得小区治理在治理主体上更加聚焦。因此，小区治理成为社区治理新的治理对象。

2.治理主体从一元到多元

多元主体参与社会"共治"是新时期中国社会治理体系发展完善的客观要求，也是创新社会治理机制的一个契机。回顾城市社区治理的历史，我们发现从中华人民共和国成立到改革开放前，基于特定的历史背景和经济体制的限制，城市社区治理的主体主要以单位一元为主，单位成为小区成员工作生活的主导者，成为社会治理和公共服务的唯一主体。但随着时代的发展和社会的变迁，特别是党的十九大提出"新时代社会治理要打造共建共治共享的社会治理格局"后，多元主体参与城市社区治理成为一种新的趋势，投射到小区治理中，小区治理的主体不再仅仅只是社区"两委"，业主、社区自治组织、社会组织、志愿体系，甚至物业服务企业都成为小区治理的多元主体。因此，多元主体参与城市社区治理成为新的发展趋势。

3.治理路径从单一的治理创新到"多治"融合

2021年7月11日，中共中央、国务院《关于加强基层治理体系和治理能力现代化建设的意见》指出，力争用5年左右的时间，建立起党组织统一领导、政府依法履责、各类组织积极协同、群众广泛参与，自治、法治、德治相结合的基层治理体系。对于社区治理来讲，"多治"融合具体要做到：一是调动群众参与的积极性，培育群众持续参与社区治理的能力；二是做好社区体系建设，特别是通过培育社区业委会、居民自治组织等自治体系的建设，推动社区建设走向成熟；三是增强文化素养，把道德、文化、习俗融入治理过程中，增强社区治理中的柔性建设；四是做好法治工作，建立健全相应的法治体系，规范治理行为，确保社区治理工作依法开展。

（二）城市社区治理中的问题

"十四五"时期，中国将进入新的发展阶段，社区治理也将迈入新的台阶。社区是党委、政府联系和服务群众的"最后一公里"，而物业服务又是决定"最后一公里"能否实现的重要方面。在城市化快速发展的今天，物业服务的作用已不仅仅限于对房屋的维护和管理，而是囊括了群众生活的方方面面。物业服务质量将直接影响群众对美好生活的追求、对个体权益的维护以及社区治理效果的实现，因此物业问题将成为城市社区治理中的首要问题。

1.小区居民①与业委会的矛盾

业委会是通过社区自治实现业主权力的重要组织保障，是小区自治的重要方面。所谓业委会（全称业主委员会），是指由物业管理区域内业主代表组成，代表业主的利益向社会各方反映业主意愿和要求，并监督物业服务公司运作的一个民间性组织。其职能主要是在相关机构的指导下负责制定业主委员会章程，选择物业管理企业，监督居住小区物业管理工作的实施，对物业管理企业进行检查和监督，协助物业管理企业进行管理工作。但在实践中，一方面业委会面临着成立难的挑战。小区事务繁杂众多，为了避免吃力不讨好，很多人不愿做小区业委会的牵头人，就算小区达到了有效的投票人数，种种原因还是使得许多地方业委会难以成立。另一方面业委会缺乏代表性。参与业委会事务的人大多是退休人员，但是由于现代社会的流动性，小区居民异质性显著，这就使得业委会的一些想法并不具有普遍性，业委会和小区业主之间由于缺乏沟通而导致矛盾逐步累积。其中"换物业"成为小区居民和业委会矛盾的焦点，具体表现为：一是许多小区居民不信任业委会，特别是在所选物业服务企业提供的物业服务质量和其价格不匹配时，许多居民就会认为业委会与物业服务企业有利益勾结。二是业主也缺乏对业委会的监管，不少人认为自己平时工作忙，没有多余时间监督业委会，既然业委会是为业主利益负责的，就应该做好自己的工作；而业委会成员虽然抱有一腔热血，但是缺乏专业物业管理经验，有时问题处理不及时就会导致居民利益受损，从而使得双方矛盾日益加深。

---

① 这里的居民包含业主，下同。

2.小区居民与物业服务企业的矛盾

物业服务企业是现代居住小区不可缺少的一部分。一个好的物业服务企业可以提升小区治理的水平，使小区的日常管理更加方便，但是当前物业服务企业与居民的矛盾日益显著。具体表现在：一是物业服务收费纠纷。随着劳动力成本和房屋维护成本的上升，物业服务企业希望提高服务收费标准，而小区居民则希望物业服务企业提供优质的服务，且只收取当年尽可能低的费用，如果长期无法达成共识必然会产生矛盾。因此，物业企业选择降低服务水平以刺激居民提高收费标准，而居民因不满物业服务企业的服务而不愿缴费，二者陷入"恶性循环"。二是物业服务标准不明确。当前物业服务企业提供的服务缺乏一个统一的标准，小区居民觉得物业企业服务达不到标准而质疑物业企业，物业服务企业则认为小区居民缺乏专业性知识而胡搅蛮缠，双方互不理解以致矛盾年久日深。三是物业服务企业缺乏有效监督。物业服务企业和小区居民二者是"强—弱"合作关系，一方面，物业服务企业管理的不透明使得小区居民无法有效对其行为进行监督；另一方面，小区居民自身缺乏组织性和权威性，即使物业服务企业提供较差的服务，小区居民也只能以更换物业加以威胁或恐吓，并以此给予其压力，但是更换物业企业需要召开业主大会，居民间组织效率低下反而提升了操作难度，使得二者矛盾进一步加深。

3.小区居民自身的问题

伴随着改革开放的推进、社会经济的发展、住房商品化的实行，城市社区的发展日新月异。在这一过程中，人与人、人与空间、人与组织、人与社会之间的联系也在逐渐发生着改变，呈现出成员复杂化、观念多元化、流动快速化等特征。这些特征体现在人们的日常生活中表现为：首先，城市快速变迁强化了小区居民间的异质性和陌生感，且居民类型的多样化带来了需求的多样化，一旦解决不好就会出现众口难调的局面。其次，居民在小区治理中一般承担两种角色：一是作为小区治理的对象，二是作为小区治理的参与主体。这两种角色都要求居民要积极参与小区公共事务，但是受政府主导治理思维惯性的影响，多数居民自身参与社区治理的意识很薄弱，认为小区治理是政府的事，与自己无关。再次，小区居民从经济学意义上来讲是"有限的理性人"，不同的个体维护不同的利益取向，因此参与社区事务的精力、时间和回报必然影响个体参与社区事务的积极性。而社区作为一个集体，维护的是社区公共利益，多元的个体利益必然会与社区公共利益之间产生冲突。个体的有限理性导致业主居民在参与社区公共事务时，总是从自己的角度出发，甚至可能为了私利损害公共利益，但个体却常常没有受到相应的惩罚。这种现象会导致大多数居民认为社区公共事务和公共利益并不会因自己是否参与而发生或大或小的改变，以至于大多数居民并不积极主动地参与，而是充当"搭便车者"。

（三）城市社区治理的新选择——信义治理

回顾经典，中国传统文化中早就已经蕴含着道德层面的信义理念。《论语》中提到"人而无信，不知其可也"，儒家提倡"仁、义、礼、智、信"。现代学者大多认为，"义"来源于古代的祭祀活动，通"仪"，指礼节、仪式。以庞朴为代表的学者认为，"宜（义）之本义为杀，为杀牲而祭之礼"[①]。刘雪河认为，"义"源于古代的祭祀活动，是远古祭祀活动的制度化。[②]而现在，"义"的含义已发展为社会道德规范体系的核心。通过梳理"义"与"信"的发展脉络，我们得出"义"的产生早于"信"。《荀子·强国》中提到"义为本，而信次之"。"义"是内在的道德规范，是目标和遵旨；"信"是外在的人力，是方法和态度。"义"规定"信"的内在含义，"信"以"义"为基础。随着社会的发展，文化作为一种内在的链接，使得这种"信""义"理念在经过上千年的沉淀和积累后，意义和内涵更为深刻。当蕴含着深刻含义的"信""义"理念以信义文化的方式出现在承担信义义务的人的价值观当中时，信义理念以其强大的生命力在社会治理领域中焕发出了新的生机与活力。

党的二十大报告指出，要完善社会治理体系，健全共建共治共享的社会治理制度，提升社会治理效能，畅通和规范群众诉求表达、利益协调、权益保障通道，建设人人有责、人人尽责、人人享有的社会治理共同体。而我们这里提到的信义治理，指的是以信义理念为内核，以信义关系为基础构建小区治理新格局，通过信义关系形成权责明确的治理共同体。

因此，信义治理与中国现代化治理体系的思想不谋而合，具有共同的目标和方向。具体而言，一是信义治理有助于共筑社会治理共同体。杨仁忠等学者

---

① 庞朴：《儒家辩证法研究》，中华书局，2000年。

② 刘雪河：《"义"之起源易礼新探》，《四川师范学院学报》（哲学社会科学版），2003年第4期。

认为，社会治理共同体是由多元主体在合作共治的框架下共同组成的有机体，多元治理主体通过平等交流、对话、协商参与公共事务的讨论，在差异性意见中形成"共同认识"①。但在现实中，经常出现多元主体联系松散、缺乏沟通交流的平台、差异性意见有但未达成共识的情形，因此，一方面，可以通过搭建以信义关系为基础的议事平台为多元主体提供协商渠道，消除信息不对称带来的壁垒；另一方面，可以通过多元主体求同存异制订小区治理公约，以形成广泛共识。通过搭建议事平台，制订小区公约，最终把多元主体凝聚在一起，通过共商共建，真正形成人人有责、人人尽责、人人享有的社会治理共同体。二是信义治理体现人民民主。党的十九届五中全会指出，要进一步改善人民生活品质，提高社会建设水平，坚持把实现好、维护好、发展好最广大人民的根本利益作为发展的出发点和落脚点。对于小区居民来讲，生活才是小区日常的关键，满足居民日益增长的美好生活需求就是要为居民提供安全的生活环境、参与公共事务的权力、自由美好的情怀。信义治理可以带动居民积极参与小区公共事务，为小区的发展建言献策，同时链接外部资源，保证治理和服务可以在满足居民需求的基础上更好地共享。

三、信义治理的实践——"信托制"：以成都市双流区小区信托制物业经验为例

（一）当前小区物业服务问题——机制错配

物业的类型多种多样，除了本文提到的小区物业，还有商业物业、办公物业、学校物业、医院物业等单位物业。在实践过程中，单位物业的管理效果一般优于小区物业，究其缘由，是因为单位物业和小区物业在实践中的运行机制不同，这也从反面证明了小区物业服务的核心问题在于机制错配。

首先，单位具有权威性，可形成有效的组织。单位业主与物业企业的关系属于"强强"合作关系，一旦物业企业出现欺瞒业主或者有违业主利益的行为，单位可以通过其权威惩罚物业企业；而小区没有权威性且组织松散无效率，小

---

① 杨仁忠、张诗博：《社会治理共同体的公共性意蕴及其重要意义》，《河南师范大学学报》（哲学社会科学版），2021年第1期。

区业主与物业企业的关系属于"弱强"合作关系，虽然存在业委会和业主大会，但是由于业主和业委会及业主大会间的矛盾以及其较低的权威性，使得一旦物业企业背离业主利益，小区业主也无法实现对其有效的惩罚。

其次，当前物业服务合同多以包干制和酬金制为主，二者都是以市场关系为基础的，也并未规定物业企业要为业主利益最大化服务。因此，在单位业主和物业企业间的"强强"合作关系下，市场的监督机制和惩罚机制是有效的；但在小区业主和物业企业"弱强"的合作关系下，业主大会的弱势使得物业企业有机会侵占业主利益且业主大会无法对其进行有效监督，而业主由于利益受到侵害则以不缴费的方式抵抗物业企业服务水平的降低，以至于二者形成恶性循环，此时市场监督机制和惩罚机制无效。

综上可知，在小区业主和物业企业"弱强"的市场合作关系中，物业服务管理机制容易产生机制错配，以至于导致小区治理存在大量的矛盾根源，治理失序。因此，必须要探索新的适合小区"弱强"关系治理的合作机制，消除因机制错配带来的矛盾纠纷问题。

（二）信托制物业相关概念

1. 信托[①]

信托是一种古老的财产管理制度，可以上溯古埃及、古罗马。近代信托发源于英国，作为法律已经有了500多年的历史。[②]信托作为一种契约关系，体现了人与人、人与群体、人与组织之间互动、交往与合作。《中华人民共和国信托法》（2001年）指出，信托是指委托人基于对受托人的信任，将其财产权委托给受托人，由受托人按委托人意愿以自己的名义，为受益人的利益或者特定目的进行管理或处分的行为。

信托的实质在于信义，体现为双方甚至多方形成以信义为基础的互动、协同和合作的关系，那么在信义合作基础上产生的成果分配就会出现两种情形：一种是将成果归己，即"利己"；另一种是把成果给他人，即"利他"。由此就

---

① 田昭、杨君、杨元、刘颖：《党建引领社区信义治理——成都市武侯区小区信托制物业实践研究》，四川大学出版社，2022年。

② 陈剑军：《走向共同体治理（一）：通过信托制将小区物业管理纳入社区治理》，《住宅与房地产》，2020年第1期。

会衍生出三种不同的连接关系：一是基于双方都利己的市场关系，双方通过合同约定分配比例，成果分配指向各自利益最大化方向；二是基于一方利己、一方利他的科层关系，成果分配的结果指向利己或强势方利益最大化的方向；三是基于双方都利他而产生的信义关系，在这种关系下，成果分配指向共同利益的最大化方向。

因此，以信义关系为基础的信托强调受益人的利益最大化，既有实现共治的逻辑基础，又有法律作为后盾，可以有效规避小区"弱强"市场关系下带来的治理弊端，有利于构建具有公益或共益特征的社会共同体以及实现社会多元群体间的合作，也有利于解决小区物业服务企业当前面临的问题。

2.信托制物业

信托制物业全称为信托制物业服务模式，简称信托制，指以信义关系和信义管理为基础，通过培育信托理念、设置信托制度，在业主和物业服务企业之间建立信托规则和信托机制的小区物业服务模式。

信托制物业中涉及的主体：

（1）委托人——业主或业主大会：享有住宅小区的财产权及财产的共同管理权；（2）受托人——物业服务企业：在与委托人签订合同后，按照约定以自己的名义以信托方式管理受托财产；（3）受益人——业主：享有财产管理带来的利益；（4）信托监察人——小区所在社区党组织成员、居委会成员、律师、会计师、人大代表、政协委员等公众人物都可以作为监察人。信托监察人可以以自己的名义而不通过召开业主大会来维护业主利益，并且能和业主一样通晓小区物业服务过程中的全部信息，从而在调解矛盾和处理纠纷过程中发挥公权力的作用。

3.信托制物业的要素

小区治理导入信托制物业必须以信义关系的构建为前提，通过在信义关系基础上建立健全"还权、赋能、归位"的社区合作机制和信托制物业的三大信义机制，完善信托制物业的实践。

首先，"还权、赋能、归位"的社区合作机制。其中，"还权"指把"知情权"充分归还为每一位业主，通过确保业主知情使其积极参与小区治理全过程，为小区治理共同体奠定基础；"赋能"则是赋予每位业主和社区质询权和监督权，降低了维权成本，简便了维权程序，为夯实"共治"注入动力；"归位"指通过构建信义关系使得物业企业和社会组织回到"管家"角色，在处理小区事务中永远把业主利益最大化放在首位，从而避免了物业服务企业和业主的利益冲突，创造有利于小区治理的新环境。

然后，信托制物业的三大信义机制。一是物业管理人的信义义务，这属于法定义务、利他义务。信义义务是信托制物业服务的灵魂。由于物业服务过程的复杂性和烦琐性，想要约定一切事项是困难的，因此以信托的信义义务的方式约束受托人在执行信托事务的过程中，必须全心全意为受益人的利益考虑。《中华人民共和国信托法》（2001年）第25条至第28条中突出了受托人的信义义务，比如受托人为了受益人的最大利益处理信托事务，受托人除了约定的报酬外不得因处理信托事务取得其他利益，禁止将信托财产转为自己固有财产等原则。二是受益人的共益权。共益权是为了实现全体利益而赋予个体成员的权利。信托制下，共益权就是每个业主都具有对整个小区物业服务的知情权、监督权与诉权。信托制下，单个业主所具有的共益化的知情权，不再只是对自己缴纳的那份物业费的知情，而是小区所有物业费的知情，是对整个小区所有物业服务内容的知情，这就大幅度降低了业主监督物业服务企业的门槛。三是信托监察人。信托制还为社区与政府监督小区良性运转提供了"信托监察人"渠道。信托监察人可以如业主一样充分知情小区事务，不必通过召开业主大会来获得维权的授权，就可以自己的名义提起诉讼或者实施其他法律行为，这大大简便了维权程序。信托制明确了监察人是业主利益的代表，监察人要以业主居民利益最大为工作方向。因此，作为监察人的街办或社区也要遵行该方向，这大幅降低了街办、社区与业主居民的利益冲突。信托监察人是具有法律强制力保障的，由此夯实了"共治"的法律基础。

（三）双流区推动信托制物业的实践

双流因西晋文学家左思的《蜀都赋》"带二江之双流"而得名，历史文脉悠久。如今的双流区位于成都市西南核心区域，东临龙泉驿、简阳市，南接眉山市仁寿县、彭山区，西邻新津区、崇州市，北靠温江区、青羊区、武侯区、锦江区，辖5个街道，4个镇，118个村社区，总面积466平方千米。成都市双流区作为成渝地区双城经济圈建设和国家级天府新区、四川自贸试验区重要承载板块，位列"全国百强区"第29位。根据第七次全国人口普查显示，2020

年全区户籍人口67万人，常住人口146.6万人，实际管理服务人口183.5万人，双流区成为成都市净流入人口最多的区，而这一趋势还在增加。[①]

随着快速发展带来的人口数量增加、人口结构多元、社会问题和治理复杂化等特征逐渐凸显，为了适应国家治理能力现代化建设的要求和解决当前基层治理过程中面对的困难，双流区坚持分类治理、创新治理、精细治理，在全域建立健全覆盖到小区、楼栋的基层党组织体系，推动党建引领社区发展治理工作下沉到小区，将治理最小单元聚焦聚力到全区1 168个小区，特别是870个"三无"院落，不断完善社会治理机制，持续提升社会治理水平，有效增强居民的获得感、幸福感和安全感。[②]

1.双流区实践信托制物业的前提

近年来，随着城市的快速发展，业主与物业服务企业之间的矛盾日益尖锐化。由于物业纠纷涉及面广，处理不当易引发群体性矛盾，"小"物业成为撬动"大"民生的杠杆，成都双流区也不例外。

2021年《中共中央　国务院关于加强和完善城乡社区治理的意见》中要求各地补齐社区治理短板，并特别指出社区物业管理是其中最短的一块板。现实中的需求和中央的要求成为双流区转变社区发展理念的前提，同时也把小区治理视为社区治理的基础，把创新物业管理服务机制视为小区治理的突破口。2020年9月四川省人大常委会审议批准了《成都市社区发展治理促进条例》（以下简称《条例》），这是全国第一步社区发展治理促进条例。《条例》第26条指出："在委托物业服务企业或者他人管理的建筑区划，居（村）民委员会、业主委员会、物业服务企业或者其他管理人应当在社区党组织的指导下建立健全公开透明、开放参与、信用为本的物业管理协调联动机制。"2020年成都市印发了《关于党建引领小区治理的意见》，明确鼓励实施信托制物业服务。2021年，成都市委市政府出台1号文件《中共成都市委 成都市人民政府关于实施幸福美好生活十大工程的意见》，决定"十四五"期间实施"幸福美好生活十大工程"，再次要求推广信托制物业服务模式。在此背景下，成都市双流区抓住发展机遇，于2021年在双流区社治委和九江街道办事处的指导下，在金和绿洲小区

---

①　双流区政府网，https：//www.shuangliu.gov.cn。

②　赵晓蓉、伍三明：《成都市双流区：提升小区基层治理精细化水平》，《城乡建设》，2023年第3期。

和金江绿府小区率先导入了信托制，试点创新物业服务管理模式。

与此同时，旨在以促进居民和多元主体共同参与空间再造以推动社区共同体再造，从而实现自下而上治理共同体的社区营造，正日益成为成都社会治理的重要方面。最为重要的是，社区营造也是小区治理导入信托制物业服务的基础和前提。为此，成都市双流区全面实施社区营造，设立600万社区营造专项资金，支持社区、社工、社会组织联合开展社区营造，带动107个村（社区）开展社区营造项目。如双流区怡心街道河池社区开展了一系列"聚力河池焕然一新"——社区院落微更新活动，聚焦社区"小""急""难"问题，借助社区的自组织力量，广泛采纳居民意见，建立共同商议机制，一起打造美化公共区域环境，完成微更新、氛围营造的公共空间2处，切实提升了居民的居住环境，增强了居民幸福感。嘉禾社区坚持"以文聚力、以文化人、以文兴业"，将双流第一支地下党组织诞生地"老电影院"空间美化、功能再造、业态更新，并以红色文化为切入点，融合党建内容、红色文化、廉洁文化，打造了"嘉禾记忆·红色茶馆"。如今该茶馆已成为居民喝茶休闲、参政议事的公共空间，同时，作为省人大第二联系点、区委党校现场教学基地，已接待重庆、江西等全国各地参观团46个、党建活动团8个，培训收入86 300元，增强了社区持续运营的内生动力。以上种种实践，顺应了新时代社区居民多元化和高品质的需求，赋能社区治理，推动了社区营造，为双流区导入信托制物业打下了坚实的物质基础和群众基础。①

2.双流区实践信托制物业的关键

（1）党建引领注入信义理念

习近平总书记多次指出："社区是党和政府联系、服务居民群众的'最后一公里'。"作为与人们日常生活最紧密联系的部门，社区服务水平将直接影响人们的安全感和幸福感。东西南北中，党是领导一切的。同行政力量相比，党在统领全局、协调各方面更具优势，尤其是在应对体制改革问题，方向把控问题，跨地区、跨层级、跨部门、跨领域协调问题时，常常表现出更大的优势。社区治理和物业管理中存在的问题和困难越多，就越需要加强党的领导。在导入信义治理理念的初期阶段，需要发挥基层政府和党组织的牵头引领作用，通过把

---

① 《成都双流：因地制宜打造社区美空间"双流样本"》，人民网，https:www.people.com.cn。

党组织、业主委员会、居民代表等治理主体组织起来，共同商议是否开展信托制物业。在决定引入信托制物业后，通过小区党员宣传以带动居民充分了解信托制物业服务模式和信义治理理念。在小区实践信托制物业服务模式过程中，党组织全过程参与监管，以确保信托制治理模式合理有序。如成都市双流区金和绿洲小区和金江绿府小区就是在双流区社治委及九江街道办事处指导下和宣传引领下，通过发动党员带动群众的层层递进模式，在双流区率先实行了信托制物业管理。

（2）信义再造重塑小区关系

信义关系是基于信义义务而形成的治理关系，特指一方有权期待另一方会为其利益行事的双方关系。信义义务是信义关系的核心，包括两个方面：一是忠实义务，即受托人要忠于受托目的和受益人的利益；二是注意义务，即受托人要为实现受托目的和提升受益人的利益而努力。重塑小区关系的目的在于理顺各治理主体之间的关系，包括三个方面：一是把原来物业企业和业主大会之间的服务购买关系转变为业主大会为委托人、物业企业为受托人、各个业主为受益人的信托关系；二是把社区党组织、小区党组织、居民委员会、驻区单位、会计师等纳入信托监察人的范围，拓展共治主体，夯实共治基础；三是推动物业企业重回小区"管家"角色，《信托制物业服务合同》规定，物业费、楼梯广告费、停车费等多项公共收益存入业主共有基金，小区物业管理有限公司按约定比例的15%提取酬金，其余部分用于物业管理和服务，这就明晰了物业企业所得利润和业主共有基金之间的界限。如成都市双流区九江街道万家社区在引入信托制之前就与物业企业达成了"信义"的约定，明确了物业企业所得和业主共有基金界限，坚持公共收支透明，使用流程有据可循，从而使得物业企业和小区居民间建立起了深厚的信任关系，破解了以往小区治理中二者互不信任的难题。

（3）创新物业服务管理模式

以往物业服务企业之所以和小区业主矛盾颇深，一个重要的原因在于物业服务流程和资金周转的不公开，使得一方总是猜忌一方，从而陷入恶性循环。因此创新物业服务管理模式，确保服务流程和资金运转的公开透明，是确保治理持续有效的基本条件。成都市双流区在导入信托制物业的过程中始终坚持把公开透明放在第一位：一是多方参与开放式预算，即全体业主、业委会、物业企业以及党组织、居委会等第三方共同参与小区共有资金的预算编制，共同制定使用计划，经由业委会组织业主专家等研究讨论后公布实施。这一过程保证了理性和客观公正，一定程度上减少了物业企业和业主的互不信任。二是"双密码账户"保障共有资金运行。在信托制下，共有资金的管理以"双密码账户"的方式来实现，即账户的支取密码由物业企业保管，而账户流水的查询密码向全体业主公开，这就保证了物业企业每一笔收支都有据可循，业主可以随时对有疑惑的部分向物业企业质询。如成都九江街道金和绿洲小区在引进信托制物业后，物管费收缴率已经从之前不足8成上升到了98%。①

3.双流区实践信托制物业的成效

（1）提高了小区业主参与治理的积极性和主动性

以"信义"为基础的治理使得小区业主在参与治理的过程中，在与业委会、社会组织、物业服务企业等多主体的互动中，建立了互信的基础，获得了为小区发展积极主动建言献策的满足感和认同感，形成了和谐互助的氛围。从一开始的业主、社区、业委会、物业企业的"各管各事"，到逐渐走向"互信协作"；从业主一开始的"漠不关心"到现在的"主动参与"，信托制物业服务激发了小区业主参与治理的主人翁意识，激发了小区治理的活力。如双流区九江街道金和绿洲小区在签约实施信托制后，小区逐步建立了"党支部+管委会+楼栋长+志愿者"的四级体系，小区业主可每天在民情长廊与业委会、管委会等人反馈自己的意见和建议，形成了"院落搭台，群众唱戏"的自治模式，下一步，金和绿洲小区还将继续深化信托制物业的内涵，引导更多居民主动参与小区自治，让金和绿洲小区真正变成"人在小区走、事在小区办、情在小区结"的幸福院落。

（2）多元主体相互协作形成职责分明的治理体系

以往的小区治理，一般都是政府"一元"主导治理，而物业服务企业和小区业主一个过于注重市场利益，一个则对治理漠不关心，从而导致矛盾时常有，以至于形成治理困境。信托制物业模式的导入，重塑了社区各治理主体之间职责不明、权责不清的关系，其中，基层政府部门承担引导者角色——引领和宣传信义理念，搭建共同平台导入信托制；社区"两委"、驻区单位、派出所等承

---

① 《双流九江街道：导入"信托制"物业 社区焕新颜》，中共成都市委城乡社区发展治理委员会，https://www.cdswszw.gov.cn。

担信托监察人角色——由原来物业服务的旁观者变为物业服务的监督者；社会组织承担协调者角色——作为第三方协调物业服务企业和业委会的关系，确保信托制有效运行；物业服务企业是受托者——忠守信义义务，全心全意为业主利益最大化服务，为业主营造美好幸福的生活方式；全体业主是委托者和受益人——在信义理念下，业主信任物业服务企业，把物业管理专业的事交给专业的人处理，同时享有监督权、知情权和质询权，确保自己利益的同时，享受专业的服务。

如成都双流区黄甲街道檬子社区从项目实施、人才引育、机制建设三个方面推进社区发展治理工作，建立公益加市场机制，打破各种壁垒，整合各方资源，把基层活力调动起来，带动多方主题共治社区事务，实现社区空间微更新、社区关系微促进、社区文化再塑造。

（3）破解小区治理困境形成"良治、善治"

成都双流区华阳街道四河社区，之前是一个老旧院落，小区业主和物业矛盾颇深，小区脏乱差和无人管理的问题明显。后来，华阳街道四河社区纪委率先引进信托制物业管理模式，以"信义"为纽带，面向全体业主开放式预算，全过程公开透明，实现了老旧院落的治理升级，破解了小区治理的困境。小区业主和物业企业由最初的互不信任到现在的双向协作，其中还有社区的监督，都为小区的进一步发展贡献了力量，最终小区形成了和谐有序的新局面，实现社会良治、善治，提高了小区业主的幸福感和居住满意度。

四、信义治理构建基层治理新路径

基层治理是国家治理的"微细胞"，在国家治理系统中，基层治理既是公共治理的"最后一公里"，也是人民群众感知公共服务效度和温度的"神经末梢"，更是推动社区认同走向社会认同、社会认同走向国家认同的"源头"。党的十九届四中全会提出："推动社会治理和服务重心向基层下移，把更多资源下沉到基层，更好提供精准化、精细化服务。"四川省二十次党代会强调，要加强社会协同，发挥各方在社会治理中的重要作用。成都市十四次党代会明确，要打造人人有责、人人尽责、人人享有的治理共同体，这都对公共服务均等化和社会治理效能的增强提出了更高层次的要求。成都双流区信托制物业服务的探索，以群众需求为导向、以党建为引领、以信义治理为基础，在创新小区治理的过程中为构建共建共治共享的社会治理新格局提供了经验，形成了多元主体参与、沟通协商、合作共赢的基层社会治理新格局，有效激发了社区治理活力，开辟了基层治理的新路径。

（一）信托制物业为基层党建提供抓手

党的二十大报告明确提出："要坚持大抓基层鲜明导向，加强城市社区党建工作，推进以党建引领基层治理，把基层党组织建设成为有效实现党的领导的坚强战斗堡垒。"党员是社区治理的"细胞"，是党联结群众的"纽带"和"桥梁"。习近平总书记强调："共产党是为人民服务的政党，为民的事没有小事，要把群众大大小小的事办好。"习近平总书记的相关论述，对充分发挥党员先锋模范作用，把党在社区治理的个体优势转化为社区治理效能提出了具体要求，同时也是党以人民为中心的发展思想在社区治理领域的生动体现。一方面，信托制物业的导入为基层党建提供了新的切入点。社区党组织可以先牵头引入信托制物业，然后通过发动社区党员学习和宣传信义理念，由党员带动群众了解信托制物业模式及其将会达成的信义治理效果，最后确确实实地导入信托制，实现信义治理。在这一过程中，社区党员在社会治理中的作用发挥是党的领导优势转化为社区治理效能的最真实体现，具有宣传群众、组织群众、凝聚群众和服务群众的重要作用。另一方面，信托制物业体现了系统治理的原则，基层社会是一种聚合体，它将许多社会关系整合在一个系统之中，信托制通过党组织牵头引领，把社区组织、社会组织、驻区单位、社会企业、物业服务企业都纳入到了小区治理体系中。同时，又通过各小区中社区党员的充分参与，细化了党组织引领下的治理网络，实现了政府治理同社会调节、居民自治良性互动。

（二）信托制物业促进了以物业服务企业为主的社会企业的创新发展

基层治理需要体现专业化的特点，把基层治理聚焦到小区治理，意味着需要引入专业的力量、汇聚专业的资源，并通过专业的方式方法开展治理工作。在小区治理过程中，物业服务与居民生活密切相关，因而也成为治理过程中关注的焦点。物业服务的市场性决定了以往的行政主导管理已不再适应小区治理的发展，而是应该把专业的事交给专业的人去干，信托制的实践则从另一方面促进了物业服务企业的创新发展。具体来讲，一是信托制的实践明晰了物业管理的边界。在信托制物业模式下，物业服务企业其角色就是受托者、服务者，是小区全体业主的"管家"，遵守信义义务，为业主利益的最大化考虑；二是信托制的实践也促进了物业管理的转轨转型。在信托制物业管理模式下，居民需求导向治理是小区治理的指向标，当小区的每一位业主都深深负有信义理念时，这种理念就会改变其生活习惯和需求偏好，从而也会改变其消费偏好，进一步会影响作为供给方的物业企业的转型，从而产生一系列"蝴蝶效应"。

（三）信托制物业体现了中国社会治理中的"全过程人民民主"

基层是社会生活的"微单元"，具有社会利益的发生源、社会矛盾的聚合源、社会秩序的基础源、社会价值的共生源等特质。基层治理就是在党的全面领导下，发挥多元主体作用，针对城乡基层社会发展中的各种问题，保障改善民生、维护群众权利、化解社会矛盾、推动社会有序和谐、实现居民幸福美好生活的过程，其着力点必然是以保障改善民生、增进人民福祉为宗旨。作为以信义治理为价值基础的信托制正是体现了"以人为本"的特点，一是是否引进信托制是以居民的需求为导向的，只有真正得到居民认可的物业服务模式才能被纳入社区考量的范围；二是在导入信托制的过程中，居民全程参与并实时监督，在这一自下而上的协商过程中，居民的主体性作用得以充分发挥，极大地提升了居民对自我价值的认同感和满足感，以及对公共事务的参与感。

新时期基层治理必须要以关注人民日益增长的美好生活需要和不平衡不充分的发展之间的矛盾为目标，及时解决基层群众在日常生活中的小事、麻烦事，做到居民有诉求、组织有回应、服务有保障、群众有感受，让风险在第一线化解，矛盾在最末端解决，平安在可持续中维持，共识在最基层凝聚，美好在家周边实现。这既是新时代基层治理的出发点，也是检测基层治理成效的第一标准。

五、小结

从费孝通先生提出"乡土中国"概念到现在中国社会已经进入"城乡中国"的转型期，中国社会结构发生了巨大的变化，这也为中国基层治理提出了新的挑战和要求。信义治理作为植根于中国五千年文明中的文化精华，蕴含着深刻的历史智慧，在当今中国全面加强社会治理过程中焕发出了新的生机。以信义治理为基础的信托制物业在小区治理中已初露锋芒，信托制体现的忠诚、信任、公开、多元等特点也符合当今新时期基层治理的要求，但是，信托制物业在实践中也存在着不足：一是公众对信托制物业的认知还比较缺乏。人们往往由于不了解信托制而忽视对它的选择，导致其明知现有物业管理体系不尽人意但仍习惯性地依赖。二是信托制作为新生事物，其保障体系尚未健全，如何在实践过程中进一步摸索建立健全信托制物业保障体系有待思考。三是成都市双流区小区信托制物业实践证明以信义治理为内在逻辑的治理方式是有效的，如何进一步发掘信义治理在基层治理其他方面的运用也还需进一步探索。

（陈锋：成都信息工程大学社会工作系主任，博士；王艺伟：成都信息工程大学社会工作系硕士研究生）

第四编　社区发展

首都超大城市治理的创新实践

包路芳　邓笑

中国共产党的十八大以来，习近平总书记10次视察北京、18次对北京发表重要讲话，提出了"建设一个什么样的首都、怎样建设首都"这一重大时代课题，从战略高度擘画了新时代首都发展蓝图，为推动首都高质量发展提供了根本遵循和科学指引。北京积极适应新时代首都发展要求，从城市管理转向超大城市治理，特别是针对快速城市化进程中沉淀下来的一系列现实问题，坚持党建引领、坚持改革创新，用12345市民服务热线建立起对市民诉求快速响应、高效办理、及时反馈、主动治理的为民服务机制，构建出具有首都特点的超大城市基层治理新格局。

一、"接诉即办"成为首都超大城市治理首创典范

习近平总书记指出："建设和管理好首都，是国家治理体系和治理能力现代化的重要内容。"2017年他在北京考察工作时强调："要坚持人民城市为人民，以北京市民最关心的问题为导向，提出解决问题的综合方略。""接诉即办"就是坚持民有所呼、我有所应，深入践行以人民为中心的发展思想，更多从市民诉求出发，通过服务、管理为民解难题，提高人民生活品质，满足市民群众对美好生活的向往。

新发展阶段对经济社会高质量发展的需求不断提升，对公共服务均等化和社会治理效能的增强也提出了更高层次的要求。首都北京经济社会发展水平在全国处于领先地位，2022年全市地区生产总值超4.1万亿元，人均地区生产总

值19万元，居全国首位。新时代社会主要矛盾的变化表现得尤为明显，市民对美好生活的期待更高，需求日趋个性化、差异化、多样化，且在领域上不断扩展、层次上不断升级，对知情权、参与权、表达权、监督权越来越看重，在民主、法治、公平、正义、安全、环境等方面的需求日益增长。相比之下，当前北京城市发展还不平衡、不充分，有效供给相对滞后。特别是北京作为首都和超大城市，基层治理还面临一些特殊困难：一方面，驻地主体多元，隶属各异，层级跨度大，统筹协调难度大；另一方面，首都北京承担着重大活动服务保障、服务中央单位的重要职责，社会各界对首都城市治理能力和治理水平要求较高。"接诉即办"就是在把握首都城市工作特点和治理矛盾的基础上，通过体制机制改革创新，建立市民诉求和城市治理问题的发现、处置、反馈、评价全过程闭环管理的新机制，破解城市治理难题，提升城市治理能力和水平。

二、"接诉即办"的形成和发展历程

（一）"街乡吹哨、部门报到"

"街乡吹哨、部门报到"来自基层首创。2017年1月，为治理多年来屡禁不止、屡治不绝的盗采金矿、盗挖山体、盗偷砂石等事件，北京市平谷区开展"乡镇吹哨、部门报到"工作试点，要求乡镇"吹哨"后，各相关执法部门必须在30分钟内"报到"。同时，将执法主导权下放到乡镇，赋予金海湖镇党委对相关执法部门的指挥权，建立联合执法机制，要求"事不完、人不撤"。这一做法极大增强了条块合力，有效根治了盗挖盗采的违法行为。2018年2月，北京市委因势利导，出台《关于党建引领街乡管理体制机制创新 实现"街乡吹哨、部门报到"的实施方案》，在总结平谷区探索实践的基础上，将其提升为"街乡吹哨、部门报到"，作为2018年全市"1号改革课题"，在16个区、169个街乡进行试点，目的就是解决基层治理难题，打通抓落实"最后一公里"，建立服务群众的响应机制。2018年11月，习近平总书记主持召开中央深改委第五次会议，审议通过《"街乡吹哨、部门报到"——北京市推进党建引领基层治理体制机制创新的探索》，对北京市党建引领"街乡吹哨、部门报到"改革给予了充分肯定，对推进党建引领基层治理体制机制创新提出了明确要求。

（二）从"吹哨报到"到"接诉即办"

2019年起，北京市结合"不忘初心、牢记使命"主题教育，提出"市民的诉求就是哨声"，推动"街乡吹哨"向"群众吹哨"延伸，推动"吹哨报到"向"接诉即办"深化。2019年2月北京市时隔23年再次召开街道工作会议，提出推动"吹哨报到"改革向党建引领深化、向街乡体制改革深化、向社区治理深化，向受理群众诉求、解决群众身边的问题深化。3月，北京市委办公厅、市政府办公厅印发《关于深化党建引领"街乡吹哨、部门报到"改革的实施意见》，要求完善向街乡、部门双向派单和接诉即办机制，推动形成自动响应机制。6月，北京市政务服务管理局、市委组织部、市委城市工作办、市纪委联合印发《关于优化提升市民服务热线反映问题"接诉即办"工作的实施方案》，明确了22条改革措施，重点完善了派单、考核、专项治理、挂账督办、重点问题协调调度等方面工作机制。10月，"12345"市民服务热线上线企业服务功能，形成了全市统一的个人和企业诉求受理平台。2020年1月1日，《北京市街道办事处条例》施行，将"吹哨报到""接诉即办"等基层治理成功经验，以地方性法规形式固化，为街道赋权增效。2020年10月，北京市委、市政府印发《关于进一步深化"接诉即办"改革工作的意见》，在前期探索实践的基础上，固化改革成果，完善领导和工作体系，健全全渠道受理、诉求分类处理等10个机制，推进主动治理、依法治理、多元治理、数据治理。2020年11月，北京市委办公厅、市政府办公厅印发《北京市街道党工委和办事处职责规定》，进一步理顺条块关系，规范和保障街道党工委、办事处依规依法履职。

（三）从"接诉即办"到"主动治理"

2021年起，北京市结合党史学习教育，把"接诉即办"作为"我为群众办实事"实践活动的主抓手，建立"每月一题"工作机制，通过大数据汇聚分析，聚焦市民反映最集中的民生问题，全面加强主动治理、源头治理，推动"接诉即办"改革向主动治理、未诉先办深化。2021年11月，北京市委深改委第二十三次会议审议通过了《关于推动主动治理未诉先办的指导意见》，探索将诉求问题转变为主动治理任务，拓宽主动发现问题的渠道，开展前瞻治理。

1.形成群众诉求"全周期管理"的闭环体系

接诉即办改革将群众诉求办理流程分解为受理、派单、响应、办理、反馈等环节，推进业务流程系统性再造，构建全周期闭环管理体系。一是一号受理。整合全市各领域、各区政务热线64条，实现一条热线听诉求，全年365天、7×24小时快速受理群众来电。二是分级响应。区分咨询、需求、表扬、投诉、建议等诉求类型，实行差异化管理。根据轻重缓急和行业标准，按照2小时、24小时、7天和15天分级处置模式，针对不同诉求类型实施四级响应。三是快速直派。建立接诉即办职责目录，实行动态调整更新，按照管辖权属和职能职责，将诉求直派或双派相关街乡和部门。将全市16个区、343个街乡、65家市级部门和49家承担公共服务职能的企事业单位全部接入热线平台系统。四是协同办理。针对需要跨部门解决的复杂问题，由街乡吹哨，召集相关部门现场办公、集体会诊、联合行动。针对跨行业、跨区域的诉求，建立分级协调办理机制，对本级难以解决的重点、难点诉求，提请上级党委政府和行业主管部门协调解决。五是逐一回访。具体承办人对每件诉求办理情况点对点地向群众反馈，做到"事事有回音、件件有落实、效果有反馈"。诉求办理时限届满后，市市民热线服务中心通过电话、短信、网络等方式回访每一位来电人，由反映人对诉求反馈情况、解决情况、办理效果及工作人员态度做出评价。定期开展第三方调查评估，了解群众对重点民生诉求解决是否满意，客观、真实反映群众态度和看法。

2.赋权下沉增效，着力构建简约高效的基层管理体制

强化街乡、社区（村）作为基层治理的基本单元，推动治理重心下移、权力下放、力量下沉。一是赋予街乡相应职权。推动区级职能部门向街道下放职权，重点下放给街道"六权"，即辖区设施规划编制、建设和验收参与权，全市性、全区性涉及本街道辖区范围内重大事项和重大决策的建议权，职能部门综合执法指挥调度权，职能部门派出机构工作情况考核评价和人事任免建议权，多部门协同解决的综合性事项统筹协调和考核督办权，下沉资金、人员的统筹管理和自主支配权。制定完善街乡职责规定，明确街道98项、乡镇118项职责，明晰权责边界，划分条块事权，明确未列入职责规定的事项，不得擅自向街道委托、授权、下放。将城管执法、卫生健康、生态环境等5个部门的433项行政执法职权下放至街道办事处和乡镇人民政府，以其名义相对集中行使。

二是优化街乡机构设置，实行扁平化管理。各街乡设置市民诉求处置中心，承担辖区接诉即办工作任务，与市区相关部门构建起上下联动的接诉即办工作体系。充实基层人员力量。市区两级机构编制部门为街乡补充各类编制，推动行政资源随工作重心整体下沉。总结推广东城区"社区专员"模式，将街乡机构改革中分流出的科级干部，选派至下辖社区担任社区专员。深化城市协管员管理体制改革，把城市管理监督员、治安巡防队员等16类协管员队伍、13万余人从市、区职能部门下沉基层一线，由街乡统筹指挥调配。延庆区探索将协管员下沉为网格员，按照"统筹使用、一岗多责"进行规范化管理，解决了该区没有专职网格员队伍、基层工作力量不足的难题。

3. 坚持主动治理，以重点突破带动城市治理能力整体提升

一是建立"每月一题"工作机制。聚焦市民诉求量大、涉及面广的领域，每月选定1个主题、2~3个重点，2021年共确定网络消费纠纷、街头游商占道经营等12类、27个具体问题，明确一个问题由一位分管市领导统筹，一个市级部门牵头负责，逐一制定"一方案"（问题解决方案）、"三清单"（任务清单、责任清单、政策清单），实行清单式管理、项目化推进、全过程督办。例如，围绕第一个每月一题"房产证办理难问题"，市规划自然资源委探索了"无错优先、尊重历史、标本兼治"的治理路径，2021年累计为16.8万套房屋解决了办证难题，受到社会各界的广泛好评。"每月一题"27个问题全年目标任务均如期完成，共完成600余项工作任务，出台110余项政策法规。从市民诉求看，27个问题的诉求派单量均呈下降趋势。

二是聚焦治理类街乡镇开展区域治理。将市民诉求集中、基层治理基础薄弱的街乡镇定为治理类街乡镇，建立"事前有约谈、事中有监测、事后有帮扶"的闭环管理机制，由市疏整促专项办进行市级督导。对当月接诉量进入全市前十名的街乡镇，开展"未进先治"预警约谈；对已列为治理类的街乡镇，制定问题清单和项目清单，动态跟踪监测项目进展；对已退出治理类的街乡镇，一段时期内保持支持政策和机制不变。通过督导治理，一批居民诉求多、治理难度大的街乡镇实现了诉求量降低、诉求解决率和群众满意度提高，退出了市级督导。以西城区广外街道为例，该街道历史遗留问题多、基础设施薄弱、群众诉求量大。纳入市级督导后，由市疏整促专班组织协调，市、区两级部门牵头"认领"55个项目，解决了高压电塔拆除、老楼加装电梯、绿化公园建设等

难题，居民诉求量大幅减少，解决率从40.1%上升到94.7%，成为首批"摘帽"的治理类街乡镇。

三是摸索接诉规律，实现"未诉先办"。通过入户走访、数据研判等方式，将接诉即办端口前移，针对城市在不同时期可能面临的问题，有针对性地采取措施提前预防，加强隐患排查，梳理薄弱环节，补齐突出短板。如各区探索"冬病夏治"，提前对管道老旧、跑冒滴漏等问题进行针对性检测改造，2020年正式供暖首日投诉率同比下降58.7%。门头沟区永定镇在汛期来临前，开展老旧社区、回迁社区基础设施"全面体检"，每月出具"体检报告"，修缮漏雨点位360户700余处。

4.构建面向所有责任主体的全方位考核评价体系

"接诉即办"改革不断完善考核评价机制，既注重责任主体全覆盖又突出重点难点，既整治不作为又鼓励主动作为。一是建立以服务群众为导向的考核评价指标体系。将接诉响应率、问题解决率和群众满意率"三率"作为核心指标，赋予解决率和满意率更高权重，强化解决问题的导向和群众满意的目标，由过去注重程序上"办结"转变为注重实质上"解决"。不断优化完善考核评价指标体系，增加"万人诉求比"和"基数诉求比"观察指标，结合全市中心工作，调整考核评价内容和权重，充分发挥"接诉即办"考核评价的导向作用。强化结果运用压实工作责任。明确群众诉求办理首接负责制，涉及多个责任主体的诉求，由首接单位牵头协调、一管到底，保证群众诉求"有人办"。对市级部门既考核承办诉求办理情况，又考核主管行业问题总体"三率"情况，推动市级部门履行行业主管责任，主动向前一步，帮助基层解决难题。每月向社会发布接诉即办工作成绩单，公开综合评分前十名、后十名的街乡以及排名前三、排名靠后的区，表扬先进，激励后进。将"接诉即办"工作情况纳入各级领导班子和党员干部日常考核，将考核结果作为分析研判和动议干部的重要参考。同时实施精准监督执纪问责。市纪委监委成立专门监督检查室，各区纪委区监委、各派驻机构安排专人负责接诉即办专项监督工作，综合运用蹲点调研、抽查暗访等方式，对群众诉求办理不作为、慢作为、假作为现象开展监督检查。

5.科技赋能，运用大数据辅助科学决策和社会治理

接诉即办改革依托互联网、大数据、人工智能、区块链等科技手段，推动"12345"市民服务热线从接诉服务平台向民生大数据平台、城市治理平台转型升级。积极拓展"网上12345"，建立了涵盖微信、微博、"北京通"App、"人民网"领导留言板等17个渠道在内的互联网"接诉即办"工作平台。各区各街乡进一步拓展接诉即办网络渠道，如顺义区在微信公众号上开发"随手拍""顺手提"等诉求建议模块，扩大群众诉求信息采集面；丰台区方庄街道利用微信群打造"掌上四合院"，群众线上"吹哨"反映诉求，干部线下"报到"解决问题。通过运用大数据辅助科学决策和社会治理，建立统一的民意诉求数据库，汇集入库3 400多万件群众反映记录、240余万条企业法人数据和7 000多个社区（村）点位信息。建设以诉求量分析、类别分析、地域分析、考核排名、城市问题台账为主要内容的大数据分析决策平台，诉求热力图、分布类型、高频事项一目了然。建立"日通报、周汇总、月分析"机制，分析民意诉求数据，定期汇总分析群众诉求情况，研判最集中的民生痛点和治理堵点。市市民热线服务中心为30家市级部门提供行业数据定制导出服务，为6家市级部门开通系统接口，提供各类定制信息，服务全市中心工作。

三、"接诉即办"构建起超大城市基层社会治理的新路径

经过三个阶段的改革探索，"接诉即办"改革形成了以12345市民服务热线为主渠道，对群众诉求快速响应、高效办理、及时反馈的为民服务机制，以一条热线撬动了城市治理变革，以市民诉求驱动超大城市治理。

（一）多元共治，打造新型社会治理共同体

"接诉即办"改革既强调政府做好普惠性、兜底性工作，又坚持运用市场机制和社会力量，注重调动各方主体参与城市治理的积极性、主动性和创造性。

一是鼓励市民群众参与"接诉即办"。招募3.9万余名热心居（村）民担任"小巷管家"，履行"每日巡、经常访、及时记、随手做、实时报"职责，将问题发现在社区，化解在萌芽。健全党组织领导下的居（村）民自治机制，通过居民议事厅、恳谈会等，听民声、汇民意、集民智，拓宽群众参与社区治理渠道。房山区拱辰街道南广阳城村将村民群众组织起来，探索出"协商民主、契约治村、不诉自办"的基层治理"广阳经验"。西城区草厂社区的"小院议事厅"、东城区东花市街道的"花伴儿"App、海淀区万寿路街道的"民情驿站"，

将社区公共事务诉求交由居民评议，在协商中化解纠纷，调动群众参与社区治理的积极性，共建共治共享基层治理全面提速。

二是引入第三方机构参与"接诉即办"。制定民生数据资源开放目录、共享应用规则和数据安全规则，上线北京12345服务导图，引导政府部门与第三方机构开展深入合作，实现民生数据共建共管共享。例如，市市民热线服务中心与清华大学数据治理研究中心、零点有数数据科技股份有限公司合作，将人口数据、地理数据、气象数据、房屋数据与热线数据融合分析，对居民诉求进行趋势研判和模拟预测，完成各类报告200余篇，提出城市治理建议500余条。

三是引导市场主体参与"接诉即办"。围绕群众在市场管理和消费领域的突出问题，确定京东、美团、去哪儿、小米等60家重点企业进行诉求直派，建立消费争议快速和解绿色通道，在提高一般性消费纠纷解决效率的同时，倒逼企业加强自律，积极主动解决问题。根据测算，美团通过绿色通道机制受理接诉即办工单，平均处理时长较市场监管局转派的正常流转工单减少10小时以上。

四是争取中央单位支持"接诉即办"。建立涵盖央产小区地理位置、产权单位、居民诉求等信息的数据库，按需求向相关单位开放数据查询和提取权限。针对央产小区接诉即办工作中存在的重点难点问题，建立央地联动工作机制，向属地党委政府派单的同时，告知中央有关单位，争取支持配合，提高为中央服务的能力和水平。

（二）党建引领，把党的政治优势、组织优势和密切联系群众优势转化为城市治理效能

无论是"街乡吹哨、部门报到"改革，还是完善"接诉即办"机制，再到抓"每月一题"推进"主动治理、未诉先办"，一以贯之的主线正是坚持党建引领，压实各级党组织共抓基层治理的责任，从而构建出具有首都特点的超大城市基层治理新格局。在党建引领下的"接诉即办"，将党的政治优势、组织优势和密切联系群众优势转化为了治理效能，以"大党之治"引领超大城市的"大城之治"，形成了人民群众当家做主的"人民之治"。党的组织体系与城市治理体系有机融合，基层党组织的战斗堡垒作用和党员的先锋模范作用进一步发挥，有效助力了"四个中心"功能建设和"四个服务"水平提升。

2021年1月，市委深改委增设"接诉即办"改革专项小组，负责全市"接诉即办"改革工作的顶层设计、统筹谋划、整体推进、督促落实，每月召开会议调度具体问题，深入基层一线进行督导检查。2018年至今每年将"吹哨报到"、"接诉即办"改革作为市委深改委第一督察组督察事项，狠抓改革落地见效。聚焦接诉即办工作落实情况，市委书记每月主持召开区委（部门党组）书记月度工作点评会，各区委书记定期召开街乡党（工）委书记点评会，通报点评"接诉即办"工作情况，推动各级党委（党组）书记强化第一责任人意识，既抓工作部署，又抓具体事项督办，一级抓一级，层层传导压力、压实责任，形成从市、区到街乡各级"一把手"领导、指挥、协调、督办工作机制。

（三）新时代群众路线的新实践

"接诉即办"立足北京城市特点，以积极回应市民诉求的小切口撬动了城市治理体系的大变革，坚持全过程人民民主，突出群众的主体地位，人民群众成为治理问题的发起者、治理过程的参与者、治理成效的获得者、治理情况的监督者，推动了政府服务的供给侧结构性改革，建立了以群众和企业需求为导向的公共服务资源配置新模式，推动从政府"端菜"到群众"点菜"、从"大水漫灌"到"精准滴灌"的工作转变。市级各部门局长、处长走出办公室，走到外卖小哥、网约车司机等群体身边倾听心声，以普通群众身份体验办事流程，以群众"懂不懂"、流程"通不通"、体验"好不好"为标尺，查找政策短板，精准提升工作和服务效能。四年多来，"12345"热线响应率保持在100%，共处理1亿多项民生诉求，诉求解决率、满意率从53%、65%分别提升至94%、95%，一大批群众的操心事、烦心事、揪心事得到解决。一批菜场超市、公园绿地等便民利民设施相继建成，一批养老托幼、看病就医等问题得到解决，一批乱搭建、乱停车等百姓身边的烦心事得到解决，促使群众的获得感、幸福感、安全感进一步增强。

（四）城市精治共治、法治智治水平明显提升

北京市在超大城市治理过程中，依托"12345"市民服务热线平台深化"吹哨报到、接诉即办"改革，强化主动治理，积极推动"接诉即办"向"未诉先办"转变。通过制定颁布《北京市生活垃圾管理条例》《北京市物业管理条

例》《北京市接诉即办条例》等地方性法规，推动工作重心下沉、资源和服务下沉，促进政府治理、社会调节和居民自治进一步良性互动，形成了"小事不出社区，大事不出街道"的基层治理新模式。在接诉即办改革牵引下，全市社会治理法规体系逐步健全，精治共治、法治智治水平显著提升，市民诉求驱动超大城市治理模式不断完善，全过程人民民主形成生动实践。从"闻风而动、接诉即办"，到"向前一步、未诉先办"，再到"每月一题、专项治理"，主动发现并打包解决一类问题，聚焦普遍性民生痛点、难点，治理姿态更加主动，治理资源充分下沉，治理手段愈发丰富。"接诉即办"为原有的城市治理体系提供了一个"用户端监督"，倒逼城市治理进一步简约高效。各区、各部门围绕高频事项、高频区域持续发力，对突出问题、共性问题进行规律性研究。精准回应式的"接诉即办"与积极行动式的"主动治理"有机结合，探索出了一系列新机制、新办法，给城市治理带来了前所未有的新变化。多元共治的城市治理格局正在形成，社会治理的法规体系逐步健全，精治共治、法治水平显著提升。

四、进一步深化"接诉即办"改革

（一）关注解决率不高的同类诉求，审慎研究现行政策规定问题

对于现行政策无法解决的诉求，大部分市民会认同办理结果，对市民不认可办理结果的事项，可进行合理性分析。如果诉求合情合理，则应该研究优化政策的解决办法。对合情合理的前瞻性诉求，可以着手研究制定新的政策；对过去政策明显不符合时代要求的，应该及时修订完善；对配套制度不健全的，明确相关部门研究对应的解决方案，适时出台配套措施。此类问题建议由区级部门和街道提出意见建议，市级行业主管部门汇总情况，上下联动共同解决。

（二）针对相互推诿案件，深入研究职责边界划分问题

在派单过程中，有时会出现各个部门之间相互推诿扯皮，都不愿意承担首接责任的情况。这往往都是职责边界不够清晰造成的，需要提出明确职责边界的解决办法。此类问题，建议由同级编制部门或者人事部门牵头，会同"接诉即办"部门，按照顺畅方便、提高效率的原则，厘清关联部门的职责边界，明

确由一个单位负总责。针对多个部门共同负责的事项，明确牵头部门的同时明确配合部门及配合方式，为下一步的履职衔接做好制度准备。

（三）对于乱吹哨和该吹不吹的诉求，重点研究层级管理体制

对同一类服务事项往往都是分层级的管理体制，市级部门负责政策和应用系统开发，区级部门负责行政审批工作，街道和社区负责直接面对群众。如果出现吹哨较多的情况，有可能是现行的"接诉即办"派单方式与分层级的管理体制不契合造成的。针对此类诉求，建议由"接诉即办"部门提出，会同行业主管部门一起，研究"接诉即办"派单方式和行业管理体制的协同性，确保诉求派单派到合适的层级，更有利于解决市民的利益诉求。

（四）聚焦投诉性案件，着力研究基层干部能力作风问题

这类案件一般包括两类情况：一类是市民通过热线投诉干部不作为、乱作为；另一类是诉求已经得到解决，但市民仍不满意的情况。后一类情况，虽然不是真正意义上的投诉案件，但集中人力、物力办结了一个诉求，市民却不满意、不买账，甚至将其推向党和政府的对立面。这些问题，折射出部分基层干部能力不足、作风不实，不会做群众工作，不能很好地做群众的带头人。建议各个层级的"接诉即办"部门，定期汇总投诉性案件情况，向组织人事部门进行反馈，作为领导班子和干部队伍建设的参考和依据。

（包路芳：北京市社会科学院社会学所所长，研究员；邓笑：北京印刷学院马克思主义学院讲师）

"五微共享、五联共治"党建引领基层社会治理的经验探索

——以南京建邺区江心洲为例

向春玲 吴闫

　　构建符合城市特色的基层社会治理体系是推进国家治理体系和治理能力现代化的重要任务。在中国推进新型城镇化过程中，村改居社区居民如何尽快实现身份转换以及生产生活方式、行为方式和思维方式转换，积极主动参与社区建设、融入城市社区生活？基层自治组织如何有效地重建社区共同体并实现基层的有序治理，是基层社会治理面临的挑战。南京市江心洲街道党工委以问题为导向、以服务居民为中心，抓住建设"中新生态科技岛"的历史机遇，创造性地提出了具有江心洲特色的"五微共享、五联共治"的党建引领社区治理模式，通过社区公共空间的营造、基层自治组织的再造、社区居民参与意识的培育，成功实现了由农村社区向现代城市社区的转型。

一、江心洲迎来国际性社区发展新机遇

　　江心洲是南京市建邺区位于西长江中心的一个小岛，距南京市中心直线距离6.5千米，处于沿江开发和跨江发展的重要位置。中国共产党的十八大以来，南京市政府加快推进与新加坡合作，旨在打造国际化产业园区和生态科技岛，既为生态科技城在中国的发展提供经验，也为就地城镇化的发展提供路径。

2011年江心洲开始全岛征地拆迁[①]，2014年首期原住民安置房交付使用，截至2018年，江心洲街道原住民已全部搬迁，现有村改居社区3个、原住民安置房社区1个、商品房社区筹委会2个，街道党工委辖党总支4个，党支部15个，党员760名。江心洲在就地城镇化过程中，也逐步实现了岛内物质形态以及岛民精神形态的转变。一是居住条件的转变。江心洲是最早搬迁的唯一一个原住民安置房社区，也是江苏省内首个全屋精装的保障房，包含3个小区，39栋居民楼，5 020户，15 000余人，楼房高低错落，楼间距很宽，绿化率高达40%多[②]。二是公共服务设施的转变。2010年夹江大桥建成，结束了江心洲人轮渡出行的方式；2014年，地铁10号线通车，出行更加便利。以穿洲公路为始，岛内的道路连接成网，目前的江心洲从水、电、网等各个方面甚至超过了南京市的公共服务设施的品质。三是公共卫生服务质量明显提升，传统江心洲的产业结构造就了以前江心洲房屋散落、牲畜遍地、垃圾随处可见的现象。拆迁之后，农民上楼，垃圾集中处理，保洁公司达到了小区卫生的全覆盖，不仅定时清理垃圾，也维护了小区环境。在借鉴新加坡的经验之上，江心洲在垃圾分类处理，循环利用水资源的方面，实现了绿色发展的理念。四是居民医疗和社会保障的变化。拆迁之前，居民大多数参加农村医疗保险，征地拆迁过程中，居民不仅参加了城镇居民医疗保险与职工医疗保险，增加了报销额度和报销比例，同时也参加了养老保险，在交够养老金后就可以享有与城市居民一样的养老金。五是居民精神生活以及就业管理。拆迁之后，江心洲街道从方方面面打造洲岛文化，并通过开展就业技能培训与协调用工等方式，帮助失地农民再就业。整体来看，江心洲的就地城镇化已经迈进一个新的阶段，为下一步向国际社区发展奠定了坚实的基础。

二、江心洲党建引领社会治理的主要做法

在"一般农村—新城市区—国际城市"三级跳式的巨变中，难免存在各种问题与挑战，以及安置后续问题和生活方式调整等带来的转型阵痛。在社会治

---

① 吴业苗:《居村农民市民化：何以可能？——基于城乡一体化进路的理论与实证分析》,《社会科学》,2010年第7期。

② 数据来源于2019年8月的江心洲实地调研。

理过程中，江心洲街道探索出了党建引领基层治理的做法，取得了一定成效。2017年，"五联"工作法被江苏省第十三届二次全会列为基层富民工作典型案例，2018年社区党支部获市级先进基层党组织称号。同时，江心洲通过党建引领基层治理的方法，成功实现了就地城镇化的经验也值得借鉴。

（一）"五微共享社区建设"开创党建引领社会治理新模式

党的十九大提出，要提高社会治理的智能化水平，就是针对中国当前信息的碎片化、条块化、人力和运行成本高、快速反应能力不足等问题对社会治理创新提出的新要求。[①] 为了积极应对和探索信息化时代背景下党建引领基层治理路径，南京市建邺区利用"互联网＋"，通过"网络＋网络"全覆盖、互联网与大数据的融合、线上与线下的联动，充分发挥基层党建与社会治理有机结合的数字党建平台。在随后的不断实践中，形成了以"微平台、微心愿、微行动、微实事、微星光"为主题的"五微共享社区"新平台。

1. "微平台"开辟党组织网上工作的"新阵地"

自建邺区利用"互联网＋"技术在2016年创新推出数字化党建微平台以来，主要依托线上网站"建邺党建"与公众号"五微共享社区"两大载体，为群众提供形式多样的服务。同时"微平台"也发挥了社区纽带作用，平台上"区—街—社区"三级层面的党组织定期整合惠民资源和政策信息，推送新闻动态、时事政策、志愿服务、民生实事等内容，并且每个社区通过"微平台"搭建带有各自特色的信息交流平台，利用自身优势资源服务群众，区和街道在此基础上进行信息集成。现代信息技术为"五微"平台建设提供了科技支撑。上线近3年来，"五微"平台现有注册用户及关注人数达17万人，共发布原创党建信息10 000余条，开展服务行动4 000余次，为群众实现微心愿超过90万条。[②]

2. "微心愿"开启居民表达诉求的"快车道"

2017年建邺区探索了"线上＋线下"工作法，任何居民都可以通过"微

①　向春玲：《加强和创新社会治理的新思路与新举措》，《治理现代化研究》，2018年第3期。

②　向春玲：《党建智能化"点睛"治理精细化——江苏省南京市建邺区"五微共享社区"建设调查》，《光明日报》，2020年4月28日。

平台"发布"微心愿"，这些心愿小到日常生活中的一双鞋，大到社区环境基础设施的改善，都可以在平台上得到表达。而党员、志愿者、社会组织、共建单位等多元的主体对社区居民的心愿主动认领，以助其实现。例如江心洲街道居民赵汉玉患病住院，田里7 000多斤蔬菜无暇售卖。他有一个小小的"微心愿"——希望有爱心人士帮助他卖掉这些蔬菜，洲岛家园社区党支部认领了这个"微心愿"，社区党支部牵头联系了13家单位食堂前去购买，社区工作人员也纷纷出力，仅5天时间，7 000多斤蔬菜全部卖完。①

3. "微实事"搭建实施惠民工程的"投票箱"

在江心洲街道，社区通过"微平台"发布社区党组织所要办理的民生项目，由社区居民在"网上议事会议"进行民主协商，根据轻重缓急来解决。通过"微平台"发布的民生项目，由社区居民对项目进行票选，对呼声高的项目尽快给予解决；对呼声低的项目则专门召开专家评审会，邀请人大代表、政协委员和相关的部门负责人进行"集中会诊"，确保社区居民最关心、最急切、最现实的问题能够有效解决。例如，社区张女士在接受访谈中谈到"社区居委会隔一段时间就要在网上组织讨论社区存在的问题，比如晾晒被单、小区石凳安装防腐木条等，社区干部了解情况后都会反映上去，并及时反馈和解决"。②

4. "微行动"绘制居民参与社区服务的"路线图"

通过在"微行动"中发布全区的党组织活动，党员志愿者可以根据时间安排、地点定位有选择地参加任何一项活动。自2014年以来，洲岛家园社区党组织在陈梅书记的带领下，始终坚持用心、用情、用力和用智慧为民解困，解决了拆迁群众土地补偿、房屋安置、入学、就业、就医、养老等各种问题，受到社区居民广泛好评。洲岛家园社区的普通党员和居民纷纷以陈书记为榜样，积极投入社区公益事务之中。"微行动"吸收了多元主体参与，尤其是专业化、规范化的社会组织的参与，成功优化了社会服务的供给，也进一步完善了社区的志愿服务体系建设，促进志愿服务活动的常态化和规范化。

---

① 向春玲：《党建智能化"点睛"治理精细化——江苏省南京市建邺区"五微共享社区"建设调查》，《光明日报》，2020年4月28日。

② 来源于2019年3月江心洲调研居民访谈。

5.“微星光”打造汇集先进模范的“光荣榜”

“微星光”是“五微”平台建设的评价机制和激励机制。2017年6月，建邺区制定出台了“五微”平台使用积分规则和评先评优的办法，对优秀党员或者社区居民进行表彰，并通过公布“服务之星”的实际绩效，接受群众监督。通过“微星光”评选出的“榜样”为鼓舞社区党员和居民志愿者在社区自治中发挥了积极的作用，也引领了更多的居民参与到社区服务中来。例如，洲岛家园社区就曾评选于女士为“服务之星”，于女士在社区市场开设了一个小摊位，专为辖区居住人员提供缝纫等服务，她在做好本职工作的同时，还针对辖区残疾人和80岁以上的老人提供免费服务，用自己的特长为社区居民贡献自己的绵薄之力，她说，“获得社区居民认可是她最大的幸福”①。

（二）“五联共治”构建基层社会治理共同体

传统农村社区向城市社区转变、农民向居民转变、熟人社会向陌生人社会转变是村改居社区面临的重要问题。南京市建邺区在广泛调研的基础上，精准剖析社区居民需求，利用“五微”数字党建平台，结合辖区实际，联合社区、物业、社区居民、共建单位等社区治理主体，通过充分调动各个相关部门的资源和力量，根据就地城镇化的实际情况，开展各式各样的活动，维持社区治安，探索出“决策联议、活动联办、资源联用、服务联做、困难联帮”的“党建五联工作法”，进一步提升基层党建引领社会治理能力，实现基层治理共建共治共享，推进基层社会共同体的构建。

1.“决策联议”落实社会治理民主协商原则

洲岛家园是江心洲第一个村改居的安置房社区，居民习惯了农村的生活方式，无法适应现代社区的物业管理。社区党组织聚焦这个问题，逐渐探索出了一套“决策联议”机制，即社区党支部协调物业公司和居民代表一起共商物业管理制度。其间，社区相关负责人通过“决策联议”的方式解决了长期备受困扰的社区白事场地问题和物业费收取的问题，并且全面杜绝了私搭乱建、占用公共空间等现象，在居民达成了共识的前提下解决社区问题，形成了“社区服务、物业管理、居民自治”三位一体的基层治理格局。据了解，

---

① 来源于2019年3月江心洲调研居民访谈。

2017年至2019年三年中，通过开展"决策联议"，洲岛家园社区中的小区物业费收缴率高达99%，切实体现了"决策联议"这种民主协商形式带来的治理效应。①

2. "活动联办"落实社区治理共治原则

面对社区群众多元化和多层次的需求，江心洲街道社区党组织一方面引入专业社会组织，弥补社区自身服务能力的不足，例如与同一屋檐下、蒙正公益、四月天等社会组织合作，在各个社区结对实施失地农民适应服务、空巢独居老人托底关爱等社会服务项目；另一方面与区域外有关单位合作，组织居民参与社区活动，丰富文化生活。例如借助南京艺术学院资源，将社区作为交流和演出基地，并在学院老师指导下组建文艺队伍，开展文化活动。居民吴女士开心地说："去年我还在卖葡萄，今天却在这里享受艺术。"通过"活动联办"，社区居民多元化的服务需求得到满足，社区居民之间的交往更加频繁，推动了社区整合。

3. "资源联用"落实党组织整合资源原则

"资源联用"是"党建五联工作法"中整合资源的有效办法。一方面，社区党组织能够积极协调区域内相关部门，针对社区治理的潜在难题，结合工作职能开展相关主题活动。例如让社区民警直接入驻小区帮助加强门禁管理并为居民传授防止诈骗的知识；协调区市场监管局开展食品安全宣传；协调工商、教育等部门清查取缔小区内的非法连家店和办学点；协调民政等部门和驻区企业帮助失地居民就业和下岗职工再就业等。另一方面，社区党组织还积极探索新途径，和其他党组织在组织联建、党员互动、活动互联、资源共享等方面解决社区治理难题。

4. "服务联做"落实社会治理党建引领要求

群众看党员、党员看干部。基层治理，党员干部的榜样力量对于激发党员群众参与社区治理有着重要的作用。"服务联做"，就是充分发挥社区党组织战斗堡垒作用，发挥党员干部和党员志愿者的先锋模范作用，以志愿者组织为纽带，通过"服务联做"将许多党员成功纳入志愿者活动中，并广泛吸收各方力量参与社区服务，把为民宗旨落在实处。近年来，结合在职党员进社区活动，

---

① 向春玲：《党建引领　构建基层社会治理共同体》，《中国纪检监察报》，2020年8月5日。

洲岛家园社区组建了"亮眼看洲岛"光明卫士党员志愿者服务队，为小区360多名老人开展白内障筛查，免费实施白内障手术，并开设卫生服务室，志愿者每月18日免费为小区居民进行血糖检测等。特别是在社区陈书记的带领下，社区普通党员和群众也积极投入社区公益活动之中。

5."困难联帮"落实社会治理成果共享原则

"困难联帮"是"五联工作法"对于特殊人群关照的体现。尤其是对因病致贫的家庭要格外关注、格外关爱和格外关心。2018年党支部利用街道"心连心"关爱资金，扎实开展大病慰问、困难补助等民生救助，有效保障困难居民基本生活。例如洲岛家园社区的一名年轻人患了白血病，其父母皆有慢性病，家庭十分困难，社区党支部通过协调物业捐款，帮助其解决生活问题。在党组织带领下，社区的红十字会和残联也都相继参与帮扶，村里原来的干部和老党员也对他们进行了资助。此外，党支部还通过成立"智慧妈妈"互助会、"好帮手"服务队等特色社会组织，广泛开展互帮互助，共同建设幸福家园，也对因病致贫的困难家庭进行帮扶。在社区困难居民帮扶上，实现了"一家有难，八方支援"，真正体现了社会治理中"共享"的原则。

三、江心洲街道党建引领基层社会治理实践的基本经验

江心洲街道在打造国际性社区的过程中，既完成了南京市开发江州岛的前期居民搬迁任务，也在这个过程中把居民搬迁当作民生工程、民心工程来抓，全面改善岛上居民的生产和生活方式，让江心洲居民有获得感、自豪感和幸福感。特别是在江心洲由农业社区向城市社区和现代化国际性社区的跨越式发展中，充分发挥了党委领导、协调各方的作用，通过基层党建"五微"和"五联"的实践探索，积累了有效的可复制的经验，实现了基层党建引领基层社会治理的创新。

（一）职能明确：突出基层党建的重要地位

在以往的基层党建过程中，存在着有组织无活动、党建工作虚化弱化等问题。江心洲街道在村改居的社区变迁过程中，充分突出党建的引领作用。在职能上融于党建主业，文化上营造党建氛围，服务中激发党建活力，积极探索基

层党建的创新发展。

1.职能上融入党建主业

南京市建邺区树立了"抓好基层党建是党委最大政绩"的理念，强化社区党建的政治和服务功能，并进一步融于社会治理和公共服务的职能中。一是赋予街道党工委对区级部门派驻街道机构负责人的人事考核、选拔任用的征得同意权、对区域内事关群众利益重大决策和重大项目的建议权、对涉及街道的城市总体规划的参与权，以及对涉及街道公共事务的综合管理权等四项权限，使基层执法队伍在街道党工委的引领下逐步实现规范协调和调度有力；二是成立街道行政执法大队党支部，将来自不同单位的执法人员纳入同一党组织进行管理，突出街道在属地城市管理中的基础地位、统筹职能和保障作用，通过把基层党建工作嵌入基本工作职责中，更好推动基层工作的开展；三是在社区党组织开设"陈书记工作室"，将党建的政治优势引入社区工作和服务，在社区党组织带领下，社区不仅有效解决了文明晾晒、公共设施修缮、白事场地建设、文明祭扫等棘手问题，也进一步和谐了党群关系，引领了居民由农村向城市生活方式的转变。

2.文化上营造党建氛围

社区文化建设是社区建设的灵魂。良好的文化不仅能陶冶个体情操，规范个体行为，还能激发个体对组织的认同感和归属感。江心洲街道在推动基层党建过程中，以文化建设为抓手：一方面，通过打造集党章党纪、法治宣传、廉政教育三位于一体的党建文化园，在街道和社区营造出一种民主、积极以及具有正能量的环境，激励广大党员干部不断进取、与时俱进，有效推动街道各项工作顺利开展；另一方面，与南京艺术学院合作，通过创建全民艺术课堂和开展社区文化活动，为社区居民提供积极向上的文化引领，进一步丰富群众生活，陶冶群众情操，凝聚群众力量，改变群众生活方式，调动其参与社区建设的积极性。

3.服务中激发党建活力

基层党组织活动阵地是基层党组织凝聚党员干部和广大群众的重要场所，是基层党组织服务功能展现的重要平台。在推动基层公共服务建设过程中，江心洲街道以社区党组织为核心，构建"社区—街道—区"三级党建服务平台，全力打造"五微共享社区"，并且通过引入"五联"工作法，充分整合党内资源，精准对接群众需求，既真正打通了为群众服务的"最后一公里"，也激发了党员和群众参与社会治理的热情，探索出社区党组织与其他党组织的组织联建、党员互动、活动互联、资源共享的有效途径，形成"抓党建、带队伍、促发展"的整体合力，有效促进了智能党建和社会治理的深度融合。

（二）结构优化：构建党建引领下的基层治理体系

新时代的社区治理要回应现代社会发展的价值诉求以及居民自治的发展需要，促进政社合作共治，提升服务水平。这就需要发挥社区党组织的领导核心作用，社区居委会和居民自治的基础作用、社会力量的协同作用，形成"一核引领、多方共治"的社区治理格局，从而进一步打造并健全党建引领下共建共治共享的基层治理体系。

1.构建党委领导下"两委一中心"的组织架构

建邺区从2016年开始探索"三委一中心"（社区党委、居委、综治委及社区事务服务中心）的社区管理体制改革，在具体的基层社会治理实践过程中，逐步形成"党委统揽全局，居委会回归自治，综治委牵头治理，社区事务服务中心专心服务"的现代社区组织新模式。首先，社区党委作为社区各项工作的领导核心，在推动"新市民"身份认同，重建共同体意识方面精准发力。从成立筹委会开始，党组织和党员就已经开始在协调拆迁和住房安置方面发挥模范带头作用，社区整体入驻之后，更是通过活动聚人心，用情工作暖人心，建立党群服务中心作为居民活动阵地和服务载体，解决村改居社区面临的主要问题。此外，在现代化的治理格局中，居委会也回归自治本位，充分发挥专业社会工作者力量，按照"一名专业社工带领、指导一批志愿者"的思路，全面提升社区治理的质量和效率，并引入社会组织入驻社区事务服务中心，在策划社区活动、提供养老助残服务等方面发挥了重要作用。

2.推动红色网格与红色物业良性互动

中共中央印发的《中国共产党支部工作条例（试行）》指出："社区党支部要全面领导隶属本社区的各类组织和各项工作，围绕巩固党在城市执政基础、增进群众福祉开展工作。"洲岛家园社区作为一个典型的村改居社区，在探索物业、社区、居民骨干"三驾马车"互动合作方面取得了显著成效，并具有一定的借鉴意义。洲岛家园社区一方面在网格建立党支部，另一方面也把优秀物业员工吸纳为社区党员，实现了网格和物业之间的良性互动和深度融合。此外，社区党组织还提出和物业合署办公，有巡查一起出动，有投诉一起解决，有需求一起想办法。经过磨合，居民对物业认识有了很大改观，整个社区物业费的缴费率基本达到100%，居民对社区的满意度达到90%以上，实现了物业与社区的双赢。

3.激发社区党员和积极分子协同参与

居民自治的内在动力在于自愿参与和自主选择，其前提是政府及时而充分地授权给居民[①]，让居民参与公共事务的决策和管理。江心洲街道的洲岛家园社区就是在基层党组织的引领下，充分发挥社区党员的模范带头作用和积极分子的主动参与精神，并通过志愿者活动、党组织学习以及议事协商等形式，为社区党员和积极分子提供参与社区治理的平台和机会。例如在基层党组织的引领下，社区党员和积极分子组建了蓝马甲、好帮手、社区安全志愿者等志愿服务组织，参与社区活动，践行社区自治，充分利用原有社会资本，形成了良好的社区生态。此外，洲岛家园居民参与社区事务治理还可以通过参与议事协调委员会、竞聘楼栋长、在"五微"平台上认领"微心愿"以及推动社区居民文明公约制定等形式展开。

（三）机制整合：探索党建引领基层治理的良性运行机制

加强机制整合，就是把党组织引领各类组织制度化，让党建引领"有抓手、好操作、能持久"，使基层党建制度与基层治理机制实现有机衔接和良性互动，通过党内治理带动社区治理，实现党对社区工作的全覆盖，并对社区发展和居民生活发挥深刻而全面的影响。

1.通过社区党建三级网格治理机制，实现网格全覆盖

洲岛家园社区通过建立"党委—党支部—党小组"三级网格治理体制，将党组织架构对接到每一个社区居民，实现了党建网格化横向到边和纵向到底的全覆盖，真正做到"职能进网、服务进门"。一方面，洲岛家园社区成立了包括企业主、居民在内的联合党支部，以街道党员服务中心、社区党员服务站、社区党员评议会为平台，建立健全社区党建服务体系；通过家门口全响应党建机

---

① 费孝通：《居民自治：中国城市社区建设的新目标》，《江海学刊》，2002年第3期，第17页。

制、"春雨驿站""红立方"党员志愿服务联盟、"五联工作法"等一批基层党建工作品牌把党的全面领导落实到基层；并建立1310党群结对工作机制，即1名骨干党员结对联系3名普通党员、1名普通党员结对联系10户群众，进一步夯实了基层党组织的战斗堡垒作用。另一方面，通过"网格统一划分、人员统一配备、资源统一整合、信息统一采集、服务统一标准"的标准化工作机制，最大限度地整合基层服务管理资源，实现了涵盖民政、综治、城管等基层社会治理一张网的良好格局。

2.通过线上＋线下多渠道、双向互动机制，进一步密切党群联系

网络化、信息化的发展带来了科学技术的更新，也为社区治理的便利化和精准化奠定了基础，进一步实现了"键对键"与"面对面"的结合，也解决了群众参与基层治理"不愿"与"不便"的问题。例如，通过建立网上党支部，党员在网上就能找到组织，随时接受党性教育，强化党员意识，发挥先锋模范作用。在平台上发布和认领"微心愿"，可以充分利用年轻人的碎片化时间，提高社区参与度。2017年5月以来，平台注册及关注用户超过17万，用户点击量超过700万次，开展志愿服务3 000余次，为群众实现"微心愿"62万余条，有效提升了居民参与社区服务的积极性。与此同时，"五微共享社区"在线下延伸为"五微驿站"，为城市一线服务人员以及鳏寡孤独和残疾人群体免费提供包括健康自查和心理咨询在内的20余项便捷服务。下一步还要打造"便利店"驿站、"岗亭"型驿站等，打通服务群众的"最后一厘米"。

3.通过党建＋团建＋社建的区域资源整合机制，助力基层治理共建共治共享

江心洲街道坚持街道社区区域化党建工作联席会议制度，充分发挥街道、社区和驻区单位党组织的政治优势、组织优势、资源优势和文化优势，通过强化走访沟通、资源整合、结对共建、双向服务，形成组织建设共议、党员教育共抓、重要事务共商、优势资源共享、惠民活动共办、区域治理共担的区域化党建格局。例如社区定期召开社区议事委员会、社区事务听证会、社区矛盾协调会以及民主恳谈会等，最大限度了解民情民意，并鼓励居民积极参与社区志愿活动。此外，街道和社区通过整合党内资源，引入社会组织，发动社会参与等方式，进一步满足居民诉求，解决社区治理过程中存在的各种问题。

（四）赋权保障：提升党建引领基层协同治理的效能

提升党建引领基层协同治理的效能，关键是要充分发挥各治理主体的行动能力。但当前社区治理主体整体表现为权力、能力和资源的缺失，这极大影响了主体个人参与改变其公共生活境况的意识和行动。因此，要从制度、技术、主体三方面向社区赋权，进一步提升党建引领基层协同治理的常态化、精准化和系统化。

1.制度赋权推进党建引领基层治理的常态化

党的十八大以来，中央出台了一系列宏观制度广泛赋权社区，不仅明确了居民参与社区公共事务的民主权利和主体地位，也推动了社区赋权范围的扩展，强化了党组织在基层社会治理中的核心引领作用。在中央的高位推动下，建邺区也相继出台了旨在赋权社区的诸多政策和方法。例如，《2015年建邺区加强党的建设考核评价工作的实施意见（试行）》通过实施党的建设和经济社会发展"双百制"考核，并将考评结果与街道、社区班子成员调整、评优评先、晋升奖励挂钩；《关于街道区管干部担任社区负责人和加强街道综合行政执法人员管理考核的通知》旨在进一步推动区管干部下沉，加强对社区工作者的激励。2011年以来，建邺区一直要求街道和机关年轻、优秀的后备干部到社区去锻炼，群众认可度非常高。微观层面上建邺区专门出台文件对街道大工委、社区大党委如何运行，以及区域化党建联席会议如何召开，做出了明确具体规定，使驻区单位和街道社区之间，由原来更多的靠感情维系向现在的制度性安排转变，有效调动了社会参与基层社会治理和服务群众的主动性和积极性，形成党组织服务党员、党员服务群众的良好局面。

2.技术赋权带动党建引领基层治理的精准化

技术赋权是通过以网络信息方式为主的自然科学技术和以民主参与技术为主的社会技术的运用，从而增强居民及社区社会参与社区公共事务的能力。[1]从社区群、网格群、楼栋群，再到居民文化活动群，微平台已经成为人们沟通学习的重要载体。并且通过互联网搭建区级基层党建和民生大数据，可以通过群众参与率，党员参与率、服务满意率等找准民生的痛点难点，优化政策供给。

---

[1]　聂智琪：《互联网时代的民主重构：基于协商民主的视角》，《国外理论动态》，2018年第2期，第79页。

目前正在规划的智慧社区项目，也旨在构建方便、快捷、人性化的社区空间，进而鼓励居民参与社区共治，做到"小事自议、物业自管、活动自定、需求自诉"，走出社区精细化治理的新路径。此外，通过政府提供技术训练和资源支持，居民的参与更加广泛和深入。例如洲岛家园社区聘请专业社会组织给楼栋长培训"美丽楼道"建设以及普及法律常识等，并与各社区结对实施各种服务项目，多次安排社区工作者外出学习和培训，进一步提升社区工作者队伍建设，提升履职能力。

3.主体赋权提升党建引领基层治理的系统化

主体赋权就是通过影响赋权客体的自我效能感、控制感等，从而增强其通过行动改变自身境况的动力、信心、能力的过程。[①]社区居民的主体赋权从社区教育（培训）、经验交流、优秀典型表彰或宣传等多方面展开，以提升社区行动者通过协商共同促进社区改善和提升的信心和能力。一方面，江心洲街道和社区会定期召开党课学习，开展红色教育，进一步激发党员和积极分子爱国情怀和参与党建活动意识；此外，还打造了街道所、社区站、示范点三级文明实践网络，利用"九大服务平台"，通过"宣讲、传习、举荐、扶助、滋养、科普、办节、联动"工作法，构建社区居民"心有所系、情有所寄"的精神家园，让文明实践更有针对效应、更加直抵人心。另一方面，对服务者采取积分制、评议制，通过微行动、微实事和微星光对党员及志愿者典型进行表彰奖励和宣传弘扬，充分调动党员和群众参与社区自治的积极性，增强其不断开展社区自治实践活动的信心，形成党建引领下基层社会治理体系的闭环。

四、江心洲党建引领基层社会治理创新的启示

习近平总书记强调："一流城市要有一流治理，要注重在科学化、精细化、智能化上下功夫。既要善于运用现代科技手段实现智能化，又要通过绣花般的细心、耐心、巧心提高精细化水平，绣出城市的品质品牌。"这就要求我们在社会治理的服务和管理方面要走出传统思维方式，与现代信息化技术相结合，实现社会治理理念、治理方式的变革，适应中国社会发展的转型升级，满足人民

① 潘旦:《增权理论视角下农民工自组织的社交增权功能研究》,《浙江社会科学》,2017年，第85页。

群众对美好生活的需要。互联网思维恰好为新时期基层党建工作提供了新思路，助力破解了以往社会治理中的难题，开创了党建引领基层社会治理的新境界，在加快由农村社区向现代城市社区的转型过程中发挥了重要作用，具有很大的启示性。

建邺区通过"五微"平台建设，积极探索"互联网＋社会治理"；通过基层党建传统优势与信息技术有效融合，进一步提高了党建工作智能化水平，有效加速实现了基层社会治理的精准服务、精准治理、精准反馈、精准监督。目前，南京市建邺区已经在基层治理中全面推广"五微"平台建设，平台建设突破了以往党建工作的封闭性、被动性和单一性，以开放、主动、合作的姿态走入基层社区、走进基层群众，实现了基层党建与社会治理的深度融合。一是强化社会治理的精准性和前瞻性。2019年10月，莫愁湖街道长虹路社区在开展失业人员帮扶过程中，发现求职和招聘之间的信息不对称，于是鼓励失业人员和企业在"五微"平台发布"微心愿"，进行信息对接。没想到两个月内就收集到了29条求职心愿和37个招聘心愿，社区立即组织双方对接，大大提高了工作效率。社会治理更加精准化。"五微"平台的应用能及时发现可能引发社会矛盾的征兆，做到社会治理关口前移，把矛盾隐患解决在萌芽状态。洲岛家园社区干部在"微心愿"里发现居民投诉，给其他居民造成困扰的，社区居委会与物业及时跟居民沟通，疏导和化解社区居民的矛盾，让社会治理更具前瞻性和主动性。二是注重社区治理的规范性和普遍性。从"搭建微平台""认领微心愿""开展微行动"到"做好微实事""汇聚微星光"，形成了一个规范的服务流程，不仅高效率便捷地解决了民生问题，也加强了党员志愿者和居民参加社会治理的普遍性和规范性。2020年4月12日，一场别开生面的"公益团购"活动在南苑街道国泰民安社区展开，居民们凭借认领"微心愿"、参加公益"微行动"获得的公益积分，现场享受了商家提供的优质优惠商品。党建智能化与基层社会治理深度融合，赢得了民心，公众参与社会治理的积极性不断增强。三是实现社会治理的社会化和专业化。现代互联网技术在基层党建的运用，促进各级党组织更为高效和广泛地整合社会资源参与社会治理。江心洲街道洲岛家园社区党支部在"微心愿"栏目看到，有居民提出"我想参加舞蹈队""我想学习唱歌""我想学习乐器"等心愿，就联系南京艺术学院，帮助居民组建各类文艺队伍，开展丰富多彩的文化活动。针对"村改居"社区存在楼道乱放杂物和清洁卫生问题，江心洲街道引进上海"同一屋檐下"社会组织在洲岛家园社区进行"美丽楼道"项目建设，引导新建社区居民文明行为，提升农民变市民的居民素质，共建共治共享美丽家园。基层社会治理由党委政府主导的"独角戏"转变为有群众共同参与的"大合唱"。

［向春玲：中共中央党校（国家行政学院）科学社会主义教研部社会制度比较教研室主任，教授、博士生导师；吴闫：中共中央党校（国家行政学院）公共管理教研部博士后、副研究员］

现代城市社区中的"新关系"与"新组织"发展

——以内蒙古自治区呼和浩特市为例

常宝

社区、共同体和社会组织等概念是当今社会改革与治理中的重要议题，党和政府十分重视社区建设、社区共同体意识的塑造和社会组织在社会治理中的角色。本文在研究呼和浩特城市和社区特征的基础上，认为呼和浩特城市社区建设面对"城市'部落'"的"新关系"，应有效利用传统民族文化资源，重点培育和塑造居民的"共同体"意识，鼓励、扶持和引进多功能并可以服务多文化的社会组织，大力推进城市社区建设的快速、健康与和谐发展。

一、"社区"、社区建设与社会组织

（一）"社区"与"共同体"

社区是人类社会聚居行为的重要形式，也是社会生活的重要场域和行为线条。1887年，滕尼斯（Ferdinand Tönnies）在《共同体与社会》一书中提出了"共同体"概念，并区分了"社区"（Community）和"社会"（Society）。滕尼斯认为，"共同体"的基础是自然群体（家庭、宗族），还有村庄、城市等客观联合体，以及友谊、师徒关系等思想的联合体。在中国，关于"共同体"的研究和讨论兴起于20世纪初期。费孝通在《乡土中国》中从社会维持的角度，区分了"礼俗社会"与"法治社会"。他根据对帕克（Robert E.Park）所讲解对社区的理解，将"Community"翻译成"社区"，从此"社区"一词广泛见诸中国的学术研究中。

在西方社会与社区研究领域，威廉·怀特（William Foote Whyte）、林德夫妇（Robert S. Lynd and Helen M. Lynd）等人的社区权力结构研究以及沃思（Louis Wirth）提出的"社区消失论"（community loss），甚至后来甘斯（Herbert J. Gans）等人提出的"社区幸存论"（community saved）对西方社会研究乃至中国等东方国家社区研究均产生了积极影响。20世纪七八十年代，在西方兴起并得到积极发展的"共同体主义"（Communitarianism）认为个人及其自我最终是由他所在的社群决定的，强调了社区对个人的政治和社会生活的重要性。

（二）城市社区建设及其"营造"

社区建设与营造的相关理论必须建立在学科研究与专业视角的基础之上，进而能够捕捉社区的本质性地理与行为属性，达到社区建设的目的。美国学者约翰·弗里德曼（John Friedman）提出的城市"核心—边缘理论"为我们提供了城市社区研究与建设的重要视角。

城市是历史与文化的复合文本，社会是历史记忆的多棱镜。一座城市，折射一段国家历史，城市的社会文化是国家文化的重要组成部分。城市核心区域是一个城市政治、经济和文化的中心，也是产业聚集区与人才、资本和资源的中心区域。城市核心区域与社区的社会治理和服务工作十分特殊并重要，不同于传统乡村社区建设和治理。

随着人口的流动，城市人口已缺乏"血缘""地缘"，甚至"业缘"等联结，居住在同一社区的居民之间是面孔熟悉的陌生人。将"陌生"的"熟人"组织起来，并形成相互支持、帮扶和依赖的社会关系网络，是城市社区建设的重要议题。

从社会治理的角度看，在经济社会发展的不同时期，政府所承担的使命和扮演的角色十分关键。中国城市社区治理过程中政府始终担负着设计者、领导者、组织者的角色。20世纪70年代以来，在城市社区治理中的国家与社会相互呼应、支持和延续的关系特征如下表：

表1　城市社区治理中的国家与社会

阶段	国家	社会	关系特征
转型（1978—1990）	收缩回归	组织赋权	调适
建设（1991—2012）	扩张下沉	要素成长	建构
治理（2013—）	嵌入渗透	主体增能	互构

资料来源：袁方成：《国家治理与社会成长：城市社区治理的中国情景》，《南京社会科学》，2019年第8期。

21世纪以来，中国政府非常重视社区建设，社区成为国家社会治理的基本单元和重要平台。国家通过政治制度、经济改革和文化建设，整合政治、经济和文化等各类资源，推动了新一轮的社区管理、治理和服务工作，获得了显著的实效和持续的发展。

（三）社区治理与社会组织

如前所述，社区是一个持久的概念，是社会秩序的一个重要组织形式。西方所描述的社区概念与中国20世纪五六十年代"公社"的社会情景十分相似，抑或当时的"公社"就是西方人注重的Community。张乐天在《告别理想——人民公社制度研究》一书中描述农村社区时写道："农村聚村而居，自然村落是一个亲属和准亲属群体。血缘与地缘联系促成了村民之间的密切交往。……在这样的群体里，每户的孩子常常会成为'众家'的孩子，他会得到许多人的爱抚。特别在夏日的晚上，当劳累了一天的人们坐在某个'场地'纳凉的时候，大人们总会为他们打扇、赶蚊子，孩子则从那些纳凉的晚上体会到村落生活的温馨。"[1]这种情形是社会关系维持、社区保护、教育和社会化过程的具体体现。换言之，"构筑一个在日常生活方面可以与他人共同感知、共同体验的共同体应成为当下社区建设的应有之义与发展方向"[2]。

当下，70%以上的人口为城市常住人口，呼和浩特的城市化率近80%。城市社区治理必然是社区治理的重心。如何治理和整合基层地方社会体系，安排

---

[1]　张乐天：《告别理想：人民公社制度研究》，上海人民出版社，2005年，第292—293页。

[2]　黄锐、文军：《走出社区的迷思：当前中国社区建设的两难抉择》，《社会科学》，2013年第2期。

民众的生活、生计和生产问题？如何构建、创新和提升基层社会组织理念与行动效率？这些问题是新时代中国社区建设中的核心议题。

首先，"基层社会管理的组织化形式，已成为社区建设中最具有社会性、自治性和包容性的组织载体"①。社区治理和建设中不仅需要国家和政府的强大支持和扶持，也要发挥社会组织的力量和功能，通过具有社会性、自治性和包容性的社会组织来理解、包容和接纳社区所有成员和居民。在行动和实践过程中依照民众和社区居民的意愿和愿望，坚持自主性、独立性特点和内容。其次，虽然社会组织有其主动性和独立性，但社会组织的发育、发展和成熟，整个阶段都离不开国家与政府的支持和扶持，甚至需要政府与社会组织之间的互惠、互构，"政府与民间自治力量之间不同程度的协作、妥协、合作，使得基层社会的运作兼具行政性与自治性，从而衍生出一种双重性质及兼容式的运作方式"②。这样，社会组织是政府行为和政策的一种延续和发展，也是衔接社区民众和政府之间的桥梁。

从一定意义上讲，城市是工业化的产物。城市社区是村落、城市多阶层、多族群成员相互交错、接触和交往的交汇处。城市社区关系的多元性和复杂性在于不同社会成员之间的阶层（族群）身份、地域认同和价值体系等社会背景的差异性。20世纪90年代以来，中国政府大力提倡的社会建设政策为中国社区研究和社区营造提供了巨大的动力。王思斌认为："我们已经发现政府文件中所说的社会组织实际上是在国家与社会的关系的意义上来使用的。中国的社会组织将会有一个较快的发育，它的功能及其与政府的关系也会令人瞩目。中国的社会建设、社会体制、社会管理体制也会呈现出自己的特点。"③

社会组织，有其行动的目标和意义实现过程。现代社区社会组织的普遍性目标是为提升居民的共同体意识和认同程度的提升。通过一个群体全员固有的文化和认同链接社区个体和群体，贯通当代社会与古老历史发展，是社会组织发展的基本趋向。"文化符号是民族群体认同意识的载体。生活在一定文化中

---

① 孙荣：《社会组织如何融入基层治理创新》，《人民论坛·学术前沿》，2015年第1期（下）。

② 田毅鹏、薛文龙：《"后单位社会"基层社会治理及运行机制研究》，《学术研究》，2015年第2期。

③ 王思斌：《试论社会工作对社会管理的协同作用》，《东岳论丛》，2012年第1期。

的人对其文化有自知之明，明白它的来历、形成过程、所具有的特色和发展趋向。"① 社会组织是群体层面上呈现的文化以及社会行动过程。

二、城市"部落"：呼和浩特市城市社区资源分析

城市建设并不是简单的时空交替，更是社会关系的演变进程。在城市社会机制中，空间互嵌是基础条件，经济互嵌推动社会交往和各族人民情感互动，通过文化中的相互了解、相互尊重、相互包容，达成心理上的认同与亲近，进而实现社会深度交融。通过深度交融，各族人民跨越边界，聚合为整体性的跨体系社会。呼和浩特市是多民族混居、多元文化共存的城市，其城市社区建设的重要性和研究意义不言而喻。

"呼和浩特位于内蒙古高原地带。据市区东南33千米的大窑村旧石器早期石器制造场的发掘证明：远在50万年以前，就有人在这里劳动生息。历史上，纵横于蒙古草原的北方游牧民族和汉族相继在这里交替居住或相互杂居。按地形和水草条件，这里正是安营扎寨的好地方。故历代多次在这里驻军设防。战国时期赵武灵王傍大青山建筑了长城，临大黑河建立了中云城。两汉和隋唐建的城堡更是星罗棋布。"② 呼和浩特境内主要分为两大地貌单元，即北部大青山和东南部蛮汉山为山地地形，南部及西南部为土默川平原地形，地势由北东向南西逐渐倾斜。截至2019年底，"呼和浩特市常住人口313.7万人，比上年末增加1.1万人。其中，城镇人口221.0万人，乡村人口92.7万人。常住人口城镇化率为70.5%，比上年提高0.6个百分点。常住人口中，男性人口159.6万人，女性人口154.1万人"③。

关于呼和浩特地区城市建设方面的研究，俄国学者A.M.波兹德涅耶夫（A.M.Bozdneyev）写的《蒙古和蒙古人》（二卷）、库尔诺措夫（Kurnotsov）的《呼伦贝尔》等著作很有参考价值。20世纪三四十年代，日本人开始调查研究中国各城市行会、同业公会，日本学者今堀诚二（Seiji Imahori）的两部著作——《中国封建社会的机构——归绥（呼和浩特）社会集团的实态调查》

---

① 费孝通：《对文化的历史性和社会性的思考》，上海人民出版社，2009年，第279页。

② 顾士明：《呼和浩特的形成发展与城市规划》，《城市规划》，1984年第4期。

③ 呼和浩特市政府网，http://www.huhhot.gov.cn/。

（1955年）和《中国封建社会的构造》（1978年）对蒙古地区城镇化进程研究提供了珍贵的资料，但局限在于"有限的集中资料，又多记述城镇外观和官衙设施，其中以城墙、城门及其修建经纬和主要街道等内容为主，严重缺乏反映城内居民日常生活、生产方式、生存空间的特点等具体内容。而且，由于时代的局限，那些资料往往将城镇孤立起来，忽略城镇与城镇之间的、城镇与农村、游牧区之间的联系，所以，难以获取整体全面的信息"①。"从古至今，呼和浩特是个多民族频繁互动、民族关系十分复杂的地区。呼和浩特蒙古族、满族、回族和汉族等四大民族人口开始居住的时间都比较早，因此多民族社区社会结构稳定、民族关系形式与性质早已定型，相对和睦、融洽的民族关系在长期的社区演变过程中经历了考验。"②

　　呼和浩特地区蒙古人城市化的过程分为三个阶段。"1572年呼和浩特建成至1954年共380余年，为第一阶段。其特点是蒙古族（土默特部）作为呼和浩特的原住民和初创者，入住城市的人口较少，长期排在汉、回、满三族之后。1954—1990年为第二阶段。先以内蒙古自治区首府迁至呼和浩特为契机，（尤其是内蒙古东部）蒙古族人口大量迁入，很快超过回、满两族人数。第三阶段通过招干、招工、求学并分配、投亲并就业的途径，农村牧区和其他城镇蒙古族人口不断迁往呼和浩特，其增长速度明显高于其他三族。"③

　　当下的呼和浩特，集传统与现代于一体。蒙古族、汉族、满族和回族等多民族人口在呼和浩特形成多民族混居社区。从"社区存在论"视角看，多民族文化与习俗依然在延续、传承和保留，尤其蒙古族文化、经济和生活气息浓厚，可称他们为"城市'部落'"，其多民族文化与社会的资源十分丰富而独特，这是社区建设的重要资源。

　　此外，多民族长久以来共处的交往交流交融的传统和经验，也是城市社区建设的重要资源。更重要的是，国家自上而下地关注社区建设和社会组织的发展，内蒙古自治区和呼和浩特市政府近年来针对社会组织的发展和社区的减压

---

　　①　乌云格日勒：《十八至二十世纪初内蒙古城镇研究》，内蒙古人民出版社，2005年，第12页。

　　②　常宝：《社区的"多民族化"与民族关系的制度化》，《青海民族研究》，2017年第2期。

　　③　王俊敏：《蒙古族人口的城市化进程》，《中央民族大学学报》，2002年第5期。

减负出台了很多地方政策，这也有利于呼和浩特城市社区建设。

三、"新关系"与"新组织"：呼和浩特市城市社区与社会组织

城市研究把城市作为一个整体，不仅研究城市历史，也把重点放在当代城市建设过程，具体研究城市社会结构、社会机制、行为路径、社会关系和心理认同等。

从社会关系角度看，像呼和浩特这样的现代都市社会关系日益复杂、多元，与传统族裔社区和熟人社会社区迥然不同，陌生人和松散的"新关系"中的社会纽带给社区治理和服务工作带来巨大挑战。随着中国社会经济建设和城市化的深入发展，社区与社会组织建设顺势崛起，社会组织在社会事务治理、发展社会公益事业，尤其是促进城市社区建设方面将发挥独特的作用，成为构建和谐社会实践中一支不可忽视的重要社会力量。

城市研究的"社会转向"和"文化转向"为社区研究打开了全新局面。呼和浩特是蒙、汉、满、回等多族群（民族）混合杂居、传统与现代相互交错的城市空间和职业场域，形成其独有的社会关系、文化符号、生活规范、行为态度、观念共识和文化信任。社区建设和治理应基于城市社区形成的结构、形式、内容和地域性特点，制定相关政策，建立相应机制和社会组织，为城市多民族居民造福，以促进社区的有序、健康和和谐发展。随着外来蒙古族等多民族人口的不断增多，他（她）们的城市居住格局也逐渐发生变化，研究表明："呼和浩特蒙古族居住融合范围和民族间居住融合一致，呈现面状扩散趋势，融合程度不断加深"[①]，一定程度上说明了该城市自然空间整合效果与"新关系"发展的新趋势。

任何一个国家在城市化、工业化的进程中，都将城市以网格、社等为单位进行管理和治理，其治理进程由松散到严谨，由非专业到专业，德国的"汉堡制"和"爱尔伯福制"可见一斑。

社区服务就是指一个社区为满足其成员物质生活与精神生活需要而进行的社会性福利服务活动。社区服务不是仅为老年、残疾人和弱势群体提供服务的

---

① 张薇、杨永春、史坤博、李建新：《居住空间视角下多民族聚居城市民族融合格局演变及影响因素分析——以呼和浩特为例》，《地理研究》，2018年第2期。

社会活动，它是以社区多民族的全体居民的参与为基础，以自助与互助相结合的社会公益活动。因此，参与社区服务的"新组织"不仅需要有相关的专业知识，还需要具备、了解和懂得多民族社区"共同体"意识和多民族、多阶层历史、生活方式、风俗习惯、价值观和文化的相关知识和行为伦理准则。

四、设想与展望：呼和浩特市社区建设与社会组织发展

城市社区是中华民族交往交流交融的重要场所。社区建设的目的就是更好地发挥其功能，满足人民对美好生活的需求。

习近平总书记指出："社会治理核心在人，重点在城乡社区，关键是体制机制的创新。""打造共建共治共享的社会治理格局，加强社区治理体系建设，推动社会治理中心向基层下移。"[①] 从宏观的国家制度和社区建设总体规划看，为社区建设提供了充分的政策环境和外部条件，为社区建设与社会组织培育提供了创新和改革的机制基础，其中基层政府依然扮演了重要的角色。

近年来，内蒙古自治区民政厅和呼和浩特市政府、民政局等相关部门高度重视多民族社区建设和社会组织培育，从国家与民族的高度认识建设基层社区的意义，正确引导社会组织服务方向，充分发挥社会组织在社区建设、社会进步中的有效功能和积极作用，而社区与社会组织之间，依然需要进一步形成互构。

（一）培育"共同体"意识

进入21世纪，随着世界政治与文化的一体化与全球化进程的迅速蔓延，不同国家、民族和族裔人口流动速度不断加快，不同民族和族裔人口被融入世界性统一群体和共同性文化的同时，也在不断寻找和重塑自我认同群体和共同体，共同体又成为人们趋之若鹜的主体。在多元文化、多民族日益频繁交流互动的社会时空中，社区（Community）作为"共同体"进一步吸引和容纳各自的民众和精英群体，并成为人们获得"共同体"归属感的根据地。

在中国传统社会中，社会关系是十分重要的资源和基本社会基础，社区层

---

① 习近平：《决胜全面建成小康社会，夺取新时代中国特色社会主义伟大胜利——在中国共产党第十九次全国代表大会上的报告》，《人民日报》，2017年10月28日。

面上体现为"守望相助"的意识和行动。城市社区超越了传统社区的血缘与地缘纽带，需要以精神和情感为主线，培育"你中有我，我中有你"的社区情感和"共同体"意识，这是现代社区建设的最高目标。

（二）以"合作共治"的共同体建设为工作目标

按照国家政治制度与社会治理改革方向，国家和政府提倡"合作共治"的新理念，多元主体共同合作，建设社区共同体成为必然的趋势。党的十九大报告强调"打造共建共治共享的社会治理格局"，十九届五中全会提出"建设人人有责，人人尽责，人人享有的社会治理共同体"，这就要求社会组织、社会工作者、公益慈善资源等融入基层社会治理。呼和浩特市民政部门培育和发展社会组织，在社区、社会组织、社工相互联系、互动的"三社联动"框架内，支持和扩展社区志愿者和社区公益慈善资源。

众所周知，社区，尤其是城市社区不仅是社会各阶层、各团体和各民族人口组成的社会单元，也是由各个利益群体构成的综合性社会联合体。

社区工作的主体是什么？当然，以人民为中心，为社区民众服务是一切工作的核心目标。社区通过与专业的社会组织合作，了解居民需求，为基层民众提供"一站式"服务。在为民众解决问题，提供专业服务方面，社会组织有一定的优势，但依然存在专业化程度低，与社区联动不紧密等问题。基层政府需认真研究社区建设的机制问题，不断探寻多种力量"合作共治"的行为与工作模式。

（三）重构政府与社会组织之间的关系，充分发挥社会组织的自主性、灵活性，进一步促进服务性政府的转变

以往的社会组织，甚至如今的大部分社会组织依然依靠和依赖政府，"政府购买服务"成为社会组织社区服务的主要来源，也成为其生存、发展的主要基础和资源。要扭转这一局面，使社会组织渐进性地获得独立性行动能力是社区服务机制的重要方向，也是社会各阶层长期努力和力图改革的过程。因此，在社区等公共领域服务过程中，如何重新调整社会各主体之间的关系，如何重新划分各阶层、群体和民族人口社会权力空间和资源格局的问题十分关键。应"对公共事务进行重新界定，根据公共事务的程度、性质做出划分，从而明确政

府、自治组织、其他社会组织各自承担的职责范围和介入程度。"①在这样的公共资源和权力空间的格局调整过程中，政府的放权，即政府向社会组织转让资源、权力和相关机制功能，将以往政府"大包大揽"行为模式转变为"协商共治"的理念。这样，能够推动政府与社会组织之间、政府与社区之间形成合作协商的社会关系的进程，达到社会阶层、各部门、各民族群体共同参与的社区建设行动目标。

（四）在社区服务与社区建设过程中，政府以"服务者"的角色出现，应积极为多种社会组织的发展提供便利，大力提升社区服务的效率与质量

一方面，政府需建立多元化、具体化的社会资源与资金保障机制，引导多元性服务，迎合多民族、多阶层民众的多元性需求，在家庭、社区关系、教育、医疗、养老和心理等多个领域开展有序、务实的服务活动。另一方面，主管部门需在社区服务的多元化、具体化和临床式的行动中引进由各民族大学生、研究生组成的社会工作专业人才，提升社区服务的多文化、多领域专业水准和知识水平，保证社会服务的有效性和延续性。

与此同时，政府需积极拓宽社区多民族居民利益诉求途径和方法，建立民众和政府之间的对话机制、协商机制和评议机制，甚至鼓励民众积极参与社区日常政治和互动交融过程中，提升民众的政治自信，获得平等感和幸福感。换言之，基层政府"应建立以社区居民满意为主要衡量标准的社区治理评价体系和评价结果公开机制，把公众满意度作为衡量治理效果的根本标准。"②

呼和浩特作为多民族混居城市，在社区建设中，需要完善以人民为中心的共建共治共享治理机制，不仅需要落实宏观政策，在政策的实施层面，需要关注矛盾的预防和化解，注重多民族民众的共建，提升不同民族群众的获得感、幸福感和安全感。

（常宝：内蒙古师范大学民族学人类学学院教授、博士生导师）

---

① 肖林：《城市社区治理体制改革的思考》，《中国机构改革与管理》，2015年第7期。
② 范如国：《加强新时代城乡社区治理体系建设》，《国家治理》，2018年第3期。

新时代文明实践融入基层社会治理研究

——以山东省为例

杨素雯

新时代文明实践中心是扎根基层、融入人民群众生活的新型空间，具有激发群众广泛参与、激活基层治理内生动力和活力的优势；因此，新时代文明实践融入基层社会治理是解决当前基层社会治理难题，推动基层社会治理创新的一大突破点。本文以山东省为例，基于空间生产理论分析新时代文明实践中心的空间属性和在基层社会治理过程中的功能优势，探索新时代文明实践融入基层社会治理的现实路径，进而为推进新时代文明实践融入基层社会治理提供理论支撑和经验借鉴。

一、问题的提出

推进新时代文明实践中心建设，是党中央不断提升人民思想觉悟、道德水准、文明素养和全社会文明程度作出的重要部署。自2018年7月6日《关于建设新时代文明实践中心试点工作的指导意见》实施后，新时代文明实践试点工作在全国范围迅速铺展开来。2018年和2019年，中宣部、中央文明办分别在全国选取50个区县和500个区县进行试点，旨在以志愿者为主体力量，以志愿服务为基本形式，推动习近平新时代中国特色社会主义思想深入人心、落地生根，促进精神文明建设，加强和改进基层思想政治工作，助推基层社会治理，打通宣传、教育、服务群众的"最后一公里"。2021年11月，中共中央办公厅印发的《关于拓展新时代文明实践中心建设的意见》要求，新时代文明实践中心建设由试点探索转为全面展开，到2022年底前实现新时代文明实践中心（所、站）县乡村三级全覆盖，新时代文明实践中心建设进入了新发展阶段。

相比新时代文明实践中心建设的政策推进和实践探索，学术研究尚属初期阶段。新时代文明实践研究的文献梳理结果主要集中在三个方面：一是围绕新时代文明实践政策的落地与推进，总结新时代文明实践的制度化和在地化经验；二是围绕新时代文明实践中心的功能与作用，通过具体案例分析新时代文明实践如何推进社会治理、乡村振兴、疫情防控等工作；三是围绕制度、人员、效用等要素，研究新时代文明实践工作的内涵与外延，总结新时代文明实践中心发展中存在的短板，探究高质量发展路径。既往研究大多将新时代文明实践中心定位为文化宣传教育平台，对于深入挖掘新时代文明实践中心的空间属性及其功能作用有待进一步研究，特别是在发挥新时代文明实践中心提升基层社会治理效能方面明显不足。

新时代文明实践中心以县、乡镇、行政村（社区）三级为单元，在县一级成立新时代文明实践中心、镇一级成立新时代文明实践所，村（社区）一级成立新时代文明实践站。新时代文明实践中心（所、站）的建设不仅仅是一系列文明实践规则的布局，也并非一整套文明实践活动的开展，而是以"凝聚群众、引导群众、以文化人、成风化俗"为目标定位，直接关系到基层社会治理成效的新载体和新空间。中国共产党的二十大报告指出："完善社会治理体系，健全共建共治共享的社会治理制度，提升社会治理效能，畅通和规范群众诉求表达、利益协调、权益保障通道，建设人人有责、人人尽责、人人享有的社会治理共同体。"鉴于此，本文以山东省为例，基于社会学的空间生产理论视角，分析新时代文明实践中心的空间属性和在基层社会治理过程中的功能优势，探索新时代文明实践融入基层社会治理的现实路径，进而为推进全国新时代文明实践融入基层社会治理提供理论支撑和经验借鉴。

二、空间生产理论：新时代文明实践融入基层社会治理理论框架

20世纪中叶前，"空间"一直被界定为人们存在于活动的物质实践感知区域，是相对静止的、刻板的、固态化的。直到法国社会学家亨利·列斐伏尔

（Henri Lefebvre）在其《空间的生产》中提出"空间是一种社会的产物"，人们开始认识到空间的社会属性，同时社会学界也开启了"空间转向"的思想变革。列斐伏尔作为空间生产理论研究的开拓者，他认为"空间里弥漫着社会关系；它不仅被社会关系所支持，也生产社会关系和被社会关系所生产"，空间生产具有"空间性生产"和"生产性空间"的双重含义。空间生产作为一个动态发展过程，不仅存在生产实践行为与社会关系，同样可以反作用于空间中的生产实践活动，以另一种空间表达形式展现出来。

为进一步深化对"空间生产"的理解，列斐伏尔构建了一个由"空间实践""空间表征"和"表征空间"组成的三维辩证分析框架。其中，"空间实践"是指人类生产实践创造出的物质意义上的空间活动，反映人们对空间的创造和利用情况；"空间表征"是特定的社会实践空间所凝聚积淀的构想性、观念性和象征性的意识形态空间，是运用物象、形象、语言等符号体系形成精神层面的想象空间；"表征性空间"则是追求物质与想象完美结合的空间形式，是解构"空间实践"和"空间表征"与重构社会生活的空间再现。这一框架中三者构成了辩证统一体，突出了空间中的关系和空间生产的过程。

列斐伏尔空间生产理论认为空间包含了物质性与精神性要素，同时也包含社会性要素，与此对应，空间可以划分为物理性空间、精神性空间和社会性空间三种类型。其中，每一种空间都以自身独特的功能推动不同层次空间的生产，促使新的空间发生转变，这其中离不开人、活动、组织、环境等一些基本要素。基于此，本文结合中国新时代文明实践中心（站、所）建设背景和发展历程，将新时代文明实践中心划分为"物质空间""精神空间"和"社会空间"三类。其中，"物质空间"主要是新建、重建、翻修、改造或整合的实体空间，包括中心、所、站等室内的场地，也包括室外的站点、文化体育场所等，是一切能够直接感观的外在形式；"精神空间"是公众在新时代文明实践中心（所、站）内感受到的精神引领和文化体验，强调宣传文化教育功能；"社会空间"是新时代文明实践中心（站、所）作为基层社会服务和意识形态教育在公共空间的呈现，是空间生产的结果。

三、空间生产：新时代文明实践融入基层社会治理的现实逻辑

治国安邦重在基层，根在基层。进入新时代，中国的基层社会治理逐渐构建起"一核多元、融合共治"的模式，即在党组织的领导下激发群众力量，多元主体共同参与、有效协作，推动基层治理向精细化方向发展。那么，在这一过程中怎样发挥多元主体力量提升基层治理效能，带动基层治理体系与治理能力现代化的提升，使基层社区不仅发挥出作为一个国家治理单元的作用，还呈现出一个地域社会生活共同体，成为当前的一个重要课题。中国新时代文明实践中心带有浓厚的自上而下的行政色彩，以依托"中心—站—点"的建设架构向基层社区延伸，"群众在哪里，新时代文明实践就延伸到哪里"。新时代文明实践从思想文化到科教文卫等各个方面以志愿服务为主要形式融入基层治理，能够在动员群众广泛参与、激发社会组织活力、改进基层治理方式、预防化解社会矛盾等方面激发基层社会治理的创新，形成新的治理结构和机制，在打造共建共治共享的社会治理格局方面发挥重要作用。新时代文明实践中心融入基层社会治理可以被视为一个动态的空间生产过程，即新时代文明实践中心基于物质空间、精神空间和社会空间"三维一体"的空间生产，通过构建合理的运行机制提高基层社会治理效能，进而影响基层社会的政治、经济和文化生活。

山东是文化大省，拥有丰富的传统文化、革命文化、现代文化和民俗文化资源，文化底蕴厚重。山东省作为全国新时代文明实践中心建设首批试点省份之一，也是第一批试点县（市、区）最多的省份。近年来，山东省紧紧围绕建设新时代文明实践中心的工作总要求，着力探索资源整合到位、体制机制到位、服务群众到位的山东路径，聚力打通宣传群众、教育群众、关心群众、服务群众"最后一公里"，推动新时代文明实践工作一直走在全国前列。经过四年多的实践探索，山东省在推进新时代文明实践融入基层社会治理、乡村振兴等方面形成了一批可持续、可复制、可推广的典型经验做法。因此，山东省的新时代文明实践研究具有较强的代表性。

（一）以打造"物质空间"丰富阵地资源

"物质空间"是新时代文明实践活动依托的阵地资源，通过在内部空间配置中开发不同的功能模块，充分发挥中心、所、站的综合性、统筹性和协调性

作用。山东在推进新时代文明实践中心建设工作过程中，一方面充分整合体制内各类阵地，如现有的党群活动、文体设施、教育设施、医疗单位等基层公共服务资源，另一方面通过优化资源配置，盘活存量，用好增量，充分发挥文明实践阵地资源的最大效能。截至2022年底，山东省在新时代文明实践中心（所、站）"五有"（有场所、有队伍、有活动、有项目、有机制）标准全覆盖基础上，共建设136个中心、1 825个所、56 000余个站、3 800余个基地和3万余个文明实践公园广场；通过探索以党员干部、"五老"（老干部、老战士、老专家、老教师、老模范）、乡贤能人、星级文明户等先进典型家庭为中心户，拓展建设5万余个文明实践家庭站，不断推动文明实践融入社会治理综合网格，建设"文明实践15分钟服务圈"。

以两次入选全国新时代文明实践中心建设试点县的淄博市桓台县为例，桓台县按照"阳光桓台""活力桓台""传承桓台""温暖桓台"四大模块，整合原大剧院、体育馆、图书馆、妇女儿童中心、青少年宫、科技馆、文体公园等资源，新建综合展厅、多功能活动厅、文化艺术展览馆和乡村"复兴少年宫"活动室等，向群众全域开放；9个镇（街道）统筹现有阵地，打造提供文化娱乐、理论宣讲、社会公益、健身休闲等功能的文明实践所；村级充分整合党群服务中心、综合文化服务中心、长者食堂等阵地，将群众经常聚集的大树下、小亭子、小广场、小长廊等改造为文明实践站；同时在100余家文明单位、文明校园、企业拓展打造特色文明实践阵地，实现100%的"五有"覆盖率。

为充分发挥新时代文明实践中心"物质空间"在基层社会治理中的效能，山东省建立了完善的运行机制。第一，在领导机制方面，山东省16个市均成立了以市委书记为组长的文明实践工作领导小组，136个县（市、区）均由党委主要负责同志担任中心主任，建立"抓书记、书记抓"工作机制，制定市、县重点项目清单和县、镇、村三级书记重点任务清单，推动各县（市、区）全面落实主体责任。第二，在管理队伍方面，山东省、市、县全部成立文明实践指导（服务）中心，加强文明实践工作的指导力量。2022年，山东省共配备1 400余名专职工作人员，同时结合山东省城乡公益性岗位扩容提质行动，推动新时代文明实践所、站专管员纳入城乡公益岗招聘范围，配备3 600余名文明实践所专管员和64 000余名文明实践站专管员。此外，通过各类培训提高工作人员的专业技能和管理水平，推动新时代文明实践工作的阵地建设。

（二）以拓展"精神空间"涵养时代新风

党的十九届四中全会指出："发展社会主义先进文化、广泛凝聚人民精神力量，是国家治理体系和治理能力现代化的深厚支撑。"新时代文明实践中心作为一种具有思想政治宣传和文化教育性质的公共空间，是对原有物质空间的一种形式创新。新时代文明实践通过阐释科学理论、宣讲方针政策、引导核心价值、培育文明道德等一系列"空间表征"，使广大群众在以知识体系、形象标志、图标装饰等为主的空间符号中凝聚思想，提升境界。因此，"精神空间"是新时代文明实践中心被赋予的文化意涵，需要通过参与新时代文明实践活动表现出来。

在山东新时代文明实践中心建设过程中，志愿者一直是主体力量，志愿服务也成为人民群众参与新时代文明实践，共同推进社会文明进步的有效途径。新时代文明实践志愿服务具有鲜明的价值导向，把培育和践行社会主义核心价值观贯穿始终，紧紧围绕党和政府中心工作和群众所需所盼，积极承接扶贫、济困、扶老、救孤、恤病、助残、救灾等各领域的志愿服务。为推进文明实践志愿服务精准化、常态化、便利化和品牌化，2022年山东省制定出台了《关于深化"五为"文明实践志愿服务的实施方案》，聚焦"为老""为小""为困难群体""为需要心理疏导和情感慰藉群体""为社会公共需要"，广泛开展"五为"文明实践志愿服务。首先，山东在省级层面专门成立志愿服务指导中心和新时代文明实践"五为"志愿服务专门领导小组，在市级层面成立志愿服务工作协调小组，统筹推进全省的志愿服务工作。其次，山东省组建了"省—市—县"三级"1+17"文明实践志愿服务队伍体系，每个实践所、站分别建立5支、3支以上志愿服务队伍。截至2022年底，全省共组织城区2万多支志愿力量下沉农村，注册志愿者达到2 000余万人，组建"五为"文明实践志愿服务队伍11万余支，组织实施志愿服务项目43万个，志愿服务时长达5.1亿小时，新时代文明志愿服务融入人们生活的方方面面。

以群众需求为重点，有针对性地开展志愿服务活动，是发挥志愿服务效能的重要方式。调查显示，"老年关怀"和"儿童关爱"是各种志愿服务活动中需求最高的志愿服务活动，山东省将"为老"和"为小"作为新时代文明实践志愿活动的核心内容。2022年，山东省先以"为老"志愿服务为突破口，出台了《山东省"为老"志愿服务指南（试行）》，打造"十助、常陪、四解"的"为老"暖心服务品牌，具体涵盖48项"为老"志愿服务；在"为小"方面，出台了《山东省"为小"志愿服务指南（试行）》，开展"家庭教育类""学校教育类""社会教育类""网络教育类""心理教育类"和"保护健康类"的"为小"志愿服务，涵盖了55个志愿服务项目。山东省一直把志愿服务工作的成效作为衡量新时代文明实践中心建设水平的重要标准，推动文明实践志愿服务制度化、常态化，在服务群众中凝聚群众、引领群众，营造社会主义道德文明新风尚，助力新时代美德山东建设。

（三）以优化"社会空间"赋能基层治理

随着社会发展进入新阶段，人民对美好生活的向往更加强烈，满足人民群众需要，提升人民群众的获得感、幸福感是新时代文明实践和基层社会治理工作共同的出发点和落脚点。新时代文明实践中心作为社会的产物，空间生产的过程是不断解决现实需求与发展滞后矛盾性问题的动态过程。其中，"社会空间"是在新时代文明实践推进过程中，通过"县—乡镇—村"三级联动和"中心—所—站"三级贯通的体制机制，有效整合资源，协同多方力量，对基层社会治理效能提升产生影响的过程中产生的。多元主体在"社会空间"中以目标和行动一致性为前提，共同推进"政治""法治""德治""自治""智治"相融合，形成共建共治共享的基层社会治理格局。

山东省新时代文明实践活动开展以来，各地方纷纷试点，积极探索新时代文明实践融入基层社会治理的地方经验，不断形成"县县有品牌、镇镇有亮点、村村有特色"的发展局面。第一，组织赋能。山东省在新时代文明实践工作中把培育社区社会组织作为一项工作重点，培育一批社区服务、公益慈善、文体娱乐的社会组织，在扩大社会参与、协调利益关系、提升居民素质等方面发挥了积极作用。如日照市岚山区整合多方资源，打造党组织引领下的"红辉暖心"志愿服务项目。村村组建红辉暖心养老志愿服务队，招募志愿者，开展爱心巧厨、爱心义剪、爱心净衣、爱心义诊、爱心会演、爱心裁缝、跑腿等7个项目。第二，专业赋能。为充分发挥社会工作在创新社会治理、推动社会文明进步、保障和改善民生等领域的专业优势，制定了《关于推行"社会工作＋志愿服务"工作模式的实施方案》，通过"社工引领志愿服务，志愿服务助推社会工作"，提高志愿服务的专业化水平。如潍坊市在推动新时代文明实践走深走实中，积极引入社会工作者、社工组织参与到阵地建设、实践活动、个案服务、队伍培育等环节，探索"专业社工＋志愿服务"联动发展模式，在全省率先实现乡镇社工服务站全覆盖。第三，信用赋能。近年来，山东省不断探索制定新时代文明实践志愿服务积分评定办法，将参与文明实践活动的志愿者实行积分制管理。如荣成市率先在省内建成社会信用体系，为本地居民、外来人口以及企业全部建立信用档案，通过加分、扣分等方式，激发社区居民参与志愿服务的热情，增强志愿服务参与的主动性。荣成市东岛刘家村通过建立美德信用议事会制度，细化11类、35条考核细则，量化200多项信息采集事项，明确村民参加志愿服务、邻里互助、移风易俗等美德行为的奖励分值，使得志愿服务的内生发展成为提升乡村治理水平的有效抓手。第四，数字赋能。为精准对接群众服务需求，山东省建设新时代文明实践志愿服务信息平台，推动文明实践智慧云平台、手机屏、电脑屏、数字电视屏、展示屏等"一云四屏"互联互通，全面推行点单、派单、接单、评单、奖单"五单"闭环运行流程，推动实现文明实践活动一体化调度、志愿服务菜单化运行、活动内容互通共享。

四、结论与讨论

新时代文明实践中心是扎根基层、融入人民群众生活的新型空间，群众既是空间生产过程的参与者，也是建构之后服务过程的主体。这个过程就是"共建共治共享"的基层社会治理过程。新时代文明实践和基层社会治理都是以为人民服务为宗旨，都是聚焦群众所需所盼。基层社会治理的核心是服务和管理，而新时代文明实践具有通过激发群众广泛参与、激活基层治理内生动力和活力的优势；因此，新时代文明实践融入基层社会治理是解决当前基层社会治理难题，推动基层社会治理创新的一大突破点。

新时代文明实践中心重在实践，贵在行动。经过四年多的探索，山东省以"凝聚群众、引导群众、因文化人、成风化俗"为目标，以群众需求为导向，按照有场所、有队伍、有活动、有项目、有机制"五有"标准，以点带面，实现基层文明实践阵地全覆盖。在推进过程中，新时代文明实践中心形成以打造"物质空间"丰富阵地资源、以拓展"精神空间"涵养时代新风、以优化"社会空间"赋能基层治理的逻辑，呈现出新时代文明实践融入基层社会治理的现实路径。当然，在这一过程中存在新时代文明实践定位不清、对接群众需求的精准性不够、志愿服务的长效性不强等问题，需要在进一步研究中抓工作重点和关键环节，找到最核心、最有效的举措。

（杨素雯：山东省社会科学院人口与社会发展研究院副院长，研究员）

"五社联动"参与城市多民族互嵌社区治理的实践路径

赵东海　魏霞

继中国共产党十九大报告提出"打造共建共治共享的社会治理格局"后，党在二十大报告中，再次明确"健全共建共治共享的社会治理制度，提升社会治理效能。"①随着全国人口流动的持续增强，"多民族互嵌"已成为城市社区常态，探讨多民族互嵌社区"五社联动"的实施机制，为社会治理研究提供路径参考，意义重大。

一、社区治理变迁与"五社联动"的提出

中国传统社区是以血缘和地缘为纽带的共同体，个体置于血缘关系和邻里内部。一般在"某一空间与一个亲密的初级关系圈成为传统的社区意向"②，居民间同质性强、初级关系占优势。工业化、城市化社会初期，城市社区以业缘关系为基本纽带。业缘在社区治理中发挥着举足轻重的中介作用，在维系社区居民情感和日常互动的同时，降低了基层社会治理的成本。进入20世纪90年代，随着城市化进程的加速，商品房时代来临，社区的血缘、地缘和业缘纽带先后断裂，"个体化""异质性""陌生化"成为城市社区的主要特征，初级社会

---

①　习近平:《高举中国特色社会主义伟大旗帜 为全面建设社会主义现代化国家而团结奋斗——在中国共产党第二十次全国代表大会上的报告》，人民出版社，2022年，第54页。

②　［美］马克·戈特迪纳、雷·哈奇森.《新城市社会学》(第4版)，黄怡译，上海译文出版社，2018年，第191页。

关系不再等同于邻里、同事，多元因素不断增加。居民日常交往不再受限于血缘、地缘关系，开始获得与更大群体互动的机会，他们根据经济地位、兴趣爱好、文化符号逐渐形成不同的社会网络及利益群体、亚文化群体。社区逐渐失去了原有的凝聚力，影响治理效果的元素多元且差异明显，基层社会治理成本增加。

传统社区用道德约束初级社会群体的行为，其前提是群体间互相熟悉且信任。但城市生活独特之处在于涉及与大量陌生人之间的互动[①]，这种互动过程如果取得信任就需要可以影响到双方的第三方因素存在。在中国由社区居委会担任第三方因素，通过社区建设增进陌生关系的互动、合作，增强社区凝聚力，降低社区异质性所带来的治理困难与社会风险。为此，中国在社区建设的探索中形成了一定代表性的地区模式，如从基层政权入手搞好城市社区组织建设的"沈阳模式"，体现"小政府、大社会"的"江汉模式"，用社区服务带动社区建设的"广州模式"等。[②]这些模式共同的目标是由社区作为基本载体，服务居民，建设和谐社会，推动城市社会发展。但社区居委会承担行政和服务双重任，人员有限，服务职能大打折扣。因此，社会工作作为提供专业社会服务的职业，在社区治理中日益扮演重要角色，得到较快发展。

近些年，学界对社区、社会工作者和社会组织之间共同合作作用社区治理的讨论主要集中在"三社联动"，大多聚焦于"三社"协同、社会工作的角色及治理路径的探索思考。经研究结论大多表明，"三社联动"中普遍存在"名实分离"等现象，联动效果不理想。[③]继而在实践层面出现主体更为多元、互动更为全面的"五社联动"新提法。2012年，广东在改革基层管理体制中，探索了"社区建设、社会组织、社会工作、社会救助、社会福利"的"五社联动"机制。[④]2019年，又提出了"社区、社会组织、专业社工人才、社区企业、社区基金"的"五社联动"，以期营造共建共治共享的社会治理格局。

① ［美］马克·戈特迪纳，雷·哈奇森：《新城市社会学》（第4版），黄怡译，上海译文出版社，2018年，第89页。

② 蔡禾：《城市社会学讲义》，人民出版社，2011年，第228—230页。

③ 颜克高、唐婷：《名实分离：城市社区"三社联动"的执行偏差——基于10个典型社区的多案例分析》，《湖南大学学报》（社会科学版），2021年第2期。

④ 朱巍巍、孙玉琴、闫晓英：《广东：建立"五社联动"机制》，《中国民政》，2012年第3期。

目前，民政部门所提出的"五社联动"，通常指在社会工作参与社区治理的框架下，探索"社区、社会工作者、社区社会组织、社区志愿者、社区公益慈善资源"五大要素的联动，旨在加强社区建设、搭建基层服务平台、增强基层服务人才实力、激发社会组织活力、有效整合社会资源和调动社会力量，用联动协同的思维来探索共享发展的核心价值，进一步推动共享发展理念的实现。[①]学界现有关于"五社联动"的研究主要集中在湖北地区"五社联动"的实证反思，聚焦主题多从共建共治共享的理念出发，探讨"五位一体"的联动机制及"五社"形成合力的路径，以期完善基层社会治理模式的建构。

二、城市多民族互嵌社区的特征及治理困境

社区作为"占据在一块被或多或少明确地限定了的地域上的人群的汇集"[②]，成员构成日趋多元复杂，根据第七次人口普查数据，2020年中国有流动人口3.76亿人[③]，各民族人口迁徙、流动活跃，适应城市生活后，流动性逐渐降低，定居意愿增强，人口集聚效应显现，多民族共居局面成为城市社区常态。多民族社区因其构成的多元性、文化的差异性、需求的多样性等特征对社区治理精细化程度提出更高要求，促进各民族交往交流交融，构建城市多民族互嵌社区成为发展必然。"各民族相互嵌入的社区环境可以为民族交往交流交融提供空间基础。"[④]"互嵌"格局不仅可以保障各民族居民在生活、工作中的信息流通和生产经营渠道的多样化，切实提升物质生活水平，而且可以增进民族团结，推动社会和谐进步。因此，积极构建互嵌式社会结构和社区环境成为城市民族工作的基本着力点。[⑤]鉴于城市多民族互嵌社区在人口构成、文化来源等层面与

---

① 金志、戴琬莹：《共享发展视阈下"五社联动"的逻辑思维与实现路径》，《厦门特区党校学报》，2018年第4期。

② ［美］R.E.帕克、E.N.伯吉斯、R.D.麦肯齐：《城市社会学——芝加哥学派城市研究》，宋俊岭、郑也夫译，商务印书馆，2012年，第115页。

③ 同上。

④ 郝亚明：《民族互嵌与民族交往交流交融的内在逻辑》，《中南民族大学学报》（人文社会科学版），2019年第3期。

⑤ 方堃、吴磊、宫秀阁：《城市少数民族流动人口社会治理创新：回眸与前瞻—基于文献综述的考察》，《黔南民族师范学院学报》，2015年第5期。

其他社区有所差别，社区治理需要聚焦处理日益增多的社会生活细节①，在具体实践中仍然存在一定的治理困境。

（一）社会和市场参与度较低

与其他社区的基层社会治理一样，城市多民族互嵌社区在社会治理中也存在非政治主体对政治主体的依赖性强、治理体系的民主性和抗风险能力较弱等现状。在社会治理创新中经常体现为党委政府主位、公众参与缺位和专家主体错位的"悬浮式"社会治理特征。②社会治理的核心内涵是多元主体共同参与社区建设实践，在多民族互嵌社区的社会治理中，往往形式大于内涵，多以政治主体为主导力量，治理行动无法深入社区基层，社会和市场的参与度较低，"悬浮"于基层社会治理之上。③

从实践层面来看，基层政府对社会组织和社会成员采取自上而下的任务下达、政治动员模式，降低了社会力量的主动参与意愿。在一般事务与特殊事务的具体工作开展中，公众参与表现多为动员型和配合型，自发、主动参与其中的相对较少，"政社结合"的协同度水平较低。学界以往的相关研究希望通过引入协商民主，重视群众和社会力量的主体性，打破政治主体与非政治主体的非对称格局，但对群众和社会力量的引导路径和内生动力讨论不足，尤其在城市多民族互嵌社区治理背景下，如何调动社会力量参与，并将不同参与成员的优势转换为社区建设中不可或缺的民间力量，是未来多民族社区治理之中亟须关注的焦点主题之一。

（二）社区自治内生力不足

城市多民族互嵌社区的基层社会治理离不开基层社会组织和群众的自治。在现实的社会治理中，一方面，基层社会已有的社会组织大多过分依赖政府购买项目，使得社会组织携带了一定的官办和行政化色彩。还有一些社会组织有

---

① ［法］阿兰·图海纳:《行动者的归来》，舒诗伟、许甘霖、蔡宜刚译，商务印书馆，2008年，第49页。

② 付建军、张春满:《从悬浮到协商：中国地方社会治理创新的模式转型》，《中国行政管理》，2017年第1期。

③ 胡佳:《民族地区基层社会共治的困境与路径探析——基于领导型网络治理的视角》，《广西民族大学学报》（哲学社会科学版），2019年第1期。

名无实，如社区中以"协会"形式存在的各式自娱自乐型社会组织，不承担项目也不开展活动，缺乏实际的服务社区能力。另一方面，社区自治的内生能力缺乏，体现在多数情况下社会治理是政府的单向度行为，基层社会组织和多民族群众的作用无法得到充分发挥。这种情况与社会组织缺乏市场开拓能力有关，也与社会组织的专业性、供给服务的切实性及社会组织与社区的结合程度密切相关。居民自治很难实现居民个体全方位参与社区建设和社会治理，但通过社会组织实现居民自治是基层社会治理现代化的有效途径。显然，中国城市多民族互嵌社区从社会组织培育到组织的参与能力，都无法打通居民个体到社区治理之间的双向互动通道，社区治理及发展的内生力量明显不足。城市多民族互嵌社区在社会组织的培育中，更需要关注社区人口结构及文化、需求的多元性，以社会组织为基本载体，建立多民族群体共同参与的成熟高效协同运行机制，实现多民族互嵌社区治理体系创新和治理能力现代化。

（三）居民缺乏"互助"精神

随着城市化的迅速发展，城市"软实力"显著提升，政府为满足居民的内在需求，对基层社会文化建设的关注与投入日趋丰富，社区"公助"能力逐步增强。但"由农村迁入城市的市民，与其宗族、祖产、祠堂所在的故乡保持着千丝万缕的联系，也就是说，和他出生的村庄保持着所有礼仪和人际上的重要联系"[①]。城市多民族社区的居民与固有社会网络联系紧密，遇到无法解决的问题或困难，习惯求助于传统的固有社会网络，宁愿舍近求远的"自助"，也不愿依托社区平台寻得"互助"，无法在社区环境中获得归属感。

正是由于城市多民族互嵌社区人口的流动性、暂时性所造成的民族成分增多、文化差异明显，在一定程度上强化了居民间的沟通困难和关系冷漠，无法建立根植于熟人社会的"互助"情感联系。相较于一般社区，城市多民族互嵌社区的"互助"精神需要特别的建立和培育，如多种文体活动的丰富开展、不同民族群体困难的精准解决、不同类型社会服务项目的购买实施等，在语言沟通、日常交往、经济合作等方面，帮助不同民族成员实现积极的交往交流交融，在社区中形成"我们"的共同体意识，积极培育居民的"互助"合作精神，进

---

① ［德］马克斯·韦伯：《儒教和道教》，洪天富译，江苏人民出版社，2003年，第17页。

而提升社区的认同感和凝聚力。

三、"五社联动"在城市多民族互嵌社区的实施路径

城市基层治理的主体是社区组织与居民自治。现代社区中，居民普遍冷漠，对社区事务缺乏热情。人口的异质性、缺乏归属感且可以自由流动，组成群体的成员通常变化很快，[①]导致社区居民群体难以产生领袖和权威，增加了城市基层社会治理的困难。"五社联动"通过"社区、社会工作者、社区社会组织、社区志愿者、社区公益慈善资源"之间"互联"，增强社区人口的互动互助，培养不同民族居民的共同体精神，增进各民族居民的交往交流交融，实现多民族社会的全方位嵌入，铸牢中华民族共同体意识。具体实践路径以党建引领为前提，充分发挥社会工作的专业性，调动社区志愿者和公益慈善资源的广泛参与，进而营建城市多民族互嵌社区的和谐发展空间。

（一）党建引领发挥基层党组织的先锋作用

习近平总书记在党的十九大报告中指出："中国社会主要矛盾转化为人民日益增长的美好生活需要和不平衡不充分的发展之间的矛盾。"[②]随着中国社会主要矛盾的转化，在社区异质性增加的情况下，增强共产党员示范和凝聚作用，发挥基层社区党组织的领导作用，从个人出发、从小事着手，党建引领基层社区治理与建设成为必然。正如费孝通先生提出的："我们要研究居民在经济上已经自立，社会生活中开始初步自理的情况下，如何改进和完善居民区党组织对各类社区组织的领导方式和工作方式，如何充分发挥社区共产党员的示范和凝聚作用，如何在尊重居民的意愿和要求的同时，促成全社区互相合作协力安排共同生活的格局，建设起多样化的、充满生机活力的、以群众自我管理为主的新型社区。"[③]

---

① ［美］路易斯·沃斯：《作为一种生活方式的都市生活》，赵宝海、魏霞译，《都市文化研究》，2007年第1期。

② 习近平：《决胜全面建成小康社会夺取新时代中国特色社会主义伟大胜利——在中国共产党第十九次全国代表大会上的报告》，（2017-10-27）［2021-01-01］.http：www.xinhuanet.com/2017-10/27/c_1121867529.htm.

③ 费孝通：《居民自治：中国城市社区建设的新目标》，《江海学刊》，2002年第3期。

"五社联动"从项目推动到资金配给均由党和政府主导，其"政府主导"特征要求在具体实施中要以党建引领为基本前提。党组织在基层社会中威信高、影响大，群众基础牢固。党建引领下"五社联动"模式在实践中更容易得到居民的信任和配合，提升"五社联动"的效果。同时，共产党员是社区志愿者队伍的重要领导者和参与者，既了解居民需求，也容易调动各方资源配合，能够切实解决居民问题。在社区党组织领导下，涉及居民需求和服务的问题，由党员带头参与配合，在社会工作专业指导下开展，贯彻发扬党组织全心全意为人民群众服务的精神，必然能够跨越族群和文化边界，促进社区不同群体的互动协作及社区治理的良性发展。

（二）发挥社会工作者在社会组织中的专业优势

"五社联动"是以公共投资为主，围绕社会利益展开的多方互动，其追求社会发展中的"政社合作"，是基层民主和社会治理现代化的重要表现形式。实现社会利益最大化在于找准问题和需求的同时，对症下药，标本兼治。其中，评估社会问题并提供合适的解决策略正是社会工作的专业价值所在。因此，"五社联动"作为社会治理和社区工作的方式，需要社会工作者高效发挥专业的指导作用。

传统基层社会治理模式中，社区居委会发挥了不可或缺的作用，不遗余力地解决居民问题和需求。但社区居委会行政工作较多，服务"内卷化"特征明显，如服务对象单一、服务重复性强、创新工作内容较少、解决问题和满足需求欠缺导向性等。"五社联动"机制中，社会组织和社会工作者作为政府的委托方，除具备一定资金保障，具体工作中的人力、物力及相关资源链接渠道、方式均可获得保障。多方联动可将社区的现状与未来、宏观与微观等方面进行通盘统筹规划，专业的社会工作理念与方式将提升社区治理成效，保证社区良性运行与发展。

在城市多民族互嵌社区中，人文生态多样性决定了居民问题和需求的多元。社会工作者在"五社联动"中发挥专业优势，在工作中实现接纳、尊重、非评判等价值伦理积极植入，做好组织者、协调者、沟通者、服务提供者及资源链接者，进行社区具体项目策划时，以法律为依据，充分考虑不同民族居民的合理需求。城市多民族互嵌社区治理将依托"五社联动"平台，充分发挥社会组织与社会工作的政府"委托人"与居民"代言人"双重角色，上情下达、下情上传，为不同民族群体提供专业、精准的服务，提高社区不同居民的幸福感、获得感和归属感。

（三）调动社区志愿者和公益慈善资源的广泛参与

中国城市社区治理是逐层建立的垂直社会管理体系，随着治理主体的下移和治理的多元化，志愿者组织在社区治理中获得深入发展，志愿活动填补了政府在社区"一元"管理的空白。[①] "三社联动"中尽管没有提到志愿者，但在具体项目实践中，志愿者发挥了不可或缺的作用。"五社联动"在党的领导和社会工作专业指导下，调动社区资源，为社区居民提供扶贫、济困、助学、助医、养老、家政、创业、环保、妇女儿童保护、未成年人关爱等多样而具体服务。这些服务需要"专业""资金"，更需要"人才""人员"。只有"社工出专业出方案，义工出人出服务"的"双工"结合才能保障社区服务有序开展。

志愿者是"五社联动"的重要参与者和行动者。由于城市多民族互嵌社区内不同民族居民在语言、文化等方面的适应性有所差异，需要不同民族志愿者共同发挥服务优势，与社会工作者一同配合"五社联动"的机制运行与项目开展。社区内不同民族志愿者共同参与"五社联动"，是社区居民自治的表现，也是服务不同民族居民，促进其城市适应的重要渠道。

社会的进步有赖于道德感和责任感的增长，公益慈善是道德感和责任感发挥的有效途径。公益慈善资源作为政府职能的补充，能够保证"五社联动"参与方的广泛性和服务的持续性。公益慈善的价值观与社会工作、志愿服务的价值理念相辅相成，可以实现在联动中的深度配合。创立于19世纪末的英国"汤恩比馆"、美国的"赫尔馆"均以公益慈善的形式，为多族群社区的社会交往和不同族裔人口的城市适应做出贡献。直至今日，这些以睦邻为目的的社区工作和公益慈善依然得到广泛认可，其所发挥的"促和谐""增团结""凝力量"等功能，在多民族互嵌社区治理过程中值得借鉴。

---

① 陈永亮：《"民族"的"区域"类型及其权利诉求》，《广西民族研究》，2018年第2期。

四、"五社联动"参与城市多民族互嵌社区治理的思路创新

"五社联动"参与城市多民族互嵌社区治理，注重培育居民"共同体"精神，注重服务方式的多样性及服务目标和价值的一体性，营建多民族共建共治共享的社会治理格局。

（一）培育多民族互嵌社区的"共同体"精神

社区作为社会产物，其空间生产源于居民的创造。随着社会从经济福利型向环境福利型的时代过渡，社区服务不仅包括照顾弱势，也包括改善环境将其变得富有生气。[①]多民族居民是社区的重要人力资源，是社区服务志愿者，也是改善环境和建设共同体的主体。在培育城市多民族互嵌社区的"共同体"精神过程中，通过加强各民族交往交流交融，可以增进各民族居民建立共同利益、共同需求、共同文化的关联，培养"互助"和"公共"精神，分享社区建设共同成果，促进多民族社区的和谐有序发展。

"五社联动"正是以社区为基础，以社会工作者、社区社会组织、社区志愿者、社区公益慈善资源等多方协同、服务高效、共同参与的运行模式，服务居民生活、化解社区纠纷、解决治理难题，增进社区各民族成员感情互动，构建城市多民族互嵌社区精神"共同体"。

（二）注重服务方式多样化与价值认同一体化

社会治理通过协同社会力量提升治理能力，是社会和谐有序运行的基础，更是持续满足公众对公共服务和社会发展需求的过程。由于传统自上而下的社会管理模式正向现代多元主体参与的社会治理模式转变，社会组织和社会工作都处于发展阶段，城市多民族互嵌社区治理在服务理念、服务方式、服务目标上存在明显不足，无法满足多民族成员服务需求的多元化、差异化特征。"五社联动"在社区的深入实践，将实现真正意义上的"政社结合"，调动并发挥不同社会因子、组织及群体的最大优势，注重服务方式多样化、服务目标精细化，以服务公共利益为出发点，在社区建设中各尽其能，帮助个人及群体实现社区

---

① 周芳玲、乔桑：《魅力社区的建设》，中国社会出版社，2004年，第140页。

良性治理。

基层社会治理作为国家治理体系的重要组成部分，其效果将对国家治理体系建设产生重大影响。"五社联动"参与城市多民族互嵌社区治理，将关注国家与社区、中华民族和多民族的次序和秩序，追求国家认同和中华民族认同的最高层次。城市多民族互嵌社区治理面临着多民族人口迁移、不同民族关系、民族生产生活方式转变等问题，具体实践中要将治理理念与引导方向置于国家总体治理框架之下，将个体利益与集体利益、地方利益与国家利益保持一致，实现对伟大祖国的认同、对中华民族的认同、对中华文化的认同、对中国共产党的认同、对中国特色社会主义的认同，保证社会治理中不同群体的价值认同一体化。

（三）构建多民族共建共治共享的社会治理

社会政策能够体现执政党的社会合法性，促进社会管理体制的改革，保证市场经济的有效运作，推动社会的发展，增加人民的福祉，进而实现社会的善治。社会的善治能够整合公众的信仰和社会价值、促进认同型社会的建构并由此让公众共同把握社会发展的方向，提升社会的公平性与和谐度，推动经济社会的迅速发展。①良好的政府取决于在经济、社会、环境和其他领域做出良好决策的能力。"五社联动"是政府在社会领域做出的决策，政府的管理能力、组织能力、问责机制都是"联动"的重要保障，也是政府善治善政的重要体现。社会工作者专业性的发挥、社会组织在保障治理公平中的作用、社区志愿者的参与和积极性的发扬、公益慈善资源的补充都是提高基层社会治理、为城市多民族互嵌社区创造凝聚力的基本条件。

党的十九大以来，"共建共治共享"社会治理格局为新时代城市多民族互嵌社区社会治理提供了新思维，实现了基层社会治理从"力治""柔治"等单主体治理到"共治"的多主体治理的跨越式转变。②"共治"体现的核心思想是人民本位、以人为本的治理，最终目标是实现"善治"，满足人民对美好生活的需

---

① 胡佳：《民族地区基层社会共治的困境与路径探析——基于领导型网络治理的视角》，《广西民族大学学报》（哲学社会科学版），2019年第1期。

② 王延中、章昌平：《新时代民族工作与民族交往交流交融》，《中央民族大学学报（哲学社会科学版）》，2019年第5期。

求，提升人民获得感、满足感、幸福感。"五社联动"是"共建共治共享"社会治理的重要表现形式，作为社会治理中的一种积极共建共治方式，"联动"主体主要来源于社区，以多方参与合作的形式，共同服务社区居民多元化需求，谋求资源、利益、成果的共享，使社区充满活力又保持良好秩序，最终搭建多民族互嵌社区居民自治的实践平台。

五、结语

"五社联动"的基本思路是"政社结合"进行社区建设，发挥和夯实"社会"在治理中的主体作用。"五社联动"能够体现基层社会治理现代化和社会治理体系创新，目前尚在推广阶段。但遵循较为普及的"三社联动"经验，"五社联动"可以有针对性地规避"联动"过程不充分、资源使用不合理、治理效果不理想等不足，充分发挥社会组织作用，实现政府治理和社会调节、居民自治的良性互动。

（赵东海：内蒙古民族大学教授、博士生导师；魏霞：内蒙古师范大学民族学人类学学院教授、法学博士）

从和谐共生到数字共生的乡土中国之变

龙昊廷

中国式现代化是在传统和现代交织中发生的。相较于西方的现代化，中国的现代化注重同步推进传统文化与数字技术革新，实现了绿水青山与高楼大厦并存的中国式现代化，为人类文明树立了新的标杆。2023年6月2日，习近平总书记在文化传承发展座谈会上强调了肩负起新的文化使命，努力建设中华民族现代文明。而乡土文化中所遵循的"和谐共生"思想不仅是传统文化的沉淀和积累，也是中华民族智慧的体现，更是历经几千年的文化嬗变后的重塑。以四川省成都市双流区为例，汲取乡土文化的和谐共生思想，以生态文明为抓手，推动农商文旅融合发展，建设"和美"社区，将"乡村变社区、社区变公园、村民变市民"。相应传统的"乡土中国"由此发生巨大变化，一个重要的现象就是数字时代的到来，给人无尽的联想。

一、乡土中国变革

乡土还是原来的乡土吗？迈入新时代新征程，乡土面貌发生翻天覆地的变化，拔地而起的高楼与美轮美奂的人造景观，由衣摆的泥土变为空调房里的灰尘，动迁安置小区让农民上楼，数字化、智能化让居民成为网格下的个体，乡土中国已经发生根本性的改变，当数字技术与所有要素相结合后，所产生的效应已今非昔比。

首先，社会关系由熟悉转向陌生。事实上，费孝通先生提出"差序格局"这一核心概念至今仍有普适性，对于西方也是一样，整个人类都有亲疏远近之分。但是中西情况不同，中国社会在现代化下发生了根本性的改变，我们在西方工业社会中汲取了更多的养分。对比来看，乡土社会的"伦"已经瓦解，传统由家族构成的小型社会随着钢筋混凝土进行了隔绝。传统上，由己及家是一个通俗路径，家族会跟着人员迁移，形成根据地，如历史上王羲之家族在乱世之中保存就是靠着家族迁移，完成像堡垒一样的军事构建，堡垒内里如同小国，亲缘作为抓手，生存和上升路径完整保存。所以，在传统社会中，公和私的界限无法划分，从个人角度看，为了"己"可以牺牲家，为了"族"可以牺牲党，为了"党"可以牺牲国，为了"国"可以牺牲天下。①"家国天下"本质无法分开，天下本来也是皇帝的家。但是，随着生产力的发展，"家国天下"已经无法适应生产关系，工业化已经让社会分工更加精细，人已经从泥土里进入钢筋所构成的方块里，本质上是为了功能化、专业化。西方工业文明更为适应这样的生活，将个体和团体界限直接理清，采用一系列社会制度来制约个人，通过细微化的制度将个体绑定为群体，如西方完善的社区制度，或者在子女成年后居住在家里就要支付一定的费用等。在工业社会中，由己及家是次要的，最重要的是怎样在团体中认清自己位置，靠契约来实现社会关系的稳定。对于西方社会，费孝通也并没有礼赞，在承认西方民主制度和自由竞争的优点时，也对阶级分化、道德丧失等现象做了批判。

其次，社会结构更加扁平化。费孝通在《乡土重建》中提到，要首先从中国基层社会形态的原论性分析着手，之后进入构成了现实社会的政治制度、经济制度以及宗教制度的实态分析，最后面对中国的政治混乱、经济扶贫和社会解体的现实进行诊断，提出再建的方案。社会结构的变化推动进一步的调查研究，在《乡土中国》后记中他提到自己的研究分为两期："第一期的工作是实地的社区研究。……我一方面依旧继续做魁阁的研究工作，同时在云大和联大兼课，开始我的第二期工作。第二期工作是社会结构的分析，偏于通论性质，在理论上总结并开导实地研究。"②根据费孝通调查的生产特点和生活习惯，乡土社会中"长老统治"是一种教化的、强制的过程，社会结构层次分明，以家庭为核心的生产生活方式是主要核心。但随着数字技术应用，通信技术高度发达，农民大量异地打工，不断有新理念和新习惯进行冲击，生活空间和虚拟空

---

① 费孝通：《乡土中国》，北京大学出版社，2012年。

② 同上。

间的同时拓展，让"长老统治"变为"共建共治共享"，社会结构越来越转向扁平化。

最后，社会文化转向文化反哺。文化反哺成为应对代际鸿沟的重要手段。社会由古及今的文化传承过程中，以传统社会里长者向后辈传授知识为标志的乡土文化，是典型的正向社会化，本质上是既有社会规则对年轻一代的规训，用极其丰富的生活经验积累来对年轻一代进行传授。而青年文化则是典型的数字时代文化，文化反哺则是年轻一代将数字技术手段传递给前辈的过程。伴随着通讯、交通、互联网信息化的深刻发展，年轻人对电子技术的接受程度更甚，社会文化某种程度上已进入数字时代，青年一代向长者进行文化反哺已成为常态。现在的乡土文化已经发生改变，年轻人运用"抖音""快手"等网络媒体和电商平台，利用数字技术直接实现了乡村资源的挖掘，促使实体经济与虚拟经济融合，成为乡村经济发展的主要力量。

乡土中国发生了变化，直视中国社会的现实将自己的学问置于"民族自省"的位置上，立志于解决中国实际问题是费孝通先生毕生所求。费孝通试图回答一系列的时代问题，例如如何从村落内生动力自主发展和重建城乡之间的健康关系等。同时，他对人与人之间的关系、社会制度等都做了描述，意识到乡土中国不会在导入西方的制度和工业后变得与西方社会同质，时代所面临的困难如何将中国阻碍现代化的价值观与社会结构等去除，扎根于本国社会的现实去赋予理论的意义。因此，从中国社会的文化、社会出发将社会事实理论化、专业化、概念化，真正探索建立中国话语的学术依据和方法的时代已经到来，以中国本土为基础，以中国式现代化发展和中国经验为根本，提出中国本土的人文学科和社会现实等更新的理论和概念是今天的学术追求。

二、积极应对数字化挑战

随着数字时代的到来，与数字共生也必将成为趋势。在数字技术革命的不断完善中，乡土中国的变革也必然伴随着当前城市和乡村社区、互联网社区相互交融的形态。网络社会由来已久，大语言模型（"ChatGPT""文心一言"等）能掀起热潮的根本原因在于与"判别式AI"不同，"生成式AI"会直接改变个体的生产方式，会带来生产力的革新，最终累积成为生产关系的改变，也就是说，会改变社会的运行模式。

　　大语言模型在某种意义上引起了人类对信息和生产资料控制的恐惧，类比来看，古代翰林学士的作用就是现代的大语言模型的升级版。通过科举制进化出来的"翰林模型"是写好程序的大语言模型，进入朝堂后，研习历年治理文件，整理对比语料，记录丰富的档案来提高管理能力。经年累月的积累会让翰林学士知道问题发生后历史上的应对措施，在皇帝提问时可以准确回答，变为皇帝的大语言模型。所以，大语言模型带来的作用亦是如此。目前的大语言模型能够在与人类对话、写代码方面表现突出，是AI大模型通过大算力、大规模数据经年累月训练的结果。

　　首先，数字技术让传统社区与网络虚拟社区结合。总体看来，城市、城乡的传统社区与网络虚拟社区已经密切结合，尤其是后疫情时代，网络已经成为主要的社会联结方式。于社区建设而言，在计算机和机器人承担大量的日常工作后，人们就能将更多的精力放到创造性活动与社交活动上，会出现新兴事物与更多的就业形态。聚焦人性化、生态化、数字化的立体价值，以未来社区建设为抓手，完善社区公共服务和基础设施配套，加快社区信息模型（CIM）平台的推广应用，通过社区智慧服务平台的建设和应用，探索社区居民依托平台集体选择相关配套服务，实施新型养老模式，推广"平台＋管家"物业服务模式，鼓励共享停车模式，推动社区智慧安防建设，在确保数据安全、做好风险评估和管控的前提下，大力推进未来社区场景创新，将未来社区作为数字经济"一号工程"的创新落地单元，优先推进5G通信技术的应用，落实未来社区实体建设和数字化建设孪生的理念，真正让群众得到实实在在的好处。如浙江省嘉兴市规划构建起居民自治、社区乐享、便民服务等9大应用场景，通过智能平台可以预约洗车、远程净菜上门等智慧服务。而在江苏省苏州相城区推动AI与智能网联汽车协同发展，无人出租、无人公交、无人环卫、无人物流开始在街道有序作业。

　　其次，数字技术会大大减少社会治理中人力、物力的投入。城市、城乡社区中居民人口数量与政府工作人员数量并不匹配，居民需求与政府工作人员的工作存在落差，政府工作人员面临场景复杂、沟通不畅等问题，目前"互联网＋"虽然会让群众意见直达，但是处理问题的工作量也会成倍增加，在网格化管理日益精细的情况下，流程也相对繁杂，如果"互联网＋"等平台只变为传声筒，那就违背了治理初衷，24小时的政务服务和急速增长的体量都会让政府工作人员不堪重负，人工智能运用到治理中，将会大大降本增效，治理的效率提升就会成为必然。如北京的"12345"市民服务热线已进入智能技术应用阶段，接听率、回复率、满意度全面提升，在政务场景下将智能化应用嵌入到"12345"热线"接—派—督—考—评"的环节中，自动给市民反馈电话和办理进度，人工智能所能提供的语音接待是24小时全天候、快速响应的积极服务。

最后，数字技术让社会治理效率提升。2022年，国务院印发《国务院关于加强数字政府建设的指导意见》（国发〔2022〕14号）再次强调了数字政府建设的重要性，"最多跑一次""一网通办"等数字创新实践提升了一体化政务服务和监管效能。随着网络强国战略和大数据战略的实施，数据共享和开发利用强化了政府治理能力和决策水平，拓宽了多元主体参与治理的渠道和途径，发挥了赋能政府和赋权社会的重要作用。如浙江省嘉兴、绍兴、湖州等地都在将物理版的橱窗变为电子版的平台，所有政务公开内容都能在手机上第一时间体现。成都市则进行"智慧蓉城"建设，包含了天府市民云平台、社智在线、智慧社区综合信息平台，促进社区治理服务智能化。"社智在线"以社区基础数据库为基础，已归集人员数据2 473.6万条，人房关系数据1 907.3万条，院落数据5.8万条，房屋数据737.1万条，以社区管理、社区服务、社会参与为主要功能，相关数据试点已运用于新冠病毒疫苗接种报名、适龄儿童教育资源匹配、高龄人群补贴发放、社区投票表决等服务场景，现有活动报名、问卷调查、公共空间预约、需求收集、疫情防控工具等模块，社区疫情防控、社区保障资金e管家、社区减负等主题应用，是跨层级、跨部门、跨区域、跨系统、跨业务的开放共享的社区综合信息平台。

据此可知，城乡建设和治理呈现多元化主体参与、区域化合作、绿色化转型、数字化加速的态势，反映了经济发展规律和历史大趋势是不以人的意志为转移。积极利用数字技术，才能更好应对社会治理过程中产生的问题，数字技术不仅是简单发生，更是能够被塑造，通过对AI算法支持等，可以让人们摆脱繁杂的算法、数据整合工作，高效率应用到城市治理、消费、文化等场景。数字技术的应用已经落到了实处，打造数字治理，让传统文化与数字共生，不再是一道选择题，而是一道必答题。

三、和谐共生理念的实践价值

中国式现代化注重推进城乡融合，建设绿色城市，实现县域治理。城乡融合是建设绿色城市的重要条件，但"农民上楼"和"市民下乡"方兴未艾，这在现代化建设中具有一定的普遍性。四川省成都市之所以在2007年被国务院批准为统筹城乡综合配套改革实验区，也是因为绿色城市建设走在前列。位于成都市西南部的双流区在实践方面融入乡土文化中"和谐共生"的理念，推动人与自然和谐共生的城市建设和治理战略选择，打造彰显公园城市特质的社区生产、生活、生态场景，加强城乡社区治理和服务体系建设，实现共建共治共享的整体重塑，形成了自己的"和美"社区文化特色。

（一）实施社区生态价值转化

古代巴蜀文化重要内容之一就是《易》学。"孔门七十二贤"之一——商瞿是古代巴蜀人物中最早研习《易经》之人，据《大清一统志》《四川通志》中记载，商瞿为四川双流人。《史记》《汉书》云孔子传"易"于鲁商瞿，易为卜筮之书，所以在"焚书坑儒"之时，因不犯禁忌之条得以保存，后易学传授不绝。《易经·系辞上传》："《易》与天地准，故能弥纶天地之道。"意为《易经》和天地法则相一致，所以能够完全展现天地的变化规律。《易经》讲变动不居，是为"易"之名，即变易，一切事物都是不断运动变化发展的，所以"生生之谓易"。而乾卦彖曰："大哉乾元，万物资始，乃统天。""元"是万物之本，先有元而后滋生万物，"元"就可理解为自然发展规律，尊重自然规律。在基层治理过程中，成都市双流区大力挖掘大熊猫、古蜀文化、美食之都等天府文化特质，推进特色文化生态街区、特色文化生态小镇建设，积极招引知名文创企业融入社区生态空间，促进城市生态体系与历史文化、传统工艺、民俗风情等有机融合，丰富成都"慢生活"文化的生态表达。

（二）推动人与自然和谐共生的战略选择

《论语·阳货》记载孔子之言曰"天何言哉？四时行焉，百物生焉，天何言哉？"，孔子言明所有的生物都是在日月运行，季节变化中自然而然发展出来的，遵从自然法则是天地万物可生焉的前提条件。"君子之道，费而隐。""君子之道，造端乎夫妇。及其至也，察乎天地。""知远之近，知风之自，知微之显，可与入德矣。"此等则为《中庸》引语，言明一切事物都是遵循自然法则，见微知著，由隐而现，发展而来，体现了人的自身发展与自然发展的和谐之说。成都市双流区坚持以人为本，产城融合，建设职住平衡生态宜居的生活社区，践行"满足人民群众对美好生活向往"的发展初心，适应产城一体、职住平衡、动态调整城市空间格局，围绕人的发展、人的感受、人的需求，以社区为基本单元布局生产、生活、生态、游憩、消费功能，营造人与自然和谐相处、公园与社区无界融合的社区绿色新形态，构建人居、休闲、文化、教育等融合叠加的社区服务新场景，建设功能复合、宜居宜业的品质生活新空间，让"像成都人那样生活"成为潮流风尚。

（三）打造彰显公园城市特质的社区生产、生活、生态场景

《庄子·齐物论》中讲万物"自化"曰：罔两问景曰："曩子行，今子止；曩子坐，今子起；何其无特操与？"景即影子，罔两是影子之外的微阴，也就是说，影子随形而定。郭象后注为："世或谓罔两待景、景待形、形待造物者。"表明万物皆自造，各有所适，各有所得，正是自然。所以，生物与其成长的环境有密切关系，生物所住、所食、所有的技能都各有不同，有一定的适应性。荀子的《天论》集其大成，是中国古代人与自然关系思想的一个顶峰。《荀子·天论篇》："从天而颂之，孰与制天命而用之？大天而思之，孰与物蓄而制之？"强调了人要参与自然，改变自然，以为人用，主张"制天命而用之"，即掌握自然的变化规律而利用它，造福人类。成都市双流区建设城镇社区更加宜人宜居、智慧智能，乡村社区更加望山亲水、乡风文明，产业社区更加功能复合、职住平衡，美丽宜居的公园社区建设取得阶段性成果。市民休闲生活方式多样性指数达100%，社区服务功能设施覆盖率达100%，30分钟绿色通勤居民比例超过60%，居民对社区治安环境的满意度达90%以上，居民社区生活满意度达96%以上。

通过对"和谐共生"的传统文化理念的深刻实践，人与自然和谐相处的价值理念贯穿于城市建设和治理的全过程，落实到社区、小区等基层治理主体，以"创新、协调、绿色、开放、共享"等理念探索社区发展新路径。双流区构建旧城改造后，城市街区打造的新面貌，同时注重"和美"二字，将社区建设

与"和谐共生"的价值理念相结合，推动社区服务提升，社区精细化治理。同时，推动"和谐共生"理念向住宅区、庭院等微型单元延伸，向工业功能区、商圈建筑等新兴领域拓展，推动绿色生态城市发展，实现了"乡村变社区、社区变公园、村民变市民"。

双流区城市建设和治理就是在生态文明建设基础上，走生产发展、生活富裕、生态良好的文明发展道路，彰显深厚的文化底蕴，打造彰显公园城市特质的社区生产、生活、生态场景，加强城乡社区治理和服务体系建设，实现共建共治共享的整体重塑，形成了自己的"和美"社区文化特色。"和"是和谐，"美"是共生，"和谐共生"是中国传统文化一以贯之的追求。"天人合一""致中和，天地位焉，万物育焉"等强调了人与人、人与自然的和谐。习近平总书记指出："中华民族向来尊重自然、热爱自然，绵延5000多年的中华文明孕育着丰富的生态文化。"成都作为一座代表"人与自然和谐共生"的城市，是古蜀文明的重要发源地，"天府之国"的中心，有着世界罕见的3000年城址不迁、2500年城名不改的历史特征，肩负国家赋予的建设公园城市示范区的时代使命。

四、以传统文化来构建中国式现代化

众所周知，乡土是中国社会的底色，乡土社会中传统文化维系了中国社会的稳定和发展，中国式现代化更有着乡土中国的投影。数字时代的技术革新是对传统生产方式的超越，是物质资料的极大丰富，但并不意味着和传统割裂。据此，当乡土底色逐渐褪去的时候，将传统文化与技术手段结合，让和谐共生与数字共生成为中国式现代化特色，才能应对数字技术对传统社会的"单向度"冲击。

首先，传统文化要给数字化"立心"。《乡土中国》中的很多观点有了时代的呼应，反映了中国乡土社会在现代社会中所呈现的不同特点，甚至是病变，但是有意识保留乡土文化中的观念可以促进"以城带乡"。一方面，坚持城市发展数字化的基本取向。"互联网+"、互联网基层管理服务平台、智慧社区建设等都是由单向管理转向双向互动的治理模式，从线下转向线上线下融合，提升矛盾纠纷化解、倾听社情民意、回应群众关切、提高数字化治理能力采用的一种技术处理方式。新时代"枫桥经验"就是畅通和规范群众诉求表达、利益协调、权益保障通道，及时把矛盾纠纷化解在基层、化解在萌芽状态，数字技术手段更会让"枫桥经验"发扬光大。另一方面，最大限度吸收传统乡土文化的智慧，如"天人合一""和谐共生"等自然理念可以规范人们的观念与行为，维持秩序上的认同，传统美德不仅是中国文化的"最大公约数"，也对数字时代产生的一些道德观念有着正本清源的作用，具体体现为在社区开展"文明家庭评比、乡绅榜样建设、环保卫士"等。同时，数字化与城市化让人们对社会空间有着前所未有的体验感，进而引发"乡愁"之情，这也为社区治理提供了新思路和新方法，既为社区文化建设注入新活力，增强人们对社区文化的认同感，进而促使人们主动参与到社区建设中来。

其次，传统文化为人工智能"赋情"。大语言模型应用到社会治理中，会更有"人情味"。基于其突出的语言能力，可以和居民无障碍交流，自主判断居民情绪变化，进行语言交互，同时可灵活处理群众诉求。那么，基层工作人员就可以通过系统性的职能培训来减轻负担，如可以利用 AI 进行语音转写、情绪职能识别、社区问题处理办法汇总、风险实时预警等各项实时辅助能力。同时，大语言模型在部门协调中同样可以协助信息共享、知识库共享，减少信息孤岛，让管理者实时了解治理情况，并能给管理者提供基于数据的研判和分析，帮助管理者全面了解情况，做出合理决策。技术革新带来"智力"和"慧治"，智能化必将进一步延伸社会治理的范畴，拓展社区治理的"脑力"，有效支撑和撬动社区治理，实现精准高效。智能化则体现了科技的本义，是对"人"的提升而不是简单地取代"人"，是人类向更高文明发展的大趋势。

最后，实现传统文化价值理念的现代重构。习近平总书记指出："现代化不是一个单选题""一个国家的发展道路，只能由这个国家的人民，根据自己的历史传承、文化传统、经济社会发展水平来决定"。数字时代已经从传统血缘宗法中脱离出来，进入了现代性的"陌生人社会"，传统文化是一种有"根"的文化，也是在农耕文明中发展出来的"共生"文化，承载着数千年的生活、恒久的价值和传统。数字时代的城乡文化有了新的内涵，既是优秀传统文化与数字技术的有机结合，也是乡村和城市的深度融合。传统文化价值理念的保存也不是数字技术革新的包袱，不断推进传统文化价值理念与时俱进，提升传统文化价值理念的发展水平，促进数字技术发展，将"和谐共生"等价值理念转化为人们的思想观念和自觉行动，才能深深扎根在人民群众之中。如2023年6月2日的创意文博会，搭建了元宇宙VR体验区，从《千里江山图》中的人文和谐到"8K+5G"艺术形式的打造，中国在传统文化数字化领域不断探索，有了一大批雅俗共赏的视听盛宴，实现了优秀传统文化数字时代的"扎根"。

五、总结和讨论

回顾乡土中国，其实是想谈论新的现代化应该怎么重构，怎么实现。目前关注的共同富裕、城乡融合治理、县域一体化，这一系列话题都源于一个根本变化，即数字时代带来的乡土中国变革。

其一，中国式现代化是传统与现代交织的现代化。从历史角度看，费孝通先生的乡土中国引起人们的强烈共鸣，乡村是中国的根，乡土中国也是中国无法绕开的底色。从传统治理角度评价乡土中国，当然是维持了中国社会的稳定与持续的文化传承，而从新的角度再次回顾乡土中国，那就不能只是考虑稳定的因素，而更要考虑实现现代化治理的要素。乡土文化与数字技术的融合愈加明显，就愈加说明乡土文化不止是一个文化传承，也可以说是现代化不可缺少的文化要素。从这个意义上讲，乡土文化的价值发生了变化，意味着要找到新的可能性。

其二，打破城乡二元对立的思维和研究模式。从实践角度看，纵观20世纪的中国，可谓是"现代化史"，这样的现代化是以城市为主流叙事的现代化。但成都市双流区在数字进程中却找到了乡土文化与城市建设实践结合的切入点，"和美"社区建设具有典型性。"和谐共生"的理念实践价值是中国式现代化的特色之一。今天我们不仅关注，更是将"共生"要应用到中国式现代化建设的方方面面，让城乡建设和治理变得有善、有美、有温度。

其三，直面中国问题和总结中国经验。在城乡中国间寻找更多的资源，重提传统文化价值并不是要回到过去，而是延展未来。习近平总书记在党的二十大报告中明确强调"两个结合"，是我们坚定信仰信念，把握历史主动的重要遵循。对于迎面而来的数字时代，更要清楚地看到前景，乡土中国的变革将改变一个国家的文化底色，改变社会治理方式方法，牵一发而动全身。2020年的新冠疫情给世界格局带来了大变化，给人类文明提出了新问题、新使命，同时也让所有文明的内在矛盾显现，这为中国的历史和现实的反省提供了一个新的契机。这种情况下，对于中国问题的正视更加迫切，对于中国经验的总结也更加亟须，这就要求我们必须以中国智慧——"共生"为核心去看待乡土中国走向城乡中国的历史进程。

［龙昊廷：中共中央党校（国家行政学院）研究生院博士研究生］

第五编　双流经验

东升街道社区发展典型

共享全龄友好亲和白鹤
"一荟四邻"友邻善治新表达

白鹤社区位于东升城区中部，辖区面积约1.27平方千米，辖10个居民小组，常住人口1.033万户，2.9万人，社区党委下辖46个党组织（党总支9个、党支部37个），党员846名。辖区有商品房小区23个，老旧院落69个，城中村10个，市场4个。它是一个老旧院落多、服务人口多、少数民族多的城市社区。基层治理和民族团结工作是社区最大特色，小区治理经验和做法受到中央电视台《新闻联播》关注报道，曾作为全国民族团结进步创建经验交流现场会点位之一。2020年12月底，白鹤社区和欧城花园分别获得第五批四川省民族团结进步示范社区和示范社会组织；2021年6月，白鹤社区被评为双流区"先进基层党组织"；2022年4月被评为"成都市百佳示范社区"。

一、案例背景

白鹤社区具有党员多、小区院落多、城中村多、商家多等特点，是一个典型的多民族聚集社区。因为配套设施不完善、停车难、生活习惯等问题导致了居民矛盾纠纷多、管理难度大、服务能力不足等问题。白鹤社区坚持党建引领，不断深化社区发展治理,积极推行"1+211"小区治理机制,并以全龄阶段居民的多元化、多层次需求为导向,创新营造以"一荟四邻"为特色的全龄友好亲和社区。

二、工作举措

(一)搭平台、营场景,"一荟四邻"共绘友邻善治"同心圆"

在社区党群服务中心打造"一荟四邻"全龄友好新场景。"一荟"是指社区活动中心"鹤邻荟";"四邻"是指社区搭建的祥鹤乐——老年分享平台、青鹤舞——青年畅想平台、童鹤梦——儿童活动平台、娴鹤情——妇女交流平台。社区以"以邻为伴、与邻为善、与邻为友"的亲和理念,挖掘盘活社区资源,全力营造"友邻善治"的居民生活新场景。在社区党群服务中心打造"一荟四邻"全邻居民共享空间;变废为宝,将欧城花园小区的飞机改造成了一家可参与、可体验的民族特色超市,变身网红打卡地,还登上新浪热搜。在"飞机"里,居民们可以喝茶、打牌,可以逛超市买东西。特别是在疫情期间,飞机超市还为居民提供24小时送货上门服务。飞机机腹下面,居民们可以跳坝坝舞、喝坝坝茶、乘凉打堆,聚在一起摆龙门阵。小区废弃水池已被建设成为党群活动室、居民之家。通过场景营造,社区党群服务中心为居民提供美好生活新体验,让居民在社区里更有归属感。

(二)建机制、凝共识,"1+211"共建小区治理"共同体"

社区率先在欧城花园小区寻找达人,发掘了小区治理达人——泽洛、道德模范达人——张振业、艺术文化达人——江昌伦等。探索建立小区党组织为核心,业主大会+业主代表大会和业主委员会、监督委员会共同参与的"1+211"治理机制。利用小区党支部、业委会、监委会联席会议议事平台,小区确定了业主接待日、联系日,组建了党员群、业主代表群和业主群,搭建起公开透明、广泛参与、畅所欲言的议事平台,广泛收集业主意见。建立了议事制度,对小区重要事务,均先由党组织把关,提交业委会、监委会讨论,再提交业主代表大会和业主大会审定,每一步都在群里公示,集思广益形成共识,杜绝少数人拍脑袋决策。不仅增强小区业主们的自治管理能力，也顺利推动小区自治组织依法设立、依法运转，形成了共建共治共享的格局。小区形成了"有话好好说"的共识，做到了"小事不出小区、大事不出社区"。目前，该机制受到央视和新华社等国家级媒体关注。2019年以来接待全国各地参访学习团162场2 800人。2022年，省政协副主席李昌平、中央书记处书记、统战部部长尤权等领导先后亲临欧城花园进行调研，给予了高度评价，评价欧城花园是"民族团结的典范、基层治理的样板"。同时，小区作为全国民族团结进步、创建经验交流现场会点位。

（三）强载体、激活力，"自治学院"共育社区治理"内生力"

居民归属感强了，小区和谐友爱，进一步思考如何壮大自治队伍、提升治理能力，储蓄服务能量源。创新成立的"自治学院"，社区书记担任"院长"，社区达人轮流当"讲师"，分享治理经验，做好小区达人、居民骨干、微网格员、志愿者等培训工作。通过"线上视频＋线下现场培训"方式，以贴合居民特点为出发点，多维度、多层次讲解矛盾化解、环境整治、小区治理等方法。每月定期邀请优秀治理达人、志愿者分享工作经验，相互激励，全面提升工作能力，健强健全每个小区、自治组织，实现党建引领下共建共治共享的基层治理新格局。截至目前，"自治学院"培育孵化自治组织58个，每年评选出10个微公益创投项目。

打造"丰式体育"社区治理品牌
共享健康美好生活

成都市双流区东升街道丰乐社区辖区面积2.45平方千米，下辖14个小区，其中安置小区4个、商品房小区10个，户籍人口3 568人，服务人口35 117人，社区共8个居民小组，有学校、医院等10余家企事业单位。

丰乐社区放大区域资源优势，以"运动让生活更美好"为理念，以运动健康主题社区建设为主线，充分发挥社区主体性、社会工作者专业性、社区社会组织在地性、社区志愿者积极性和社区公益慈善资源的补充性，打造"丰式体育"社区治理品牌，有效提升了社区居民的获得感、幸福感和安全感。

一、案例背景

成都市双流区东升街道丰乐社区辖区内有占地面积234亩、建筑面积3.75万平方米的双流体育中心，集体育场、训练馆、羽毛球、篮球场、游泳场、足球场等为一体，是成都大运会主要赛场之一；有800余亩的白河公园、艺术公园配套建有公园绿道、健身器材等体育运动设施；社区拥有乡村篮球、羽毛球、拔河等传统体育活动。

二、社区治理现状及成效

丰乐社区探索打造运动友好型社区，以"一核引领"为核心，"五社联动"为支持，"全民乐动"为目标的思路开展各项营造工作，成立丰乐运动友好社区营造小组，为社区发展治理提供专业支持，为居民健康成长营造良好氛围。总结运用"四乐四好"工作方法，围绕居民参与机制、普惠服务、运动友好场景等方面，逐步实现社区"政策友好""服务友好""空间友好""氛围友好"。培育多支具有活力的社区特色的本土组织，满足社区发展需求，共建运动友好社区。挖掘发展社区能人骨干，鼓励参与社区规划、场景营造、社区治理等各类社会事务，促进社区共建共治共享。完善社区生活环境和参加体育活动以及体育娱乐活动，实现居民在身体、心理、社会和经济上的需求和权利，达到社会生活健康友好。

三、"创特色"工作方法

（一）强化党建引领，发挥社区治理主体作用

坚持以党建引领为核心，聚焦社区"政策友好""服务友好""空间友好""氛围友好"的"四友好"主题，全力打造充满活力的运动健康型社区。建设过程中，一是充分发挥社区党委的带头作用，通过党建结对方式，锚定"全民乐动"目标，整合辖区双流体育中心、运动公园等资源，利用体育中心普惠服务、公园、学校运动场地免费开放等为居民提供多元体育运动场景、提供多样化的体育健康服务；二是社区通过挖掘社区物业公司、社会组织、业主党员等党员骨干，激活社区治理中的"末梢神经"，推动多元主体共建运动健康空间、合办运动赛事、共享体育健康文化，形成了以党组织为核心，辖区企事业单位、物业管理、社区居民等多元主体参与的党建引领社区治理格局。

（二）挖掘运动文化，厚植社区体育土壤

一是打造社区运动文化IP。社区立足文化基础，通过意见征集、专家指导、大众评议、网络投票、空间打造等系统运动活动，充分挖掘丰乐体育文化内涵，形成了"运动丰乐五件套"——社歌《我爱我们的社区》、社区Logo、社区吉祥物"乐乐"等文化标识。二是开展"运动丰乐"场景化营造行动。在社区绿道、小区等公共场所植入运动元素，以彩绘、雕塑、游玩设施、运动体验等形式打造"乐享"主题运动友好服务场景及微运动区域，实现环境"里"

和"面"双美化。三是开展社区体育活动。结合社区趣味运动活动、社区运动文化节、家庭总动员助力环保大运动等系列文化活动，树立了"运动让生活更美好"的健康导向，凝聚社区全民体育文化共识。

（三）建立多元参与机制，打通社区体育共建渠道

一是通过党建结对、社区议事会渠道，联动辖区体育中心、东升二中、香港现场管理协会（OSM）等社区企事业单位，推动企事业单位共同参与社区治理，实现资源互通、信息共享、活动合开、单位共建；二是依托小区议事会、小区管委会、物业管理中心等平台，推动小区物业公司、业委会、管委会等自治组织参与社区治理服务、社区规划；三是建立项目化管理机制，依托社区保障资金、市级区级资金，投入资金70万元，以社区治理项目调动辖区各类培训机构、志愿者队伍和居民自组织等资源，引入3家专业社会组织，入驻专业社会工作者13名，培育组建了10余支社区自组织队伍，挖掘社区志愿者130余名，推动居民共同参与社区文化场景建设、体育运动和文化建设等活动。

（四）开展品牌服务，提供社区多运动需求

一是开展八大大众体育活动。把准赛事消费的新机遇，联动辖区企事业单位、社会组织、能人骨干和志愿者队伍等各类资源，以"共享运动空间体能训练营""燃烧吧·小宇宙社区运动节""走路就是做公益——第二届公益乐跑""垂直马拉松"等八大品牌运动项目贯穿全程，引领社区运动新时尚。二是拓展"体育+"模式。充分利用常年举办大小体育赛事的巨大人流，引入区域内美食、文创、便民服务等个体工商户，嵌套开设"生活市集""社区体育美食周"，在完善赛事配套服务的同时，提升社区治理主体的自我造血能力，带动区域经济发展和社区治理的持续深化。

（五）培植参与理念，营造全龄参与氛围

坚持"全龄参与"理念，立足社区不同类别居民群体的需求和生理特点，因地制宜地打造不同的运动场景，分类开展系列运动活动。一是针对社区老人、儿童、家庭等普通成员，通过在小区、绿道、广场等社区公共空间安装高低单杠、腰背按摩器等健身器械，带动居民共同参与社区运动角、体育文化空间改

造美化行动，举办共享运动课、暑期体系兴趣班、楼栋垂直马拉松障碍赛、亲子运动会、乒乓球羽毛球比赛等简单易参与的体育运动，满足居民日常的体育锻炼需求；二是针对社区热爱运动的"达人"，邀请他们成为社区运动大使，开展社区吉尼斯运动挑战，阶段性地开展社区短程马拉松——公园定向赛、环湖自行车赛、日行一万步、百公里跑团等全民运动节主题活动，以运动达人带动更多社区居民了解并参与体育锻炼，营造了全龄参与的体育氛围。

四、"创特色"任务清单

丰乐社区探索以体育健康为主导，在居住环境、基础建筑、社区建设与人体健康之间建立的一种紧密联系，使居民们在生活、工作、休闲时都能体会到体育的乐趣，达到身体健康、免疫能力提高等目的。围绕居民参与机制、普惠服务、运动友好场景等方面，逐步实现社区政策友好、服务友好、空间友好、氛围友好。致力进一步打造"全民运动友好型社区"，并已取得一定成效。在此基础上，"全民乐动IP打造"成为目前丰乐社区服务体系中的一项重要工作，通过"五社联动"工作方法，2023年将以继续升级"乐动IP"品牌营造为主要任务，争取形成社区自造血模式，促进社区可持续性发展。基于此，社区任务包含：

（一）继续开展全民运动友好型社区品牌推广活动，通过多种形式的活动来促进社区品牌的知名度和影响力

社区将组织一系列丰富多彩的运动比赛和文化节活动，包括大型的公益乐跑主题活动、乐动达人积分挑战赛、社区铁人三项挑战赛等。这些活动不仅仅是比赛，更是一个共同体验健康、享受运动乐趣的机会。还将制作社区健康小视频等形式，以更加生动形象的方式传播运动健康理念，吸引更多的居民参与到体育健康活动中来。这些活动将为居民们提供一个共同竞技、交流和展示的平台，同时也将成为社区品牌推广的重要载体，促进社区品牌的知名度和影响力的提升。相信在全民运动友好型社区品牌推广活动的带动下，更多的居民将会加入体育健康活动的行列中来，共同享受健康和快乐的生活，为社区的发展和繁荣助力。

（二）打造全民乐动IP，通过推广，提升社区品牌的知名度和影响力

为此，不仅将乐动IP设计成一个富有魅力和个性的形象，还将周边产品的设计和生产作为一个关键的发展方向。在这个方向上，社区已经开始设计和生产各种乐动IP周边产品，包括精美的乐动IP盲盒产品、时尚实用的运动水杯、柔软舒适的运动毛巾等。这些产品不仅具有独特的设计和高品质的制作工艺，而且都以乐动IP为主题，让人们在使用的过程中不仅能够享受到实用性和美感，还能够感受到乐动IP所传达的精神内涵和品牌价值。通过这些周边产品的设计和生产，社区将进一步巩固乐动IP的品牌形象和知名度，同时也将为社区居民提供更加优质和实用的产品和服务，为全民健康和运动做出更大的贡献。

（三）通过"五社联动"的工作方法，积极加强与周边社区的合作和交流，形成合作共赢的局面

社区不仅在体育健康领域开展了广泛的交流和合作，还在其他领域不断拓展合作的空间和范围。为了更好地促进社区间的交流和合作，社区将组织一系列充满活力和热情的体育健康交流会，让人们在轻松愉悦的氛围中互相了解和学习。此外，还将联合周边社区一起举办各类运动会，为大家提供了一个共同竞技和交流的平台，进而建立更加紧密和友好的联系。

（四）推动社区自我发展模式的建设，以促进社区的可持续发展

为此，社区计划组织社区志愿者，创建一个以社区运动为主题的消费场景，以连接外部资源并引入年轻人喜爱的市场产品，例如丰乐"乐仔"手伴和"乐在交友"盲盒等社区运动IP周边产品。通过这种方式，促进社区经济的发展，同时改善社区居民的生活质量。这些产品和活动将吸引更多的人参与社区生活，并提高他们对社区的认同感和参与度。我们相信，通过这些努力，可以打造一个更加繁荣、充满活力的社区，让居民们在这里生活更加幸福、舒适。

（五）在宣传推广方面，社区将采用多种方式来推广社区运动品牌

首先，社区将与社区广播和社区电视台合作，制作并播放社区运动品牌的宣传片，以吸引更多的观众。此外，还会积极运用社交媒体平台，例如微信、

微博、抖音、小红书等，发布社区运动品牌的宣传信息、活动信息以及产品信息，以便让更多的人了解社区的品牌和产品，并与社区互动交流。除此之外，还会在社区内张贴宣传海报，包括活动海报、产品海报、品牌海报等，以吸引社区居民的注意力，并提高品牌知名度和关注度。通过这些宣传推广渠道的开发与投放，相信可以更加全面、有效地推广社区运动品牌，并将品牌形象深入人心，让更多的人认识、支持和参与到社区的品牌建设中来。

五、主要成效

（一）社区体育营造路径持续优化

社区通过"搭平台、建机制"，实现了社区体育的可持续开展；社会组织和社会工作者通过"强专业、优服务"，实现了社区体育的高质量发展；社区志愿者和社区公益慈善资源通过"广参与、增活力"，实现了社区体育的深入化开展。"五社联动"同样逐渐成为社区体育的一种基本逻辑和日常方法。

（二）社区体育共建共治格局逐渐成型

通过调动多元主体共同参与社区体育规划、场景营造和运动健康服务的积极性和能动性，形成了"一核引领、三社共建、全民参与"的社区治理格局，畅通了辖区企事业单位、商家与社区居民沟通交流的渠道，在实践中培育了一批优秀的商企合伙人、社群合伙人、个体合伙人及公益合伙人，着力形成共驻共建、优势互补、资源共享的良好局面。

（三）社区体育共享健康生活场景已然落地

通过运动健康主题社区建设行动，发动居民共创，打造了深入人心的运动文化IP，提升居民对社区运动文化认同感；通过社区运动角改造、楼栋文化绘等活动，建成运动户外运动微场地30个、在小区、绿道、广场等社区公共空间增设健身器械21个，改造社区运动角12处，建成运动微绿道5处，打造了社区5分钟高品质运动圈；根据居民需求，以运动会、运动课、兴趣班、体育美食节等多样化的形式带动全民参与体育健身活动，经常性参加运动人数达3 000人以上，打造了充满活力的运动健康型社区。

中医文化传承的全龄、全域、全健康葛陌发展路径

据《元和郡县志》载，诸葛亮旧居在双流县（今双流区）东北八里，今谓之"葛陌"。葛陌社区坚持"党建＋治理＋服务"的治理理念，充分发挥党建引领作用，以深挖诸葛文化，打造底蕴深厚的高品质人文社区。社区将修身养德、齐家治国的诸葛文化提炼为以"廉、德、勤、进"为要义的葛陌精神，以文塑形、以文促治、以文助商、以文优服，探索构建"五联四化"的治理机制，将社区治理做深、将社区发展做实、将社区服务做细，真正让党员群众"动"起来，让机制运行"实"起来，让党建品牌"亮"起来。近年来，社区先后获得2021年度成都市党建引领城乡社区发展治理示范社区，2021年双流区党建引领示范社区评选三等奖，2022年成都市百佳示范社区，成都市书香社区、双流区示范书屋，东升街道党员廉政教育基地等荣誉。

一、背景介绍

中国共产党的十九大报告提出要实施健康中国战略，全民健康首次成为国家战略。《"健康中国2030"规划纲要》指出，健康社区建设是实现健康中国的重要抓手。健康社区的核心是以人为本，强调全民健康，考虑对全龄居民友好，其中尤其要考虑长者、儿童等弱势群体的友好性。

葛陌社区辖区面积3.5平方千米，目前常住人口21 524人，下设7个居民小组，原住居民仅有1000多人，大部分居民为近年城市快速发展新迁入的人员。辖区内存在着无学校、无医院、无农贸市场等现实问题。

为破解上述城市快速发展中面临的难题，葛陌社区"两委"坚持党建引领，积极协调，搭建沟通平台，邀请相关部门、行业协会等专业人士针对居民反应的基本就医难、就医远等关系社区群众切身利益的事，在双流区东升街道党工委的支持下，社区联动社会组织引进古法中医传承人卢斌担纲的古法中医诊所。

二、评估分析

（一）问题与需求

一是辖区居民就医不便。辖区内无医院，缺乏医疗资源，通过问卷调研分析发现80%的居民认为辖区就医远，就医不方便。辖区有常住人口21 524人，受新冠疫情影响，辖区居民对健康越来越重视，如何提高自身免疫力和身体素质，是目前辖区居民普遍关注的问题，辖区就医远，就医不方便是目前居民迫切要求解决的问题。二是引入中医医疗资源。社区刚刚引入了中医馆，由于在启动阶段，暂时没有发挥其作用。社区辖区有古法中医馆正在建设之中，需要进一步与其有效联动，为辖区群众提供专业高效的医疗健康服务。三是社区与中医文化结合。葛陌社区是诸葛亮先生的故居，社区在地文化资源未能充分发挥作用。如何将诸葛文化、中医药文化和中华传统文化相结合，发扬社区传统文化的同时满足社区居民的需求，引导社区全龄关注健康是社区的重要工作之一。

（二）资源与优势

一是空间资源：社区依托葛陌书院、诸葛文化大院、葛陌中医馆·卢斌古法中医诊所等空间营造运维活动阵地。二是人力资源：社区此前的社区总体营造项目已经发掘了一些居民骨干，培育了一些兴趣小组，为社区治理储备了人力资源；依托葛陌中医馆·卢斌古法中医诊所、远大林语口腔诊所拥有专业医师资源，可将其转化为社区专业服务的力量。三是文化资源：葛陌社区是诸葛亮先生的故居，拥有深厚的属地文化资源，社区致力将诸葛文化、中医药知识和中华传统文化有机结合，以文助推健康社区建设。四是组织优势：社区"两委"高度重视，多次配合项目邀请专家、医生、设计师，组织居民、社区工作人员到点位现场考察和调研，不断优化执行方案。五是品牌优势：葛陌社区独有的优秀诸葛文化闻名于外，中医药文化与中华传统文化一脉相承，项目创新将诸葛文化、传统文化与中医药文化相结合，"一大一小、多维角度"共同探索葛陌社区全龄全域全健康社区构建。

三、营造计划

（一）项目目标

将诸葛文化、中医文化、传统文化三方有机结合，以全龄、全域、全健康为长远目标，建立诸葛小郎中中医药文化宣讲团、诸葛青年健康科普志愿服务队、葛陌养生互助小组3支队伍，引导老年、中年、青年、少年群体参与社区治理，打破老年群体参与为主的现状，共同建设更具活力和创意的社区，营造全龄友好健康社区。一是文化传承目标。培育孵化诸葛小郎中中医药文化宣讲团1支，孵化葛陌养生互助小组1支，从"以小带大"入手，用儿童带动家人、邻居以及辖区居民共同参与健康家园建设，推动中医药文化事业发展，弘扬中华优秀传统文化。二是平台搭建目标。培育孵化1支由"专业医师+青年居民"组成的诸葛青年健康科普志愿服务队，联动辖区内外医疗机构，搭建一个互助医疗平台，建立长效医疗服务机制，构建辖区弱势群体健康支持网络，同时针对辖区全龄居民提供普惠医疗服务。三是空间活化目标。依托社区诸葛文化，营造儿童健康成长环境、健康知识科普环境、中医文化学习环境，盘活葛陌中医·卢斌古法中医诊所。

（二）实施策略

项目坚持以人为本的核心思想，以全龄、全域、全健康为长远目标，从"家庭健康"的角度出发，以空间利用、资源盘活、文化传承、五社联动四大途径落实开展，以3支功能性微队伍为抓手，搭建互助医疗平台，建立长效医疗服务机制，探索建立健康友好社区发展路径。

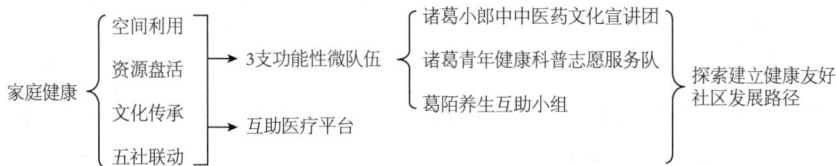

家庭健康 { 空间利用 / 资源盘活 / 文化传承 / 五社联动 } → 3支功能性微队伍 / 互助医疗平台 { 诸葛小郎中中医药文化宣讲团 / 诸葛青年健康科普志愿服务队 / 葛陌养生互助小组 } → 探索建立健康友好社区发展路径

四、实施过程

（一）强化队伍建设，助力全龄健康社区发展

一是撬动多元参与，培育健康志愿服务队伍。项目通过将诸葛文化、中医药文化和中华传统文化有效结合，并不断撬动新的人群参与项目实施，孵化培育诸葛小郎中中医药文化宣讲团（30人）、诸葛青年健康科普志愿服务队（26人）、葛陌养生互助小组（12人）3支微队伍。

二是传承中医文化，根植健康社区文化理念。通过开展中医药知识科普、中医药穴位推拿、诸葛小郎中亲子体验、诸葛小郎中中医药故事演讲大赛等孵化培育系列活动，挖掘培育青少年中医药文化宣讲团骨干30名。宣讲员通过参与诸葛小郎中中医药故事演讲大赛，宣讲诸葛亮的破解周瑜病源、含草避瘴、以中医论政等故事，多层次、多方位、多角度传播诸葛文化、中医文化；运用新媒体及家长朋友圈，线上线下矩阵宣传，以"小手牵大手"的形式吸引更多居民关注中医文化传承，在网络发起的投票活动访问量达27 578人次，累计投票95 903票，不断将中医药文化和健康理念深深根植于居民心中。

三是营造主题场景，盘活社区公共空间资源。在社区"小诸葛"儿童议事会的参与下，共同规划营造了诸葛文化主题公园游乐区、"小诸葛"儿童之家、中医药研学新场景科普基地等3个儿童发展场景。撬动中医馆医生轮流当讲师，常态开展公益中医文化宣讲，促进健康社区发展，助力中医药文化传承及教育作用发挥。

（二）凝聚社会合力，搭建医疗互助平台

一是充分整合优质资源，构建全龄居民健康支持服务网络。项目引入双流瑞璟中西医结合医院、江西仁和中方医药股份有限公司、承启堂中医馆、四川

省消防协会科普教育工作委员会、成都市营养协会、成都市研学旅游协会、小小郎中说中医药故事公益演讲大赛组委会、成都勤必达科技有限公司、四川圣贤书院等外部资源，整合了辖区远大林语口腔医院、葛陌中医馆·卢斌古法中医馆等内部资源，共同构建全龄居民健康支持服务网络，形成社区居民15分钟医疗圈，最大程度满足了社区患者就近就医需求。

二是不断完善服务举措，落实常态化服务机制与帮扶机制。项目实施过程中，社区和辖区医疗单位共同签订了共建协议，确立了葛陌互助医疗平台常态服务机制与弱势群众帮扶机制。首先，是针对辖区老、中、青、幼四个年龄阶段的居民开展针对性服务；其次，是以包片管理模式常态为辖区登记在册的9户弱势家庭提供入户体检和健康检测服务，并建立个案健康管理服务档案；最后，社区与卢斌古法中医诊所还达成协议，由社区提供名单，卢斌古法中医诊所拿出每天利润的10%免费给辖区内的贫困家庭提供诊断治疗服务。

三是持续优化平台效能，提供15分钟零距离便民医疗服务。项目通过以健全弱势群体关爱服务体系为突破口，统筹政府、家庭、社会资源力量，充分发挥诸葛小郎中中医药文化宣讲团和诸葛青年健康科普志愿服务队伍作用，向辖区居民提供分层志愿服务，开展健康360·送诊进小区，为辖区老人提供公益问诊服务，并针对口腔、视力、慢性疾病预防、冠心病、骨质疏松、关节穴位等健康知识宣讲服务；开展健康管家"管到家"主题活动，联动葛陌中医馆、远大林语口腔，针对弱势群体开展个案服务送诊到家系列服务，对其进行健康监管服务；开展健康管家公益活动，设立健康管家流动点位，覆盖辖区小区、院落，针对居民关心的饮食健康、心理健康、家庭教育等方面提供"管家问诊"服务，把健康带到居民身边；动员辖区葛陌中医馆、远大林语口腔每周四下午常态化为辖区居民提供义诊、免费针灸推拿、儿童牙齿涂氟等公益服务，让居民在家门口就能享受到"五星级"的社区医疗服务。

（三）加强五社联动，探索三全社区长效发展机制

项目通过组织开展全龄健康友好社区建设发展论坛，邀请社区书记、社治专家、川大学者等参与讨论，集思广益，为葛陌社区健康社区建设长效发展提供思路，共同探索三全社区长效发展机制。论坛中，确立了葛陌社区未来将建设一个集健康生态环境、健康个人身体、健康个人心理、健康邻里关系和健康

社区经济等要素为特点的健康社区。在论坛上社区联合成都市慈善总会成立了葛陌社区慈善微基金，进一步加强了社区与社会组织、社会工作者、社区志愿者、社区慈善资源"五社联动"。

五、项目成效

（一）孵化功能性微队伍，扩大健康教育覆盖面

通过专家讲座＋互动体验＋实践操作的方式培育孵化诸葛小郎中中医药文化宣讲团、诸葛青年健康科普志愿服务队、葛陌养生互助小组3支功能型微队伍，建立健全队伍运行机制、组织架构，队伍全程参与儿童健康成长环境营造，并常态化地参与中医药文化传播、健康理念传播、弱势群体帮扶等公益服务，共计服务辖区居民1 000人次，强化健康意识，提高了居民对中医药知识的普及率；挖掘中医馆医生于云海每周二至周日进行武术（太极拳、八段锦、五禽戏）及古琴公益教学，并挖掘社区养生达人肖青常态开展健康咨询、营养咨询服务。

（二）搭建互助医疗平台，逐步破解辖区无医院的窘境

互助医疗平台的搭建，建立了常态医疗公益服务机制与弱势群众包片制帮扶机制，为辖区居民提供个性化、精细化的健康管理和健康指导，提升了辖区区域医疗服务能力，促进建立分级诊疗体系，更好地解决辖区居民就医难、就医远的基本医疗卫生服务问题，逐步破解了辖区无医院的窘境。

（三）成立慈善微基金，为健康社区发展提供有力的保障

项目实施过程中，成立了社区慈善微基金，撬动了辖区10家商企助力微基金建设，共计募捐基金36 000元，同时与葛陌中医馆·卢斌古法中医诊所协定拿出每天利润的10%注入社区微基金，用于贫困家庭诊断治疗，形成以基金促服务，为葛陌社区健康友好社区建设提供资金保障。

（四）建立中医药研学新场景科普基地，搭建全民学习平台

在成都市研学旅游协会、小小郎中说中医药故事公益演讲大赛组委会、葛

陌中医馆·卢斌古法中医的支持下，中医药研学新场景科普基地正式落地葛陌社区，专家指导基地建成标准化、规范化的中医药综合服务区，宣传推广中医专家及中医适宜技术，为居民、学生群体学习中医知识提供了可视化、可体验的科普平台，持续提升辖区居民健康意识，有效发挥中医药研学新场景科普基地科普教育作用。

（五）加强媒体矩阵传播，助推中医文化传承与弘扬

四川电视台科教频道、中国日报、人民网四川频道、西南商报、四川社区网、今日头条等主流媒体及自媒体矩阵宣传47次，进一步提升了辖区商居共建"三全"社区信心，助推中医文化传承与弘扬。

项目以队伍培育撬动辖区老、中、青、幼四个年龄阶段的居民共同参与，多措并举，以社区慈善微基金提供资金保障，以平台搭建系统性提供健康服务，以媒体宣传扩大受益覆盖面，传播健康知识理念，从而形成健康社区长效发展机制，加速推进了全龄、全域、全健康社区建设。

六、经验总结

健康社区建设的核心是以人为本，强调全民健康，考虑对全龄居民友好，其中尤其要考虑对长者、儿童等弱势群体的友好性，项目从老、中、青、幼四个年龄阶段的居民分层入手，搭建互助医疗平台，尽量满足各年龄阶段的健康需求，通过"五社联动"机制，聚合多方资源，建立全方位的服务保障机制，并发挥文化浸润人心的潜在作用，推动公共空间活化，营造可视化、可体验的科普文化场景，引导辖区居民全民树立健康意识，共同建设全民健康友好社区。

七、项目反思

（一）全龄健康友好社区建设是一个长远过程，不能一蹴而就

必须坚持党建引领，结合"政府主动有为"和"社会积极作为"，"自上而下"和"自下而上"相结合，构建更为平衡的多元主体关系。

（二）坚持以居民需求为导向，提升专业服务效能

扩大"个案管理"和普惠性医疗覆盖面，深度挖掘社区居民健康需求，逐步完善相关体系建设，并对培育自组织加强监管，与他们建立相对独立的合作伙伴关系，逐步提升居民自治能力，激活基层的多元力量。

大融广都　领舞生活

广都社区坚持党建引领，以"大融广都　领舞生活"为核心理念，创新工作方式，努力建设高品质和谐宜居生活社区。一是党建引领。以服务型党组织建设为核心，在小区设立党支部和楼栋"红管家"，着力增强基层党组织服务功能。二是文化驱动。打造"蓉城一家亲"公园，成立民族服务站，设立民族销售区，为少数民族居民提供零距离便民服务，以民族文化宣传队为载体，先后开展民族活动500余次；以"状元文化"为内核，精心打造状元文化街区，前来游玩打卡的市民络绎不绝。三是服务提升。精心打造一厅四苑和海棠·VI，整合社区资源、空间，引入6家专业社会组织，打造特色民族、状元文化，为居民群众打造亲民、魅力、和谐、创新的平台。党建引领下，社区进行亲民化改造，提升服务水平，深入挖掘在地文化，打造"微更新""微公园"等景观，先后荣获四川省民族团结进步示范社区、四川省民族团结进步模范集体、四川省民族团结进步教育基地、成都市"蓉城先锋示范基层党组织"、成都市书香社区等称号。

一、坚持党建引领，构建社区党建共同体

广都社区多民族聚居，针对辖区驻区单位多、"两新"组织多，流动党员多等实际，街道党工委和社区党委按照"区域统筹、条块互动、融合链接"的思路，坚持党建引领，完善区域化党建常态化机制、搭建组织生活载体，形成全覆盖、广吸纳、动态开放的社区党组织体系，打造有力度、有温度、有深度的城市社区党建共同体。

（一）聚合资源，构建区域化党建联盟

深化区域化党建互联互动机制，加强社区"大党委"建设，建立健全"社区—小区—院落"的党组织架构，与辖区4家企业党支部结对共建，在小区设立三州功能性党支部和楼栋管家，常态化开展党建微项目活动。

（二）聚合功能，打造党建枢纽

以服务型党组织建设为核心，在功能上做"乘法"，在服务上做"加法"，打造满足社区居民全龄、全时、全民服务需求的社区党建综合体。打造占地2 000平方米社区党群服务中心。设立民族服务窗口，完善社区民族工作服务站，为少数民族居民提供零距离便民服务，为少数民族居民提供法律援助160余人次，开展医疗服务2 000余人次；社区结合民族特点，开展普法宣传、民族政策专题学习、文明引导志愿活动，"结对子"19对，参与群众超过2 000人次。在服务大厅引入OSM现场管理系统，为社区居民提供标准化的精准服务。打造社区党建工作站——"广都安驿"，每个月固定日期，免费组织商家为社区居民提供墙面刷新、管道疏通、洗衣、义诊等服务。打造"广都四苑"，广泛开展文化活动、居家就业、传承非物质文化手工蜀绣培训等活动，盘活、挖掘社区人才资源，用好社区能人（唐卡、剪纸），培养钩编、烘焙等2名社区能人。开设社区居民文创产品的展示橱窗，如黑水县特色产品展示台，打造洛呷唐卡工作室，建设藏书5 000余册的图书室，其中民族图书500余册。

（三）聚合力量，做实网格党建

社区按照"政治素质好、带头服务好、文明守法好、维护自治好、群众反映好"五好标准，评选党员示范户，激励党员主动参与小区管理；成立党员志愿者服务队，开展平安社区工程百日攻坚、"红海棠"进校园等活动。利用"天府市民云"、小区业主微信群等广泛宣传党的理论政策，为小区居民提供民生服务、办事流程等服务信息，推动党的服务从"地面"到"云端"无缝对接。

二、坚持分类治理，构建社区治理共同体

广都社区老旧院落多、流动人口多。针对社区人口快速集聚、社会稳定风险交织叠加、治理压力日增等难题，街道党工委、社区党委以实施分类治理为突破口，统筹推进精细治理、创新治理，打造社区治理共同体。有力促进治理目标从追求"社区突变"向"社区渐变"转化，治理理念从化解"社区问题"向"正向循环"转变，治理手段从"粗放型"向"精细型"转变，实现分类基层治理精准化、精细治理优质化、创新治理多样化。

（一）坚持统筹谋划，构建"五网四图三治"基层治理体系

织密"组织网""责任网""宣传网""信息网""服务网"，构建全覆盖治理网络；推进"资源图""责任图""态势图""流程图"四图合一，动静结合构建高效治理机制；推行"行业自治""街区自治""院落自治"，发挥行业协会自律作用、商家联盟带动作用、自治组织引导作用，构建全社会参与的共建共治格局。

（二）坚持供需对接，构建社区分类治理闭环

制定一本分类治理台账。建立社区资源清单、服务清单、需求清单和治理清单"四份清单"，对社区类型、基本情况、存在问题、整体需求、现有资源进行整体分析，描绘小区形象，把脉小区问题。制定一份分类服务清单，感知社区共性需求，了解小区个性需要，完善分类项目服务机制。

（三）坚持"双线融合"，构建街道+社区+小区融合互动的治理格局

将治理端口下沉到小区院落。在多民族聚居的商品房小区天伦家园，探索"1+211+N"（小区党组织+议事会和管委会+监委会和物业服务中心+其他社会组织）机制，投入20万打造"微绿地"，政府补贴20万加装两部电梯，为小区居民提供更加舒适的生活环境。在老旧院落小区欣和苑完善社区自治机制，小区党组织与业委会、监督委员会多方共同参与小区的管理和监督，业委会、监委会及小区能人小区开源节流，维护小区环境，排污、通行、停车、绿化等得以改观，物业费由原来的每平方米0.5元降为每平方米0.3元，物管费收缴率

达到100%。

三、坚持精美营造，打造社区共同体

广都社区是一个新型城市社区，近20年间，经历从农村社区向城市社区的转型。有转型的阵痛，也有"成长的烦恼"。针对社区居民停车难、老旧院落改造等普遍性刚需相对集中、文化体育类公共服务需求升级换代、不同民族、年龄段居民服务需求个性化等特点，社区坚持精美营造，全面提高场景营造能力，努力打造生产场景、生活场景、生态场景、人文场景、智慧场景等融合叠加的"15分钟社区服务圈"，让社区成为居民的生活共同体、情感共同体、文化共同体。

（一）造血＋反哺，打造协作生产场景

遵循活力导向，积极培育社区生活性服务新业态新模式，做强社区集体经济，反哺社区发展。利用闲置土地建设广都便民市场，社区居民小组居民每年可分红约11万元，租用社区拆而未征的闲置土地修建便民停车场，居民小组每年可分红3万元。社区将党建综合体公共空间进行线上线下共享出租，收入约3万元，全部存入社区基金。社区打造创业孵化基地海棠·VI，引进社区咖啡能人打造社区咖啡室，定期组织咖啡师培训等活动；培育创业孵化服务平台，在办公空间、人才招引、融资渠道、扶持政策等方面提供全方位保障，推动个体创业需求与社区服务供给零距离对接。

（二）共享＋服务，打造便民生活场景

面对居民不断增长的美好生活需求，社区遵循人本逻辑，更加突出社区服务的精准度，进一步推动社区服务从"有没有"向"好不好"转变。突出功能导向，按照共享集约开放原则，推进社区综合服务设施建设全覆盖；突出共享导向，打造社区服务联盟，利用辖区三个便民停车场，提供约300个共享停车位；利用欣和苑、道孚家苑等10个小区公共场地，提供闲时共享停车服务；设立民族销售区，提供140余个摊位，实现231人就业。突出优质导向，通过购买服务的方式，开展非遗文化剪纸、泥塑、唐卡绘画、扎染等活动。

（三）绿色+生活，打造社区生态场景

遵循美学价值，深入推进"两拆一增"，坚持"可进入、可参与，景区化、景观化"理念，利用转角空间打造"蓉城一家亲"主题公园。建设社区绿道、小游园、"微绿地"，内设民族文化长廊、健身器材、儿童游乐设施及"爱成都·迎大运"互动打卡点，设计社区IP——武嘟嘟，社区各民族居民在这里休憩、聊天、锻炼身体，组织开展民族文化活动。

（四）文化+体验，打造社区人文场景

遵循差异特性，按照社区多民族聚居的特色，形成具有不同感知体验的人文场景。建设全长116米的广都文化墙，从寻味广都、智慧广都、幸福广都三个板块，设置趣味翻转球，撰写"广都赋"，制作做工精致的状元府门头，设计状元打卡的装置，设置多民族文化人物剪影墙、互动网红针雕打卡装置、雕版印刷形式刻录56个民族的名称、"广都人的故事　广都人的生活"等版块，群众参与人数每天约100人次，荣获成都首届"美丽社区·共建共享"微更新创意项目二等奖。

党建引领　幸福三义的成长日志

2020年6月，经社区建制调整成立三义桥社区，并实行社区书记、主任"一肩挑"，目前社区党委成员7人、居委会成员5人。三义桥社区地处东升街道北部新城区，与普贤社区、永福社区、花园社区、双巷社区接壤，居委会办公地址位于东升街道金河路二段爱心公园，下辖东立国际花城、优品时代、人居都市阳光、人居紫云庭4个商品房小区和会馆（农安）小区1个，辖区面积1.3平方千米，常住人口35 892人，户籍人口6 711人，户数10 161户，社区党委下设党总支2个，党支部9个，有党员236人。居民小组6个，微网格142个。辖区有航都大街、金河路、航港路等街道7条，有白河、张家沟等2条河、渠，有优品道广场大型城市综合商业体1个，有企业和个体工商户590家，主要产业有餐饮、服务业等。社区党委和居委会成员11人，书记（兼任主任）1人，副书记2人，副主任1人，纪委书记1人，党委委员7人，居委委员5人，交叉任职1人。

一、社区渊源

三义桥，又称"周家碾"，始建于清代。据史记载，周家碾村落起初傍水景秀，然时发大水，令村民不得安宁。话说镇上有豪爽仗义三兄弟，见村民为水灾忧，遂共商筑桥。募数百车泥土，浇筑白玉样石块，作三桥孔，高9尺，宽15尺，精美结实。为答谢三兄弟义举，村民共推美名，曰"三义桥"。2020年三义桥社区成立。在党建引领的管理新模式下，社区以"三义"之"仁义、正义、信义"，以"宜居宜邻""一生而栖"为核心生活理念，党民商共建成都空港"宜邻之家"。

二、案例背景

三义桥社区地处东升街道北部新城区，成立于2020年6月，辖区面积1.3平方千米，是典型的新型城市社区。在新的起点上，三义桥社区面临三重考题：一是管辖人口众多，仅东立国际花城小区居民人数多达2.8万人，如何做到精细化治理？二是商家企业多，辖区有企业和个体工商户590余家，如何优化营商环境，实现共融发展？三是居民诉求多，5个小区均未组建业委会，小区居民结构又以25岁到55岁年轻家庭群体为主，如何撬动青年居民参与社治？在诸多挑战中，三义桥社区坚持党建引领，以社区"三义文化"为发展基石，打破常规发展治理思路，抒写下幸福三义的成长日志。

三、主要做法

（一）坚持组织驱动，做强基层组织细胞

首先是坚持党建引领。在社区党委牵头下，动员一批党员骨干担任党支部书记、委员，通过筹建小区、商区党支部，积极发动党的组织力量下沉，纵向构建"社区大党委+党支部+党员楼栋长"三级组织体系，横向构建"社区+商业综合化体+企业"区域化党建格局；其次是建立"红房子"党群服务阵地。为了让居民随时可以反映需求，社区在小区、商区安装了"红房子意见收集箱"，每周开箱整理，每月开展"问诊"服务，就像中医看病"望、闻、问、切"，统一收集、分类"问诊"，实现网格办理，精细化服务管理。

（二）坚持社商联动，共筑和谐营商环境

一方面，"两委"人员下沉助商，共谋发展。社区成立不到十天，工作人员便走访城南优品道管理方，召集企业、商家、住户座谈，收集了70多条共谋发展的意见建议，整理归纳5类16项服务清单，同时"两委"工作人员下沉，现场办公，对可解决的问题协调处理，精准为企业和商家提供"有温度的服

务"。另一方面，社商互动，搭建互助平台。在100余户的商家支持下，建立起三义桥社商联盟，并由社区链接资源，提供电销培训、直播带货等服务，拉动区域经济发展。

（三）坚持双向互动，社区文化推动志愿服务

社区立足于"三义"文化，将深厚的文化底蕴与社区发展治理工作相结合，通过精准招募、分类组队，不断挖掘青年力量参与社治，组建了"仁义""正义""信义"三义管家志愿服务队伍，分别针对志愿服务、安全服务、调解服务三大服务方向为居民提供精准服务，打破了志愿服务"一锅端"的粗放性服务习惯，让志愿服务更专业、更精准、更细致，实现社区文化与社区发展治理、社区志愿者和社区居民的双向互动。

四、主要成效

（一）促进了社区居民精细管理，搭建了居民诉求一站式解决平台

在党组织驱动下，挖掘到4名转业退伍军人担任党支部书记，其中全国道德模范1名、正团职1名、副团职1名、汶川地震救援部队优秀退役军人1名，成立了6个小区党支部和1个商区党支部，并实现了"红房子"意见箱以及党群活动中心"红房子加油站"在辖区全覆盖。自"红房子加油站"成立以来，共计收集到居民诉求58条，成功解决43条。2022年，社区持续推进"微网实格"党组织创建工作，支部由7个撤销组建为11个，建立了"1+142"微网络管理体系①，确保"一格一员""一格一策"。同时，社区创建"门楼会客厅"，以"拉家常"议事模式让居民诉求分类解决，服务工作扎实落地，服务居民达2000人次。据住在东立国际花城的龚沐铭讲述："现在的小区真正做到了小区事务有人问、有人管、有人牵头、有人办。"

---

① 1是社区党委，142是由一般网格划分的137个微网格和优品道专属网格划分的5个微网格组成。

（二）推动了社区社商联盟建设，创设了良好的航空港营商环境

2020年9月，在100余户商户的支持下，三义桥社区成功建立了社商联盟，截至目前，三义桥社区社商联盟成员单位103个，通过社商联盟相互联动，提升了辖区经济发展水平，进一步助推了区域经济发展。2021年8月，熙玉村酥梨滞销，在市委社治委的指导下，双流、彭州迅速达成"彭梨双销"的工作思路，在三义桥社区社商联盟的支持下，仅用一个月就将酥梨卖到脱销，并形成传统，2022年8月"彭梨双销"再获好评。通过联动社与商，让社区治理"活了起来"，平均每年帮助彭州葛仙山卖出酥梨75 000千克，谱写了一段"结缘彭州葛仙山，彭梨双销助力乡村振兴"的美丽故事。

（三）激发了社区青年志愿热潮，实现了社区治理队伍年轻化需求

社区以深厚"三义"文化为基石，通过组建"三义管家"志愿服务队伍，实现志愿服务精细化，在青年居民中反响如潮，吸引了大批年轻人参与其中。2020年"三义管家"成立以来，持续运营开展工作，人员由最初的30余人，增加至86人，40岁以上49人，40岁以下27人，其中，今年吸收青年志愿者10余人，志愿服务人员结构整体呈现年轻化趋势，为三义管家队伍不断注入了年轻的血液。队员中包括党员干部、高校老师、律师、医生、网络大咖等能人达士，年龄平均在40岁左右，是一支高水平、高修养、高素质的较为专业的团队。

三义管家队伍成立以来，一直积极参与社区各项事务，竭尽全力助力三义桥社区发展治理工作的开展，发动小区4 000余人参与社区公益服务，受益人数约10 000人次；同时，由仁义管家、信义管家自主策划实施活动4场次，累计服务约200人次，受到了社区和社会的一致好评。

五、经验总结

（一）打通了党组织联系群众的"最后一米"

社区成立以来，通过"两委"成员深入下沉，不断撬动党员干部，发挥党员干部的带头作用，并成立各小区党支部，为后续社区发展治理奠定了坚实基

础。以"红房子加油站"为阵地，实行"书记问诊日"，实现了小事不出小区、大事不出社区，切实解决了人民群众诉求，打通了党组织联系群众的"最后一米"。

（二）增强了志愿服务精细化和队伍自主性

通过三义管家志愿服务队伍的合理分工，分别针对志愿服务、安全服务、调解服务三大服务方向进行调整，打破了志愿服务"一锅端"的粗放性服务习惯，让志愿服务更专业、更精准、更细致。同时，三义管家由被动接受管理逐步转变为自主策划与实施，更好地发挥了志愿服务在基层治理与社会发展中的重要作用，实现了志愿服务的价值。

三义桥社区坚持党建引领，通过稳扎稳打，扎实推进各项工作开展，以居民的诉求为第一要义，坚持以人为本，为民服务，探索建立了"1327"社区治理体系（"1"指围绕党建引领为核心；"3"指传承社区"三义文化"；"2"指对标"宜居""宜邻"两大发展目标；"7"是指着力布局七大场景营造），并不断健全精细化治理机制，依托社区的生态价值和文化价值推动了空港"宜居宜邻""一生而栖"的品质社区建设。截至目前，三义桥社区成功创建全国示范型退役军人服务站、省级"六无"平安社区、成都百佳示范社区、双流区示范社区第一名、成都市党建引领示范社区、信托制物业示范小区、生活垃圾分类示范点、双流区2022年儿童友好社区"二等奖"、双流区妇联评为2022年度"优秀点位"等荣誉。

"全方位　零距离"：五洞桥社区 "360"社区发展模式

五洞桥社区地处双流区东升街道中心城区，辖区面积0.71平方千米，辖7个居民小组，30个居民小区院落，服务人口12 063人。辖区内有道路12条，区生态环境局区级行政单位1个，幼儿园1个，企业和个体工商户265家，主要产业为服务业、餐饮业、培训教育等。社区现有"两委"干部11人，下设7个党支部，在籍党员183人、双报到党员286人，先后荣获"全国民主法治示范社区""四川省抗击新冠疫情先进集体""四川省先进基层党组织""成都市党建引领百佳示范社区"等荣誉。近年来，五洞桥社区坚持"党建引领·双线融合"，同步推进社区发展治理和社会综合治理，"党建＋社企联盟＋志愿服务联盟"多元共治，让居民感受五洞桥的幸福与美好。

一、打造多用途社区党群服务阵地

五洞桥社区创新实施社企融合共建项目，引入商家一起为群众提供服务，共同建设"360"菜阜生活社区综合体，多种功能集于一体，积极探索"联系全方位、服务零距离"社区发展治理新路径，通过党建结对，把党群服务中心建设成为老百姓愿意来、留得住、耍开心的服务新场景。

商业方面：综合体一楼二楼建有便民超市、文娱活动、共享客厅等商业场所，为辖区内居民提供日用品生鲜售卖、文体娱乐、聚餐会友等服务。

便民服务：社区和商家共同办公、共同服务，打造社区会客厅、360便民服务站、社区智慧治理中心等，全方位提供便民服务。

公益互助：一楼的"小五帮帮站"与三楼的四家企业和两个社会组织共享办公场所，促进商家与社区融合，引导商家共同参与社区发展治理，同时提供共享场所为居民所用。

二、建设多功能新时代文明实践传播平台

一是打造文明实践新场景。构建"文明实践＋理论宣讲、社区治理、社区文化、社区服务"四个场景，打造"小五帮帮站""小五DIY生态农庄""共享会客厅""便民超市"等服务场所，让文明实践服务向"最后一米"延伸；利用破损围墙、老旧小区、微绿地、广场、背街小巷等建设新时代文明实践基地，打造"空港双流"拼搏精神宣传展示微窗口。

二是激发志愿服务新动能。五洞桥社区整合社区志愿者服务力量，打造社区"小五帮"志愿者联盟专属志愿者品牌，针对辖区居民不同群体、不同文化层次、不同年龄的不同需求，提供不同的志愿服务内容。

三、构建精细化"微网实格"治理模式

五洞桥社区积极完善"1+345+N"微网实格工作模式[①]，努力探索全面掌握实情、及时反映民情、迅速解决问题、有效服务群众的"微网实格"长效治理机制。

（一）一面旗汇聚"微力量"

强化社区党组织政治引领作用，推动网格党组织建设，建设小区"党群服务"阵地，引导社区党员群众积极参与"微网实格"工作。

---

① 1是党建引领，强化组织，建好阵地；345工作法：三定（定区域、定职责、定考核），四个一（一网一群、一网一牌、一网一册、一网一巡），五步事件闭环处置机制（收集上报→任务分配→监督处置→结果反馈→事件完结）；N是创新方式、多元共治。

（二）一张网推进"微治理"

织密四级"微网实格"组织体系网，"1+3+3+60"四级网格体系①确保全面覆盖、易于管理、服务方便、有效治理。积极探索"1+345+N"精细治理模式，努力探索全面掌握实情、及时反映民情、迅速解决问题、有效化解矛盾的"微网实格"长效治理机制。

（三）一股绳做细"微服务"

发动多元力量共同参与，引导辖区内单位、商家、物业等力量组建网格志愿者队伍，壮大网格服务力量。

（四）一平台建好"微桥梁"

建设"有事您来说、社区马上办"五洞桥社区"微网实格"群众问题反馈微信平台，畅通群众问题意见反映渠道，引导群众在微信小程序上报身边大小事，实现"人人都是网格员、人人皆是监督员、人人都是信息员、人人都是宣传员"。

（五）一条心提升"微幸福"

整合社区资源，吸引辖区多方力量加入"小五帮"志愿者联盟，壮大网格志愿力量，推动群众参与联动共治，让更多群众了解并参与到"微网实格"工作中来，推动基层治理水平提升。

四、开展多元化社区治理新方法

作为"全国民主法治示范社区"，五洞桥社区长期以来深化社区法治宣传教育服务，法治宣教阵地打造和法治活动一体推进。近年来项目化开展系列法治服务活动，突出抓好针对青少年儿童、老年人、特殊人群、困难群体等法治宣教服务，使社区居民的法治意识和法律素养进一步提高，依法维护自身合法权益的能力不断增强，有效推动法治社区进一步深化。

---

① 1总网格长+3一般网格长+3一般网格员+60微网格员。

社区同时推进法治文化小区、法治文化长廊、法治文化广场、法律服务站等一批法治宣传服务阵地建设，使社区群众零距离接受法治教育和法治文化的熏陶。

（一）建强组织堡垒，筑牢治理"主心骨"

五洞桥社区与辖区内知名律师事务所长期开展合作，共同建设法律之家、打造调解工作室，专业力量介入矛盾纠纷调解，让社区矛盾调解更专业、有法可依，以党建工作引领社会治理，从而全面激发社区活力，架起服务群众"连心桥"。

（二）建强信访渠道，筑牢治理源头

五洞桥社区要求全体"两委"干部主动"走出去""沉下去"，采取小组坝坝会、市民茶话吧、重点人员上门征求意见等形式，变被动接访为主动下访，接访、约访、下沉访问多种形式相结合，及时收集民情民意，有效化解各类矛盾纠纷和信访案件。对重点人员采取交朋友的帮扶方式，走进生活，促进了解，以心交心，准确掌握动态，提前帮扶到位。2020年以来信访案件呈明显下降趋势，完成率、满意率均达到100％，社区无一起信访积案，社会面保持长期稳定。

（三）建强社区"微脑"，筑牢治理平台

五洞桥社区依托街道"三大三快"智慧治理中心，结合派出所、街道信息数据收集和反馈，建设社区"微脑"——率先打造了社区智慧治理平台，实现"快响应、快调度、快处理"。平台整合数据管理、党建引领、安全防范、组织发动、网上政务、生活服务等功能，与东升街道网格助理、智慧治理平台、大联动网格平台等程序相链接，同时将小区智能安防系统、小区监控、传感等纳入管理，小区监控、网格排查、事件处理、实时调度、远程处置等信息在社区综治中心终端设备上实时显示，为社会治理提供准确的数据支撑。

活力永福　邻里共融
居民素质提升项目

　　永福社区地处东升街道北部，成立于2004年，与普贤、花月街、五洞桥、接待寺、紫东阁社区接壤，居委会办公地位于吴家坝北街306号，辖9个居民小组，辖区面积2.3平方千米，有常住人口36 000人，户籍人口9 623人，户数10 000户，10个党支部，党员310人，无耕地面积，辖区内有2个安置小区，7个商品房小区；有城北上街、航林路、白衣上街一段、航都大街、航鹰东路、福田路、吴家坝北街、迎春路三段、洪江路二段、佳居路、城北中街、新桥街12条；有三支渠、下天生堰2条。无行政事业单位，3所学校、2所医院、无教育卫生机构，有企业和个体工商户395家。社区党委和居委会成员11人，书记1人，主任1人，副书记2人、副主任1人，纪委书记1人，党委委员、居委会委员5人，小组长9人。

一、案例背景

　　"十四五"时期是中国全面建成小康社会、向第二个百年奋斗目标进军的第一个五年。中国已进入高质量发展阶段，经济社会发展持续向好，人民群众的美好生活需求也在不断提升，对社区服务的内容覆盖、服务水平、服务模式提出了更高要求。积极围绕服务内容、服务方式和主体、服务保障三方面开展工作。为进一步提高市民素质，建设生态环境更优、产业竞争力更强、城市品质更高的中心城区强区提供强有力的思想保证、精神动力和智力支持，特制定本方案。认真贯彻落实习近平新时代中国特色社会主义思想、党的十九大精神、习近平总书记对四川及成都工作系列重要指示精神及市四套班子主要领导来双现场办公会议精神，围绕"城乡社区发展治理"重点任务，立足高品质和谐宜居生活社区建设，着眼高质量发展、高效能治理、高品质生活，大力实施"13353"工作思路，加快构建与门户枢纽地位相适应的城乡社区发展治理体系。

二、问题与需求

永福社区位于东升街道西北部，辖区面积2.3平方千米，下辖8个居民小组，常住人口3万人。社区党委下辖20个党组织，其中6个党总支，14个党支部，党员397人。辖区有9个商品房小区，2个安置小区，3个单位宿舍，1个自建小区，各类"五小门店"170家。由于社区组建特质，经过项目执行调研及居民需求度分析，为有效匹配服务辖区内居民需求，专项开设居民素质提升服务项目。

三、创新思路与举措

一是在社区引领下，开展永福学堂手工类活动，提高居民动手能力，增加居民交往频率，增进社区融合。二是依托小主播培训，培育出一支自组织队伍。三是搭建社区居民与社区文化的连接平台，提升居民的社区文化认同感。四是社区活动多样化，关怀社区居民。

四、实践成效

通过东升街道永福社区"活力永福　邻里共融"居民素质提升项目的实施，切实落地居民需求：

（一）"永福学堂益起学"活动

一是开展"永福学堂益起学"开课仪式，由社区书记主持并担任学堂校长，并送上寄语。提高居民与社区的凝聚力及永福学堂在居民日常生活中的知名度。

二是开展手工坊、幸福小主播培训、面塑教学等活动，并利用教学本身，丰富居民日常生活，使他们在娱乐中学习，提高居民动手能力，使他们最终制作出一批独具永福社区特色的社区文创产品。

（二）"永福传承 我们的节日"活动

一是开展"月圆中秋 师恩难忘"中秋节结合教师节活动。中秋节是家国团聚的日子，2022年中秋节及教师节在同一天这一特殊情况，为进一步深化"我们的节日"主题活动，大力弘扬传统文化，积极营造欢乐祥和氛围，开展师生团聚活动，让居民们亲身感受传统节日独特魅力的同时，又能了解到尊师重教也是中华民族的优良传统。二是开展"迎国庆 送温暖"公益服务群众活动，国庆纪念日是近代中华民族的一个特征活动纪念日，并且变得尤为重要，它成为国家独立的标志，反映国家的国体和政体，承载了反映国家、民族的凝聚力的功能，显示力量，增强国民信心，体现凝聚力，发挥号召力。在全国同庆的节日里仍有一些空巢老人需要关心关爱，开展义诊、义剪、义磨等关爱老人活动。三是开展"其乐融融过腊八 团团圆圆享元旦"活动，腊八节同元旦节一样都是中国传统节日，结合"幸福小主播"开展"煮腊八、文艺汇演"等活动。积极开展腊八蒜、腊八粥的传统制作知识讲解、实际操作熬制腊八粥活动及元旦文艺汇演等活动，感受腊八节及元旦佳节的另一种欢聚情怀，丰富社区居民的生活。四是开展"花香袅袅寄哀思"清明节文明祭祀活动，清明节是纪念祖先的节日，因此祭祖是清明的主要传统习俗。在此节日里，从国家、社会到普通民众，都在用多种形式表达对民族先贤、革命先烈和族亲先辈的无尽追思和怀念。

（三）"社商联合 社区漫步跑"全民运动活动

为提倡全民健身热潮，全民健身运动越来越受到全社会的重视，"淡化竞技体育，强化全民健身"已经成为各界人士的共识。联合社区内商户设置线索获取关卡，获得通关线索才能进行下一步的通关活动。不仅结合了社区资源，同时也激发了社区全民参与运动的热情。

党建引领聚合力　紫东阁社区
共建共享强服务

　　东升街道紫东阁社区位于双流老城区，辖区面积约1.33平方千米，下辖12个居民小组，常住人口1.6万人。社区党委下辖19个党组织（党总支5个，党支部14个），党员461人（预备党员1人）。辖区有8个商品房小区，68个老旧院落及单位院落，大型综合体1个（乐福广场），市场1个（银鑫商城），各类"五小门店"281家。2019年以来，社区先后被评为成都市百佳示范社区、四川省诚信社区、成都市慈善示范社区；退役军人"战旗红"志愿服务队被评为双流区十佳志愿服务队，社区青年健康行业协会被团区委评为优秀青年志愿服务团队，甘孜州干休所锦绣苑小区荣获双流区微更新项目三等奖、党建引领示范小区一等奖、成都市百佳示范小区。

　　近年来，社区认真贯彻区委和街道党工委关于社区发展治理工作部署要求，坚持以党建为引领，以居民实际需求为导向，探索实施"131"社区发展治理工作思路，努力打造可进入、可参与、可共享的温馨家园。

一、搭"桥"联姻，突出一个引领，打造共建共治共享的治理格局

　　着力充分发挥辖区单位多、资源好的优势，社区重点依托区域化党建为桥梁纽带，强化党组织引领功能，通过定期开展党建沙龙、行业论坛、公益服务等活动，与驻区单位签订项目认领协议书等方式，动员区域内政府部门、事业单位、社会组织、商家企业等10家单位积极参与，促进组织共建、活动联

办、资源共享。2016年以来，区域化党建成员单位围绕民生工作、文化建设、法治宣讲等服务事项，主动认领项目九类171个，目前已完成159个，完成率92.9%，其中"同在蓝天下，共铸新双流""夯基础，筑堡垒""扶弱济困暖人心，党员干部先锋行""社区是我家，环境靠大家"等项目受到了社区党员群众的一致好评。2018年以来，社区先后成功举办和承办了紫东阁区域化党建项目认领启动仪式、紫东阁首届社区发展治理论坛、双流区社区发展治理沙龙等各类活动，进一步凝聚了共识，形成了合力。省区市各级领导多次到社区调研，给予了高度评价。

二、搭"台"唱戏，实施三个项目，让群众真正成为舞台上的主角

聚焦更好满足居民需求，在广泛征集群众意见的基础上，社区重点实施了"快乐成长""银发夕阳""健康生活"三个精品服务项目，力求通过影响一个居民带动一个家庭，培育向上向善向美的社区精神。

一是实施"银发夕阳"项目，一月一主题，晚霞别样红。针对辖区60岁以上老人较多的实际，社区坚持"老有所养、老有所乐"，传承挖掘爱老敬老助老的孝道文化和感人故事，主动为空巢、独居、高龄老人推出"银发夕阳"项目，提供精细化服务，每月为老年人过集体生日，先后开展了各类主题活动67次，促进老人对社区的归属感认同感持续增强。

二是实施"健康生活"项目，全民都健身，幸福过一生。坚持"健身、健康、快乐、幸福"，大力开展健康知识宣传、义诊讲座、太极拳比赛等，建立老年人艺术团，举办"全民健身、幸福生活"主题活动，打造积极向上的人文环境，培养居民积极向上、乐观的生活方式，建设全民健身、幸福生活社区。

三是实施"快乐成长"项目，关心青少年，人人在行动。坚持"关心青少年、爱护青少年、培养青少年"，开发430课堂、国学诵读课堂、暑期手牵手等服务项目，借助志愿者力量为青少年提供功课辅导服务，帮助他们学习人际交往技巧，培养特长兴趣，进行心理疏导，传承中华优秀文化，引导青少年茁壮成长。

三、搭"网"便民，拓展一个平台，提供便捷、精准、高效的生活服务

社区在扎实推进党群服务中心"三去一改"的同时，充分利用现代信息化技术手段，为每一名群众搭建全时段、全覆盖的服务平台，把社区建设成资源整合共享、线上线下结合、服务便捷便利、深受群众喜爱的智慧型社区。2023年以来，社区对"社区微信公众号"服务功能再次进行了深化拓展，逐步实现超级WiFi全覆盖，并试点植入"最美街拍""共享商超""我要办事""智能缴费"等多个功能，利用平台提供事项办理前端初审服务，让每一名群众足不出户在家就能享受最优质的服务。试运行一个月以来，共计推送信息85条，相关功能受到群众的一致好评，群众参与性得到了显著提高。

社区发展治理是一项系统工程、民生项目，离不开党组织领导核心作用，离不开社会力量协同作用，更离不开广大群众的广泛参与。紫东阁社区作为市级精品社区建设项目，将严格按照区委和街道党工委的统一部署要求，用真心服务和实际行动点亮群众的幸福，把社区建设成为和谐有序、绿色文明、创新包容、共建共享的幸福家园。

2020年紫东阁社区与原东明社区合并，经过整合，在工作思路上做了如下的调整：

（一）搭建"区域化＋商家联盟"桥梁，织密便民利民服务网

以资源整合为出发点，共建联建模式为支撑点，实施公益为民服务项目为着力点，通过与共建单位、企业签订项目认领协议书等方式，着重解决居民群众急、难、愁、盼的问题，凝心聚力，形成合力。自实施以来，各单位、企业围绕民生工程、文化建设、法治宣讲、疫情防控等服务事项，主动认领项目200余个，先后成功举办和承办了幸福"益"起行商家联盟启动仪式、双流区社区发展治理沙龙等各类主题活动，联办文体类公益活动40余场，开展安全、健康、科普类等宣传教育讲座20余场，有效解决居民反映的热难点问题13个。疫情防控期间，辖区单位和商家维护大局，自觉担当，仅2021年就累计捐赠志愿者餐食2 000余份，测温仪30台，其余防疫物资若干，为疫情防控提供了有力保障。

下一步，社区将继续深化"区域化＋商家联盟"，扩大覆盖面，推动社区治理各方力量有效衔接，2022年实施"红心℃·微幸福总体营造项目"，广泛开展结对共建活动，实现党建资源的良性互动。进一步加强小区党支部建设，完善小区治理体系，增强党群凝聚力，为"四有一化"工作的推进形成有力支撑。

（二）以老旧院落改造为"小切口"，切入小区治理"大文章"

近年来，紫东阁社区实施老旧院落改造15个，惠及居民1 051户3 000余人。社区将按照"找能人，建组织，立规矩，促长效"的思路，坚持党建引领小区治理现代化，坚持党的领导和多元主体参与，强化共建共治共享，不断提高小区自治管理水平。

1. 变"整治"为"自治"，解决群众参与之难

强化基层党建引领，充分发挥基层组织，构建"社区党委＋小区党支部＋院委会＋楼栋长"四级组织体系，建立小区党支部"引领坊"，将小区治理政策宣传、沟通服务等延伸至小区"神经末梢"，形成"党员引领做群众工作、群众自发做群众工作"，通过党建引领社区发展治理，让群众真正成为小区治理现代化的"主人翁"。

2. 变"改造"为"再造"，破解发展治理之困

在优先改造硬件设施、补齐小区功能短板的基础上，立足小区资源，实施多项目集成、"一钱多用"，突出一院一品一特色，体现"让城市留住记忆，让群众记住乡愁"。

3. 变"输血"为"造血"，化解后续管理之忧

整合清理闲置空间、低效空间和被侵占空间，加强自治组织规范化建设，倡导社会资金进小区，提供优质文娱项目和便民服务。

（三）"微景观＋微空间"营造，构建宜居生活社区

近两年，紫东阁社区逐步通过小微公共空间的改造解决了一批群众家门口的急难愁盼问题，通过微更新让老旧城区重焕生机，这些项目包括：康乐巷立面氛围营造、锦绣苑"318"国道及健身步道等，社区整体环境改善显著，得到了居民群众的一致认可，部分场景还成了拍照打卡的地方。

2022年，社区积极向上争取场地建党群服务中心，深度挖掘社区历史文

化，拟以新阵地为中心，进一步加强"微景观＋微空间"营造，深化"锦绣苑"民族团结文化营造及"禾稼小院"农耕主题文化营造，完善社区航空科普馆，打造城中村安全知识宣传长廊，实施"五色"茶话吧居民素质提升、"润涓幼苗　启航人生"暑期学校志愿服务等项目，通过"硬件打造＋活动支撑"营造居民可进入、可参与、可共享的生活场景，努力构建高品质和谐宜居生活社区。

（四）长效精准"充电"赋能，助推社区发展治理

社区逐步探索"社工＋志愿者＋公益＋赋能＋督导"的精准服务兼顾持续运行、专项监督的模式，搭建起社会爱心资源和志愿服务资源交流共建平台，形成"社区引导、社会组织带动、多元主体参与、积分奖励"的良性机制，落实赋能提升、监督指导等有效措施，切实发挥退役军人、党员、青少年、社工、社区监事会等群体作用，实施各类"接地气"的志愿服务项目，实现了志愿服务制度化、规范化、常态化发展。同时，持续加强社区两委干部能力素质提升。目前本科及以上学历10名占77%，社区"两委"中持有中级社工证1名，持有初级社工证8名，持证占比70%。下一步将建立相应激励机制，鼓励社工、志愿者等群体考取社工证书，着力提升社区工作者专业服务能力。

（五）积极推进智慧社区建设，提升家政、居家服务质量

严格按照上级相关要求，积极推进智慧小区、智慧社区建设，通过整合辖区资源激发多元主体参与，引导社会资本进入，围绕安全、服务、生活、家政、养老等与居民息息相关的元素建设社区智慧治理云平台，拟打造智慧安全、智慧服务、智慧理念、智慧党建等模块。积极探索成立社区公司，搭建运营平台，引入第三方社会资源，以居民实际需求为导向，"瞄准"老旧院落物业管理、居家养老服务、上门维修、日间照料送餐服务等方面，以公益＋微盈利的模式做服务、强服务，在解决居民反映的热难点问题的同时，实现城市社区"造血"。

东升街道小区治理典型

欧城花园：党建引领三微联动 从"欧三多"到"新三多"蝶变

一、案例背景

欧城花园小区位于双流区东升街道三强东路一段49号，2001年建成入住。小区有24栋74个单元858户，近3 000人。小区党总支下设3个党支部，党员65人。小区居住着藏族、彝族、羌族、土家族等17个少数民族的居民约600人，占小区总人口的20%，是一个典型的多民族共居老旧商品房小区。曾是出了名的"欧三多"，即少数民族多、退休人员多、矛盾问题多。2018年以来，小区通过构建党建引领商品房小区治理"1+211"模式，实现了由"乱"到"治"再到"好"，变成了民族团结多、居民参与多、欢声笑语多的"新三多"，并先后荣获成都市"百佳示范小区""蓉城先锋"示范基层党组织、四川省民族团结进步"示范社会组织"。

二、工作举措

（一）夯实"党组织"核心作用

建立健全"小区—楼栋"两级党组织架构，采取民意调查、征求意见、组织考察、导师培养等多项措施，把直属党员用起来、把在职党员亮出来、把流动党员纳进来，号召小区党员主动参与小区发展治理。选优配强小区党组织班子，动员有能力、有威望、有担当的退休党员——原白玉县委书记泽洛担任党支部书记，在他的带动示范下，广大党员和少数民族地区退休的业主积极参与小区治理，凝聚各方共识，营造共建共治共享小区的浓厚氛围。

（二）建立"微治理"工作机制

率先示范建立"以小区党组织为核心，业主大会＋业主代表大会和业主委员会、监督委员会共同参与"的"1+211"治理机制。利用小区党支部、业委会、监委会联席会议这些议事平台，确定了每月6日、26日为业主接待日，组建了党员群、业主代表群和业主群，形成了"有话好好说"的共识，基本做到了"小事不出小区、大事不出社区"。让居民的满意度持续提升，让小区更加和谐。

（三）做实"微服务"居民活动

挖掘盘活小区资源，营造居民生活新场景，为小区居民提供便利服务。变废为宝，将小区的飞机改造成了一家可参与、可体验的民族特色超市。在"飞机"里，居民们可以喝茶、打牌，可以逛超市买东西。特别是在疫情期间，飞机超市还为居民提供24小时送货上门服务。飞机机腹下面，居民们可以跳坝坝舞、喝坝坝茶，乘凉打堆，聚在一起摆龙门阵。还将小区废弃水池建设成为党群活动室、居民之家。

（四）树立"微营造"服务理念

广泛发动居民参与，成立了舞蹈队、时装队、太极拳队和合唱队等自组织10余个，利用节假日开展形式多样的文艺演出、文明劝导等活动。自小区调解队和文明劝导队成立以来，化解小区矛盾10余起，劝导不文明行为30余次，不仅促进民族团结，同时也增进了居民对社区的认同感，提升了群众满意度，为建设文明和谐团结进步示范小区奠定了坚实的基础。

三、主要成效

短短一年多，"欧三多"就彻底地解决了120多件久拖不决的难题，欧城花园由"乱"到"治"再到"好"，画出了一条商品房小区发展治理的微笑曲线，"欧三多"变成了民族团结多、居民参与多、欢声笑语多的"新三多"。2019年，央视《新闻联播》进行了报道，受到新华社等国家级主流权威媒体的广泛关注。2020年，中央书记处书记、国家统战部部长尤权、省政协副主席李昌平、市委书记范锐平等领导先后到小区调研，给予充分肯定。省政协副主席李昌平评价："欧城花园是民族团结的典范、基层治理的样板。"欧城花园成为远近闻名的网红打卡点，不仅市内外的人为它慕名而来，就连远在北京、上海等地的摄影爱好者也都慕名而来。2020年，欧城花园荣获成都市"百佳示范小区"殊荣和四川省民族团结进步示范社会组织。

天伦家园小区：发挥党建引领作用
促进民族团结进步

　　东升街道广都社区天伦家园小区积极探索"找党员、建组织、优机制、解难题、植文化"的居民小区"五步工作法"，努力创建"五好小区"。建"党建引领好"小区，紧扣"三心"党建工作法，采用"1+211+N"（小区党组织+业主大会和业主代表大会+业主委员会和监督委员会+其他社会组织）居民小区治理模式，成立三州党支部，现有党员79人，每个楼栋设立"红管家"，参与管理小区事务。建"治理机制好"小区。党组织与业委会、监督委员会多方共同参与小区的管理和监督，每季度至少召开1次联席会议，共商解决小区难题，未发生大型群访纠纷，小区常态化开展"趣味运动会""邻里节"等活动20余次。建"服务管理好"小区。党组织每年底定期组织群众召开民主评价会，定期公示小区工作情况，每月定期收集小区居民的意见建议，对收集到的问题及时进行整改。建"小区品质好"小区。投入20万打造"微绿地"，政府补贴20万加装电梯，大力宣传"天府市民云"，实现服务快捷化。建"邻里关系好"小区。小区因地制宜打造和谐亭、康乐亭等公共文化场景，提升居民对小区民族文化的认同。2019年，国家民委、中央统战部先后到天伦家园社区调研民族工作，天伦家园小区自治的优秀经验被推广报道。

一、案例背景

　　成都市双流区东升街道广都社区天伦家园小区位于东升街道永安路三段74号，原属甘孜州雅江县林产品公司，2004年根据干部职工的要求，经雅江县委、政府协调利用该企业基地，集资建设了干部职工住宅小区（天伦家园），2006年竣工交付使用。现有住户245户，居民800余人（其中包括汉族、藏族、彝族、羌族、蒙古族5个民族），少数民族占小区总人数的75%，并成立雅江老干三支部。在东升街道广都社区党委和天伦家园党组织的共同努力下，2016年5月20日选举出天伦家园第三届业委会、监委会、业主代表，小区党组织的副书记汤洪德同时兼任业委会委员，小区运用"1+211+N"自治模式建设"五好小区"（党建引领好、治理机制好、服务管理好、小区品质好、邻里关系好）。

二、工作举措

2015年时任四川省委常委、统战部部长的崔保华率队到天伦家园小区社区调研民族团结进步示范点创建工作；2016年成都市民族宗教事务局民族一处处长盛成皿、副处长程欣，双流区委统战部副部长、区民宗局局长潘万香调研天伦家园各民族相互嵌入式创建工作；2017年区委常委、统战部部长董成，天府新区、武侯区、高新区等47个各区市县统战部领导到天伦家园调研民族融合工作，11月2日，成都市民族宗教局到广都社区天伦家园拍摄"民族团结进步示范社区"宣传片；2018年四川省民宗委、成都市人大民宗侨外委先后到天伦家园调研民族团结进步和创新推进嵌入式社区建设工作；2019年5月18日，国家民委来天伦家园开展少数民族流动人口服务管理"互观互学"活动。

广都社区党委与天伦家园小区党组织（雅江县老干三支部）结对子，共同开展党员教育、培训，社区党委每年为天伦家园党组织开展"送学"活动，在党组织的引领下，带领业委会、物业服务公司2016年开展"民族宣传月""迎中秋 话团结"少数民族座谈会、"民族团结进步典型"评选活动、民族团结表彰暨迎春文艺汇演等丰富多彩的活动。2017年在小区党组织联合业委会、管委会共同开展文明创建"五进"活动、"各族人民大团结 不忘初心跟党走"暨九九重阳节文艺汇演、"倡导全民阅读 共建学习型小区"读书日活动、"乒乓球全民运动"体育节等活动。先后开展"赛出女神风采"水果拼盘大赛、"民族文化"沙龙、"万家团圆庆中秋 四海欢腾迎国庆"文艺汇演，开展"平安共创建 和谐邻里情"活动、"军民共建助力小区环境卫生治理"活动、"老少同乐趣味运动会"体育节等活动。

在初期规划时，小区内建有一喷水池，但由于后期的维护不到位，导致喷水池内的积水没有及时清理变得又脏又臭，而且小区内小孩玩耍存在安全隐患。小区业主反映能否将喷水池进行改造，不仅可以消除安全隐患，还可以为小区居民提供休闲娱乐的地方。当时，业委会主任（原雅江县离退休老干部）杨迫叔叔牵头，协同小区物业进行意见征集，计划将喷水池改造成具有地方特色的凉亭，他们第一时间找到了社区，社区接到反映后，社区党组织高度重视，联合小区党组织、业委会、管委会负责人，立即向街道和双流区民宗局汇报了居民的意见和建议，经过多方协调和努力，由民族宗教局出资根据群众的意见和建议将喷水池改造成休息的凉亭。同期建成的还有一个康乐亭，在小区另外一个花园里面。

2019年在区委、区政府，街道党工委、办事处的大力支持下，投入20万元计划将天伦家园打造为双流区党建引领示范小区，在广都社区党委和小区党组织、业委会、管委会的共同协商下，充分听取小区居民群众的意见建议，最终通过社区党委和小区党组织牵头，组织召开小区业主大会，签名确认党建引领示范小区"微改造"项目设计方案，目前正按相关程序有序推进工作。

三、主要成效

2019年9月，东升街道获得"全国民族团结进步模范集体"，小区自治优秀经验被广泛报道；2020年3月，荣获成都市"百佳示范小区"殊荣。

欣和苑小区："一核三治"

强协商　老旧院落换新颜

　　广都社区欣和苑小区是2019年改造的老旧院落小区，通过"一核三治"的小区治理模式，提升小区居民的幸福感。一是坚持党建驱动。以服务型党组织建设为核心，在小区打造党群服务站和楼栋"红管家"；推行"共商共建共管共享"，带领管委会、监委会加强小区自治管理，常态化开展趣味运动会和邻里节等活动，不断完善提升小区自主管理自治层次。二是坚持党员带动。按照"政治素质好、带头服务好、文明守法好、维护自治好、群众反映好"的五好标准，评选党员示范户，激励党员主动参与小区管理；组建"红海棠"党员志愿服务分队，鼓励党员参加政策宣传、纠纷调解等志愿服务。三是坚持居民互动。不断培养提升广大居民的综合素质，利用"天府市民云"、小区业主微信群等广泛宣传党的理论政策，提供民生服务、办事流程等信息；建立小区民主协商机制，协商讨论商铺管理和自治公约，成为双流区唯一一个成都市首批小区（院落）民主协商提能增效创新示范点。四是资金撬动。开展小区停车位闲时共享，壮大集体经济，对公共设施商业化运营等，每年增收约7万元；公共收益通过协商用于小区治理，提升小区品质，邻里关系更加和谐；物业费不增反降，每年分红，让小区居民切实增强获得感、幸福感、安全感。

　　成都市双流区东升街道广都社区欣和苑小区位于东升街道长冶路二段32号，是修建于1995年的商品房楼盘，共有7栋24个单元，现有住户256户，常住人口约800人，建筑面积27 437平方米；商铺39个，建筑面积3 548平方米。2018年以前该小区由原开发商代管。2018年以老旧院落改造为契机，小区成立了党支部，建立了自治组织（议事会、管委会、监委会），同时制定了自治管理制度。

由于修建年限较长，加上管理缺位，小区存在诸多问题，一度成为整个双流区关注的问题小区。问题主要是以下几个方面：一是设施设备老化带来的相关问题。地下管网、电线路老化，安全隐患很大，主水管破裂生锈导致居民长期饮用二次污染的水。二是设施设备缺乏。院内公共区域无照明设施，居民夜间出入不便。公共空间缺乏，居民缺乏活动场所。三是环境卫生脏乱差。化粪池常年堵塞，加之小区被自建房包围，周围租住户较多，随意扔垃圾的情况较多，导致小区垃圾成堆，蚊虫老鼠处处可见，臭气熏天，"进单元门只能用砖头铺路""社治办暗访之后整改，清理了几十车垃圾出去，清洁工人都要喷空气清新剂才能持续工作"。因为小区问题较多且得不到解决，小区居民与社区关系较差，曾在大门口立"社区与狗不能入内"的牌子。

一、创新思路

（一）以院落改造为契机，搭建协商治理架构

在老旧院落改造筹备期间，发掘具有管理经验的党员1名，充分发挥该党员在政治觉悟、政策解读、统筹协调等方面的优势，选举议事会成员7名，管委会成员5名，监事会成员3名。同时发掘小区党员，建立党小组，联合邻近小区成立联合党支部。党小组与议事会、管委会、监事会形成"一核三治"协商治理架构，在整个院落改造和后期的小区治理工作中都发挥了重要作用。2021年，全面清查小区党员人数，动员组织关系能转则转，最终登记党员26名，党支部书记兼任监委会主任，强化党支部对小区自治工作的领导、指导和监督，发挥党支部的政治引领作用和党员先锋模范作用，"一核三治"协商治理架构得以进一步完善和强化。

（二）以经营创收为手段，做好结果落实保障

改造完成后，小区的面貌有了大幅改观。居民对于环境品质的要求也进一步提升，管委会通过议题收集会收集到了诸如排污管更新、道闸更换等诸多议题。议题提出后，管委会组织居民召开坝坝会①商议对策，经过多次会议讨论，

---

① 在村民院坝里召开的小型会议。

居民就小区创收提出解决办法。一是共享车位创收，利用小区临近东升街道办事处的地理位置优势，通过实施共享停车制度创收，将小区车位对外开放，以此创收。达成约定后，居民自觉遵守共享停车制度，实现了有序对外停车。目前，小区共享停车月均收入约5 000元。二是确保商铺收益，通过协商讨论商铺管理制度和商铺自治公约制度，约定商铺环境管理等问题，促进商铺收益稳定。三是公共设施商业化运用创收，对小区的楼梯、大门等公共设施进行整理，通过开放广告位创收。通过多种创收方式相结合，欣和苑小区公共收益显著增加，年总额约30万元，这些公共收益又通过协商用于排污管更新、道闸更换等小区公共事务的解决，提升小区品质。

（三）以财务公示为基础，确保治理公开透明

收益多了，如何妥善管理？如何确保居民知情？通过召开议事会，确定从这几方面做到公开透明。一是设立专职财务。选举具有财务经验的居民为管委会成员，专职负责小区财务工作；党支部书记兼任监委会主任，负责财务支出的监督工作。二是设立公开制度。建立"常态化公示＋不定时公示"的财务公示制度，固定每月5号公示上月财务开支情况。日常支出根据具体情况，及时通过微信群、公示栏公开财务开支明细。

二、工作措施

（一）强化赋能提升

区民政局、东升街道、广都社区三级联动，综合发挥资源整合、实践指导作用，整合社会组织、驻区单位等多元主体，着力赋能提升和氛围营造。一是依托四川光华社会工作服务中心，针对小区自治组织成员开展协商赋能培训6次、参访1次、沙龙1次，进一步提升其组织开展协商的相关能力；二是整合社会组织、辖区医院、辖区志愿者等资源，进入小区开展便民服务和居民融合活动，着力营造良好的居民参与和协商氛围，两手齐抓，为小区协商工作推进奠定基础。

（二）优化协商做法

聘请3名高校和实务专家深入小区开展督导，优化协商做法。一是健全协

商机制。在原有"一核三治"机制基础上，全面清查小区党员人数，动员组织关系能转则转，最终登记党员26名，建立小区独立党支部，党支部书记兼任监委会主任，强化党支部对小区自治工作的领导、指导和监督，发挥党支部的政治引领作用和党员先锋模范作用。二是规范协商程序。规范议题提出流程，建立"线上微信群＋线下保安室"相结合的议题收集渠道，确保议题提出的便捷性；规范问题处理机制，针对居民提出的议题或问题，建立8小时回复（处理）工作机制，确保问题处理的及时性；规范结果公开机制，采用"线上微信群＋线下公示栏"相结合的形式，一般事项微信群及时公示，重大事项增加公示栏公示，小区财务收支每月5号之前进行公示，确保小区治理的透明度。

（三）着力经验梳理

整合双流区三级社区营造师、社会组织资源，投入社区营造师导师2名，规划型和实务型社区营造师2名，社会组织工作人员2名，开展实地调研2次、深入访谈2次，线上互动交流若干次，协助小区管委会和议事会成员对已有做法和成效进行梳理总结，形成经验案例材料1篇，同时理清工作思路，明确工作短板，规划未来优化方案。

三、取得成效

（一）打开工作思路

通过参访、沙龙、培训，自治组织的能力得以提升、眼界得以开阔、思路得以打开。自治组织成员实现了由"事后问题解决"向"事前问题预防"转变，组织开展院落安全隐患排查、居民服务需求收集等行动；由"解决基础问题"向"提升小区品质"转变，提出了改造楼道扶梯、建立小区公共"影院"等工作计划。

（二）健全协商机制

建立小区独立党支部，建强协商领导机构，健全"一核三治"协商机制；规范了议题提出机制，经由微信群和保安室接收房顶漏水、空调滴水等事项10

余件；规范了问题处理机制，在微信群及时回复业主咨询近20次，及时协调处理排污管更新、配电房安全防护整改、积水路面整改等小区公共问题10余个；规范了结果公开机制，做到每月常规公示财务收支情况，具体事务及时在微信群和公示栏公示。协商机制的健全，使得小区协商更加规范，参与更加有序，成效更加突出。

（三）解决急难问题

召开议事会讨论决定动用公共资金50 000元开展小区绿化树木更换，动用公共资金17 000元更换大门道闸；组织楼栋协商会议6次，32户业主出资16 800元完成了楼栋安全隐患整治；组织协调4次，成功协调顶楼3户居民出资24 000元完成楼顶堆放十余年不明来源建渣清理工作。这些急难问题的协商和处理，排除了安全隐患，改善了小区环境，提升了居民的幸福感。

四、经验总结

改造前，欣和苑长期无人管理，环境卫生脏乱差，信访矛盾多，很多业主搬出院落居住；社区党委以改造为契机，按照"找能人、建组织、立规矩、促长效"的思路，指导小区选举产生了议事会、管委会、监委会，发动居民积极参与，献计献策，主动捐款购买桂花树美化环境。还通过微信群征集了新的小区名——"欣和苑"，寓意小区欣欣向荣，和和美美。

院落改造和小区自治管理为"欣和苑"带来了可喜变化：一是推行"一核三治"，小区实现了自我管理、自我服务、自我监督；二是开源节流，居民得实惠，物管费收缴率达100%，130个共享车位、丰巢快递柜、非机动车充电设施、纯净水装置等公益设施为小区年创收6万元，小区物业费由每平方米0.5元降到每平方米0.3元，集体资金积淀近20万元；三是邻里关系和谐，居民素质提升，处处呈现平安、温馨、和谐、幸福、快乐的美好画面。2021年7月获评成都市2020年度党建引领示范小区，同时是双流区唯一一个成都市2021年小区（院落）民主协商提能增效创新示范点。

隆鑫·十里画卷小区：
聚心花园　多元自治

隆鑫·十里画卷小区占地7.4万平方米，坐落于花园社区腹地，入住人口6 000余人，曾经住户之间不熟悉，因停车、养宠等方面产生纠纷问题，物业和居民多次求助社区。花园社区坚持党建引领，按照"四聚合四完善"的思路，将社区治理向小区延伸，探索现代商品楼小区的创新治理方法。

一、创新思路

"聚心花园　多元自治"以党建为引领，东升街道花园社区党组织为核心，促进自治、法治、德治相融合，整合各小区物业管理公司、辖区企事业单位党组织等资源，提高青年党员的活力和主观能动性，建立小区党建阵地和党建指导员责任制，实现多元参与，共治共享，充分发挥社区党员先锋示范作用，启动"一小区一特色"党群服务站建设工程，将社区治理向小区延伸，以十里画卷会客厅为样板进行整体推进，建立辖区商品楼小区党建联盟，通过党建引领下的资源整合发展，促进花园社区党建引领下的社区治理发展可视化和不断向前发展，探索现代商品楼小区的创新治理方法，并为同质小区做出示范。

二、工作措施

社区坚持党建引领，着力"四聚合四完善"。一是聚合党建资源，完善治理体系。十里画卷党支部牵头引领小区自治，根据小区的居民组成、楼栋区位等相关情况制定相关居民公约；深入了解周边配套，收集整理实用信息，设计制作并发布辖区便民生活手册；监督规范小区物业管理，并拟定小区议事相关事宜。在党建引领下，十里画卷党支部牵头，召开管理工作例会、社区综合治理联席会等事务性联席会10余次，加强多方之间的沟通联系，及时解决小区居民提出的一些棘手问题，最大限度地满足居民合理利益诉求。截至目前已解决了6项小区"老大难"问题，居民的满意度和幸福感在直线提升。例如：因持续的高温天气，导致十里画卷停电6次，致使200多位居民聚集，要求解决停电困扰，经社区、小区党支部、物业、业主委员会、党员代表、小区居民代表六方会议，群策群力，充分整合资源，最终通过多方协调，供电部门紧急召开部署会议，并给出整改方案，将塔水线用电用户分支在其他线路一部分，缓解了塔水线用电超负荷问题。二是聚合共治力量，完善共建机制。结合小区服务企业——重庆新隆信物业管理有限公司"用心服务，品质生活"的服务理念，着眼居住环境改善，从"硬性"和"软性"两方面双管齐下。硬件设施方面打造十里画卷党建会客厅，作为社区治理下沉小区的落地抓手，建立社区+物业的联动机制，定期在会客厅召集居委会、小区党支部、物业、业主委员会、党员代表、小区居民代表参与的六方联席会，充分发挥其平台和纽带作用，解决居民的现实诉求与小区发展要求，并时刻关注针对解决小区美化、卫生、文明养宠等居住环境问题。软性方面注重居民素质提升，定期开展垃圾分类、拒绝高空抛物等宣导工作，预防工作先于治理。例如：小区党支部牵头搭建起小区志愿先锋队，组织志愿者对小区卫生环境、安全隐患进行排查，并在疫情防控期间进行志愿服务，服务有序开展，成为双流片区小区借鉴的标本，得到政府、医生、居民的一致好评。三是聚合服务资源，完善共享平台。和谐邻里，共建共享，整合辖区资源并充分发挥其功能，通过传统节日庆祝、居民聚集活动等还原传统邻里文化，建立小区居民社会网络和支持系统，重现温暖的"院坝"场景。在社区共治下，2022年调解邻里纠纷10余起，包括邻里水管漏水、装修纠纷、噪音纠纷、商家邻里纠纷等，均得到居民的高度认可。并通过居委会、小区党支部、物业、业主委员会、党员代表、小区居民代表参与的六方联席会商讨，在会客厅旁打造了邻里话廊，增加邻里互动，提升邻里温度。为搭建良好的邻里沟通平台，增加邻里互动，全年开展形式多样的活动20余次，分别有垃圾分类市民茶话吧、读书会、美食荟萃、丹心点亮行动、指尖缤纷、健康义诊等，让居民感受来自大家庭的温暖。四是聚合需求群体，完善服务系统。投放家庭综合服务，多角度覆盖各群体居民，全力打造全龄友好场景。为全职宝妈提供创就业支持，引入创业项目，对其进行培训与指导；为1~3岁儿童提供早期智力开发服务，为3~6岁儿童提供兴趣培养服务，为6~12岁儿童提供社会实践职业体验等服务；为老年人提供精神慰藉、社会支持等服务。全年针对不同群体开展常态化、丰富多彩、形式多样的小区文化活动，打造小区服务亮点。定期举办"魅力花园""居家安全""环境维护""文明创建"等主题宣传活动，截至目前已举办20余次，参与宣传居民达4 000余人。充分活化辖区资源，合力开展特色活动10余次，通过新颖的活动内容，提高了居民参与度，进一步拉近了居民与居民、居民与物业、居民与社区之间的距离，凝聚了人心，使小区成为名副其实的"和谐邻里家园"。

三、取得成效

基于花园社区现代商品楼小区治理发展的工作方法，探索出"聚心花园多元自治"的创新治理模式，逐步实现了居民层面的自治，使社区治理效能得到了最大限度的优化，增进了邻里交流，让"陌生人"变成了"好邻居"，十里画卷更加美丽如画，和谐如画！

花月街社区水务小区：
水润心田　老院新颜

花月街社区水务小区是成都市首个以"水文化"为主题，升级打造的老旧院落小区。从"引、化、造"三个字入手治理。"引"，即党建引领，把党员带头作用发挥起来。按照"党建驱动、党员带动、三社互动"的思路，推行"1+4+N"治理模式①，带动小区居民积极参与治理。"化"，即活化空间，把院落闲置空间利用起来。深挖"水务文化"，按照"1+1234"布局思路，将小区闲置资源全部利用起来，让每一个角落、每一个场地悄悄"发声"，潜移默化地影响每一个居民。"造"，即场景再造，把居民参与激情激发起来。重点利用好"四个空间"，再造全员参与的小区治理场景。即建"邻里话廊"，造"集美花田"，讲"小院故事"，设"共享车位"。

几年来，小区环境发生明显变化，居民关系更加和谐，更多的居民参与小区治理中，曾经搬走的居民纷纷回迁。2021年8月，水务小区荣获2020年度"成都市党建引领百佳示范小区"。

一、案例背景

水务小区是一处老旧院落，位于西安路一段93号，修建于20世纪80年代，占地面积约8 000平方米，共计86户住户，211余人。经过水务局2009年及花月街社区2018年的两次院落改造工程，表面与内在已呈现出较为明显的变

---

① 1为小区活动中心若水驿站，4为4个特色共享共治微项目，N是多方协同。

化，但仍有不足：一是院落面貌乱，为了居民生活垃圾方便丢弃，垃圾房一直设置在大门入口旁，造成垃圾堆积乱象，树木落叶无人清理，枯枝败叶堆积在花池中，杂草丛生；二是管理方面的落后，由于院委会成员都没做过该方面的管理工作，难免有失策的地方；三是人心方面的抵触，都觉得院委会管理不好，自己能管理好，但是都不愿意带头帮忙。针对这种情况，结合微更新和特色院落改造治理，社区提出了以党建引领，以四个共享项目为支撑，发动群众广泛参与，即"1+4+N"治理模式，共同打造水文化特色院落。

二、主要做法

就这三个方面的问题社区经过研判，一是在人文方面挖掘文化底蕴的内涵，二是想办法改善小区垃圾囤放的位置，三是成立院落党支部支持院委会的工作，四是加强社区及党支部群众间的趣味活动，加快居民抱团。

2020年花月街社区在区、街道的支持下，对水务小区进行微更新，打造党建引领示范小区，社区在进行宣传工作期间遇到了难题，这次不是心心念念的"改"，而是坚定执着的"不动"，使社区宣传人员是一头雾水，经过对群众的家访，得知"不动"是因为居民认为老旧院落的改造已让院落风貌有了翻天覆地的变化，居民也愿意在小区逗留，休闲娱乐，已然很满足。但示范就要有示范样，融入"左巷右里"，融入"治水文化"，有了文化底蕴才会有院落灵魂。在专业策划师与小区"策划师"的提议下，经过多次坝坝会讨论，酝酿出"1+1234"的院落布局和"1+4+N"治理模式。

先浅谈"1+1234"的院落布局。第一个"1"为小区活动中心，命名为若水驿站；第二个"1"为进门左侧1处特色水务记忆文化墙，堪称微型院落博物馆和院落科普基地；"2"代表2块上善若水石，昭示了小区的治理主魂；"3"为3处治水文化墙体，映照着关于治水的历史侧影；"4"为4个特色共享共治微项目。这样的布局给小区注入了灵魂。

再深述"1+4+N"治理模式。"1"为小区活动中心若水驿站，即院落党支部的"战斗堡垒"，居民感情的"联络中心"，使得党群联系更加密切，邻里更多沟通互动；"4"为4个特色共享共治微项目，即设立共享停车位，此前小区门口的街道和小巷车辆乱停乱放现象突出。经集思广益，小区车位错峰服务的构想很快变为现实，秩序环保小组上街劝导居民规范停车，引导车辆到共享车位停放。除此之外，小区弘扬孝道文化，专设"孝心车位"，为年轻人常回家看看提供便捷服务。建设邻里话廊，邻里话廊下，党员主动担任主持人引导治理话题讨论，居民在此谈天说地，共议治理良策。打造集美花田，一块块长势喜人的标美花田菜地里活跃着党员和居民的身影，这与两三个月前枯枝满地、杂草丛生形成鲜明对比。增设小院墙报，由文娱活动小组主办的小院墙报，由党员讲述治水故事，表扬小院新风，交流共建共治心得；"N"为吸引广大居民的积极参与，释放出巨大的治理潜能。这样的模式给院落注入了生机。

三、取得成效

若水驿站，一楼有娱乐室、书画室、会话室及党支部、院委会办公室，二楼是支部会议室及妇女儿童之家，给党员及群众都提供了良好的互动平台，提升了居民自主参与的积极性；特色水务记忆文化墙，能勾起老一辈治水人的年轻记忆，给新一辈年轻人传递艰苦耐劳的不屈精神。如在疫情期间，小区门卫有病无法看守小区大门，院内一个叫张正莹的大学生，自愿为小区看守大门1个多月；共享停车位，既带动了居民主动参与街面乱象整治，同时也为小区增加了收益，如在创建文明城市期间，院内居民张远芬、吴江萍自愿到街面担当起了文明交通劝导员。孝心车位，传达了"常回家看看"的思想，年轻人回家也变得频繁；邻里画廊，加强了居民之间的沟通交流，调和了居民之间的各类矛盾，如院内退休老党员甘茂兰，无意间听到院内交流他人私建机动车棚一事，通过与当事人沟通交流，当事人主动将违章搭建的机动车棚拆除；集美花田，经院委会统计已有42户业主主动承包起了杂草丛生的花池养护，他们将杂草剔除，种上了多种蔬菜，并且进行了相应的标识，以便城市生长的人群识花识蔬；小院墙报，主要是对院内及社会正能量进行宣扬，如院内党员曾德彬，疫情期间，自愿为小区2 500余平方米的公共面积进行虫害消杀。经过院内党员及居民的带头引领，有更多的居民加入了共治。

四、思考与启示

小区治理有着广泛和丰富的内涵，不仅包括小区公共空间的形态塑造，居住环境建设的提升，还需提高小区软实力，以文化塑人，以文化引领小区发展。一是加强文化引领。加强小区文化建设，培育和践行社会主义核心价值观，增强居民群众的社区认同感、归属感、责任感和荣誉感。二是打造小区特色文化，老旧小区挖掘历史文化，延续小区文化底蕴，凝聚人心和力量。三是树立模范人物。重视发挥道德教化作用，发现和宣传小区道德模范、好人好事，用身边事教育身边人，引导社区居民崇德向善，形成邻里守望相助的良好小区氛围。实践证明，倡导小区文化建设要树立正确的价值观，弘扬正风正气，才能把小区建设成为尊重文化、引领精神、团结互助、和谐稳定的精神家园。

接待寺社区星空花园：
和谐小区　幸福家园

一、案例背景

东升街道接待寺社区星空花园位于成都市双流区东升街道星空路一段，占地面积190.38亩，总建筑面积43.88万平方米，共有住房3 864套，已安置3 850套，约1万人，其中流动人口约5 700人。

星空花园地理位置优越，双流区青少年宫、志愿者活动中心、未成年人心理辅导中心设置于星空花园44栋。周边城市生活配套设施完善，迎春小学、迎春幼儿园、区人民医院、乐福生活广场、万达广场、地铁站，均在几分钟步行可到；空港中间的紫薇海更是与星空花园隔街相邻，距离双流国际机场仅8分钟车程，距离成都市中心仅15分钟。便利的交通、优越的地理位置和完善的生活配套设施，造就了星空花园与众不同的区位优势。

"星空花园"成立区域化党组织联席会和小区议事会，实行"3+1+1+N"的新型社区自治管理机制①，以此组织群众自我管理、自我服务、自我教育、自我监督，共建幸福和谐小区，推动社区和谐、社会善治。

2016年3月组建星空花园小区管委会以来，在上级领导及接待寺社区两委的关心和帮助下，一直努力完善小区各项配套设施。在未安置之前，根据小区实际情况，修建了小区非机动车停车棚、垃圾中转房，还修建了有星空花园特色的小区形象大门，并多方协调为小区居民修建了大型的群宴点。安置后，通

---

① 3为小区议事会、小区管委会、小区监委会，1为社区党委、1为小区楼栋长，N为N个社会组织、N个活动。

过对小区空间、硬件配套设施完善，对小区环境、文化氛围等软件力量进行更新提升，通过软硬件的全面升级改造，加强对小区的治理，提升小区服务质量，打造示范小区，多管齐下，软、硬件建设并举，造就了星空花园全方位立体的居住体验。

二、小区空间、硬件设施打造

一是为老年人安享晚年，老有所乐，成立"一中心一驿站"。2017年，小区管委会为了方便小区老年人有一个更好的休闲场所，成立了老年活动中心，得到了小区已入住居民的认可。随后在此基础上，在街道和社区的支持下，还建立了星空花园乡愁驿站，为辖区老年人打造专属空间。创设"三邻"社区品牌活动，"邻里聚"开展百家欢文艺汇演、趣味家庭厨艺秀和手工绣，"邻里乐"组织银发活动、老友生日Party，"邻里帮"创投微心愿等项目活动，让老人融入社区，安享晚年。

二是基于"共建共治共享"的理念，打造家家乐共享站。利用公共空间建设共享站，充分发挥社区公共空间资源和物品的作用，同时以方便社区居民为出发点，打造"共享小区"，将闲置物品、交通信息、便民信息等联系起来，通过统一管理，为社区居民提供全新的生活方式，让小区服务更有温度，加强小区与居民间的沟通交流，促成邻里间的和谐共享。此共享站主要为居民开展的服务有：（1）共享图书角：为了让社区居民不出小区门也能感受阅读的快乐，学习文化知识，设立"共享图书角"，图书由社区党员和居民捐赠，鼓励小区居民与左邻右舍分享家中图书，引导居民循环利用自家书，使它们发挥最大功效。（2）工具租用：通过征集活动，让居民家中闲置的物品"活"起来，以物品相互借用的方式，把工具循环利用起来，拉近邻里关系，让社区成为"熟人"社区。同时推广"乐享银行"，集中展示爱心物品及社区文创纪念品，结合其积分激励回馈机制，带领居民良性互动，引导居民加入志愿者队伍，共同参与场馆日常管理，兑换乐享爱心礼品。（3）便民服务日：每月15日开展社区便民服务日，秉着便民利民，以方便群众办事为目的，因地制宜，整合各类资源，促进基层公共服务、社会管理能力的提高，更好地满足群众需求，为群众提供优质便捷的家门口服务。

三、小区文化氛围营造

打造红色文化长廊、廉政文化长廊、星空接待长廊，将红色文化、廉政文化、社区治理、社区文化、社区服务延伸至小区，通过可视化且有趣的场景呈现方式，将社区党群服务中心服务功能、社区教育（红色文化、党风廉政与服务群众、家风家训）等文化延伸至小区，展现小区内各个居民积极向上的人文精神面貌。通过场景化营造文化氛围，弘扬文化精神、社区精神，展示社区风貌，美化小区环境，提升居民的文化素质，进一步增强了居民的幸福感、归属感，通过"小场景"营造"大文明"。

通过这些小区的硬件、软件方面的空间、场景打造，紧紧抓住小区现有公共服务空间资源，对社区现有的便民服务点进行服务叠加，借力借势，以"小空间"带动居民"大集聚"，调动各方资源和力量，将社区和小区的管理需求融入项目服务活动，积极发挥项目在服务新型社区自治管理中的作用，推动提升居民素质；通过空间利用、活动的开展挖掘居民骨干，建立、培育自组织，充分发挥自组织的作用，同时也加大自组织培育孵化力度，提高服务小区居民的质量和水平，逐步实现小区资源的"源于小区、用于小区、服务小区"，使之成为小区居民参与社区、小区公共事务的纽带，开创服务的新局面；文化场景的营造、系列社区主题活动和常态化便民服务的开展，丰富和活跃了社区居民的精神文化生活，为居民搭建沟通联系、学习交流的平台，营造良好氛围，展现社区居民良好风貌，不断提升居民素质，培养社区居民主人翁意识，使其积极参与到社区建设中来。

四、推进小区治理工作

一是积极引导小区居民围绕小区事务开展自我管理、民主决策、民主评议，每月定期召开联席会和议事会，共同商议解决小区难题。二是配合接待寺社区做好示范社区打造工作，与社区做到阵地连用、空间共享，为小区居民提供更多活动场所，提升小区居民幸福感和获得感。三是制定《星空花园文化活动开展方案》，通过各方联动开展丰富多彩的邻里活动，为小区居民提供更多交流空间，提高业余文化生活。现已开展了如"庆元旦　迎新春"趣味游园活动、

"庆元宵　手工灯笼DIY""咸中带甜　香郁酥脆"、蓓蕾成长计划之春季运动会等文化活动，进一步提高了小区的和谐氛围，小区也将继续开展各种更多更丰富的邻里活动。

五、提升小区物业服务

一是每月更新小区居民需求和问题清单，及时化解矛盾纠纷，对不能解决的及时上报社区和街办统筹办协调处理。二是每月定期公示小区各项收入支出以及物业中心各项工作情况，接受小区居民的监督。三是配合社区"智慧东升·星空驿站"和智慧小区的打造，坚持服务永远在路上的理念，把小区打造成为平安、和谐、幸福的"最美小区"。四是成立星空花园党员志愿者服务队，多次开展各种志愿者活动："爱护环境　美丽家园""关爱老人　义务理发""拒绝高空抛物"等。

六、加强小区示范打造

一是加强品牌特色建设，按照东升街道"一社一品""一院一特""一巷一景"的工作思路，积极发挥品牌影响和示范带动效应，结合"智慧东升·星空驿站"的主题，全力推广"天府市民云"App，整合周边小区资源，形成共建、共享机制。二是做好智慧小区打造工作，完成小区大门人脸识别系统的改造、车辆停车系统的升级改造以及小区监控的升级改造工作，提升小区居住品质。三是成功打造市级垃圾分类示范小区、无违建示范小区，既改善小区环境卫生水平，又提高居民文明意识。四是继续做好星空花园群宴点的日常管理工作及示范群宴点的打造工作。五是充分发挥"星空同心"歌舞队的优势，为小区居民带来更多有星空特色的节目，进一步彰显小区特色文化。

小区管委会秉着"和谐、文明、创新""善待群众、爱岗敬业、注重小节、热忱服务、履职尽责、遵规守矩"服务理念，为小区居民提供更优质的服务而不懈努力，通过各项小区工作的推进开展，得到了上级领导的肯定，并接待多个社区领导和小区主要负责人参观学习。未来，星空花园小区将继续不断学习提升，为居民打造和谐幸福家园，让居民们拥有更加美好的明天！

紫东阁社区锦绣苑：
四步同心　石榴花开

一、案例背景

东升街道紫东阁社区位于双流老城区，辖区面积约1.33平方千米，下辖12个居民小组长，常住人口1.6万人。社区党委下辖19个党组织（党总支5个，党支部14个），党员461人（预备党员1人）。辖区有8个商品房小区，68个老旧院落及单位院落，大型综合体1个（乐福广场），市场1个（银鑫商城），各类"五小门店"281家。

2019年以来，社区先后被评为成都市百佳示范社区、四川省诚信社区、成都市慈善示范社区；退役军人"战旗红"志愿服务队被评为双流区十佳志愿服务队，社区青年健康行协会被团区委评为优秀青年志愿服务团队，甘孜州干休所锦绣苑小区荣获双流区微更新项目三等奖、党建引领示范小区一等奖、成都市百佳示范小区。

二、主要做法

东升街道紫东阁锦绣苑小区共78户200余位居民，涉及6个民族，曾经是一个典型的无单位管、无物业管、无自治组织的"三无院落"，拿居民的话来说："这是个长期无人看守，环境又脏又乱的小区，导致居民一直都有很大意见。"

同心谋变，小区治理的思路大家"议"。坚持以党建为引领，广泛发动小区居民参与，征求居民意见，大家来为小区命名，大家来确定小区的治理思路。

同心设计，小区治理的方案大家"定"。采用民主协商方式，共同来确定小区的治理方案。不到一年，小区文化墙、小区景观大道、小区居民服务站，一个个孕育而生，小区改造由概念变成了现实。

同心善治，小区治理的载体大家"享"。在小区打造"两站五地"载体平台，把小区建设成党员活动的主阵地、党建共享的实践地、在职党员的报到地、凝聚群众的核心地和矛盾化解的调解地。齐参与、共缔造、同享有，让服务场景、文化场景、空间场景、共治场景等在小区落地生根。

同心促建，小区治理的活动大家"来"。小区治理绝不是简单的一次硬件改造，石榴花开更需要的是点滴雨露长期的沁润。近几年，小区先后组织开展了一系列诸如"变废为宝""巧手筑台""小树护航"等活动。在小区居民参与过程中，不仅培养了大家的责任意识和动手能力，在不经意间将小区装扮得更加美艳。小区的面貌发生了大变化，居民们的心也更加紧密地拧在了一起。

大家都知道老旧小区加装电梯，想要获得哪怕一个单元楼全体居民的同意都是非常不易，但是就在锦绣同心苑成了双流首个，并且是唯一一个完成百分之百加装电梯的小区，居民们看着施工图变成实景图，以后上下楼更加方便，个个笑开了花。

四步同心，石榴花开。

黄水镇社区发展和小区治理典型

白塔社区"一核四维、三生共融"的高品质营造

双流区黄水镇白塔社区地处牧马山腹地，毗邻空港花田、熊猫国际家园等重大项目，辖区面积5.31平方千米，辖10个居民小组，8个安置小区，户数2 215户，常住人口9 396人。近年来，社区坚持以党建引领为核心，探索构建生态全片区优化、产业全链条惠民、文化全龄化浸润、治理全流程覆盖，"一核四维、三生共融"的乡村公园产业社区，呈现了"业兴、家富、人和、村美"的幸福美好生活新画卷。社区获得成都市先进基层党组织、首批成都市乡村文化振兴样板村、成都市巾帼文明示范村"全国妇联基层组织建设示范村"等称号，白塔社区瞿上新村获评成都市百佳示范小区。

一、坚持党建引领，构建"全要素融合"的红色党建格局

社区坚持以党建引领为核心，推动力量下沉院落、阵地建在院落、资源汇聚院落、服务融入院落，构建了"全要素融合"的社区党建新格局。

（一）激活党建"神经末梢"

建立完善社区党委、社区党支部、党小组三级网格。社区党委总揽社区乡村振兴和发展治理工作；下设的4个党支部，负责党建工作落实；在瞿上新村成立党支部，党组织有形有效覆盖新村院落；11个党小组负责联系服务社区党员群众。通过社区党委抓党支部、党支部抓党小组、党小组抓党员，党员服务群众，畅通了党员联系服务群众的"最后一米"。

（二）延伸党建阵地"触角"

升级改造社区党群服务中心，打造了"一中心+N空间"，"一中心"即党群服务中心，"N空间"，即"便民服务大厅、农副产品展厅、童心圆农耕文化体验区、青少年活动区、老年颐养区、党员教育培训室"，融合新时代文明实践、便民服务、全龄友好服务等功能，实现党群服务中心转型、规范、高效三同步。构建"党群服务中心+小区党建工作站+党建微阵地"三级党建服务矩阵。在瞿上新村建立党建工作站，主动对接新村农商文旅体项目，叠加便民服务、旅游服务，打造集党员群众活动室、志愿者办公场所、便民阅读室、共享空间、休闲服务等为一体党群服务综合体。在帅家院子打造白塔支部第二党小组党建"微阵地"，院落党员群众在家门口议事、服务、共治，初步构建了3分钟党群服务圈。

（三）畅通服务"毛细血管"

运用黄水镇党委"1345"红色末梢基层治理模式，以推动基层治理体系和治理能力现代化建设为一条主线，激活"微治理、微教育、微服务"三项功能，不断完善社区"基本公共服务、代办政务服务、特殊人群关爱服务、新兴人群发展服务"四大服务，着力健全"组织、经费、政策、制度、机制"五大保障，打通服务联系群众的"最后一米"。结合社区实际，构建"三个三"党建服务闭环机制，即建立"社区党委—村居党支部—院落党小组"三级诉求响应机制，建立需求清单、资源清单、服务清单"三张清单"，完善固定党日活动制度、党群说事议事制度、党员联系服务台账的"两图一表一台账"制度三项机制，形成年计划、季研究、月实施、日收集的常态化服务态势。

（四）推动党建提质增效

实施社区党建"头雁"计划，制定"头雁联系卡"，向村民发放"明白卡"，设立"书记热线"、党员示范岗，广泛开展社区党员"亮身份、亮承诺、亮作风"活动，将党的政策服务有效传递给村民。结合百年党史学习教育，开展了"为党旗争辉、做党员先锋"七一主题党日活动、"践行乡村振兴战略　描绘白塔发展新蓝图"主题教育实践活动等；社区组织党员志愿者成立"旋风小队"开展新冠肺炎疫情防控宣传活动，平战结合，做好常态防控。

二、坚持生态优先，构建生态全片区优化的绿色发展空间

白塔社区深入践行"绿水青山就是金山银山"的理念，鲜明树立生态优先、绿色低碳的发展导向，坚持生态修复、管控、营造"三同步"，积极推进生态价值多元转化，营造了"推窗可见绿道蓝网、开门即是草树"的乡村公园景观，夯实了水清鱼跃、绿植繁茂、空气清新的自然生态本底，让牧马山不断释放出"绿色红利"，成为百姓"幸福之源"。

（一）营造美美与共的生态空间

因地制宜开展全域生态修复，发动党员群众共同参与，高标准改造了近70亩的河湖湿地、600亩农田，建设步游道3千米，环罿上新村植入绿化景观树木1 300余株；大面积种植莜麦牧草形成"大地绿毯"，分区轮作油菜、向日葵形成"熊猫景观"，构建了山地油菜、向日葵及众多花卉轮作的绿色防控体系，"山水田林村生命共同体"格局基本形成。

（二）构建全民参与的管护体系

社区深入推进农村人居环境整治，健全以河长制为统领的水环境治理体系，持续开展雨水管网"清管行动"，深入开展社区厕所改造、无害化卫生厕所普及率达到100%；实现农村生活垃圾全域收运处置市场化，农村生活垃圾实现"日产日清"，无害化处置率达100%；测土配方施肥技术推广覆盖率达到100%；建成一体化污水处理设施，实施农家乐污水入网、罿上新村垃圾分类处

理，积极开展河长制宣传进校园、环保小小志愿者等活动，培养全民良好的环境保护意识。

（三）塑造三园融合的发展空间

以乡村建设行动为契机，统筹社区、景区、田园无界融合发展，建设集人文景观、居住消费、生态体验、产业发展等多功能于一体的新型乡村社区。积极探索河长制，对40多亩的低洼沼泽地进行生态改造，对上争取市水务局资金30万元，引进社会资金350万元，村民入股30多万元，打造开放式的文旅场景——优地之家，发展夜间经济、假日经济，日接待游客300多人。依托生态景观，鼓励动员社区居民发展庭院茶馆、家庭民宿旅游。下一步，将丰富乡村公共空间的生产支撑、生态屏障、生活载体内涵，推动生态资源高效集约利用。

三、坚持共同富裕，构建产业全链条惠民的绿色经济形态

白塔社区坚持共同富裕，深入实施乡村振兴战略，促进城乡要素双向流动、农商文旅融合发展，打造品牌化都市田园农业综合体，推动产业功能与自然功能、生活功能融合发展，社区集体经济、市场主体、村民收入同步增收，实现"资源变资产、资金变股金、村民变股民"，让"活树变活钱、叶子变票子、资源变财富"，昔日的"空壳"社区蜕变为富裕社区。2021年，居民人均可支配收入达4.5万元；社区集体经济收入达1 000万元左右，从2021年开始，以每年超200万元的速度递增。

（一）资源市场化，集体经济"更上一层楼"

社区全面推进农用地、林地"三权分置"改革试点，深入开展集体资产清产核资和股份量化，规范发展股份经济合作社等新型集体经济组织，推进社区集体资产资源统一开发利用，小农户聚为大集体，小生产对接大市场。探索"龙头企业＋社区集体经济组织＋合作社＋农户"的合作模式，成立"翟上新村土地合作社"，将新村参与户175户、535人全部吸收进来，收储农户土地1 000余亩，统一流转，实现每年纯收益50万元所得收益用于合作社抵御市场风险、为业主提供配套设施以及村民分红。社区节余集体建设用地指标118.8

亩，已流转25.43亩，实现经济价值2 600万元。预期招拍挂可达每亩100万元以上，直接经济效益可达1亿元以上。2021年社区集体经济年经营收入近400万元，其中"板坡良舍"分红60余万元、25.43亩新村节余建设用地指标流转社区预留264万元，闲置商业楼盘售楼部、闲置社区房屋出租和便民市场管理等收入60余万元。下一步，将采取市场化运作，组建集体收购公司以及物管公司等，盘活社区经营性资产和资源性资产，通过承包、租赁、入股等多种形式，不断壮大集体经济。

（二）生态产业化，绿色经济"点石为金"

高标准制定社区发展规划。紧抓空港花田、熊猫国际家园等重大项目落户的契机，突出"山""水""人文"品牌优势，着力推进村庄发展、产业升级、文化品质的协同发展，打造大都市近郊乡村旅游休闲目的地。可持续优化产业布局。以生态空间为主导，通过农业振兴、文旅蓄客、产业共荣促进一三产业融合，培育"高档房产、临空服务、休闲旅游、餐饮民宿、特色农业"等新业态。依托国家级示范合作社"牧山香梨合作社"优势资源，按照"支部＋合作社＋农户"模式组织会员规模化种植牧山香梨300亩、胭脂脆桃50亩、台湾矮柚40亩、有机葡萄30亩，用活果蔬采摘、精品定制、农事体验等营销方式，实现产值共600多万元，人均年增收超4 000元。营造"五度旅游休闲场景"。即农事体验场景、全民健身场景、美食美宿场景、生态康养场景和文创体验场景，引进成都首家园林式生态火锅楠柏弯、精品甲鱼品厨小院、肥肠大王等10家知名餐饮，现有农家乐10余家，精品主题民宿1家，社区经营户190多家，为居民提供数百个就业岗位。2021年，接待游客达60万人次，旅游总收入增长30%。下一步，将拓展"农业＋旅游"半径，拟引入新亚艺术学校、五星级酒店等项目，招引文创、康养等高端文旅项目，推进"农区变景区、田园变公园、集体建设用地变产业基地"。

（三）利益共享化，村民收入多元增加

社区构建"股金分红＋财产收入＋工资收入"的多元利益共享机制，实现村民"变员工、变股民、变老板"的身份"三变"。成立白塔社区股份经济合作社，争取到成都市农委集体产权制度改革试点项目资金180万元，引入成都良

龙建设工程有限公司投资260万元，总投资440万元共同打造"板坡良舍"农商文旅体融合项目。其中合作社占股30%，社区将财政补贴180万股权配置到全村约3 000人，合作社占股41%。板坡良舍从开业至今，营业收入达1 500万元，解决本地居民就业30余人。2021年，合作社创收60.7万元。2022年1月27日，社区召开分红大会，以发放共享超市购物券的形式，分红金额达30余万元，共3 000余名股民享受红利；预计可带动社区集体经济年均增收100万元、促进参股群众户均年增收1 100元。2020年11月，由区供销社和白塔社区股份经济合作联合社、双流区鑫益农业农民专业合作社按照"三共五统一"（即共建、共治、共享，宗旨统一、形象统一、渠道统一、模式统一、运营统一）理念，共同打造"老邻居"共享超市，采取"经营市场化、管理民主化、分配合作化"的三化入股原则，以每户500元一股为标准吸引了46户社区居民群众自发入股，超市按合作社章程规定进行分配，暂留5%利润作为合作社的发展资金外，60%作为消费积分奖励返还给居民，35%作为分红资金进行分配。下一步，社区将大力发展民宿项目，力争将民宿规模扩大到100套，聘用农场工人、民宿酒店及旅游服务人员等员工200余人，让村民人人有股份、人人做房东。

四、坚持共治共享，构建全周期治理的绿色院落治理格局

社区围绕"幸福美好生活十大工程"，积极探索将"四好村"创建与新村建设紧密结合，以散居院落环境整治为突破口，微网格、微共治、微共享联动，在群众评选的"最差院落"帅家院子探索"123456"散居院落自治工作法，推动社区从"生活共同体"到治理共同体转变。昔日的"最差院落"蝶变为推窗见绿、抬头赏景、移步闻香的"最美院落"。2021年，帅家院子被评为成都市"十大川西林盘年度消费新场景"。

（一）织密微网格，完善院落自治体系

建立"社区—新村—院落"治理网格，发动党员干部群众担任治理网格员，调解村民纠纷、宣传政策法规、监察院落治安，确保了群众小事不出社区。在瞿上新村等成立议事会、监事会，院落自治委员会，制定新村自治管理公约，

建立健全群众自治组织架构和监督机制，构建了议事决策、服务执行、评议监督、矛盾调处等多方协调平台，涉及小区的公共事务，议事会95％成员同意后才能实施。

（二）聚力微共治，破解院落自治难题

"123456"散居院落自治工作法，即"1"是召开散居院落治理动员大会，发出一封倡议书，鼓励人人动手共建美好家园。"2"是开好两场坝坝会，整治前告诉村民为什么要整治、整治要达到什么标准，社区和群众各自做什么；整治中听取意见建议，问群众有什么感受、有什么需求、有什么建议。"3"是做好3项重点工作：按照庭院美、室内美、厨厕美、身心美、村庄美的"五美"标准，带领群众开展公共区域环境净化、房前屋后空间序化、院落空间节点美化。"4"是建立院长管理、院落公约、保洁管护、文明创建"四项机制"。"5"是5支队伍：成立社区党委引导，居委干部包户，综治队员巡查，社会组织参与，保洁公司协力共治队伍，共同治理，保障治理成果。"6"是6条公约，常态化治理柴草乱堆、粪污乱排、垃圾乱倒、杂物乱堆、建筑乱建、衣服乱晾现象。后期管理中，采取分包管理跟踪制度，根据示范户、达标户、薄弱户三种类型，提供具有针对性的院落环境管护指导。

（三）服务微共享，构建自我服务机制

在瞿上新村打造共享菜地，划分出39块微菜地，按照"志愿服务时长优先、文明家庭优先、物业费足额缴纳优先"等条件，对报名群众进行筛选，商议制定菜园规划、菜园公约，建立栽培管理和积分进退机制，有效破解小区居民乱扔垃圾、圈地种菜、物业费收缴难等现象。社区物业费缴纳由不足65％提高到95％，小区不文明现象明显减少。打造瞿上榕下·融睦广场，让村民"坐西向东聊天南地北，左邻右舍摆上和下睦"。党员主动服务联系社区群众，调解邻里纠纷、倡导文明新风、帮扶困难群众。成立社会组织孵化中心，提供孵化培育、能力建设、项目运作、资金扶持等10余项服务。楠柏弯经营者和地方乡贤每隔三年重阳节为社区老年人筹办坝坝宴；社区党员邬良彬每年为党员活动出钱出力。

五、坚持以文化人，构建文化全龄化浸润的七彩社区文化空间

白塔社区是古蜀农耕文化的发祥地、三国文化的重要承载地。社区坚持以文化人，守初心、聚党心、汇民心，激活社区文化基因，聚合社区力量，引导农民不仅"富口袋"，更"富脑袋"，众志成城建设和谐美丽新家园，共建共治共享美好新生活。

塑造一个文化品牌。社区依托盘活瞿上城、蚕丛祠、东汉崖墓群、三官堂、应天寺、柳南桥等本地历史遗迹资源，将农耕文化、廉政文化、地方文化活态传承，引入薯大侠、椒小妹、梨香香、天府"管得宽"等文化IP，打造蚕丛文化、瞿上文化等社区文化品牌，将文化资源转化为文旅经济发展的动力。"我在瞿上等你"已成为当地社区居民的一句口头禅。

凝聚一种社区精神。社区以"白手兴业、聚沙成塔"为主题，弘扬创新、奋斗、团结的社区精神，激励社区用奋斗创造美好深化。瞿上新村挖掘千年古井——八角井（诸葛井）的文化底蕴，在新村复制"八角井"景观，以"守住自己的一口井"为主题，倡导居民饮水思源、不忘初心，崇德、向善、自律、进取。

打造一组文化景观。积极构建"15分钟文化生活圈"，打造了二十四节气文化长廊、牧山三宝景观、民俗记忆展墙、农耕文化坛绘、幸福转角等18处文化节点；在帅家院子就地取材，用竹篾片、墙绘等方式美化围墙，形成了浓浓的乡愁味；建设了文化活动室、文化长廊等公共服务配套设施；企业和社区联动，打造了板坡雅舍社区美空间。

开展N项文化活动。社区坚持"党建＋德治"融合，把践行社会主义核心价值观和传承古蜀农耕文化、儒家孝善文化等优秀传统文化结合起来，积极探索"基层党建＋新时代文明实践站＋社会治理"模式，常态开展道德讲堂，举办"传家训、立家规、扬家风"书法、国画活动、"庆国庆 贺中秋"秋季运动会、"心手相牵 关爱暑期儿童"活动、"九九重阳节 浓浓敬老情"重阳主题活动、"聚力白塔 瞿上我家""邻里乡愁"等系列活动；常态化宣讲法律法规、乡村治理新要求等知识；将入选中国好人榜的廖玉华、成都市道德模范、成都榜样邓业成等先进典型融入家风家训教育，持续推进新村移风易俗，塑造仁、善、孝、美的文明村风，积极营造"对自己负责、对邻里友善、对社区关心"的社

区氛围。与胜利小学携手建立社区校外公益教育示范点矗上同心圆，邀请原胜利小学校长主持"赖老师讲世界"，打造"耕（根）在牧山"社校共建教学实践基地，让青少年走出校园课堂，走进乡村田野，成为社区建设的宣传员、服务员和引导员。

文武社区：打造农商文旅融合发展产业示范社区

一、案例背景

黄水镇文武社区地处双流西南地区，与成新蒲快速通道，辖区内有黄楠路、文昆路、富民路，天保大道正在建设当中，2004年由牌坊村、田林村、文武村三村合并而成，现为新型农村社区。辖区面积3.75平方千米，距离黄水政府2.5千米，耕地3 698亩，2个集中居住点（文武小区、移民点）。现有8个组，共1 368户，人口4 084人。

坚持以党建引领带动社区治理，按照人文美、生活美、环境美的社区治理思路，重点抓好幸福美丽新村建设，现代农业园区建设和乡村振兴等重点工作，打造"党建＋治理""新村＋文创""园区＋旅游"农商文旅体融合发展的示范社区，全力推动文武社区"臻爱田园、樱桃水乡"都市观光体验农业园区建设，促进社区一、三产业深度融合，打造"农业＋旅游、农业＋美食、农业＋办公、农业＋企业孵化"等农业产业新业态。以乡村振兴为抓手，对现有生态本底很好的林盘打造成如"十亩方宅""文石桥"等独具特色的林盘，招引业主入驻，打造消费场景，丰富农业园区业态。用活用好集体建设用地，招引优质业主共同打造农商文创、农事旅游、研学实训、乡村总部、农田体育等新业态。

二、主要做法

（一）基层党建

一是以党建引领为核心，把支部建在产业链上，把共享嵌入服务链上，把协商贯穿治理链上，探索"一核三链"农村社区发展治理新路，按照"易进入、可参与、能共享"理念，对党群服务中心进行亲民化改造，打造"一中心三站两厅两区"党建综合体。即开放式的党群服务中心，邻里协商工作站、新时代文明实践站、社区电商工作站，美丽新村会客厅、名优产品展示厅，全龄友好活动区、村企共享办公区。

二是文武社区2022年获评成都市乡村振兴示范社区、成都市水美乡村示范社区、双流区党建引领示范社区。

三是构建"微阵地＋微课堂＋微服务"的运行机制。建设党小组微阵地实现微治理，因地制宜在社区党小组长或者有威望的老党员家中，分别打造第四小组微阵地和文武小区党群服务站，构建3分钟党群服务圈，畅通了党员联系服务群众的"最后一米"。

四是整合资源推动龙虾基地、樱桃部落等主要产业提档升级，营造现代乡村消费新场景。逐步腾退低效苗木，让粮油产业串点成线、联动发展，助力空港创意都市现代农业园区晋级市五星级现代农业园区。

（二）社区治理

一是争取区水务局"水美乡村"建设项目，通过整合新村配套道路建设、农业园区提升项目和住建交道路"白＋黑"项目四方资金，结合龙虾基地水生态优势，将活水引入小区，新建了"亲水休闲、休憩健身"的临水漫游步道，乡村篱笆墙，治理水系也增加了水景观、重现了小桥流水的川西风情，营造了一幅"村在景中，景在水中"的成都平原乡村画卷，增加居民幸福感的同时增强了社区游客的体验感。

二是抓住空港创意农业园区提升契机，社区股份经济合作联合社积极发动业主，在园区主要道路、绿化景观、业主围栏、农场门头规范和提升方面，积极深入和业主、群众交流，广泛听取和征集意见，从实际出发，结合每个农场产业特色，共同聘请专业设计师，并融入空港创意园区建设思路、川西林盘等，设计出了独具特色、样式新颖、美观耐用的新门头和新围栏，提升农业产业的整体形象，推广产业增加居民收入，打造文武新地标。

三是谋划新村"前端治理"工作，实现交房前完善小区治理各项制度，并扎实做好新村入住后的管理服务工作，以新村崭新形象带动散居院落，统规自建小区的人居品质和环境治理全面提升。社区居民以全新的面貌入住小区，呈现"美丽新村、安居乐业"的美好局面。同步规划幸福美丽新村消费场景，整合新村43套房屋打造乡村民宿、乡村办公，乡村企业孵化园、商业街打造等消费场景。

四是重构"文妹妹、武哥哥"IP自组织队伍，以家园评比、小区微更新、月月大扫除等形式改善社区环境，依托"规划停车位、文明劝导、沉浸式体验"等完善小区安全秩序，依托"小区支部＋巷道代言人＋党员＋自组织"美化行动小组，形成长效机制，实现美丽宜居、蜀风雅韵、良序善治的文武社区。

（三）乡村振兴

一是坚持党建引领发展社区治理和"一路两园带三户"的社区产业发展思路，围绕体制机制创新，讲给群众听、做给群众看、带领群众干，共同大力发展乡村振兴战略，建设乡村振兴示范社区，实现文武的乡村振兴，社区利用乡村振兴奖补资金，通过聘请专业设计师，设计了社区"文妹妹、武哥哥"IP形象，提升完善社区服务功能，在社区办公室增设社企联盟阵地（成立了成都空港创意孵化器有限公司，主要经营园区企业孵化、人力资源、银企对接等）、社区直播间、儿童活动区、社企接待中心，提升了社区整体形象，为实现人才振兴、产业振兴、经济振兴、乡村振兴做好准备工作。

二是对现有生态本底很好的林盘进行打造，充分利用已参与新村建设的原住房屋院落林盘，作为集体资产打造的消费场景，通过风貌改造，招引业主入驻等，打造如"十亩方宅""文石桥"等独具特色的林盘。

三是用活用好集体建设用地，招引优质业主共同打造农商文创、农事旅游、研学实训、乡村总部、农田体育等新业态。

三、实践成效

通过社区幸福美丽新村建设，田家林、文石桥、十亩方宅林盘提档升级，通过农商文旅体消费场景，以农业园区整体营造为契机，引脑借智、引企入社的方式集中发展新村民宿、乡村办公、企业孵化、田园美食、观光旅游等消费新场景，用心抓住数字新游民，增加群众收入新途径，探寻集体经济壮大新思路，实现产业新村新融合。

文武社区先后获得全国性退役军人服务站、成都市乡村振兴示范社区、成都市水美乡村示范社区、成都市儿童友好社区、成都市"三化"试点创建示范社区、双流区党建引领示范社区等称号。

云华社区：打造农商文旅体医融合发展的国际范公园社区

一、案例背景

云华社区辖区面积8平方千米，人口近5 000人，党员158人（其中包括国家财政部下派到社区挂职锻炼的两位副书记），下设支部5个，8个居民小组；机场二跑道、五环路、大件路、环港路穿境而过，菜鸟、顺丰、圆通、国际空港经济区、空客全生命周期服务等项目争相落户。

社区党委坚持党建引领，以空港花田和云华新村为抓手，依托临空优势和自然生态本底，将社区头顶低空起降的飞机作为特色旅游资源，把人文村落和绿水青山转化为经济价值、文化价值、旅游价值，吸引百万游客与飞机零距离打卡，并望山见水忆乡愁。初步探索出"社区发展治理＋乡村振兴"两轮驱动，"社区＋景区"两区联动的协作式、多元化发展新路径。

二、主要做法

（一）基层党建

一是创新阵地建设，以"三个叠加"提升社区服务品质。叠加政务服务，打造"一站式"便民服务中心；叠加就业创业服务，开展"线上＋线下"招聘会，提供居民就业创业培训；叠加旅游服务，打造提供景区安全、交通、应急等一站式游客服务中心。

二是云华社区2020年获评"成都市干部教育培训现场教学基地"，先后与四川大学全国干部教育培训基地、西南交通大学四川省干部教育培训基地合作开展现场教学实践。

三是社区与国网成都市双流供电公司签订党建结对共建协议，开始积极探索新形势下的零碳新村。完成环港路10千伏电线迁改下地、新能源充电站建设、新村光伏商业街和光伏路灯改造；与空港花田公司支部共建，双方结合空港花田景区优势，共同开展消费场景营造；与黄水镇卫生院党建结对联建，在新村建成智慧健康小屋，为居民提供集健康自检、健康管理、健康指导与针对性干预于一体的一站式服务。

四是社区党委积极探索生活化的党群服务新路径，将党建工作重心下移，把党小组分别搬进党小组长或有威望的老党员家中，分别在朱家院子和邹家院子试点打造出"抬头就能见、拔腿就能到、有需就有应"的基层党建"庭院阵地"，让党小组在院落"生根"，在村民家中"落户"。

（二）社区治理

一是社区党委以"最差院落"整治提升为契机，通过议事会、支委会、坝坝会形式，向院落居民发放倡议书，统一思想，达成共识，以"长寿康养"和"军旅印象"为主题，群策群力、筹工筹劳、捐资捐物、共建共治，高质量完成朱家院子和邹家院子两处"最差院落"的人居环境治理工作。

二是孔子72贤弟子——商瞿葬在云华，他是儒家文化传授者。为营造崇文重教氛围，社区特设50万元"商瞿故里奖学基金"：凡云华籍学子，考上北大、清华重奖2万元，考上985、211大学重奖1万元，考上其他高校奖励1200元。借此勉励居民在共居共事共乐中促进"共学"。开设"云华共享图书银行"，鼓励云华学子共享图书、分享知识、共同提升。

三是坚持每年举办"最美云华人"评选活动，让居民学有目标、赶有榜样；举办"幸福云华百家宴"，让居民共享邻里乐、共叙邻里情；帮居民提炼"家风家训"，引导后人崇德向善、孝亲睦邻；社区持续十年开展的"云华家话""社区雏鹰""家乡美"征文、"暑期学生离校不离教"等志愿者活动，得到中国关工委主任顾秀莲的高度认可。

四是打造云华社区"商瞿讲堂"之"两委干部新动力培训"，采取请进来讲、带出去学模式，邀请身边实战经验丰富的基层操盘手前来授课。推进两委干部上讲台，从"要我学"转变为"我要学"，升级为"我要讲"，不断转换角色提升自己，切实做到"以讲促学、以学促思、以思促悟、以悟促行"。

（三）乡村振兴

为抓好从社区进入空港花田的游客"流量经济"，社区、居民、合作社通过股份量化成立"成都云华社区服务有限公司"，健全协调机制，优化利益联结，作为壮大集体经济的载体平台。

一是升级"空港花田游线"，以引进的"博悟少年"项目为中心，带动形成研学实践及劳动教育基地，合理利用社区的"金边银角"，打造融入非遗文化、农耕文化为主题的劳动教育、研学旅行综合实践基地，逐步形成非遗文化体验、农事劳动体验、花田美景体验等沉浸式消费经济，持续带动当地经济活力，不断增加就业和创业岗位，促进产业提档升级，赋能社区经济。

二是从"花田"引流变成自我引流，实现"转场"发展，通过打造三个"茂林修竹、水润鸟鸣"的川西林盘院落，呈现空港花田和散居院落动静结合的乡村之美，让乡村成为综合性就业空间和消费空间，让社区一日游增至两日游，打造"田园风、蜀都味、快节奏与慢生活兼具"的24小时消费场景。

三是结合物流园区人流优势，在园区周边设立园区集市，做好园区服务，带动居民创业就业，壮大集体经济。让大美云华宜游宜憩、可感可及，实现"全域兴旅、民富村美"总体目标。

三、主要成效

社区积极营造和美生活场景，大力发展壮大集体经济，实现了精神、经济双丰收。通过营造"农、商、文、旅、体、医"生活、消费场景，居民人均年收入3.8万元，截至2022年底，社区累计有集体资产2 000余万元，实现了产业强、村民富、景色美！

社区先后荣获"全国示范性老年友好型社区"、省级"四好村"、省级"民族团结进步示范社区"、成都市"蓉城先锋基层示范党组织"、成都市"百佳示范社区"、成都市"垃圾分类示范社区"、成都市"人居环境示范村"、成都市文

明社区、成都市"最美大运社区"、成都市"运动健康主题社区""成都市干部
教育培训现场教学基地"、成都市社会主义核心价值观特色点位等称号。

　　云华社区就探索公园社区建设、推进社区发展治理、构建未来美好生活场
景等方面的经验做法，在2020年全球城市论坛会场做了分享发言。

瞿上新村：五个链接 营造乡村公园小区美好生活

双流区黄水镇白塔社区，毗邻空港花田、熊猫国际家园等重大项目，2017年1月启动建设，2018年11月完成分房入住，安置户数175户、535人。过去，这里农耕条件差，产业发展落后，房屋破旧不堪。近年来，黄水镇党委、白塔社区党委坚持以党建引领为核心，以场景营造为抓手，以美好生活为落脚点，探索了"社区＋小区"协同治理新路，营造了乡村公园小区美好生活场景，实现乡村变社区，社区变公园，村民变市民。

一、党建链接群众，营造党建服务场景

农民集中居住后，基层党建如何覆盖新村？实践中，黄水镇党委、白塔社区党委坚持党建引领，探索营造党建服务场景，打通服务联系群众的"最后一百米"。

织密党建网络。建立完善社区党委、社区党支部、党小组三级网格。白塔社区党委总揽社区乡村振兴和社区发展治理工作；在瞿上新村建立新村党支部，负责集中安置区党建工作落实；党小组负责联系社区党员，积极参与乡村振兴和社区发展治理。

建强党建阵地。构建"党群服务中心＋工作站"的社区党建阵地。在白塔社区党群服务中心打造"一站式"便民服务中心，实现党群服务中心转型、规范、高效三同步；在瞿上新村建立党建工作站，叠加便民服务，打造集党员群众活动室、志愿者办公场所、便民阅读、共享空间、休闲服务等为一体的党群

服务综合体。叠加旅游服务，主动对接新村农商文旅体项目，为游客提供景区安全、交通、应急管理等一站式服务。

抓实党建活动。社区设立党员示范岗制度，推行党员干部承诺上墙，广泛开展社区党员"亮身份、亮承诺、亮作风"活动，带动党员干部转作风、优服务；多渠道提升社区"两委"成员和党员实施乡村振兴、社区发展治理能力；丰富基层党建活动，开展了"为党旗增辉、做党员先锋"七一主题党日活动，联合双流区芯谷社会工作服务中心，开展了"践行乡村振兴战略 描绘白塔发展新蓝图"主题教育实践活动等；新冠肺炎疫情防控中，社区组织党员志愿者成立"旋风小队"开展防疫宣传活动，为胜利小学捐赠了 2 000 个口罩、50 瓶洗后凝露、1 000 张防疫宣传单。

二、生态链接价值，营造绿色发展场景

白塔社区瞿上新村，依山傍水，生态环境良好。近年来，社区深入践行"绿水青山就是金山银山"的理念，多措并举，因地施策，积极推进生态价值多元转化，营造了绿道、湿地、森林环绕的乡村公园景观，夯实水清鱼跃、绿植繁茂、空气清新的自然生态本底，生态红利变为发展红利。

着力优化新村生态系统。社区把生态文明建设和新村建设有机结合起来，发动党员群众共同参与，高标准改造了近70亩的河湖湿地、600亩农田，建设步游道3千米，环瞿上新村植入绿化景观树木1 300余株，实施新村垃圾分类处理，提升了新村人居环境和村民生活质量。社区绿树成荫，繁华相伴，带给村民和游客安逸的体验。

着力推进生态价值多元转化。社区算了一笔账，依托良好生态环境，如果进行商业开发，修建占地两三亩的别墅，只有一次性几千万的投入，后续发展难以产生收益。如果发展中高端产业项目，每年可获得持续收益。社区积极探索河长制、河长治，对40多亩的低洼沼泽地进行生态改造，对上争取市水务局资金30万元，引进社会资金350万元，村民入股30多万元，打造开放式的文旅场景——优地之家，发展夜间经济、假日经济，可接待游客300多人。依托生态景观，鼓励动员社区居民发展庭院茶馆、家庭民宿旅游。

三、产业链接村民，营造产村相融场景

近年来，白塔社区紧抓空港花田、熊猫国际家园等重大项目落户的契机，深入实施乡村振兴战略，推进农商文旅融合发展，大力发展森林康养、果蔬采摘、农事体验、文化创意等特色产业，打造品牌化城市田园农业综合体，实现了新村集体经济发展壮大、村民增收渠道多元，昔日的空壳社区变身文旅景区。

探索壮大集体经济新路径。社区探索"龙头企业＋社区集体经济组织＋新村土地股份合作社＋农户"的合作联社模式，结合农村集体"三资"清理，全面清资核产，摸清社区家底。成立罩上新村土地合作社，将新村参与户175户、535人全部吸收进来。2018年，合作社收储农户土地1 000余亩，统一流转，实现每年纯收益50万元，所得收益用于合作社抵御市场风险、为业主提供配套设施以及村民分红。社区节余集体建设用地指标118.8亩，预期招拍挂可达每亩100万以上，直接经济效益可达1亿元以上。预计2023年底，社区集体经济年收入超100万元。下一步，将采取市场化运作，组建集体收购公司以及物管公司等，盘活经营性资产和资源性资产，通过承包、租赁、入股等多种形式，增加农村集体收入。

探索农民利益多元链接新机制。成立白塔社区股份经济合作联合社，争取到成都市农委集体产权制度改革试点项目资金180万元，引入成都良龙建设工程有限公司投资420万元，共同打造"板坡良舍"农商文旅体融合项目。其中合作社占股30%，白塔社区将财政补贴180万股权配置到全村2 777人。该项目作为孵化中心已投入试运营，已解决本地居民就业30余人。项目远期将孵化周边农场及民宿，聘用农场工人、民宿酒店及旅游服务人员等员工200余人。板坡良舍试运营4个月来，月均营业额超90万元，预计2023年可带动社区集体经济年均增收100万元，促进参股群众户均年增收1 100元。依托国家级示范合作社——牧山香梨合作社的优势资源，按照"支部＋合作社＋农户"模式组织会员规模化种植牧山香梨300亩、桑葚100亩、胭脂脆桃50亩、台湾矮柚40亩、有机葡萄30亩，用鲜果采摘、精品定制、农事体验等营销方式，实现产值共600多万元，人均增收超4 000元。对上争取市供销联社投入30万元、区供销联社投入5万元、入股2万元，镇供销合作社入股2万元、社区入股2万元，70多户村民每户入股500元，总投入50多万元，打造了"老邻居"共享超

市，共享超市20%利润用于入股的区供销联社、镇供销联社、社区和入股居民分红。下一步，社区将借势熊猫国际家园和空港花田重点项目，力争将民宿规模扩大到100套，让村民人人有股份、人人做房东。

探索农商文旅融合发展新路径。为居民提供数百个就业岗位。下一步，将引入新亚艺术学校、五星级酒店等项目，招引文创、康养等高端文旅项目。

四、发展链接治理，营造共治共享场景

近年来，社区积极探索构建党建引领的社区共同体，按照"业兴、家富、人和、村美"的要求，将"四好村"创建与新村建设紧密结合，党建引领、群众参与、自治赋权，新村平安稳定祥和。

完善自治机制。2017年1月，新村建设正式开启，充分发挥民主决策，合作社通过选举产生议事会、监事会，严格执行"一事一议"原则，在工程建设方面，有参与户自愿和议事会推荐两种原则，选定懂建筑工程的全程进行监督，确保工程质量。2018年11月26日顺利完成分房工作。村民入住后，社区引导新村居民成立了院落自治委员会，制定新村自治管理公约，建立健全群众自治组织架构和监督机制。构建了议事决策、服务执行、评议监督、矛盾调处等多方协调平台，涉及小区的公共事务，议事会95%成员同意后才能实施。

搭建自治平台。村民刚搬进新村时，小区出现乱扔垃圾、圈地种菜、物业费收缴难等现象。社区收集群众意愿，对闲置的5亩土地进行整理，打造共享菜地，划分出39块"微菜地"，按照"志愿服务时长优先、文明家庭优先、物业费足额缴纳优先"等条件，对报名群众进行筛选，商议制定菜园规划、菜园公约，建立栽培管理和积分进退机制。共享菜地实施以来，社区物业费缴纳由不足65%提高到95%，小区不文明现象明显减少。

"双线融合"治理。瞿上新村是没有围墙的安置区。社区坚持社会治理和社区治理"双线融合"，将新村全部纳入天网工程，建立了镇—社区—新村—院落治理网格，发动党员干部群众担任新村网格员，调解村民纠纷，动态监察新村治安，确保了小事不出社区。

五、文化链接生活，营造社区文化场景

白塔社区历史文化资源丰富，社区坚持以文化人，激活社区文化基因，聚合社区力量，提供多元公共文化服务，有力提升社区居民的文化素养，实现生活与文化同美。

坚持文化惠民。打造"15分钟文化生活圈"，建设社区文化活动室、村史馆、文化院坝、文化长廊等，常态化开展文艺表演、家风传承、全民阅读等群众性活动，让公共文化服务惠及社区每个角落。常年开展道德讲堂，深入新村院落，弘扬社会主义核心价值观。

凝聚社区精神。社区挖掘千年古井——八角井（诸葛井）的文化底蕴，在新村复制"八角井"景观，以"守住自己的一口井"为主题，倡导居民饮水思源、不忘初心，崇德、向善、自律、进取。

打造文化景观。社区依托盘活瞿上城、蚕丛祠、东汉崖墓群、三官堂、应天寺、柳南桥等本地历史遗迹资源，将农耕文化、廉政文化、地方文化植入新村景观打造中，引入薯大侠、椒小妹、梨香香、天府"管得宽"等文化IP，增强地域文化识别，让村民和游客记住乡愁。

弘扬时代新风。社区坚持"党建＋德治"融合，将文化建设作为乡村振兴和社区发展治理的重要工作，把践行社会主义核心价值观和传承古蜀农耕文化、儒家孝善文化等优秀传统文化结合起来，将中国好人榜、成都市道德模范、成都榜样等先进典型融入家风家训教育，持续推进新村移风易俗，塑造仁、善、孝、美的文明村风。党员主动服务联系社区群众，调解邻里纠纷，倡导文明新风，帮扶困难群众。地方乡贤积极为家乡民生、福利事业做贡献，楠柏弯经营者和地方乡贤每隔三年重阳节为社区老年人筹办坝坝宴；社区党员邬良彬每年为党员活动出钱出力。

着力乡村教化。社区积极营造"对自己负责、对邻里友善、对社区关心"的社区氛围，举办了"传家训、立家规、扬家风"书法、国画活动、"庆国庆贺中秋"秋季运动会、"心手相牵 关爱暑期儿童"活动、"九九重阳节 浓浓敬老情"重阳主题活动。常态化向群众宣讲法律法规、公民道德、乡村治理新要求等知识，聚党心、汇民心，众志成城建设和谐美丽新家园，共建共治共享美好新生活。

云华社区：党建引领促发展
融合赋能显成效

一、案例背景

云华社区辖区面积8平方千米，辖8个居民小组，人口近5 000人。近年来，机场二跑道、菜鸟、顺丰、空客全生命周期服务、国际空港经济区等重点项目落户云华。辖区大部分区域属城市规划区，而机场二跑道两侧及端头1平方千米为机场生态防护区。为解决飞机噪音扰民问题，改善居民人居环境，社区于2015年底启动双流区首批幸福美丽新村建设，参与群众122户、390人，自愿有偿腾退宅基地37户、87人。成立云华新村党支部，充分发挥党建引领及党员表率作用，创造性提出"五个自主"模式推动幸福美丽新村建设，保障群众住上好房子，建设经验做法得到中央电视台《新闻联播》专题报道。

二、主要做法

社区以建设云华新村为抓手，坚持从新村建设、产业发展、社区治理、精神文明等方面入手，探寻出了一条有效的乡村振兴道路。

（一）"五自"模式推进新村建设，保障群众住上好房子

为实现让群众住上好房子的愿望，社区依托土地整理项目，创新"五自"模式，高质量完成幸福美丽新村建设。

一是是否参与自主选。公布新村建设政策补助标准，组织村民外出参观学

习，充分尊重群众意愿，确定项目是否实施、村民是否参与。

二是实施方案自主议。引导村民成立双流云华土地股份合作社，与参与群众一道研究新村建设方案，确定新村选址、户型风貌、车库修建等村民关心的问题。

三是资金安排自主定。土地股份合作社以宅基地"小证"换取集体建设用地使用权"大证"，以"大证"向金融机构融资贷款，解决建设资金瓶颈。

四是建设质量自主控。聘请4名懂建筑的新村参与群众作为监理人员，自主成立建设管理组和财务组，与监理单位共同把关建设质量。

五是建好新居自主管。项目议事会组织群众共同商讨收益分配方案和配套产业规划，组织村民对新村的治安、环境等进行自主管理。

（二）农商文旅打通致富道路，带领群众过上好日子

云华新村突出自身优势，变资源为资本，全力推动农商文旅融合发展，居民人均年收入3.8万元，集体资产2 000余万元，实现了产业强、村民富、景色美！

一是借力大项目促进就业。在新村成立就业创业服务中心，搭建村、企交流平台，积极服务菜鸟、顺丰、圆通等园区，及空客全生命周期服务、国际空港经济区等重大项目，带动村民高水平就业，解决群众1 000余人就近就业。

二是大力发展乡村旅游业。依托紧邻机场二跑道和万亩空港花田区位优势，整合新村资源，发展观光休闲、民俗体验等旅游产业。完善新村旅游驿站服务功能，建成游客接待中心、观景台、停车场、新能源充电站等配套设施。规范引导新村住户发展微型商店、微型农家乐、家庭客栈，旅游高峰期新村住户日收入达2 000余元，实现了村民就近创业、多元增收。

三是积极发展研学经济。以"博悟少年"项目为中心，合理利用社区"金边银角"，打造融入非遗文化、农耕文化为主题的劳动教育、研学旅行综合实践基地，逐步形成非遗文化体验、农事劳动体验、花田美景体验等沉浸式消费经济，带动当地经济活力，增加就业、创业岗位，促进产业提档升级，赋能社区经济。

（三）社区治理助推乡村振兴，引导群众形成好习惯

社区治理将乡村振兴战略和社区发展治理工作深度融合，以基层党建为抓手，引导群众自觉形成好习惯。

一是建强组织，引导治理。建立社区"云朵朵"志愿者服务队，积极开展调解邻里纠纷、倡导文明新风等志愿活动，引导自我管理，化解邻里矛盾，主动移风易俗，共创和谐美丽新社区。

二是树立典型，模范带头。在新村党员中广泛开展"亮身份、亮承诺、亮作风"活动，充分发挥党员先锋模范作用，用先进事迹、身边典型、良好作风教育引领群众提升自身素质，树立文明新风，养成良好习惯。

三是以"绿色理念"塑造人居环境，建成垃圾分类积分兑换银行，引导游客、居民、商家把可回收垃圾送到银行换取生活用品或花肥；建成餐厨垃圾处置中心，加工成花肥卖给游客，实现"环保＋盈利"模式。

四是新村支部与国网成都市双流供电公司签订党建结对共建协议，探索新形势下的零碳新村。完成环港路10千伏电线迁改下地、新能源充电站建设、新村光伏商业街和光伏路灯改造，倡导居民对清洁能源，引领乡村绿色用能新风尚。

（四）传承创新坚定文化自信，引领群众弘扬好风尚

新村坚持将文化作为乡村振兴凝心聚力的黏合剂和发动机，以文化搭桥，以"三美示范村"创建为抓手，倡导群众弘扬好风尚。

一是大力推动精神文明建设。坚持每年举办"最美云华人"评选活动，让居民学有目标、赶有榜样；举办"幸福云华百家宴"，让居民共享邻里乐、共叙邻里情；持久开展"家家学、家家建、家家创"的"三家"活动，引导居民培育文明乡风、良好家风、淳朴民风。

二是深入挖掘本地文化遗产。大力挖掘商蜀文化、古蜀农耕文化等人文资源，打造民风廊、传统文化巨幅壁画，提升村民文化认同感与自豪感；讲好云华家话，把践行社会主义核心价值观和传承古蜀农耕文化、儒家孝善文化等优秀传统文化结合起来；设立新村"荣誉墙"，弘扬村民崇德向善、孝亲睦邻、勤劳朴实的优秀品质。

三是开展各类文化艺术活动。近年来，举办四川省象棋名人邀请赛、新村运动会、离校不离教、技能培训、百姓大舞台等文化艺术活动。邀请四川省艺术摄影协会及成都市网络文学联盟至云华新村采风，成功举办摄影作品展，不断丰富群众精神文化生活，提升村民幸福感与获得感。

三、主要成效

近年来，以新村建设为抓手，云华先后荣获国家级"老年友好社区"、省级"四好村"、省级"民族团结进步示范社区"、市级"三美示范村（社区）"、市级"人居环境示范村"、市级"基层示范党组织"、成都市社会主义核心价值观特色点位、成都市干部教育培训现场教学基地等荣誉称号。央视《新闻联播》《半月谈》、中国文明网等中央省市媒体对云华新村实施乡村振兴战略的做法进行了报道。在新村以社区老年人生活为题材拍摄的微电影《暮春》，入选全省"乡村振兴　美丽家园"网络视听节目精品创作传播工程。

九江街道社区发展和小区治理典型

蛟龙社区：细网密织进小区
"最后一米"解民忧

一、社区"微网实格"建设背景

根据成都市有关微网实格治理指导规范精神，按"街道党工委统筹指导、社区党委具体组织划分"的思路进行，蛟龙社区建立四级网格治理体系。在原来三级网格管理的基础上，以小区、商铺、企业户数为单位进行四级"微网格"划分，原则上一个网格户数不超过50户，建立起社区党委统筹的"总网格长—网格长—网格员—微网员"四级治理体系。总网格长由社区书记担任，网格长由社区"两委"干部担任，网格员由社区专职工作者担任，微网格员由熟悉楼栋居民、责任心强、热心服务群众的党员、离退休干部、"双报到"党员、居民小组长、"两代表一委员"等人员担任。根据社区具体情况，蛟龙社区共划分一般网格31个，"微网格"517个。

二、聚集问题

由于蛟龙社区外来人口多、小区多、企业多，市场经营主体多，社区居住人员构成也比较复杂，社区治理难度大。经过走访了解，分析主要问题如下：

（一）小区矛盾问题多：小区设施设备老化，住户与物业矛盾突出，邻里之间关系紧张。

（二）小区治理主体缺失：小区自治组织缺少，居民反映解决问题的渠道少，小区信访件多。

（三）社区居民参与社区治理意识不足：居民对社区基层组织认知度不够，对社区事务不关心。

（四）社区基层群众矛盾纠纷多：涉及企业劳资纠纷、民事纠纷、家庭矛盾等纠纷解决渠道少，及时解决问题的时效性差。

三、工作开展

（一）创新思路

建立网格党支部，网格长任支部书记，社区"两委"下沉到各个网格带领网格员、微网格员开展各项具体事务，解决小区具体问题。完善小区"业主委员会""监督委员会"（简称"两会"）自治组织，民主选举出小区的业主代表，让小区事务有人管，小区问题有人理。争取上级资金下沉小区，调动小区居民参与治理的积极性。成立社区多元矛盾调解中心，对居民的问题及时回应解决，将矛盾问题化解在最基层。

（二）体制机制

探索建立党建引领社区"微网实格"治理的新模式，微网格深入小区楼栋单元为民办实事，将居民的服务延伸到"最后一米"。

（三）具体举措

一是党组织进网格，引领社区治理进新台阶。在网格上建立35个网格党支部，支部活动阵地建在小区和院落内，社区"两委"任支部书记，带领网格员、微网格员与群众零距离接触，了解居民诉求，宣传党的政策方针和惠民政策，化解矛盾纠纷。

二是微网格入千家万户，平安守护小区居民。微网格服务工作进楼栋，将30~100户或者一个高层单元设为一个微网格，每个楼栋都有一名微网格员，负责单元的综合事务。微网格员来自本单元的党员和居民骨干，很多来自疫情防控期间的志愿者，是热爱社区公益事业的居民。微网格员协助入户走访居民，2023年1月以来，搜集解决社情民意和群众"急、难、愁、盼"诉求1.7万余条，采集居民信息58 235条，登记特殊困难群体218名，其中民政救助帮扶5人，上门建立专业个案档案10人，对15名独居老人每天都入户走访关照，其余人员建立档案，重点帮扶。社区开展四期微网格员安全培训，让微网格员走访入户2.3万余户居民家庭，进行两轮燃气安全知识的宣传和隐患排查，发现整治案例隐患231处。其中一名小区的微网格员李阿姨，属于拆迁安置户，快60岁了，在疫情防控核酸检测期间，每天早上七点准时到小区楼下做志愿者，风雨无阻。小区招募微网格员的时候她主动申请加入，以后每天早、中、晚三次对她住的单元进行巡查一次，对单元内发生的乱贴小广告、垃圾乱放、不文明养狗等情况进行及时劝导，反映居民问题诉求15起。单元楼栋的居民对这个热情和睦的李阿姨都渐渐熟悉，虽然不知道她的名字，但她的行动已经让本单元的小区居民亲切感受到微网格员的付出和奉献。

三是筹备建立小区自治组织，实现小区自治管理。随着各个小区"微网实格"工作的推动，部分小区未建立业主委员会，自治主体缺失，工作开展比较困难。在小区网格党支部的推动下，对辖区15个小区完善了"两会"自治组织，与物业公司之间进行深度交流，多年未得到解决的小区问题，在社区党委的统筹指导下，在小区党支部、"两会"、网格员、微网格员的多元参与共同努力下，得到了有效化解。2023年1月以来，共化解处理小区实际网格事件1 800余件，小区住户的环境卫生、居住环境、设施设备得到了有效的提升改善。

四是开展"公益微创投"项目，发动居民的积极性。通过居民意见征集，将城乡社区发展治理保障资金，下沉到小区开展公益"微创投"项目，共分为五类。一是社区治理和服务类。引导居民参与社区公共问题的治理和解决，推进社区民主协商，提高居民自我服务、自我治理意识的各类服务项目；引导社区邻里互助、社区文化发展、社区帮教，及其他特殊群体融入社区的各类服务项目。二是老助残类。为空巢、独居、高龄、失能、失独老年人提供生活照料、结对关爱、心理关怀、健康干预和促进、文化娱乐、社会参与等服务；为孤残儿童提供照料服务、技能培训、社会融入辅导以及残障人士家庭支持、文化娱乐团队建设等服务。三是救助帮困类。对支出性贫困家庭和流浪乞讨人员的救助帮扶，以及为其他生活困难的居民家庭提供帮扶支援和志愿者服务；为留守儿童、困境儿童提供帮教、课外教育服务；为困难优抚对象提供政府优抚之外的关爱服务等。四是专业服务类。推进社区社会工作发展和社工素质提升，提供心理咨询、矛盾调处以及为社区居民提供的其他专业性服务项目。五是培育扶持类。打造可参观、可学习的新旧改造院落示范小区，包括居民申请开展的小区文艺活动、三八节、端午节包粽子活动、安全宣传、小区植树造绿、微景观设立、公益墙等。以上五类项目，由居民或者小区自组织申请，2023年计划实施的微项目有50个，由小区党支部组织牵头，微网格员进行宣传发动，推动小区公益事业和社区志愿服务等微项目的开展，充分调动小区居民力量参与社区治理，满足城乡居民多样化需求，拉进居民与社区的距离，实现社区治理共建共治共享。

五是引进专业律师进社区，调解多元矛盾纠纷。随着社区"微网实格"工作的推动，社区居民的各项问题都聚拢显现，各微网格员都建立了楼栋微信群，居民群众的问题纠纷都能每一时间反馈到网格，解决家庭矛盾、噪音扰民、邻里矛盾纠纷等问题150余起。对于专业的财产继承、企业劳资等问题，社区建设温情调解室1处，聘请法律顾问参与，为当事人提供法律援助支持，网格员全程参与，为群体和个人调处金额达800余万元，特别是蛟龙6组一户家庭纠纷，前后调解10余次，跨度达一年之久，最后在各方努力下，达成一致意见。多元矛盾纠纷通过多元参与的处理办法，实现"人在格中走，事在格中办，小事不出网格，大事不出社区"的目标。

四、实践成效

通过扎实的工作开展，完善了网格的运行机制，营造了更加安全的生活环境，小区的问题得到了解决，信访投诉率下降了70%；成立了居民自治组织，引导居民从社区事务的旁观者转变为主动参与者，引进社区治理新活力，通过提升社区居民精神面貌和综合素质，让社区更加和谐。通过居民的广泛参与，建成社区"微网实格"治理体系，细网密织的微网实格治理，把对居民的服务延伸到"最后一米"，切实为居民办实事，通过党建引领社区发展治理，形成共建共治共享的治理格局。

根据社区实际情况，引导居民参与协商共治小区事务。建立自治组织，初心为民，切实为民办实事。完善党组织统一领导，社区依法履责，各类组织积极协同，居民广泛参与，建立自治、法治、德治相结合的基层治理体系，常态化管理和应急管理动态衔接的基层治理机制，构建网格化管理、精细化服务、开放共享的基层管理服务平台，提升基层治理体系和治理能力现代化水平。

万家社区："三激活三增强" 探索"微网实格＋信义治理"新格局

一、案例背景

快速城市化进程中，社区的组织形态调整、集体收益分配、公共服务供给、新老居民融合等，带来错综复杂的治理难题。为加快从涉农社区向城市新型社区转型，九江街道万家社区率先在双流区试点导入"信托制"物业服务模式，探索构建以社区党组织为核心，以微网实格为依托，社区居民、企业、物业公司、社会组织等共同参与的"1＋1＋4"党建引领"微网实格＋信义治理"体系（社区党组织＋微网实格＋社区居民、企业、物业公司、社会组织），有力增强群众对社区基层党组织的信赖、对社区全过程民主治理的信服、对社区发展的信心。

二、创新动因

中国共产党的二十大报告强调，要"推进以党建引领基层治理""完善网格化管理、精细化服务、信息化支撑的基层治理平台，健全城乡社区治理体系"。2020年，成都市印发《关于党建引领小区治理的意见》，明确鼓励实施信托制物业服务。2022年，成都市创新开展党建引领社区"微网实格"治理。近年来，双流区立足空港公园城市特点，探索构建党建引领"微网实格"社会治理网格架构、党组织、人力资源、联动响应"四大体系"。

九江街道万家社区作为拆迁安置型社区，收取居民物管费用为平方米0.35

元，物业公司利润较低，物业不断降低服务品质，消耗小区公共资源，形成"资金不足—服务打折—业主拒缴物业费—服务折上折"的"安置小区管理怪圈"，业主与物业之间冲突频发，叠加业主对城市生活的不适应，邻里之间交往频次低，导致小区矛盾不断、氛围紧绷、安全感脆弱。社区"两委"及工作人员承担大量"灭火工作"，但无法从根本上解决问题。针对社区物业费征收等突出难点问题，社区以党建引领为核心、以微网实格为阵地、以信托物业服务为抓手，探索党建引领"微网实格+信义治理"模式。

三、主要做法

（一）激活"微网实格"组织体系，增强信义治理的组织力、动员力

一是支部嵌入网格。构建以"社区党委+小区党支部+楼栋党小组"为纵向主干，网格党组织与物业企业、社会组织、辖区企事业单位等各领域党组织横向联动的组织架构，形成"全域覆盖、纵横贯通、网格联动"的组织体系。在金河绿洲安置小区，构建"网格党支部+小区管委会+小区议事会+小区监事会"的管理机制，网格党组织牵头建立网格党建联席会议，定期协调各方共商共议"微网实格"治理重大事项。

二是力量汇聚网格。探索"划网格、建组织、找骨干、定职责、建机制"的"微网实格"五步工作法。第一步：构建"社区总网格+一般网格+微网格"三级"微网实格"治理架构体系，根据小区楼栋（院落）、人口数量、居住集散程度等因素划分12个一般网格，在一般网格下划分257个微网格。第二步：设立12个网格党支部、18个微网格党小组，网格单元成为有组织机构、有党员队伍、有活动载体的社区基本单元。第三步：构建"社区总网格长——一般网格长—一般网格员—微网格员"的四级工作机制。按照"定人定区、服务有人、就近就熟"的原则，配置微网格员数量，将商住小区物业项目经理、商贸中心、汽配市场的负责人纳入微网格员；通过"聚·星火"招募社区的居民骨干，组建微网格志愿服务队，将楼栋长、单元长、热心居民、物业人员纳入微网格员。第四步：建立完善网格员工作职责、工作流程、培训机制，开展"助飞计划"微网格员能力提升培训，联合各网格长进行"工作清单"说明，协助微网格员

理清工作职责；针对各微网格员进行智能网格培训等。第五步：建立完善智能化监测预警机制、微网格志愿者积分管理和兑换制度，做到问题快发现、快掌握、快反应、快处置，实现"小事不出格、难事不出网、大事不出区"。

三是党建引领网格。社区党委突出做好"微网实格"治理的引领凝聚和组织动员工作。信托物业服务试点中，牵头研判小区院落导入信托制物业服务模式的可行性，组建导入推进小组，及时协调解决导入过程中存在的困难问题；网格党组织牵头建立网格党建联席会议，定期协调各方共商共议"微网实格"治理重大事项。当好服务把控的"督导员"。在小区居民自决基础上，党组织全程介入选聘物业、拟制合同、商讨物业管理和收费标准、确定公开形式和监督方法等关键环节，做好过程跟踪评估，确保信托治理模式落地不偏向、实施不走样。

（二）激活"微网实格"共治能量，增强信义治理的认同力、治理力

一是创设居民参与信义治理的舞台。社区建立多元协商、相互衔接的工作体制，搭建"社区＋小区党支部＋物业＋社会组织＋居民"五方议事平台，党组织、业主委员会、民情议事会、居民代表、物业企业等治理主体有效参与，共商共议社区小区事务，针对信义治理了解各方态度，形成意见归集，磋商管理模式，共同协商决定开展信托制物业工作。

二是构建居民融入信义治理的闭环。试点信托物业服务中，社区构建了"网格意见征集—居民协商讨论—网格议事表决"的闭环治理机制。网格意见征集，联合成都市双流区芯谷社会工作服务中心，每名网格员负责50户居民，开展"一户一票"意见征集入户走访；居民协商讨论。社区按照质价相符原则，联系多家物业企业对金河绿洲"信托制"物业服务模式做开放式预算，并召集小区居民探讨，让业主了解缴纳物业费总额和小区管理费支出之间的巨大差额，开设信托基金管理、议事规则培训等，增强业主的法律意识。网格议事表决。社区党组织组织牵头召集金河绿洲安置小区议事会、监委会进行表决并形成相应的会议纪要，最终全票通过导入"信托制"物业。社区于2021年11月1日，通过公开招标，由成都智乐宏图物业管理有限公司作为小区"信托制"物业服务模式企业，来服务管理。

三是构建居民参与信义治理的制度机制。导入信托物业服务后，社区构建

物业服务运行、资金预算管理、小区基金监理等全过程监督机制。健全物业公司公开服务信息制度，最大程度保障每个业主的知情权；健全物业岗位标准及工作职责机制和员工的准入机制，明确物业技术服务的各个岗位的具体服务标准、流程及内容。建立财务公开透明的管理机制。网格党支部、议事会、监委会及业主共同审议物业公司提交的小区年度物业服务方案及小区年度预算计划。制定物业基金分配方案，根据《服务合同》规定，物业费、楼梯广告费、自动打米机费、停车费、净化水售卖费等多项公共收益存入业主共有基金，小区物业管理有限公司按约定比例15%提取酬金（由于该企业为"社会企业"，自愿将酬金的30%捐献给社区微基金），其余部分用于物业管理和服务。建立小区资金监理机制，为确保公共基金账户透明公开，建立公开的查询双密码账户：一个是账户的使用密码，一个是账户的电子对账单查询密码。金河绿洲小区全体业主可通过"天府市民云"小程序，进入成都市"信托制"物业平台，了解物业费的支取情况、年度预算，行使对业主共有基金的知情权、监督权。社区和小区党组织作为"信托制"物业的法定监察人，享有与业主同等的监督和起诉权，让物业企业不能"暗箱操作"。

（三）构建"微网实格"服务矩阵，增强信义治理的幸福感、获得感

一是构建全域化党员服务网络。社区打造了"1+7+N"党员服务体系，"1"，即培育"万家灯火入万家"的党建品牌，建立网格党组织成员包联微网格和微网格党员联系户、党员责任区等制度，健全网格党组织联系党员、党员联系群众的常态化穿透式联系服务群众渠道。"7"，即依托新时代文明实践站培育的7支志愿服务队伍，服务2 000余人次，党员先锋志愿队监督物业按服务合同管理服务小区；家园美志愿队提供环境整治、垃圾分类等服务；红烛明志愿队为老年人提供文化体育方面的服务；邻和睦志愿队调解纠纷、化解矛盾、申请法律援助等。打造长者生日会、小橘灯义卖等多个品牌志愿服务项目。"N"，即依托辖区商家、企业、居民、网格党支部等多元主体，探索"微网实格＋商居联盟"，链接社企共治、社商共治、社社共治、社群共治，广泛发动居民自组织开展N项民生微服务。打造万家社区职工驿站，为快递员、送餐员、货车司机、警务辅助人员、市政园林工人、环卫工人等，提供手机充电、WiFi网络、饮水供给、饭菜加热、冰箱、医疗应急救助等基本服务，提供一站式入会、法

律援助、妈咪宝贝屋等工会特色服务。

二是营造全龄化服务场景。社区紧紧围绕幸福美好生活提升，营造七大场景营造。按照可进入、可参与、可融入理念，实施社区党群服务中心亲民化打造，营造便民亲民服务场景；按照"一园一品"定位，开展"花满九江""华润公园""万家社区公园"品质提升行动，打造人文生态场景；按照"一点一景"的思路，打造居民家门口运动角，打造川酒国潮夜游网红特色商业街区等空间场景；按照"一品一味"的理念，打造"食汇万家""共享超市"等商业体验场景；深入推进活化闲置资源利用，利用小区架空层打造了40平方米的"星火会客厅"，规划打造3个微型停车场，提升改造邻里市场、"社区儿童之家"等共治场景；更新微空间，营造各类主题场景，推广运用各类智慧场景，让高品质生活可感可及。

三是打造复合化服务空间。社区以有温度和交互的社区商业为场景触点，打造"15分钟慢生活圈"，构建社区—街区—片区的全新"生活社交空间"。万科第五城生活广场作为成都首个社区会客厅，涵盖了共享书吧、共享餐吧、共享会议室、亲子伴读区、儿童乐园等空间，同时还落地党建宣传、政务咨询、便民服务等综合公共配套服务，将便民服务点下沉至家门口，打通便民服务的"最后一百米"。

四、治理成效

社区探索"微网实格+信义治理"以来，以微网实格聚合治理合力、以信义治理聚合治理共识，网格治理体系进一步健全，初步形成"五力提升"的治理模式，探索了一条涉农社区向城市新型社区转型新路。社区党组织和党员的示范引领作用更强，社区品质、社区服务更优，社区共治能力、居民的幸福感获得感不断提升。万科第五城生活广场2021年获得中国商社委全国社区综合服务中心创新试点项目认证。

一是提升治理融合力。通过需求征集、以问题为导向，撬动各类主体实施各类民生微项目，推动新市民融合，不断培育社区居民的法治意识、规则意识。金河绿洲小区引入"信托制"物业服务模式一年多，小区物业缴费率明显提升，从之前不足五成上升到98%；为逐渐摆脱拆迁安置小区常年依靠财政支出管理的困局奠定基础。

二是提升治理共建力。社区推动网格治理与社区服务互补互融，以公共空间活化利用、联谊活动等为重点，全面推进"企商居"共建联建，激活社区资源，撬动居民共同参与。

三是提升治理专业力。通过提升社区队伍专业化水平、引进专业物业服务、培育各类个性化服务主体，实现"专业化+精细化"服务。

四是提升治理向心力。社区以开展院落公共服务、老旧院落整治、街区多元治理为抓手，不断促进社区居民心向一处想、力往一处使。金河绿洲小区在保证服务品质基本相当以及财政未补贴的前提下，年度预算执行完后还能结余30多万；居民满意度达98%；物业信访率为0%。

五是提升治理凝聚力。社区以信义治理为抓手，开展"好邻居""孝顺媳妇""最美志愿者"等系列评选，搭建"有事好协商"社区议事平台，制定小区居民公约，聚焦院落公共事务、公共活动，深入开展居民协商自治，重塑业主与物业信义关系，业主与业主之间守望相互的和谐邻居关系。

五、经验与启示

（一）党建引领是"微网实格+信义治理"的根本保障

从实际情况来看，在党建引领网络化治理中党组织弱化、虚化等现象不同程度地存在。比如，有的网络存在党组织设置不清晰、党组织作用发挥不充分、网格党组织与小区党组织等其他党组织关系不清晰，等等。必须重点围绕如何发挥好社区、网格等基层党组织的统揽引领作用，织密"微网实格"党的组织体系、增强网格党组织引领功能、优化网格党群服务机制，推动实现"微网实格"组织建设科学化、体系化。

（二）制度机制是"微网实格+信义治理"的重要支撑

在城市化进程中，转型社区面临着出多样性、复杂性、关联性等治理难题，管理和服务好拆迁安置小区是加强基层治理体系和治理能力现代化建设的题中之义。走出拆迁安置小区的治理困境，关键是在实践中形成和完善多元共治、权责明晰的治理机制，因地制宜探索可落地、可持续的治理模式，细化明确"微网实格"责任体系，完善信义治理的制度机制，让居民由被动的"服务消费者"，变为主动的"服务制定者"，让物业公司由"盈利决定服务"转变为"服务决定盈利"。

（三）共治共享是"微网实格+信义治理"的群众基础

规范、信任和互惠是党建引领社区自治治理的三大主要要素。针对社区关系发展中的治理难题，必须以党建为链接充分动员居民群众、物业企业、社会组织等多元力量共同参与到小区治理，社区党委明确治理方向，社区议事会规范治理机制，社会组织专业协助，物业公司提供服务，小区业主和企业、自组织积极参与，构建治理有序、邻里信任、互惠依赖的治理共同体网格。

龙渡英郡：造空间、聚民心、促转型安置小区协商共建美丽家园

以党建引领，多元参与，打破小区对社区的依赖，通过在小区党支部的带领下，引导小区物业、自组织、居民骨干、志愿者等共同参与到小区的治理当中来。激活小区公共空间，推动小区自组织的参与。通过修建小区公共空间，搭建运营团队，活跃公共空间与周边楼栋的人际互动，加强倒计时互助治理，带动家庭与家庭间的联动，营造守望相助的"尚邻爱家"的邻里文化，并通过公共空间的建立参与小区治理的渠道。活化本地资源，完成小区治理体系的建立，共建幸福社区。

一、案例背景

习近平总书记在党的十九大报告中提出："有事好商量，众人的事情由众人商量，是人民民主的真谛。"随着中国社会治理重心的不断下移，基层（社区）协商不仅是协商民主广泛、多层、制度化发展的重要体现，也成为社区治理的重要手段和必然路径。如何吸引多元主体参与、如何搭建协商平台、如何沟通协商路径，是"协商式"社区治理成功的关键。双流区蛟龙社区在其辖区内的龙渡英郡小区内，通过引入专业社会工作服务机构，利用小区架空层建设各种公共空间，以公共空间为载体赋予新内涵，有效地实现社区协商治理的创新。

蛟龙社区龙渡英郡小区是2017年建成的大型安置小区，共有17栋住宅，全部入户后住户将超过2 000户。其中，1 100余户来自11个社区的安置户；900余户来自各个地方的租住户。通过社区前期做的大量扎实的工作，小区已

经初步建立起以栋长为主体、社区志愿者广泛参与的小区自治体系，配合专业的物业管理服务，小区的各种服务和管理工作逐渐走上正轨。与许多新建的安置小区类似，龙渡英郡小区有着较完善的基础社区服务、地下停车场、社区绿地等。崭新的电梯公寓、合理的空间布局、规范的物业管理服务，无一不预示着新居民美好幸福的新生活将在这里起航。

二、聚焦问题

龙渡英郡小区也面临着和许多农民集中安置小区相同的治理难点和痛点：

一是小区治理体系急需建立健全。小区尚未健全共建共治共享的小区治理体系，小区居民尚未形成广泛参与、自我服务、自我管理的意识，"公域"和"私域"的界线没有形成，普遍存在高空抛物、不文明养犬等问题。

二是小区居民生活方式待转变。小区居民绝大多数由散居农民拆迁安置而来，长期以来养成生活习性决定了小区居民的生活方式和安置小区的管理要求存在冲突，如社区电动车乱停、农具物品乱堆等问题。

三是小区亟待建立新的小区文化。小区居民由多个村（社区）居民融合而成，搬入小区的时间不一，需要通过一定的活动和载体促进居民的社区融合，提升居民的社区归属感，构建新的社区文化。

三、创新思路

（一）行动目标

党建引领，多元参与：打破小区对社区的依赖，通过在小区党支部的带头下，引导小区物业、自组织、居民骨干、志愿者等共同参与到小区的治理当中来。增进居民间的沟通，推动党群联动，培育居民的社区感和组织积极性，促进其共同参与到社区治理过程当中来。

激活小区公共空间，推动小区自组织的参与：通过修建小区公共空间，搭建运营团队，活跃公共空间与周边楼栋的人际互动，加强倒计时互助治理，带动家庭与家庭间的联动，营造守望相助的"尚邻爱家"的邻里文化，并通过公共空间的建立参与小区治理的渠道。

活化本地资源，构造小区自治网络：以小区公共空间和小型景观微治理为入手点，调动居民参与公共事务的积极性，借机寻找志愿者骨干，理顺小区协商议事机制，推动小区自治落实。以公共空间营造治理场景，将社区商居融合的经济资本、街区的文化资本，老同志、老党员富集的政治资本通过活动形成社区网络，促进转化与再生产，尤其是小区党小组、志愿者之家、楼栋长、广播站等自组织，能有效融合院落居民之间的距离，培养居民对小区的整体认知感。

（二）行动策略

党员群体优势发挥：建立小区党支部，为社区老党员提供联结、商议和服务社区的平台，以物理空间的汇集达到居民心理空间的凝聚，促进共建共治共享。

志愿者之家：建立"龙渡志愿者之家"，发挥院落热心居民的作用。尤其是年轻人的号召力和组织力，一是通过志愿服务活动增加沟通与交流，特别是楼栋长志愿者与居民之间的互动，促进了楼栋管理质量有效提高；二是利用志愿服务的契机，促进本小区成员与外来成员的交流，推动社区"尚邻爱家"文化的建设。

"龙渡小喇叭"广播站：建立广播站以促进社区、小区、居民、物业等之间信息沟通顺畅，让小区事务信息形成"事事有回应、声声有回响"的良好氛围，从而让"龙渡小喇叭"广播站成为凝结居民的一个窗口，为社区发展治理提供了新渠道和新思路。

社企互动，文化助力，自组织培育，居民参与：除有针对性地开展老党员活动室、志愿者之家、广播站三个公共空间的建设外，社区持续开展系列营造项目，与社区企业积极沟通，借传统文化拉近居民之间的距离，积极培育社区自组织，使更多居民参与到社区发展治理中。

（三）行动程序

小区治理的实施路径是通过搭建小区联合议事平台，社区、党支部、社会组织对平台进行指导和督导；培育居民骨干，建立小区协商议事机制，提升居民的自治责任意识；物业共同参与议事，通过公共空间的运营和"尚邻爱家"志愿服务微创项目的执行带动居民参与，以"五事"服务管理模式，建立居民需求信息收集和反馈渠道，完成小区治理的循环机制。

四、体制机制

龙渡英郡小区以"尚邻爱家"为小区文化，结合新型社区"1+3+1+N"（小区党组织+议事会、管委会、监委会+物业服务中心+其他社会组织）的治理模式，创建了小区党组织引领，小区议事会、管委会、监委会为自治主体，专业物业为载体、居民楼栋长、小区志愿者多方参与的议事机制，多个社区社会组织参与的新型社区自治服务体系。

五、具体举措

（一）以公共空间为纽带，促进多元协商主体参与

在小区公共空间的建设和运营过程中，多元主体参与其中并发挥了积极的作用。一是社区搭台，通过社区保障资金引入专业社会工作服务机构，以项目的方式推进社区协商治理工作。二是专业运营，专业社工以"地区发展模式"为理念，发掘居民骨干，促进居民自组织，培育居民参与意识，推动广播站的可持续发展。三是社区居民广泛参与，广播站的"小喇叭"志愿者包括社区干部、小区栋长、小区大学生志愿者、小区的热心人等。以小区公共空间为纽带，多元主体汇聚于此，在一个"新"的小区内，较快形成了协商治理的骨干力量，为后续的发展治理工作奠定了基础。

（二）以社区事务为核心，创新协商平台和路径

广播站并不是流于形式的花架子，也不是博人一笑的消遣平台，广播站的播出内容以小区居民关心的社区事务为核心，着眼小区的发展治理，把"协商议事"的理念孕育到广播服务的"前、中、后"三个环节。在广播开播"前"，社区协同专业社工广泛征集居民意见，最终确定开设《社区事务》《一周正能

量》《新闻资讯》《生活百科》《经典流声》《小区通知》《健康饮食》等与居民日常生活息息相关的栏目。在每周广播前，召开焦点小组讨论会，拟定各栏目播出的重点内容，做到有的放矢。在广播"中"，一是突出"播音员"的居民属性，让居民志愿者自己来讲社区的故事；二是突出社区核心事务的宣传，尤其是每个月社区议事会的重要议题、重要决策，都通过小喇叭公之于众，畅通了居民了解社区事务的途径。在广播"后"，针对播出的小区重点话题，再次收集百姓意见，及时反馈社区"两委"，促进问题解决。

（三）以意识提升为目标，夯实协商治理的基础

在"龙渡小喇叭"广播站的服务过程中，社区和专业社工通过多种形式的活动，培育居民公共精神，提升协商治理意识。一是以广播站的"志愿者公约"构建为契机，邀请栋长、居民志愿者共同参与讨论，形成志愿者服务公约和积分管理机制，在此过程中培育骨干居民的参与意识。二是在广播服务中，不断通过对文明养犬、高空抛物、乱停乱放等小区不文明现象的理念宣讲和公共讨论，改变居民旧日的意识观念，树立文明新风，培育公共精神。三是以广播内容征集为手段，通过线上线下等多种方式，激发居民关注社区事务，敢于表达、乐于表达，形成社区事、居民议的良好氛围。

（四）整合资源，助力发展

以党建引领整合社区资源多元参与，助力社区发展治理。促进小区发展，整合周围企业商家、小区骨干、自组织、党员等多元主体加入小区空间修建更新，社区心愿达成，社区治理行动。

六、实践成效

小区治理自2020年启动以来，在两年的时间中成立了小区党支部，在党支部的带领下开展了大量的工作，撬动了近30万元的资金投入到小区建设中。一是打造了公共活动空间11个；二是开展活动近50场，搭建了小区服务体系，完善了居民沟通平台；三是培育了自组织7支，其中"龙渡小喇叭"广播站已在街道备案且有完善的运营体系，并获得了成都市"邻里好组织"奖；

四是培养了一批自治人才，建立了小区"三会"，在小区治理方面带动作用明显。

七、经验总结

（一）根据地区发展模式，尊重现实，工作分阶段、有重点

在小区治理之初，进行了大量调研论证，充分尊重本小区实际情况，制定了阶段工作计划。

（二）及时梳理工作方法，形成程序化工作特色

社区治理是一个长期系统的工程，在工作推进的过程中要做好记录，梳理本地特色和运行机制，帮助重点项目明确分步进行。

八、项目反思

（一）进一步开展主体赋权，提升协商能力

根据增能理论让居民骨干从"想参与"到"会参与"，需要参与主体实现从意识提升到能力提升的过渡。要进一步发挥专业社工作用，相信居民能行，赋予一定的权利，对社区干部、物业管理人员、栋长、居民骨干等参与主体进行协商能力培育，帮助他们找准协商问题，理清协商机制，提高协商效率，达成协商成果。

（二）进一步加强监督管理，完善协商机制

社区协商实践是一个从明确居民需求、号召居民参与社区协商议事、开展实际问题的解决并且一直到问题的解决后和后续发展的完整、连续的过程。在这一过程中，要建立监督管理机制，协商结果能落实、协商行动能开展，不会出现半途而废和浅尝辄止的现象，做到事事有回应、件件有落实，保证协商治理的及时性、有效性。

（三）进一步做实空间运营，增加居民互动空间，建立品牌项目，凸显协商作用

把空间运营融入社区协商治理工作的各个工作环节，形成意见收集、协商决策、信息送达、问题解决、反馈提升的工作闭环。打造更多的发展治理品牌价值，举办更有创意和参与性的社区活动，进一步凸显蛟龙社区基层协商治理的特色。

"红色先锋建设+微网实格"筑牢香博城小区治理"硬底盘"

一、案例背景

泉水凼社区香博城小区位于双流区九江街道双九路二段188号。小区于2008年开始建设，2014年6月18日一期交房，12月18日二期交房。小区一二期建筑总面积228 062米，容积率2.716，绿地率35.16%。商业3栋，36户，住宅11栋1 214户，常住人口3 352人。小区人口基数大，小区治理工作开展起来非常困难。

二、聚焦问题

经现场走访，了解到香博城小区治理主要存在以下问题：一是小区党员缺乏参与小区治理的积极性，主动性低，未能很好地发挥出党员的先锋模范作用及带动居民参与公共事务；二是小区内有一定的公共空间，却无"阵地"；三是小区业主80%的不是原住民，与小区治理联系不紧密，"我没必要"与"和我无关"成为小区业主的潜意识，小区业主脱离了小区的依存关系，从疫情防控到安全排查、居民矛盾纠纷调解到派出所人员信息采集等工作开展起来都非常困难；四是开展文明素质提升多以教育培训为主，传统的身边好人、榜样等整理和传播途径较单一，对受众的吸引力和共鸣度有待提升，传统的整理和传播途径多为展板展出，传播途径缺少受众吸引力，故事整理缺少受众共鸣，需要体系化、深度梳理榜样素材，并以故事力较强、受众接受度高的传播途径进行宣传，扩大市民学习覆盖面。

三、具体举措

针对以上问题，泉水凼社区实施了"红色先锋建设＋微网实格"治理，进一步筑牢小区治理"硬底盘"。

（一）红色先锋建设

一是以阵地建设为契机，"软硬"兼施，一方面对闲置空间进行改造，吸引党员持续参与；另一方面，对小区党员进行"引导＋孵化"，进一步培养党员团队服务群众。采用细胞培育机制，由小到大，由党员"干细胞"服务造血，供给全小区，同时支撑小区的公益服务事业不断成长，最终由党员细胞延伸至群众细胞，齐心协力共建美好小区。从党员细胞建设入手，建立香博城党支部中心，给辖区党员营造一个温馨"党员之家"，增强党员的归属感、荣誉感。同时将香博城党支部打造成为泉水凼社区的服务型党建细胞工程特色品牌。

二是以"泉水榜样说"为主题，以"社区采编团队培育、社区榜样人物推荐、榜样故事素材采编、榜样故事空间营造、榜样故事读本制作、社区榜样故事展览、社区榜样故事推广"为内容，以"榜样故事征集、榜样故事传播、榜样事迹学习"为流程，倡导"社区尊重榜样人物，家家学习榜样事迹，人人践行榜样行动"的氛围，同时，以社区榜样带动居民组建公益性社区社会组织，参与社区治理服务，营造"社区榜样在身边，榜样理念在心中，榜样实践在行动"的社区文化场景。

通过"泉水榜样说"孵化了社区榜样故事文化志愿服务团队。在社区内挖掘有特长的社区达人，通过系统培训，培养了一支包含12人在内的致力于社区榜样故事挖掘和传播的队伍，完成40余个榜样故事素材采集整理。通过多元的推荐方式，筛选了40位具有榜样故事的居民进行榜样故事回顾采集，储备照片200余张、语音和视频记录60余小时。在加工整理后，形成了60 000余字的社区榜样故事素材。通过多维度活动，营造社区榜样故事文化。在素材整理的基础上，共计组织了6次"社区榜样故事会"、2次"社区榜样故事展"活动，开展"泉水榜样人物"空间营造1个，制作发放《泉水榜样说》读本400余册，累计吸引1 500余名居民参与榜样故事交流和学习。居民纷纷表示"要向社区榜样看齐，既要做营造尊老爱小、夫妻和睦的家庭氛围，在有精力和能力的时候，也要积极投身社区公益事业"。通过榜样引领，带动居民参与小区治理。40余个社区榜样带动小区居民积极参与到疫情防控、志愿服务、矛盾调解、弱势群体关爱服务的过程中，累计服务510余人次。媒体推广带动，提升项目服务影响力。在线下推广的同时，通过自媒体、链接媒体报道的方式，推送公众号50余篇，链接媒体报道10个。与此同时，由社区榜样带头组建社区党员服务队、邻里互助队、尊老爱幼服务队等志愿服务队，开展居民服务。"泉水榜样说"系列活动获得成都市级、双流区级2022年社区志愿服务及和谐邻里关系营造优秀典型"邻里好活动"荣誉。

（二）"微网实格"治理

率先试点"微网实格"治理工作，按照"划网格、找骨干、定职责、建机制、强保障"五个方面，实施党建引领下的"微网实格"治理机制，将小区原有的一个网格进行细化，吸纳更多热心居民参与小区的环境维护、物业管理、疫情防控等工作，建立了"社区总网格——一般网格—微网格"的三级"微网实格"体系，将原小区党支部转化为网格党支部，并在小区物管办公室设置了网格党群服务站，对内部软硬件设施进行了进一步完善、规范，同时将香博城小区网格进行细化，吸纳更多热心居民、志愿者参与小区的环境维护、物业管理、疫情防控等工作，织密基层服务网络。香博城小区25个微网格均建立了微信群，并以此为主阵地，及时将疫情防控、全民反诈、安全交通、居民用电用气安全等宣传及政策及时传达给每户居民，达到了政策宣传覆盖100%。同时采用了专职网格员以"老带新""专带兼"的方式串联起整个网格系统，并通过"蓉e报"小程序与智慧蓉城的联动渠道，及时将小区内环境卫生、风险隐患情况等进行上报、处置，实现"小事不出格、难事不出网、大事不出区"，让居民更满意、更幸福、更安心。

目前，香博城网格划分到小区里每个楼栋的每个单元，由社区"两委"干部担任网格长，与网格员一同，挖掘楼栋长、单元长等骨干力量，以此为基础，配齐了25名微网格员，甚至个别单元还有2至3名微网格员。防疫包的发放、安全用电用气宣传排查等工作，网格长、网格员们纷纷不辞辛劳，不分白天黑夜，依托采集的信息，逐一入户有序推进，得到了小区居民的一致认可。网格长、网格员为网格内居民提供更加人性化的服务，在提升居民满意度的同时，以人性化的服务将群众紧密联系在一起。在"微网实格"治理机制下，从疫情防控到安全排查、日常生活保障以及微网格员的加入，使得小区治理越来越精细化。

通过"微网实格"治理，能及时对小区管理进行调整和提升，努力加强小区居民的幸福感、获得感、安全感，畅通群众的沟通渠道，让社区治理工作信息化。

四、实践成效

（一）红色先锋建设

一是通过党建文化墙、党建书吧、党建谈心角、党建多功能会议室、"红房子"党建活动室等阵地硬件打造，打造一个对小区党员全方位开放的互动平台、学习基地、温馨家园；通过设立党员"微心愿"信箱、党员"微谈心日"，以及不定期党员活动日，从政治上关怀、思想上关心、生活上关爱，倾听他们的诉求，帮助解决他们的实际困难，让每个党员都能感受到党组织的温暖，增强归属感、荣誉感；通过创新开展"微课堂"党课学习，提高党员素质，引导党员进行深度思考；建立了一支党员先锋团，开设党员每月"公益日"，在楼栋居民动员、志愿服务等方面起到重要的带头作用；开展小区"圆桌会议"，发挥党员带头作用，带动居民参与小区治理，形成小区治理模式常态化。

二是"泉水榜样说"。文化营造素材来自社区多元主体参与推荐，具有故事力、符合主流价值的故事素材均来自辖区居民；榜样人物由居民参与推荐；采编、整理、评审和核稿、推广和学习等活动由社区志愿者团队和社区议事监事会参与。榜样文化故事空间、榜样故事小组、榜样故事读本、榜样学习活动和服务活动的服务对象和受众均为本社区居民；居民受到社区榜样鼓舞后，纷纷参与到社区治理的过程中。

（二）"微网实格"治理

在"微网实格"的影响下，香博城正在从典型的"生人社会"向"熟人社会"转变。行动快、情况熟、信息准是"微网实格"改革后最亮眼的标识。泉水凼社区也将以香博城小区"微网实格"治理作为样板，在辖区内进行全覆盖的推广，扎实推进全社区的"微网实格"治理工作。

彭镇社区发展和小区治理典型

"春风有约　创享临江"
基层治理临江模式

　　临江村以党建引领为核心，深化桃园产业、小区治理两轴，整合网格员、社会组织、自组织、志愿者队伍、骨干、乡贤等多元主体，构建共建、共治、共享的小区治理共同体，完善小区自治、共治机制。以千亩桃园为载体，深挖桃园文化、桃花酿、桃文创、木雕等衍生产业发展链，以桃花会、采摘节等品牌IP，打造集乡村旅游、休闲度假、餐饮购物、娱乐观光、采摘和养生为一体的农旅发展链。

　　探索建立"党员＋群众"结对机制，由党员户与非党员户进行结对，以实际行动带动结对群众积极参与村内事务，充分发挥党员先锋模范作用。搭建"需求＋村两委＋组织"治理机制，即"村务需求—两委派单—组织解决"，有针对性地对各类需求进行个性化、菜单式解决。完善居民户定星评级机制，充分激发村民参与基层治理的积极性、主动性。深化"桃产业"，推动金马河滨江景观示范带、景观休闲绿道串联，融点成线，打造乡村休闲旅游与农业产业交叉融合、互促互融的美丽临江。

一、案例背景

临江村于2016年起分别启动聚居点建设，现共有聚居点3个，分别是春风别苑、溪里、田园牧歌，安置284户、763人。临江村"两委"贯彻省区市基层治理有关政策，以完善党委领导、民主协商、社会协同、公众参与、法治保障、科技支撑的治理体系为目标，就如何搭建多元主体参与公共事务平台、如何更好地帮助村民适应从散居到聚居的生活、如何提升小区凝聚力、如何培养居民的主人翁意识等问题，2020年至今，用三年时间打造"春风有约 创享临江"基层治理临江案例。

二、聚焦的问题

机制上，临江村聚居点位相对分散，村委管理难度大，加之居民对村上公共事务的不闻不问，村委大包大揽了一切事务，村委管理负担重，居民主体缺失，缺乏村务多元主体参与公共事务平台。

认识上，居民对村居公共事务仍有"社区问题多，个人能力有限，都要靠政府、社区等"的意识，临江村居民仍存在"等""靠""要"的认识，一遇到问题就找村委，甚至居民自己的事情也希望村委帮忙解决处理；即使有部分居民认为小区内的问题可以居民内部商议解决，但由于舆论压力也难以主动出面。

环境上，聚居点位存在环境杂乱、乱堆乱放、公共花坛踩踏严重、草坪破损、公共空间闲置等环境问题，聚居点的生活习惯冲突较为明显，较多的居民将过往的生活习惯如垦地种菜、积攒柴火带到了小区生活当中，不仅破坏了社区绿化，而且房前屋后乱堆乱放，十分不美观；辖区内的公共休闲空间，如凉亭、蔷薇长廊等则被用作附近住户的"晾衣阳台"。

发展上，围绕高品质生活场景供给，充分发挥乡村生态优势，以桃李产业为主导，将绿色生态场景向商业场景、消费场景、生活场景转变，初步实现了生产、生活、生态"三生"相融的格局。但产业后劲较弱，品牌宣传展示不足，周边配套和整体布局发展滞后，产业兼技术、人才、服务、销售集成渠道搭建不完善。

三、创新思路

以不断提升群众获得感、幸福感、安全感为目标，用三期（2020—2023年）时间构建村党总支统一领导、各类组织积极协同、村民群众广泛参与的群众服务工作体系，切实解决好群众身边的操心事、烦心事、揪心事。第一期（2020—2021年），通过举办各类社区自组织培育活动，培育壮大村内自组织，提升村民群众参与村级治理的积极性、主动性；第二期（2021—2022年），建立聚居点（小区）居民议事、决策、执行、监督等相应机制，提升村级治理能效；第三期（2023年），在实践中总结完善提升前述机制，并概括形成可推广可复制的基层治理"临江模式"，打造党建引领基层治理"临江品牌"。

四、体制机制

（一）党建引领机制

在居民小区治理全过程中坚持党总支牵头抓总，由其负责厘清各主体的定位关系、领导居民议事、监督决策执行等，旨在构建职责边界清晰、高效协调运转的运行机制，推动党建引领基层治理不断提质增效。

（二）自组织培育机制

2020年起，临江村定期开展自组织茶话会、自组织提能等活动，经过三年积累沉淀形成了相应机制，旨在提升自组织成员凝聚力、加强自组织自身建设、提升其服务意识与服务能力。

（三）小区居民议事决策机制

经过前两期建设，已经形成了以居民代表为主体的小区管委会，负责小区事务的评议和决策，目前将在此基础上，进一步联动党员、自组织队伍、网格员等多元主体，优化完善议事会议形式、议事会议流程和议事会议规则等内容，升级成为集讨论、决策、执行、监督等功能于一体的居民议事会。

（四）小区居民积分机制

以积分形式鼓励村民群众参与公益服务等，并以积分作为评优选先重要依据。旨在以积分方式引导、激发群众的正能量，通过对居民进行正向激励和逆向约束，带动全员参与村级治理。

（五）小区活动开展机制

活动立项、活动策划、活动举办、资金预决算等一系列制度机制，旨在规范小区活动的开展。

（六）"桃"经济发展机制

成立临江桃园产业党支部，整合辖区产业，成立临江桃园股份经济合作联合社，引进新型销售模式，结合产业现状，创新"分销提成"销售合作模式，形成村集体经济、辖区产业、社会资本聚力发展。

五、具体举措

（一）自组织培育方面

一是培育壮大自组织。2020年以来，临江村开展多轮次自组织培育活动，例如"凝心聚力、协商共进"社区自组织培育活动、"齐参与、共议事"社区自组织茶话会等，通过培训、工作坊、团建等多种形式，协助自组织明确队伍服务内容，建立团队管理制度，健全自组织团队管理长效运营机制。二是组织开展社区游学记。2023年，临江村将基于村居治理特色，以游学形式，带领村委、党员、网格员、自组织等村居自治人才外出学习优秀经验，拓展村居治理人才视野与思维，提升临江村治理能力，助力临江村发展。

（二）居民议事决策方面

一是议事机构建设。经过第一、二期实践，优化提升居民小区管委会功能结构，联动党员、自组织队伍、网格员等多元主体，升级成为居民议事会，负责小区事务的讨论、决策、执行、监督。二是居民议事场所建设。以居民点位为单位，以辖区公共空间、居民房间等为载体，打造居民议事厅，为居民议事会固定活动场所，为居民议事提供阵地支持。三是在实践中不断完善议事制度。经过数年实践，逐步形成居民或网格员反映问题、居民议事会民主协商讨论并组织执行、执行结果定期公示的议事制度。

（三）居民积极性调动方面

探索建立积分准入机制，自组织队伍成员、居民参与公益服务、治理行动等活动可以获得积分认证，凭借积分，自组织队伍成员、居民可以兑换相应奖品，激发自组织队伍成员、居民参与公共事务、公益服务的积极性。

（四）活动开展方面

一是开展邻里公益活动。2020年起，临江村每年都将举行"临江村邻里公益日"活动，通过将健康检查等服务下沉到小区，为村民提供便利，满足村民生活需求，加深邻里沟通，促进彼此情感交流。二是开展家园美化活动。2020年9月起，临江村开展多轮庭院美化行动，例如，"最美家园"评选活动、"花园临江、临江公园"家园美化大赛等，秉持"自己庭院自己动手"的理念，发动党员示范带动其他居民进行庭院打造，以奖代补，评选"最美家园"，让居民主动参与到庭院改造中。三是开展临江代言人评选活动。2023年临江村将联动辖区多元主体，通过系统培训，培育临江代言人，围绕临江故事、临江特色文化、家园美化行动等内容进行讲解和视频拍摄，依托新媒体宣传和传播平台进行宣传推广。

（五）"桃"产业发展

坚持产村相融，立足500余亩水蜜桃种植，探索"土地股份合作社＋企业＋农户"模式，成立临江经济股份合作联合社，引进社会资本参与农商文旅融合发展项目，培育了"胭脂脆桃""热带水果""水产养殖"等品牌，成功举办9届"美丽临江桃花文化节"，累计接待游客达23万余人次。打造了文旅服务共享田园平台，线上积极将智慧临江小程序与天府市民云链接，为游客提供游览线路导图和服务信息；线下整合资源，发展乡村民宿、农事体验等，拓宽村民财产性收入渠道。

六、实践成效

2020年来，"春风有约 创享临江"基层治理案例卓有成效。

自组织运行良好：2020年以来，临江村共建立3家自组织，由其主导解决村内事务，获得群众广泛好评。

居民参与卓有成效：小区管委会（居民议事会）共讨论决策事务12件、执行完成12件，经党总支监督合格11件，合格率92％。其中居民广泛参与，参与率100％。

小区氛围好凝聚力强：通过定期开展日常文娱活动、环境美化活动等，增加小区凝聚力；并通过红黑榜行动带动居民改变环境保护意识，进一步提升人居环境的改善。

七、经验总结

"春风有约 创享临江"基层治理案例针对的问题是普遍的，而形成的经验也是普适的。不仅从启动之初就树立品牌意识，边实践边总结，并以党建引领为龙头，以为群众排忧解难为宗旨，以切实提升群众自治能力为目标，形成了党建引领、自组织培育、小区居民议事决策、小区居民积分机制、小区活动开展机制的五大机制建设经验，为城乡发展提供了临江答案。

"党建引领　三聚四有"
健康金湾社区建设

　　成都市双流区金湾社区通过对社区文化基底、产业布局进行深度挖掘融合，坚持党建引领，紧扣"花语金湾　幸福港湾"主题，以社区合伙人为措施，提升多元主体参与社区治理发展活力，形成聚党群、聚社群、聚商群的"三聚三合社区合伙人"模式；以"健康+"为主轴，推动社区中医文化、医廉文化的品牌树立，高品质打造有温度、有关怀、有品质、有质量的"四有"示范健康社区。

　　金湾社区作为拆迁安置社区，面临管理体制不顺，社区管理效率受制约，基础设施不全，安置居民需求难以满足；供需矛盾突出，公共服务体系有待完善等问题。社区采用"三聚社区合伙人"模式和"四有"健康社区创建工作结合的方式，将拆迁安置和管理作为加强和创新社会管理的重要基础，推行联系群众、服务群众网格化管理，形成横向到边、纵向到底的服务管理网络，逐步形成社区—小区—楼栋的三级自治体系，构建"党建+网格"特色党支部、特殊党小组，创新"党建+共建"与辖区内润泽医院党支部深度共建，打造"健康先锋"党建服务品牌，服务居民2万人次；紧紧围绕实施民生幸福工程，大力推进社区公共服务，完善社区便民服务中心、儿童之家、运动场、集中治丧点等公共设施，开展社区文化服务，文体活动以及移风易俗改革活动，组建社区志愿队伍5支，累计人数220余人，自组织队伍4支，累计人数116人，累计服务居民2万人次，开展活动2 400余次，营造社区向善向美幸福生活氛围，促进社区治理高质量发展。

一、案例背景

金湾社区距离双流城区西北3千米，毗邻成都五环路（双楠大道），东临东升街道永乐社区，西接羊坪社区，南靠燃灯社区，北邻木樨社区。彭柑路、黄温路、成新蒲快速路等交通要道穿境而过。辖区面积2.52平方千米，辖4个居民组（11个社区），居住总人口约5 150人，其中户籍居民2 569人，党员116人。社区60岁以上老人569人，计生特扶家庭6户11人，低保户15户20人，残疾人66人。近十年来，依托征地拆迁和拆院并院，94%以上的户籍居民已集中安置入住于金湾小区一期和二期工程。截至目前，未拆迁居民散户数29户，人数109人，占户籍人口的4.25%。

二、社区问题

（一）公共设施不足

征地拆迁和并院拆迁后，村民集中居住，公共设施的配套跟进是保障便利生活的重中之重，针对不同需求群体，公共设施不足，需提供适应性公共设施。

（二）社会管理问题

拆迁安置小区住户涉及周边多个村社区居民以及租住户，人员关系复杂，人口流动较大，给社区管理增加了一定难度，管理机构、管理人员、管理制度等方面存在问题。

（三）住房安全问题

金湾小区一期工程竣工十多年，大部分外墙存在不同程度的脱落情况，楼道梯步也损坏较多，加上居民安全意识薄弱，部分消防通道有堵塞现象，存在安全隐患。

（四）居民生活质量问题

人民群众日益增长的需求和拆迁安置小区过往规划及基础设施分布的矛盾

逐渐体现，居民生活质量需求不能有效满足。

（五）居民身份转换问题

从原来的"农民"转换为"居民"，意识形态和生活方式一时难以转变，会造成部分群体不适应，如何使其适应新的生活环境，是社区治理的重点。

三、工作思路

召开社区发展治理专题会议，挖掘、总结出社区的三大特色：花卉、医疗、国学和三个短板——社区治理基础薄弱、居民价值认同缺乏、亟待寻求持续发展。经过深入研究思考后决定，以建设健康社区为突破口，以社区合伙人为抓手，遵循"三聚四有"思路，探索一条拆迁安置社区转型发展新路。

（一）党建生活化，让党建有温度

探索构建"党建+网格"，打造健康社区特色党支部、特色党小组。"党建+共建"，与辖区内润泽医院党支部深度共建，打造"健康先锋"党建服务品牌。

（二）服务柔性化，让社区有关怀

着力打造健康社区"五个一"服务格局：制定一个健康社区发展规划，构建一个社区全方位全周期健康服务体系，建立一个社区居民电子健康档案，组建一支社区健康师队伍，完善一套社区健康服务供给、评估、保障机制。

（三）空间场景化，让居所有品质

优功能，在党群服务中心打造多功能服务空间；优产业，打造党支医馆、和养庭、望闻境等健康生活与产业融合载体；优空间，建设健康步道、金湾广场、恒德亭、社区服务中心主题小品景观区等文化空间。

（四）机制精细化，让治理有效能

着力打造"共享+"多元化社区治理体系。构建社区、小区、楼栋三级自治体系，建立精细治理平台、"智慧治理"平台、"三社"联动平台。

（五）三聚齐发力，多元主体共参与

通过聚党群、聚社群、聚商群，引导党员、社会组织、社区志愿者、社会资源共同参与社区治理，整合社会资源，致力共治共建，共享美好生活。

四、具体措施

（一）坚持党建引领，构建特色党建服务品牌

1.坚定理想信念，推进党的政治建设

一是旗帜鲜明讲政治。全面贯彻习近平新时代中国特色社会主义思想，认真落实习近平总书记对四川及成都工作系列重要指示精神和省委、市委、区委全会精神。2022年全年组织党员干部集中学习14次。二是严明纪律守规矩。认真贯彻落实各级纪委全会决策部署，积极引导社区党员干部进一步强化理论武装，严明党的政治纪律和政治规矩，督促党委下设党组织利用"三会一课""学习强国""蓉城先锋"开展线上线下互动学习。三是突出重点抓教育。将党史学习教育和普规普纪学习作为必修内容纳入党员干部和党员的月度学习计划。2022年全年开展党员党史学习教育12次，开展普规普纪学习教育6次。

2.坚决当好主角，始终服务中心大局

一是深入开展以"我为文明典范城市创建做贡献"主题学习研讨1次，发动党员深入小区、企业宣传宣讲1次，利用主题党日开展党员志愿服务活动1次，教育引导广大党员群众共同参与全国文明典范城市创建工作。二是健全社区疫情防控管理体系，组建党员志愿服务队1支，发动社区居民志愿者79名。应对"8·25"疫情，做实"微网实格"工作，抓住核酸检测组织动员、社会面和小区门岗管控等关键环节，全力阻断疫情传播链。三是充分利用小区二期架空层公共空间，营造各具特色的休闲场所5处。结合社区营造项目，全年开展各类服务活动共计101场次，服务达11 248人次，成立了5支志愿服务队伍。四是积极申报打造区民政局2022年民生微项目"邻里金湾花语阁"，并成功入选，争取资金15万元，该项目于2022年11月结项。五是整治"非粮化""非

农化"土地110.92亩。

3.落实党建工作重点任务，严密党的组织体系

一是坚持党建引领社区"微网实格"治理机制，进一步梳理摸清辖区网格情况和党组织、党员情况，优化网格党组织设置，动员社区"两委"、居民小组长、网格员、后备干部、热心群众等43人担任微网格员，按期完成社区党委下设三个党支部及党员的调整。二是做好发展党员、党费收缴、"两委"后备人才储备。2022年全年转正党员2名，吸纳入党积极分子4名；严格履行党费收缴规定，按月足额完成党员党费缴纳；选拔社区"两委"后备人才4名。三是整改农村发展党员违规违纪问题4个，自查自纠党务工作突出问题3个。四是结合社区实际，制定并完善《金湾社区党组织、党员管理规定（试行）》，每月定期指导督促下设党支部开展党建工作，逐步加强党支部标准化规范化建设。

4.抓好管党治党，推动主体责任落实

一是统筹谋划部署。始终把主体责任当作政治责任，认真践行"四个亲自"要求。对社区党风廉政建设工作做到及时部署、及时督促，对牵头负责的党风廉政建设工作亲力亲为，力求实效。全年专题研究党建、意识形态、主体责任等工作8次。二是压实党建责任。研究制定社区党风廉政建设和反腐败工作重要任务分工表，责任到人。每月以现场汇报和廉政谈话相结合的方式听取班子成员履行"一岗双责"情况汇报。2022年全年落实党员干部谈心谈话24人次，开展警示教育5次。三是加强纪检监督。发挥社区纪委监督检查作用，每月对班子成员落实"一岗双责"情况进行通报，连续三个月落实不力的进行提醒谈话。

（二）强调多元参与，开展普惠性志愿服务活动

1.完善公共设施，打造共建空间

运用五步工作法，以"花语金湾 幸福港湾"为主题，打造社区便民服务中心、儿童之家、社区运动场、社区便民步道等公共设施。

便民中心以亲民化、开放化、透明化办公为宗旨，根据指导文件要求，落实人员制度，以"小事不出小区，大事不出社区"为口号，建立金湾社区服务清单，细化"两委"班子职能分工，因事设岗，因岗设人，人尽其职，避免交叉；加强作风建设和为民服务队伍的教育管理，不断提高工作人员思想素质和

业务本领；加强相关制度建设，确保服务站点工作规范化，制度水平不断提升。

以儿童友好为宗旨，依托社区闲置空间，打造儿童之家，联动社会资源，市区级青年宫、文化馆、博物馆、社会教育培训机构、离退休教师等多元主体，开展青少年爱国教育活动、户外素质拓展、传统文化活动等，并提供寒暑假托儿服务，丰富辖区青少年儿童日常生活，缓解双职工家庭照料负担。

2.创新六单工作法，规范服务流程

①群众点单

由社区两委、院落委员会、辖区党员、居民自组织、企业和商家代表成员等，共同梳理社区服务清单，结合线下线上宣传渠道，达到群众知晓率不低于80％，依托微网实格和社区公众号、微信群等途径，以群众切实需求选取对应服务。

②社区统单、制单、派单

社区"两委"联合社工，整合辖区资源，根据群众点单内容，制定多元化、多样性、适老适童、普惠性活动方案，由微信群或公示栏的形式公示，由志愿队伍、社区自组织等承接实施。

③志愿者接单

开展志愿者队伍孵化培育系列活动，提高志愿队伍能力，强化志愿服务意识，扩大志愿服务范围，建立完善激励制度，不断壮大志愿队伍，促进志愿服务常态化开展。

④群众评单

建立服务评选制度，从服务内容、服务方式、服务时间等方面入手，由群众打分，实现点评闭环。定时定期公示评单情况，一来让群众了解工作情况，二来促进服务质量提升。

3.问寻群众需求，关怀群众生活

以社区公共空间为阵地，开展便民志愿服务，打通服务"最后一百米"，整合辖区手工艺人、匠人等资源，让服务走到居民家门口，以免费或低偿的形式享受社区福利，定每月18日为社区便民服务日，开展义诊、理发、磨刀、缝补、采耳等群众需要的日常服务，累计开展服务34次，服务居民4 000余人。

结合成都市大运会主题，开展"爱成都，迎大运"运动社区氛围营造活动，每季度开展一次社区运动会，倡导全民健身、全民运动，开展社区趣味运动会10次，参与人数1 200余人。

五、实践成效

（一）唱好党建引领主题曲，建强统筹发展新体系

根据社区实际情况，制定并完善《金湾社区党组织、党员管理规定（试行）》，将工作任务分解下达各支部、各小组，有效传导压力，形成了齐抓党建的良好工作局面。聚焦党建工作的"痛、难、堵"等问题，创新推出"党建＋网格""党建＋共建"模式，打造"健康先锋"党建服务品牌，累计服务居民2万人次，荣获"双流区先进基层党组织"。

（二）扮演便民服务新角色，创新社区服务新形式

创新志愿服务"六单"工作法，以居民需求为导向，以群众点单—社区统单、制单、派单—志愿队伍接单—群众评单的工作思路，以社区党群服务中心和小区公共空间为主要活动阵地，结合党群服务、微网实格等治理渠道，2022年开展志愿服务活动86次，累计服务6 000余人次，2022年12月12日金湾社区被成都市双流区儿童友好城市建设工作领导小组通报表扬，在成都市双流区2022年儿童友好社区中获得三等奖。

（三）创新社区康养新局面，拓展社区养老新模式

看病难问题初步解决。社区初步实现了分级诊疗，小病在社区、大病进医院、康复回社区，居民有点身体不适，社区卫生服务中心就能治疗。健康生活习惯逐渐养成。每月社区联合润泽医院党支部等医疗机构，针对社区困难户、低保户、残疾人等常态开展健康咨询、上门服务、医院求助等志愿公益服务，累计服务居民达2万人次。2022年11月14日，金湾社区被成都市应急委员会办公室通报表扬，在成都市第二届2022年基层应急队伍技能比武大赛中获得了团体综合奖村（社区）应急分队二等奖。

六、经验总结

随着社会不断变迁发展，传统的社区服务已经不能满足人民群众日益增长的文明需求，"三聚四有"模式可以有效整合社区资源，以市场经济社群形式助力社区治理发展，是社区治理和市场经济的一次融合与尝试。在未来社治工作发展中，社区更多起协调引导作用，"居民事居民提，居民事居民议，居民事居民办"，树立居民自治观念是下一步工作的重点。不可否认的是，居民与社会资源存在客观的矛盾性，这时，社区在其中需要起到公信力嫁接的作用，以无微不至的服务、沁入人心的温暖，建立起信任关系，同时整合社会资源，筛选合法合规、惠普惠民的友好商家，丰富"15分钟生活圈"内容，增强居民和商家对社区的依赖感，提升本地群众的归属感和幸福感。

"三赋三同" 营造农业公园鲢鱼社区美好场景

一、案例背景

鲢鱼社区党委在区委、镇党委的领导下，坚持党建引领、协同治理、场景营造，以社区场景营造为着力点，自治赋权、发展赋能、文化赋魂，促进发展与治理同步、治理与服务同振、文化与活力同兴，破解了社区造血功能薄弱、公共服务滞后、治理主体单一、文化发展乏力等难题，探索打造集现代农业、文化旅游、田园社区于一体的农业公园社区。

二、创新思路

彭镇鲢鱼社区坚持党建引领，构建镇、村（社区）、小区三级纵向到底的党组织体系，把支部建在产业链上，增强了社区党组织的组织力，优化了党组织发展功能；把党建资源聚合起来，增强了社区党组织的动员力，优化了社区自治机制；把场景营造覆盖到小区，增强了社区党组织的服务力，优化了社区发展品质。整合农业产业业主、商家、社会组织、高校、社区能人、居民等资源，深入开展共建、共促、共融，努力将鲢鱼社区打造成集现代农业、文化旅游、田园社区于一体的"农业公园"社区。

三、具体举措

（一）坚持党建引领，构建协同共建机制

一是优平台。鲢鱼社区党委整合各类资源，在吴家染坊小区党群服务站，打造集成设计、资源链接、项目运作于一体的社区直播和支持中心。优化小区党群服务站职能配置，通过空间功能叠加、公共土地资源共享、社区文化再塑，绘梦空间既是当地蓝莓、樱桃、竹编、时蔬业主的直播销售空间，也是小区党员的教育空间、小区居民的议事空间。

二是聚资源。探索校社联动机制。整合当地非遗文化、文化空间和社区达人等，引入高校成立大学生实践基地，梳理全社区可用资源，联动四川师范大学、四川轻化工大学、成都理工大学等3所高校以及当地本土扎染师9名，在社区自治体系建设、社区场景营造、文创项目打造等方面形成校社联动，推动服务共享、活动联办的发展治理机制。

三是搭载体。开展"金点子"征集、社区善治"星工场"、最美系列评选、微创投、小小导游培训班等活动。

四是提能力。利用抖音、新浪微博、映客，为社区"两委"干部、社工搭建社区社治直播新媒体矩阵；定期开展党建引领社区治理专题培训，提升社区"两委"人员专业能力。

（二）坚持规划先行，提升场景营造能力

近年来，社区"两委"认真学习借鉴公园城市的营城理念，实施场景创新计划。以场景营造为抓手，推动小区发展治理与村民美好生活精准匹配。

一是坚持科学规划。探索"特色镇+农业园区+景区"模式，规划打造农业公园，编制了《双流区彭镇鲢鱼社区天府染坊田园艺术乡》规划，规划以吴家染坊小区为核心，通过园林化的乡村景观、生态化的郊野田园、景观化的农耕文化、产业化的组织形式、现代化的农业生产，打造农业公园社区，建设农民的家园、市民的乐园，让人们"看得见山、望得见水、记得住乡愁"。

二是完善乡村规划师制度。加强乡村规划管理，提升乡村规划的创意设计、功能统筹、产业融合能力。聘请社区规划师、社区营造师设计吴家染坊记

忆体验馆，规划建设小区公共空间，小区一节点一景观。

三是实施场景创新计划。注重场景营造与城乡规划之间的统筹衔接，统筹小区场景营造，推动传统农村社区空间向地域、生活、情感、价值等于一体的"场景"延伸，推动空间设施与美好生活精准匹配。

（三）精微营造，构建农业公园社区场景

农民集中安置小区场景营造是一个全新课题。社区在区社治委、镇党委的指导下，把场景营造作为共建、共治、共享美好生活的关键抓手，推动田园格局与社区空间、社区文化、社区生产生活有机融合，着力营造农业公园社区的六大场景，为企业创造新机会、为村民创造新生活、为游客提供新体验。

一是营造产村相融的社区生产场景。坚持市场运作，推进产村相融发展。依托1 500亩的花卉、蔬菜、水果农业园区，高目标定位、高标准规划，建设集农业综合开发、农业创意、农产品展示、休闲旅游等为一体的农业公园，园区小区四季花海，果蔬飘香，每年吸引游客10万余人次，让农业"有看头、有说头、有玩头、有赚头"。坚持市场运作，推进农商文旅融合。探索"村集体＋合作社＋农户"的经营模式，成立产业联盟合作社，吸引10余家花卉苗木企业入社。社区以低价出租展示空间给合作社，合作社负责管理和维护，每年通过社治治理金对社区进行反哺。社区居民和游客，在鲜花展示区购买可享受定向优惠，既带动消费，又推动发展。坚持共建共享，多元增加村民收入。探索构建"社区＋合作社＋农民"的利益链接机制，实现资源变资产、资金变股金、农民变股东。社区成立土地合作社，流转集体土地，村民每年活动土地流转金等收益，人均每年增收300多元；村民以土地入股合作社，每亩土地每年可增收1 000多元。园区管理，每年解决300多个五六十岁人员的就地就业，务工收入800多万元。成立居商联盟，业主商家一起打造社区市集，利益分成。在樱桃和蓝莓采摘旺季，村民利用自家的公共场地，打造家庭餐馆、家庭茶坊，每年每户可增收2万元~4万元。

二是营造全龄友好的社区生活场景。全面提升农村居民生活设施现代化水平，实施农村人居环境整治工程，打造"15分钟社区生活服务圈"，下沉政务服务，为村民提供全周期全链条生产生活服务。修建儿童游乐园、老龄活动中心、图书馆等公共设施，打造摸鱼池、吊床、二十四节气、田园集市等景观。

三是营造美田弥望的社区生态场景。坚持"景区化、景观化、可进入、可参与"理念，全面开展大地景观再造工程，推进土地综合整治；以近1 500亩的樱桃园、樱花园、红枫园、蓝莓园等花卉、果木基地为中心，开展枫叶节、樱桃采摘、蓝莓场游玩打卡、扎染文化科普研学等，创新生态休闲游和产业研学游系列活动，形成"种、产、学"三产农旅融合发展新业态，以园区化推动现代农业高质量发展。同时，依托精品花卉展示区、花海迷宫、大壮书屋、田园集市、吴家染坊体验馆和乔大壮庐墓等社区乡土文化和自然景观的节点式呈现，打造鲢鱼特色的"农商文旅"消费体验新路线，做优"串珠成链"式的融合发展新文章。

四是营造共治、共享的社区治理场景。积极探索构建党建引领的社区共同体。通过支部牵头，干部定格抓骨干，骨干包户做表率，引导居民成立院落自治委员会，构建议事决策、服务执行、评议监督、矛盾调处等多方协调平台，涉及小区的公共事务，议事会95%成员同意后才能实施。整合大专院校、社会组织、居民等力量，成立社治联盟，培育鲢鱼社区舞蹈队、党员志愿者服务队、居民志愿者服务队等3支自组织。社区居民主动参与社区事务，开展志愿公益服务，为吴家染坊记忆体验馆捐赠老物件。制定"三张脸"考核机制，每月进行笑脸、正常脸、哭脸公示，每季度在小区议事会、社区议事会进行通报；每年开展一次"我爱我家，最美先进人物"评选表彰活动，对先进个人和家庭颁发证书、发放购物券，并将评分结果与集体收益再分配进行挂钩。设立了染坊共享管家，配置物业管理中心和"马哥调解室"，为村民提供物业管理服务、共享互助服务和调解服务。制定了小区每户每年每平方米3毛钱的物业费标准，100%的村民每年主动缴纳。"马哥调解室"调解村民纠纷从十多起下降到仅有两起。

五是营造创业创新的社区机会场景。实施乡村人才培育集聚工程。积极开展外出务工人员回乡创业培训、农村劳动力技能培训、农业职业经理人培训。引导返乡下乡人员创办领办家庭农场林场、农民合作社、农业企业、农业社会化服务组织等新型农业经营主体，培养有经营头脑、有专业技能的新型职业农民。积极对接市场资源、社会资源、高校资源，联合打造创业孵化服务平台，完善人才服务乡村激励机制。创业个人与单位以"合作+"的服务形式和社区签订协议，社区以低偿的费用为创业人才提供场地、空间，入驻创业团队则通过"社区治理金"的形式反哺社区，助推社区发展和治理。目前入驻创业团队4个，吸引了3位大学生返乡创业，每年可为社区反哺"社区治理金"3万余元。

六是营造传承发展的人文场景。凝聚提炼社区精神，深入挖掘槐轩文化、吴家染坊、乔大壮等文化资源，修复重建有吴家染坊记忆体验馆和乔大壮庐墓，让吴家染坊传承近300年的"勤劳、诚信、友善、奋进"的家风家训和乔大壮"忧国忧民"的奉献精神重新焕发新生，并凝聚成鲢鱼社区的社区精神，也成为双流区新的文化和乡愁地标。扎染体验馆内不仅展示了成衣、老照片、扎染工具等20余份老物件，还可体验古法扎染技艺。染坊通过探索"公益＋市场"的文创空间运营模式，联合四川师范大学、四川轻化工大学等高校，建立教学实践基地，定期开展学生实践培训和毕业实习，低费用为大学生创业提供空间和展示平台；引入"一安扎染"工作坊入驻，每年为社区培育不低于10名扎染人才，工作坊为游客提供古法扎染文化体验，推出了特色文创产品20余种。打造15分钟文化生活圈，建设了社区文化活动室、村史馆、文化院坝、文化长廊等，常态化开展文艺表演、家风传承、全民阅读等群众性活动，让公共文化服务惠及社区每个角落。

（四）细化基层治理细胞，探索微网实格"五级"工作法

持续细化基层治理细胞，创新探索社区微网实格"五级"工作法（社区书记—社区两委—微网格员—户长—志愿者）。日常下沉一线服务，最大程度发挥巡办作用，做到家家底数清、户户情况明，实现由网格员牵头、以专职网格员为纽带、村民志愿者等微网格员共同参与的"精网微格"基层治理"鲢鱼样本"，推动基层治理由政府独奏到社会合奏的转变。

充分展现微网实格的组织优越性、服务精准性和效率高效性，整合社区资源，发挥网格员、党员、志愿者、户长的积极力量，在社区治理发展中显现出巨大的作用，为群众提供了精细化、高效化的服务。同时，在社区治理中，通过将群众的责任利益与村集体经济双向捆绑，实现居民事务居民议、居民服务居民办、居民事务居民解，让社区与居民一荣俱荣、一损俱损，把共建共治共享细化到最小颗粒度。

四、成效经验

近年来，鲢鱼社区获评省级诚信社区，吴家染坊小区获评市级示范农民集中居住区、市级百佳示范小区，吴家染坊记忆体验馆荣获市级微更新二等奖，鲢鱼社区获评成都市党建引领"百佳"示范社区。"党建引领形魂并重建设美好家园"工作经验获评全国基层党建和民生发展优秀案例，经验做法被省区市多家媒体宣传报道。

村民住进了新房，水电气"三通"，生活品质提档升级。农商文旅产业融合发展，土地里刨出"金娃娃"，村民人均收入翻番至3万元，激活了发展动能。社区共建共治共享，培育文明新风，聚合治理力量，激发了新时代乡村振兴的文化新活力，让文化振兴"软实力"成了乡村振兴"硬支撑"。探索了乡村农业公园社区的新型治理体系，通过文旅产业、康养产业等产业和共享农业、体验农业、创意农业的跨界融合，输出了有鲢鱼特色的"社区搭台，产业入驻，产居共荣，反哺互惠"四位一体的发展路径，不仅推动了乡村休闲旅游的发展，还将辐射带动周边村社区共同打造村景融合示范区，带动更多乡亲共同发展。

"1347"共振治理实践
共谋"槱"望的田野

农为邦本，本固邦宁。作为典型的乡村社区，木槱社区以新型农村社区建设为目标，坚持社区生态为底色，合理布局，特色彰显，以党建引领为核心，整合各方力量，通过生活、生态、生产、生意四个维度营造"四生契合"的新场景，共享文化、共享发展、共享服务，激发内生动力、增强治理活力，找到撬动民生幸福的支点，坚持久久为功，打通服务"最后一公里"，让资源下来、服务上去，建设宜居宜游、生活富裕、绿色文明、守望相助的幸福美好家园，提升居民获得感、幸福感、安全感。

一、案例背景

双流区彭镇西北方向3千米处桂花丛中藏着一座公园城市社区，沿着栽满桂花树的路走进，灰瓦白墙的川西民居掩映在桂花林中，春意盎然的亭台小榭错落有致，居民脸上洋溢着幸福的笑容……一草一木、一情一景都散发着美丽乡村的生机与活力，这就是木槱社区。社区由原木槱、草街、新堰、常存4个自然村合并而成，是典型的乡村社区。辖区面积5.76平方千米，共设8个居民小组，4个新村点位，1个移民点位，常住人口6 300余人，下设5个党支部，党员179人。辖区有成温邛、成新蒲通道穿境而过，交通十分便利，运输非常便捷。然而，在多年前，木槱社区是一个软弱涣散、落后贫穷、环境差、凝聚力弱、资源闲置的传统农业村组。

体制机制改革后，社区探索建立构建"1347"治理模式，以党建引领为核心，搭建服务优化、居民自治、社企共建3项治理机制，聚焦生活、生态、生产、生意4个维度，着力实现服务、共治、空间、生态、文化、产业、智慧7项治理场景，打造同频共振治理新格局。2021年度木樨苑小区荣获"成都市公园城市小区"荣誉称号、2021年木樨社区成功创建成都市百佳示范社区，2022年木樨苑成功创建成都市百佳示范小区。

二、具体举措

（一）党建引领，打造社区治理新领军

1.强化"两委"职责

"上面千条线，下面一根针。""两委"干部是社区发展的火车头。作为木樨社区的带头人，"两委"干部的自身素质就得过硬。体制机制改革后，社区开始了一场刀刃向内的作风整治战斗。

（1）建立"两委"干部包片工作机制。通过制定《社区"两委"班子成员工作职责》等一系列规章制度，定人、定岗、定责，强化工作责任意识，细化工作任务分解。

（2）注重"两委"干部能力培训。加强社区"两委"干部培训力度，全面提升"两委"干部工作的能力和水平，为社区发展打下扎实基础。

（3）建立责任追究制度。定期召开"两委"工作例会，对履职不力，作风不实的成员进行通报，在社区党务公开栏进行公示，督促"两委"班子成员履职尽责。

2."网格"精细管理

木樨社区将社区划分为29个微网格，动员辖区党员力量作为微网格长，公开亮身份、做承诺，明确党员职责，让党员在众多网格中"有岗有责有为"。让众多"格"实现党员责任下沉，及时了解居民所思所盼，围绕居民期待，动员网格中多元社治力量参与协商讨论，让居民操心事、烦心事、揪心事得到更好解决，消除管理盲区。

3.优化服务后盾

通过党群组织化，组织公益发展路径，以党建带团建，把组织服务做实、

做强、做活。

（1）建立志愿队伍。吸纳居民志愿者200余人，提供公益服务1 000多个小时，形成"人人参与公益，人人享有公益"的良好氛围。

（2）建立服务清单。通过"一人一清单"精准投送，让志愿者变身"快递员"，将居民服务送上门，达成居民服务全龄覆盖，目前木樨先锋党员志愿者队已经完成居民服务清单300余份，获得居民好评率100%，荣获2021年成都市"邻里好组织"称号。

（3）延伸治理触角。围绕辖区事务共商共治，激发社区党员、居民参与和商议"家务事"的热情，通过实行"日走访""周碰头""月活动"制度，共同协商解决社区居民关注的热点、难点问题300个，实现以共治圈邻里关系为纽带，互助服务为载体，推动互融共促，延伸社区治理线，致力于社区长效管理。

（二）紧扣机遇，打造社区发展新引擎

围绕成都市公园城市小区、党建引领乡村集中居住区专项治理、成都市百佳示范社区、成都市百佳示范小区建设重大机遇，提升社区居住环境，擦亮生态底色，积极做好美丽乡村改造这篇大文章。

1. 乡土统筹规划

社区立足本地生态、人文资源及地理位置优势，围绕乡村振兴目标，合理定位社区的发展方向，合理合规流转土地，整合辖区土地资源2 000余亩，为统筹产业发展和生态建设奠定扎实的基础。

2. 人居环境提升

人居环境秀美是美丽乡村成为居民幸福家园、市民休闲乐园的关键。社区按照"高标准、高质量"的工作要求，持续推进乡村人居环境整治提升工作，不做特色乡村建设的表面功夫，注重外柔内刚，潜移默化培养居民的文明习惯，群策群力推动全民参与乡村人居环境提升行动。

（1）坚持党员示范带动。联动多元主体通过整理乱堆乱放50余处，清运垃圾100余吨、拆除乱占耕地等12个点位。

（2）建立环境提升机制。实行门前"三包"责任制和文明户评比及挂牌制度，引导居民养成良好的卫生习惯，形成乡村人居环境整治常态化、制度化。

（3）开展"幸福花园"主题评选活动。以"奖"促优，促使居民向榜样学

习，调动居民参与居住环境提升的积极性和自觉性，进一步营造宜人和美的居住环境。社区坚持以"村养村"的模式，坚持生态复绿，促进人与自然和谐共生，串点成线、连线成面，从"一处美"变为"一片美"，着力打造公园乡村，把资产变资本，为社区发展文旅奠定了良好的生态基础。

3.公共设施建设

完善公共文化基础设施，完成妇女儿童之家、图书室、文化广场、居民健身场所、综合文化服务社区等建设项目，完善居民娱乐场所，打造景观化、便民化、亲民化的基础服务；同时提升污水排放及处理、垃圾收集处理、道路改造等布局，提高社区公共服务效能，合理布局社区建设，促使社区景村融合。

4.闲置空间更新

引入多元公益主体，依托社区桂花文化、农耕文化等，推动文化与空间"联姻"，盘活社区闲置空间10余处，打造集社区特色文化展示、文化教育等为一体的乡愁廊、樨香雅舍美空间、口袋公园等景观，塑造不同的空间和氛围感受，增强居民文化认同，满足不同主体需求，释放共建、共治、共享空间红利，为积蓄社区软实力、提高发展动力夯实文化根基。

（三）盘活资源，打造社区振兴新路径

社区持续强化资源整合利用，依托樨兴土地合作社、晨飞土地合作社新村建设优势资源，按照"党支部+合作社+农户"运营模式，先后引进科技蓝莓种植300亩、花卉种植120亩、草莓种植480亩、有机蔬菜200亩，赛丽农场110亩。

1.打造社区特色文创产品

依托社区生态、交通优势，加强社企联动"组合拳"，联动辖区商企开展联席会议，深入挖掘社区木樨传统文化，结合其寓意，进行文化创意整合，打造木樨酿，发展木樨文创产业，结合辖区酒文化，酿桂花酒，制桂花书签、桂花香囊等产品，精心打造文化特色品牌，建造传统文化体验地，以优秀文化推动乡村振兴，走出文化自信，为实施乡村振兴战略注入精神动力。

2.打造社区农商文旅小环线

联动辖区商企，充分整合各自资源优势，短板互补，依托社区田园风光、社区文化等资源，以木樨苑小区为起点，结合辖区内蓝莓、草莓、有机蔬菜、

"木樨酿"系列等农业产业，打造农商文旅小环线，培育引进农业职业经理人，探索农业与第三产业融合发展的新路径，利用果蔬采摘、精品定制、农事体验、直播等营销方式，每年为当地居民提供就业岗位300余个，带动居民就业500余人，接待游客10 000余人次，实现产值共4 000多万元，人均增收超2 000元。营造"可进入、可体验、可消费"的农村大地景观，打造文旅—产品—品牌效应，让"家园红利"成为打造幸福乡村价值链的重要环链，探索企业商家参与社区发展的新模式。

三、实施成效

（一）社区治理强起来

重视学习先进理念和先进经验，坚持"两委"干部专业过硬，打造条块清晰、有战斗力的两委组织；激活多元服务力量，推动居民参与社区事务，打造社区生活共同体；孵化培力社区组织，驱动党员居民参与，提升服务能力和整体素质；引导党员居民透过社区议事协商平台，共同参与社区治理，预防和化解社区矛盾。进而打造了一个"两委"组织有战斗力、居民越来越认同、社区治理格局越来越完善的新社区。正是这种"两委"干部和党员带头、多元主体积极参与的氛围，为社区乡村振兴建设打下了良好的基础。

（二）社区生态提起来

一是居民自觉参与环境提升。社区立足实际，认真对照人居环境提升行动要求，以"美丽庭院"创建为抓手，通过开展党员干部带头干的方式，以实际行动向居民宣传人居环境的意义，激发居民投身环境提升的热情，形成"干部带头、党员示范、居民参与"的良好氛围，引导居民"要我干"转为居民"我要干"，实现了由"干部干、居民看"到"干群联动、全民参与"的重大转变。二是打造社区发展生态优势。依托社区生态优势，统筹规划提升人居环境，推动辖区公共设施建设完善，不断在生态美的基础上铸魂赋能。让辖区居民的幸福感持续攀升，新时代田园梦想在木樨大地照进现实，为乡村振兴提供了一份可行的木樨答卷。

（三）社区发展新模式

良好的环境成了乡村振兴极为重要的资源优势，以社区文旅品牌建设为契机，探索第一、三产业融合发展路径，激发社区内生动力，大力发展乡村旅游小环线，打造可持续的休闲农业产业，实现农区变景区、田园变公园，形成"农业+"的社区治理"木樨模式"。

四、经验启示

（一）"两委"干部是社区发展的主心骨

社区"两委"干部是政策落实"最后一公里"的执行人、带领居民增收致富的护航人、服务居民的贴心人、党的"形象代言人"，在基层基础工作中具有重要的地位和作用。因此，坚持党建引领，持续建强班子，提升"两委"干部素质，为促进乡村振兴提供坚强的政治保障和组织保障。

（二）生态环境是社区发展的重要支撑

按照"社区引导、村民主体、示范引领、因地制宜、有序推进、长效运行"的基本原则，大力推进人居环境整治，全面推进农村"三大革命"，促使社区环境"内外兼修"大幅提升，加快建设生态宜居的美丽乡村，社区引进商企资源，打造文旅经济，为推动乡村振兴奠定基础。

（三）创新探索是社区发展的强推力

社区治理不是千篇一律，乡村振兴也不是生搬硬套，而是紧抓机遇，长远统筹，勇敢创新探索适合本社区特色的发展路径，才能推动健康绿色社区发展。

五、下一步计划

持续合规使用土地，联动打造农产品冷链食品库和农产品展示销售中心，利用美丽新村、农场、研学基地、农业公司等载体引流，着力实现"农业+"经济模式，持续增加居民的收入和就业，壮大集体经济，合理布局社区空间形态，打造美丽宜人、生态原野的公园社区。

木樨苑小区："四有四联"
蝶变乡村公园

社区治理场景越来越细化，细化到一个项目、一个服务、一个活动，从这些小的工作出发，乡村集中居住区治理工作才能不断创新。木樨苑小区始终以坚持党建引领、多元参与、关注民生实事为出发点，创新"四有四联"治理机制，实现以共治圈邻里关系为纽带、互助服务为载体，推动互融共促，打造共享、共治新格局，建设全龄友好、美丽宜居的乡村小区。

一、案例背景

木樨苑乡村集中居住区，位于木樨社区二组188号，居住人数482人。2019年建成入住时，居民归属感欠缺、邻里情淡漠，遇事依赖社区，自治意识淡薄、共建共享的荣誉感缺失，"居民"意识尚未转变、小区环境破坏严重。2020年村社区体制机制改革后，在成都市党建"四有一化"建设的引领下，社区党委紧紧围绕"新时代社区治理"主题，融合辖区党建共建力量，创新小区治理机制，通过组织联建、文化联享、治安联防、环境联管打造共享、共治新格局，围绕居民期待，解决居民操心事、烦心事、揪心事，不断提升居民归属感、幸福感，打造全龄友好、美丽宜居的乡村小区。2021年度，木樨苑小区荣获"成都市公园城市小区"荣誉称号；2022年，木樨苑小区荣获党建引领乡村集中居住区专项治理三等奖、成功创建成都市百佳示范小区。

二、过程做法

(一) 健全党组织体系，延伸小区治理末梢

小区是城市的基础细胞，也是基层社会治理的"最后一百米"，小区治理水平直接衡量和反映城市治理水平。近年来，木樨社区围绕党建引领乡村集中居住区专项治理工作，着眼破解小区治理难题，把加强党建引领作为先手棋，开展小区党建"四有一化"建设。

1. 强化党组织引领

2017年3月成立木樨苑小区党支部，管理木樨苑小区，延伸党组织工作触角，发挥政治优势组织凝聚居民，发挥链接资源主渠道作用精准投送服务，解决好小区居民急难愁盼问题。构建起小区党支部领导，志愿者队伍、新乡贤、网格员等共同参与、积极协同、共建共治共享的居民小区治理体系，充分发挥基层党组织在推进小区治理中的战斗堡垒和领导核心作用。

2. 发挥党员示范带动

俗话说：群众看党员，党员带群众。木樨社区注重党员的先锋模范作用，通过配强班子、健全机制、谋划路子、解决难题等措施实现整体提升，并带领党员深入小区公开亮身份、做承诺。以木樨苑小区环境提升为突破口，推出党员示范带动、团结居民等做法，每名党员划好责任区，定职定岗，不断提升小区环境脏乱差问题，改善小区生态环境。

3. 建设党群服务阵地

社区牢牢把握"围绕民生抓党建、抓好党建促和谐"主题，深入打造"党建+"阵地、优化"党建+"服务，依托木樨苑毗邻党群服务中心优势，妇女儿童之家和图书室、法律之家等空间开展更放心、更安心、更舒心的服务。同时，依托小区公建房建设党群阵地、小区情报站，及时、公开、公正地向辖区居民展示小区事务。

4. 增强党建经费支撑

按照社区保障激励资金规定，为木樨苑小区建设落实经费支持，用于小区开展空间改造、场景营造、购买治安巡逻和纠纷调解等专业服务以及文体公益活动。

5.促进治理机制制度化

通过搭建"社区党委—党支部—党小组—党员"的四级组织架构，组建小区院委会、议事会，建立议事协商机制，并围绕小区公共问题，开展院落议事、院坝会协商，解决居民"急难愁盼"问题。

（二）探索"四联一心"共建模式，打造多元参与共治圈

1.文化联建

文化是乡村的灵魂所在，凝聚着社区的精气神，木樨社区以传统文化链接生活，营造小区文化场景。

（1）开展特色文化服务，依托农耕、集市等传统社区文化，围绕居民需求，坚持"文化共享"公益理念，联动手工达人开展手工课、节日趣味等50余场活动，丰富居民文化生活，催生温暖共情、丰富多彩的文化服务，打造小区特色邻里服务品牌，凝聚居民文化认同，提升小区凝聚力。

（2）开展"最美木樨人"评选，依托好婆婆、好媳妇、最美家庭等评比表彰活动，宣传好人好事，发挥身边人示范作用，推进善义精神成为居民的思想自觉、行动自觉，发挥小区居民在乡风文明建设中的道德模范作用，弘扬艰苦奋斗、勤俭节约等精神品质，弘扬真善美，传播真善美，凝聚居民共识。

（3）制定小区居民公约，引导居民自我教育、自我约束、自我管理、自我提高，解决居民在思想观念、生活习惯、社会风气中存在的突出问题，引导村民弘扬文明新风、培塑新型农民。

看山望水忆乡愁，美丽乡村画中游。通过桂花、牛市、造纸、酿酒文化，唤起大家乡愁记忆，以文化聚人心，增强居民融合度，引发小区居民情感共鸣，倡导居民不忘初心，崇德、向善、自律、进取。与此同时，小区也涌现出了治理的多元力量。

2.多元联动

小区作为居民生活的基本场所和城市治理体系的末梢单元，越来越成为基层社会治理的重要领域。

（1）织牢网格力量，木樨苑小区作为社区29个微网格治理中的2个微网格，发动2名党员进行负责管理。按照"生活困难上门帮忙、矛盾纠纷上门劝解、突发事件上门了解、生病卧床上门看望、产业发展上门指导"和"政策宣

传到位、民意收集到位、诉求解决到位、感情传递到位、发展引领到位"的工作要求积极开展工作，及时了解群众所思所盼，确保群众诉求一跟到底。

（2）发动能人志士带领，通过挖掘新乡贤、老书记等德高望重的带头人以乡贤合伙人的角色参与，邻里矛盾不断得到良好解决、居民参与小区事务积极性增高，小区管理和服务也不断提升，各项工作的开展越发轻松容易。在新乡贤、老党员的推动下，小区的卫生费交额率达100%，散金蕊志愿服务队等多支队伍应运而生。

（3）建立志愿服务队伍，设老中青3支小分队，吸纳居民志愿者60余人服务社区。围绕特殊人群关怀、手工技能培训、公共设施维护等志愿服务，已为辖区全龄人群提供多样化服务，包括青少年的童趣课堂、针对女性居民的巾帼维权讲座、老党员的木樨微学堂、困难居民的送爱入户，以及结合节庆活动的全民宣传类服务，为居民送上暖心的问候和关怀，得到社区居民的一致认可。志愿者队伍协助、自主开展活动45余场次，服务居民1 000余人次。

3.环境联管

以小区党员带头，坚持把生态环保教育常态化、制度化，每名党员以实际行动宣传生态环境保护的重要性，带头参加生态复绿活动，引领多元主体自觉参与到生态环境建设中来，共同建设和谐美丽新家园，共同营造小道见绿、小巷见新的小区治理新场景。

（1）开展环境复绿行动，以党员示范带动，围绕小区花坛、绿化带等处枯萎的绿植进行清理并翻新泥土，为小区居住环境增绿添彩；同时，以党员带头践行屋前房后"三包"责任，进一步优化小区环境。木樨苑小区党支书记杨波不仅亲自带领小区居民参与小区环境治理，还联动木樨苑网格力量动员居民认领责任园形式，以一联居民楼为基本单元，形成管理区域，促进居民积极参与院落建设，共建美丽新风尚家园。

（2）打造美丽宜居环境，依托小区闲置空间节点，联动打造奇思妙想墙、"樨"望许愿树、樨春阁、打水井、鲜花墙等小区景点，实施有效美化和绿化，刷新小区颜值，让小区居民出门见绿、移步见景，不出小区便能看见家门口公园，让小区居民有了休闲娱乐的好去处，极大地提升了居民的获得感、幸福感。

（3）建设环境管理机制，一方面开展"幸福花园"主题评选活动，以"奖"促优，促使居民向榜样学习，调动居民参与居住环境提升的积极性和自觉性，进一步营造宜人和美的居住环境。另一方面充分发挥"同心圆，促环保，共驻共建美丽小区"的核心作用，联合小区散金蕊志愿服务队、乡贤、大学生等多元群体管理小区环境，建立小区环境动态管理维护制度，加大小区环境、小景点安全管理和清扫保洁工作的力度，定人定点进行日常安全巡查和清扫保洁工作；同时，进一步加强小区道路、绿化、照明等设施的维护维修力度，为居民生活娱乐创造安全、舒适的环境。

4.发展联谋

发挥小区资源优势，联合多元主体围绕小区现状，解决小区难题，促进多方共建、共享、共赢。

（1）织密问题精细服务，以散金蕊志愿服务队作为小区工作抓手，在党支部带领下，实行"日走访""周碰头""月活动"制度和问题流转、研判制度，将红白喜事办理、邻里纠纷、环境治理、孝老爱亲等纳入管理制度，将完成代办事项已记录台账20条，共同协商解决社区居民关注的热点、难点问题300个，累计开展志愿服务500余次，开展政策宣讲20多场次，充分调动居民参与小区治理的积极性，实现以共治圈邻里关系为纽带，互助服务为载体，推动互融共促，延伸社区治理线，致力于小区长效管理。

（2）整合小区生态底蕴，依托周边70余亩基本良田农田景观资源，打造研学教育基地，带动商企、居民等通过资金、技术、土地方式入股，探索"社区＋商企＋居民＋学校"运营模式，围绕"农耕、传统"等主题文化，把闲置土地孵化成就业基地，动员居民发挥种植特长，建设一支"复垦嬢嬢"队伍，致力于研学基地种植教学、讲解，带动居民居家就业；引入智能化停车资源，合理布局小区规范停车；鼓励小区居民利用新居空房打造特色民宿、餐饮，解决研学基地运营停车、吃住问题，使木樨苑小区成为农商文旅小环线一景点，不断提质提美，进一步串联丰富社区农商文旅小环线，让一处美变为一片美，持续营造生活、生产、生态、生意"四生"契合新场景，让生态资源成为小区发展红利，不断提高居民收入，壮大小区集体经济。

三、工作成效

（一）发挥党组织服务引领示范作用

加强小区党建"四有一化"建设，切实提升基层党组织政治引领、服务群众、促进发展的能力和水平，进一步凸显小区党员先锋模范作用，进一步完善小区治理体系。同时，立足于落细、落小、落实，带动党员下沉到小区事务中，不断加强党群联系，不断提升党员为民服务的感召力，不断增强党组织的凝聚力、战斗力、辐射力。

（二）强化小区居民自治主体意识

通过搭建小区议事机制、治理平台，唤醒居民的自治意识，激发居民参与自治的热情，促进居民之间的交流和沟通，增进居民之间的邻里情，不断营造"人人参与、人人共享"的良好氛围，推动小区的事情大家一起想、一起议、一起出力、一起分享、一起监督的良性循环。

（三）营造睦邻和美的人居环境

一方面，积极回应居民对小区环境的关注问题，依托辖区闲置空间打造6处微景点，在公共绿地增花添绿，极大地改善小区环境，为居民营造推窗见绿、移步见景的生态小区；另一方面，通过组织培育、机制建立、平台搭建等为居民搭建参与小区治理的渠道，让居民、党员、新乡贤等多元主体能行使自身主人翁权利的途径，打造一个"人人参与自治行动，人人共享自治成效"的人文小区。在多方协同治理下，2020年木樨苑小区被成都市公园城市管理局评为公园城市小区，是双流区唯一入选的小区。

四、经验梳理

（一）治理离不开智囊团

乡村集中居住区治理工作本身是烦琐艰巨的，要做好这项工作光是靠社区干部是不能完成的，因此要用好外脑，引好外智，以文化为引导，以活动为纽带，凝聚居民、新乡贤、老书记、老干部等多元群体，建立治理体系，使小区治理工作从干部辐射到更多群体身上，才能使乡村集中居住区治理工作做好。

（二）治理长效机制很重要

治理的落脚点是可持续发展，可持续发展的前提是建立一个实用的机制。以发展性社会工作的理念出发，社区治理强调调动社区之间的互动关系，强调在一个有效的机制下，治理主体依靠自身的能力来解决居住区的相关问题，并促成其自我价值的实现，建立可持续发展途径。

歧阳社区：“四破四激活” 共赴幸福美好生活路

双流区彭镇歧阳社区辖区面积3.27平方千米，户籍1 821户、3 916人，社区党委下设3个党支部，党员120名。2021年7月，集中安置小区香榭林居二期共安置了来自歧阳、光荣、布市、燃灯、兴福、金湾、合水7个社区920户3 260人，是全区较大的拆迁安置点。社区坚持党建引领，着力破解动迁安置社区传统居住格局调整、社会结构变迁、现代化程度提升后，破解党建运转机制不畅、公共服务品质不高、精细治理路径不多等难题，探索了新型社区治理转型“四破四激活”工作法，实现了社区党建从“物理整合”向“心灵融合”转变，社区功能从“粗放洼地”向“品质高地”转变，社区服务从“坐等上门”向“主动敲门”转变，社区治理从“单向发力”向“齐心协力”转变，切实推动乡村治理提质增效，不断增强安置小区居民的认同感、参与感、归属感。

一、破除农村党建思维定式，激活社区党建组织力

社区坚持以城市基层党建内涵为指引，转理念、转思路、转机制，破解从农村社区到城市社区转型中党建工作思路不清、路径不多、堡垒不强等难题，加快构建新型城市社区基层党建新格局。

一是重塑党建功能。全面提升社区党组织引领服务功能，构建强堡垒，凝聚发展合力、增强动员能力、转变服务方式、提升治理效能。制定“一个品牌、五个裂变”的党建发展目标。即打造“向阳花”党建品牌；制定“五个裂变”计划，按照“一年打基础、两年优服务、三年成示范”的步骤，聚焦创建高品

质全龄友好社区，制定公共服务提升计划、就业创业培训计划、公共空间场景营造计划、集体经济造血计划、小区园区联动治理计划等。

二是重塑党建格局。打造"134"区域化党建新格局。即建立一个区域化社区党组织；"3"即与入住安置点的光荣社区党委、布市社区党委等开展社区党组织共建，成立香榭林居二期小区党支部，成立管委会、议事会、监事会，组建小区"三会"成员；与成都芯谷党委等结对联建，建立健全区域化党建联席会议制度，开展"社区合伙人"共联共建，构建"学习、治理、发展、服务、创新"领航制度。"4"即建立健全"社区党委—网格党支部—楼院党小组—党员中心户"四级党组织架构，在社区公共区域设置党员责任区，聘请退休干部等担任楼栋管家。

三是重塑党建队伍。构筑社区党员干部"发掘—培育—共治"全链条成长体系，打造与新型城市社区发展治理匹配的社区服务队伍；发掘社区骨干，优化社区干部队伍结构，选择热心公益、敢于担当、品德优良的人员担任"三会"成员。培育后备力量。创建"党员微课堂"学习品牌，常态组织开展社区工作者教育培训，鼓励社区党员群众参加社会工作者执业资格考试，引导能人共治。通过评选"阳光能人"、组建社区志愿者服务队等形式，挖掘社区党员积极分子、热心居民、退休职工以及社区能人，使其从旁观者变成参与者。

二、破除安置小区功能短板，激活社区空间吸引力

社区以创建"全龄友好社区"为落脚点，以居民美好生活为主线，依托架空层空间资源，按照"连线成片，功能集成"原则，探索空间微营造、微创新、微整治，打造集党建、休闲、亲子、社交等复合功能为一体的社区邻里交往中心"家在歧阳"，实现从造空间到造生活的能量转变，建设有归属感、舒适感、未来感的美好家园。

一是打造有温度的党建微阵地。配置了小区党建工作站"党建驿站"，区人大联络站"人大之家"、智慧治理中心"智治歧阳"。打造了社区微党校、党代表面对面、党员之家等功能空间，统筹推动自组织培育、网格治理、科普宣讲、亲子教育、文化传承、技能培训等服务项目落地实施，常态化开展疫情防控、家庭用电用气安全、法律知识普及、爱国主义教育等共建活动，把文明城

市创建、志愿服务、社区协商议事等工作融入小区党建工作。

二是打造有质感的邻里微客厅。探索"调查—策划—设计—建设—运营"五位一体的场景营造路径，根据不同年龄、人群的服务需求，布局了推门可见、密不可分的邻里交往空间"三馆六室"，三馆即社区文化馆"光影·歧阳"、康养馆"健康·歧阳"、低碳生活馆"低碳·歧阳"；六室即"创·青年""美·妈妈""乐·儿童""享·长者""趣·健身""雅·艺培"。在社区广场，建设儿童游乐场、休闲长廊、综合法治广场，规划了开展大中型活动的场地，小区绿地率达30%。

三是打造有灵魂的社区精神家园。社区依托架空层，植入社区文化功能、德治功能，打造了社区图书馆、社区微型博物馆等公共文化空间，唤起居民的乡愁记忆，提升社区的文化魅力。培育"向阳而生"精神，以文化为纽带，组织开展好家风、好邻里、社区好人等评选活动，构建"家庭、楼栋、小区、社区、城市"互为链接的文化共同体、生活共同体、价值共同体。以文明创建为契机，组建党员先锋志愿队、退役军人志愿队、群众志愿队等志愿服务队5支，开展文明出行、健康防卫等志愿活动，引导居民养成良好习惯，树立文明新风。一个涵养家国情怀、有"归属感"的文明社区，正在呈现。

三、破除公共服务供给瓶颈，激活社区服务共享力

社区探索"政府+社会+居民"联动，打造"资源整合、功能集成、机制有效、群众参与"的"15分钟生活服务圈"，为居民提供"便利、优质、可及"的服务，实现"生活小事不出社区"。

一是构建社区智慧政务体系。搭建"互联网+民生服务中心"，依托"天府市民云"App，打通园区、社区、居民、商企参与渠道，实现新居民精准画像、需求及时跟进处理、社区信息动态呈现。建立"一村一码"社区监督平台，三务公开，一码可查。配置社区邻里中心，涵盖社区办公、共享书吧、金融服务、5G云VR创客教室、共享Party、企业沙龙等功能。

二是构建全龄友好服务体系。构建"需求—资源—项目"清单化全龄服务体系。针对成都芯谷建成后每平方千米入驻1万人的高密度人口增长需求，通过实地走访、问卷调查、召开"坝坝会"等方式，摸清社区资源、征集居民意

见、分类提取需求，制定居民"需求清单"；整合辖区行政资源、社会资源，形成"资源清单"；聚焦需求、对接资源，量身定制"项目清单"，营造社区生活场景，开展居家养老服务、妈妈烘焙班、少儿艺术培训、心理辅导、技能就业培训等全龄段服务；举办周末社区生活集市，构建家庭水表感应监测、健康大数据平台、智慧物业系统等"互联网＋"社区智慧生活服务体系。量身定做电梯使用、电瓶车停放、高空坠物、消防管理等安全教育视频。

三是构建共享社区服务体系。打好"三张牌"：打好"资产管理牌"，成立社区芯谷杨柳湖物业公司、社区资产管理公司；成立小区商家联盟，链接商家共同发展壮大社区经济，"留得住商家，服务好业主"。打好"造血发展牌"，将小区存量资源再利用。地上，对临停车辆进行智能收费管理，年收入约24万元；引进区能投公司投资220万元安装新能源汽车地面快充，每年为小区缴纳场地费6.6万元；规范商铺物业管理，年收商铺物业费用约15万元。地下，引进第三方公司投资约13万元，在地下室安装新能源汽车慢充设备，引进第三方公司投资约37万元，对地下非机动车停车场进行改造，年收取分红约8万元；利用地下负二层空余车位，2022年收取租金35万元。空中，引进电梯多媒体广告公司，年收取租金约8万元；将小区屋面楼顶位置租赁给电信和移动公司，年收取租金为1.4万元。打好"结对服务牌"，与成都芯谷公司党委联系，解决50多人就业；成都芯谷将小区作为人才公寓的储备地，解决成都芯谷100多个人才租房难问题。2022年，社区集体经济收入达到90多万元，其中经营性收入达60多万元。

四、破除多元参与堵点难点，激活社区治理内生力

社区着力破解公共事务中居民"不能参与""不想参与""不会参与"三大难题，搭平台、聚资源、建机制，引导居民走出家门、走进社区，共同参与社区治理。

一是搭建协商议事平台，破解"不能参与"的难题。构建"一主轴两翼"的协商议事载体。一主轴，即小区居民代表大会、议事会、监事会；两翼，即线上搭建小区居民微信群、线下设立"共治沙龙"。坚持落实每月议事日，将小区现有问题摆出来充分协商，设置治理风险清单和应对预案，将居民入住后可

能出现的问题预先谋划。

二是构建智慧网格闭环，破解"不想参与"的难题。健全"网格发现、社区呼叫、分级响应、协同处置"闭环管理机制。依托试点打造的电信百万级信息小区智慧防控体系，开发社区服务App，设置线上咨询、邻居群聊、社区活动发起召集、社区事务议事等社交功能，一键回应居民服务需求、热点问题。推行社区网格员、社区民警、下沉干部、志愿者等不同主体协作下网格、进楼栋、入单元，以网格为单位及时回应网格居民问题。依托网格内法律顾问、调解员、信访代理人等，解决居民烦心事。

三是构建精细协商流程，破解"不会参与"的难题。规范民主提议、议题审查、收集意见、民主决策、议决公示、监督实施等协商程序。对标商品房小区的日常管理，由"三会"人员召集小区居民制定了禁止安装防护栏、禁止机动车地面停放、禁止住改商"三禁止"制度，建立完善小区管理日常巡查机制，小区楼栋管家和党员志愿者定期巡查。从认领家门口绿植、垃圾清理、停车管理、设置晾晒区等社区公共事务入手，引导居民培育议事能力、参与议题协商。2021年以来，累计收集采纳意见建议96条，议决事项90个。

天府染坊田园艺术乡的
吴家染坊小区创建

2017年以来，双流区以构建党组织领导下的社区治理和服务体系为重点，结合优越的生态环境与农业产业，通过构建党建引领下的商居融合发展治理新范式，积极探索符合涉农社区特点和规律的社区功能发展治理新路径。坚持科学规划，探索"特色镇＋农业园区＋景区"模式，以吴家染坊小区为核心，通过园林化的乡村景观、生态化的郊野田园、景观化的农耕文化、产业化的组织形式、现代化的农业生产，打造农业公园社区，建设农民的家园、市民的乐园，让人们"看得见山、望得见水、记得住乡愁"。

小区建设理念是：学习公园城市的营城理念，实施场景创新计划。以场景营造为抓手，推动小区发展治理与村民美好生活精准匹配。

一、背景介绍

吴家染坊小区位于彭镇鲢鱼社区六组，小区正对300余亩佳沃蓝莓，北依成柳农场90余亩樱桃园，背靠300余亩花卉农业公园，小区内现有住房85套、住户226人，占地30余亩。2015年染坊小区始建，历时9个月居民入住。染坊入口一处荒废的空地原是吴氏先祖开设染坊的旧址。染坊历经280余年的传承，文化底蕴深厚，保留至今的两块祖训石碑，上书的"诚信、勤劳、友善、奋进"家风家训一直传承到现代。

二、聚焦问题

农村的发展开始高速前进，但是村民传统的得过且过、裹足不前等靠要的思想还比较严重。为了改善这一状况，激发社区党员、干部、群众等干事创业的激情，政府和社区以染坊家风家训为精神引领，通过重塑"诚信、勤劳、友善、奋进"的家风，整合社区农业产业资源与居民共同参与小区环境治理，提升产业、居民参与社区治理的意识与积极性，合力共建、共享宜居、宜游的花园小区。主要聚焦于环境提升建设美好家园，共建、共治，增进社区认同，着眼高质量发展、高品质生活、高效能治理。

三、创新思路

吴家染坊小区以促进商居和谐共生为目标，立足社区网格党组织这个中心，依托1 500余亩农业公园，在小区中推动产业业主和居民互联共建、共融共促，形成"一盘棋"的商居发展治理融合体。以建好小区党组织为核心，以产业联盟、居商联盟、社治联盟为平台，以小区自治好、产业发展好、文化塑造好、"一核三联三个好"为目标的治理体系，奋力将吴家染坊小区打造成公园城市"乡村表达"的典范。

四、具体举措

（一）党建引领商居共建，共筑治理新格局

通过支部牵头，干部定格抓骨干、骨干包户做表率，引导居民成立了院落自治委员会，搭建了议事决策、服务执行、评议监督、矛盾调解处等多方协调平台，若涉及小区的公共事务，议事会95%的成员同意后才能实施。

设立吴家染坊小区物业管理中心——染坊共享管家。发动群众召开多次居民坝坝会，探索小区自治服务机制，制定了小区公约，确定了小区卫生费缴纳标准，创新设立了"三张脸"评选和最美系列评比等自治管理体系。小区公约让居民自治管理有了落脚点，小区花木有了专一认养人。每户每年每平方米3

毛钱的物业费标准让居民有了对比，自治的优享服务得到满足。刚搬进小区时，只有80%的村民缴纳物业管理费，现在，100%的村民每年主动缴纳。开设"三张脸"（笑脸、正常脸、哭脸）公示机制，每季度在小区议事会、社区议事会进行通报，每年开展一次"我爱我家，最美先进人物"评选表彰活动，对先进个人和家庭颁发证书，发放购物券，并将评分结果与集体收益再分配进行挂钩，调动业主和居民主动服务、遵规守约、争当先进的积极性，让居民的既得收益和集体利益连成闭环，实现小区治理、自治服务、经济发展的一荣俱荣，一损俱损。

设立"马哥调解室"活动空间，以鲢鱼社区舞蹈队、党员志愿者服务队、居民志愿者服务队等3支自组织代表牵头，负责调解小区纠纷。刚搬进小区时，居民争边界、争土地、抢绿地，天天都有摩擦和争吵。每年"马哥调解室"调解村民纠纷10多起，如今已经下降到仅有两起。

（二）产业带动商居共促，激活发展原动力

探索"党支部＋业主＋农户"的商居治理模式，将吴家染坊小区及周边1 500余亩农业公园设置为一个党建网格，打造党群服务站，引入鲢鱼社区农业公园花卉苗木业主，采取集体出土地、业主出产品、居民投工投劳的模式，将吴家染坊小区房前屋后公共土地划分为24个网格，由业主提供花卉及苗木，居民就近认领认养，业主负责销售，售卖后的资金盈利30%用于小区公共服务，即美化小区环境，也引领居民参与小区治理。如今小区内每个花圃里都有认养牌，上面有社区家庭的名字。

整合花卉苗木产业的入驻，联合苗木种植专家，开展居民房前屋后小花园的设计和花卉养护课堂，开展小区闲置空地的微更新改造，将以前脏乱差的垃圾堆放点，变成了小区公共微花园。让吴家染坊成为鲜花围满的小区，让小区变身没有围墙的花园。成立产业联盟合作社，吸引10余家花卉苗木企业入社。在小区设立鲜花展示区，社区以低价出租展示空间给合作社，合作社负责管理和维护，每年通过社治治理金对社区进行反哺。社区居民和游客，在鲜花展示区购买可享受定向优惠。

同时，依托吴家染坊小区党群服务站，建立共享直播间，搭建合作服务平台、宣传展示平台和沟通交流平台，强化产业与产业间、产业与居民间的互惠

共赢，建立起"文创＋居创＋产创＋乐业"的小区可商可居模式，有效助力4户居民通过技能培训在鲢鱼社区承包100余亩土地进行农业种植。探索"餐食众筹"的社治合伙人服务模式，通过联合小区的"九大碗"主厨和厨艺较好的居民，搭建居民社治联盟，拉动40余户、500余名居民参与服务游客。

（三）文化助力商居共融，积蓄文明正能量

联合居民对已有近300年历史的染坊进行深度挖掘和整理，修复重建吴家染坊记忆体验馆，重塑吴家染坊"诚信、勤劳、善良、奋进"的染坊精神，使乡村记忆可见可触、历史文化可感可知，提升居民对小区的认同感、归属感。体验馆里的染坊历史陈列区，陈列了各色老物件、老照片、染布和成衣共17件，由吴氏后人吴定坤捐赠。里面的老物柜、竹艺装饰、木桌是小区居民们自发捐赠。染坊里有块像元宝的石头，是吴氏后人捐赠的染布石。中庭休憩区的大型竹编制品，是社区竹编老匠人设计并制作。在染坊体验馆中，处处有居民的参与，时时有居民的身影。

同时，社区不断引导业主和居民树立"资源共享、发展共惠"的社区共同体文明新风。在探索"公益＋市场"的文创空间运营模式方面，联合四川师范大学、四川轻化工大学美术学院、成都理工大学等高校，建立教学实践基地，定期开展学生实践培训和毕业实习，低费用为大学生创业提供空间和展示平台。引入"一安扎染"工作坊入驻，每年为社区培养不低于10名扎染人才，开发特色扎染文创产品近20余种，工作坊可为游客提供古法扎染文化体验，实现染印文创产品的批量生产，形成教、学、体、研为一体的生态链。工夫茶坊入驻，为游客提供品茶和休闲空间；竹编匠人入驻，带来竹编技艺；乔大壮书屋入驻，展示了一代词坛飞将乔大壮的故事，"九湾十八坨，代代出诸侯"说的就是他。通过搭建创新创业孵化平台，入驻单位与社区签订"合作＋"服务协议，以社区治理金的形式反哺社区。

通过"公益＋市场"的空间叠加共享，实施文化惠民工程，探索文化空间分时共享。配备投影仪和课件设备，打造集扎染教学、居民活动、培训教育、议事决策等为一体的多功能服务空间。每周一、二、四、六由扎染工作坊进行扎染技艺培训，每周三、周五和周日是社工的手工文化活动。空间的交叉和叠加使用，推动了文化服务常态化。截至目前，染坊记忆体验馆已承接双流区

2020年度"社区BBKing"、彭镇社治生活节等区内外各类会议、活动共计63场次，接待海宁市、崇州市等市内外参访团队18次800人，游客近10万人次，为辖区群众开展各类文创培训50场次1 750人。

打造"15分钟生活服务圈"。修建了儿童游乐园、老龄活动中心、运动场、图书馆等公共设施，打造了摸鱼池、吊床、二十四节气、田园集市等景观。

五、取得成效

（一）社区精神得以重塑

联合居民进行染坊历史的梳理和文稿整理，深入挖掘槐轩文化、吴家染坊、乔大壮等文化资源，串联社区文旅小环线，弘扬吴家染坊秉承"勤劳、诚信、友善、奋进"的家风，凝聚成吴家染坊小区的社区精神。随着染坊记忆体验馆的落成，染坊历史陈列馆让文化展示实现可视化，染坊作为居民的精神信仰，提升了居民的精神凝聚力，激发了党员干部和居民共同参与社区发展和治理的干劲。吴家染坊记忆体验馆已成功入选2020年成都市"微更新"大赛二等奖。

（二）市场运行方式形成

通过空间的运营和管理，与引入的一安扎染工作坊、工夫茶坊、花卉苗木产业主等共计5家商家、企业协商和联合，搭建培训和交流平台，依托市场化运营，构建规范化管理运行机制。每年能为当地居民提供20余个就业岗位，并为社区培养不低于10名扎染人才，研发了近20种扎染文创产品，吸引了4名当地大学生返乡创业。积极对接市场资源、社会资源、高校资源，联合打造创业孵化服务平台，为创客提供办公空间、人才招引、融资渠道、资金扶持等服务。

（三）合作共赢模式构建

通过小区党组织搭台，以产业联盟和社治合伙人模式，整合农业产业业主、商家、居民共同参与社区发展治理，形成居民服务业主、业主反哺居民的小区合作共赢良性循环。引导返乡下乡人员创办领办家庭农场、农民合作社、农业企业、农业社会化服务组织等新型农业经营主体，培养有经营头脑、有专业技能的新型职业农民。

六、思考与启示

（一）坚持集智聚力共谋

社区党组织注重产业发展和有效治理的互促共进，充分发挥引领作用，在整合现有入驻资源的同时，持续吸引外部优质资源，吸引当地大学生返乡就业和创业，带来新的理念、新的思维。

（二）坚持生态资源转化

将生态作为小区治理的助推器，围绕公园城市"乡村表达"主题，致力通过发展"生态＋"，以生态旅游、健康养生、文化休闲等新的生态产业，将生态资源转化为生态产品，打造居民、社会资本共同参与农业生产劳动、休闲项目经营，又生活于其中的空间美学场景。

（三）坚持社区精神塑造

社区围绕唤醒历史文脉与记忆，将传统文化的瑰宝凝聚成当代的社区精神，围绕IP主题进行空间美学设计、情感设计、仪式设计、氛围设计、活动设计，在形成个性化消费承载空间的同时，构建起了良好的营商软环境。

七、经验总结

加强和创新社区发展治理，必须不断研究居民需求、创新治理方式，坚持问题导向，不断满足人民群众对美好生活的向往。吴家染坊小区立足辖区产业、文化实际，深入开展商居共建、共促、共融，社区发展治理水平明显提升，群众幸福感、安全感、满意度大幅提升，逐步探索出了一条具有乡村特色的农业公园小区治理新路。

以"社区公共空间分时共享设计"理念，着力优化社区党群服务站职能配置，通过功能叠加、公共土地资源共享、社区文化再塑，顺向调整活力法人商家的"鲢鱼效应"，积极促进与居民生活需求产生互动。以社区公共空间分时共享设计，重塑空间平台，促进投资发展，筑造生活转体，稳妥推进社区功能发展，实现商居共赢局面，提升发展治理效能。

西航港街道社区发展和小区治理典型

机场路社区："乐邻智+" 构建烟火气的邻里生活

作为超大型城市社区的机场路社区时刻面临人口密度高、居民需求多样等问题，在疫情的趋势下，社区逐渐探索出智慧社区路径。通过"以感知促认同、以服务增信任、以共益聚资源"三个阶段完成"生态智慧社区"建设，实现"社区资源一屏观、社区服务一键享、社区伙伴一网联、居民诉求一体应"，帮助社区形成社区共同体意识，构建基于信任互助的熟人社会，为实现"全龄激活、全域影响、全民参与"的社区发展治理新格局提供新的实现模式和路径参考。

一、案例背景

疫情时代的城市社区，机场路社区居民14万人，社区工作人员只有13人。疫情期间，机场路社区由于紧邻双流国际机场，属于新冠疫情重灾区，一年的时间多次出现新冠患者，多个小区频繁被封控，社区工作人员每人日均要接到600个报备电话以上。如此高强度的压力和重负，让社区工作人员每天的脑力、体力入不敷出，整个社区居民也限于焦虑中。几年的疫情，使得每一个人的心理都充满了各种焦虑；然而当13个两委干部面临14万人的超大型社区的时候，这种焦虑更是被无限地放大。

在此情况下，社区工作人员开始思考，如何让风险地区人员快速登记，对风险管控人员跟踪定位，隔离人员健康状况监测上报，居家隔离人员出门申请及审批以及人工录入信息如何及时更新……

二、主要做法

（一）焦虑驱动 – 智慧社区 1.0

伴随着疫情时代的焦虑，社区党委书记及工作人员在多次沟通和调研后，大家觉得太需要一套系统来解决当前的疫情防控及治理问题了，于是便有了当时的智慧社区。任正非曾说过，华为的改变是焦虑驱动下的改变，所以机场路社区当初的智慧社区可叫作焦虑驱动下的智慧社区，也是社区的智慧社区1.0版本。2021年8月，社区开始探索使用疫情防控线上小程序解决问题。

通过这个小程序，社区实现了重点人员报备、设定管控方案和重点人员打卡监测等功能。截至2022年9月，平台累计报备重点人员数量7 150人，累计完成对居家隔离管控人员的管控4 327人，对居家健康监测人员的管控2 823人。自此，社区有了信心，开始迈入智慧化社区建设之路。

（二）后疫情时代的智慧社区该是什么样

随着疫情趋于稳定，社区又开始了新一轮的焦虑：随处可见的感知源、摄像头，以及科技感十足的数字大屏真的是理想智慧社区的样子吗？这些设备的智慧化服务在哪里？而后疫情时代的智慧社区到底该是什么样的？基于此，社区的思维也发生了本质性的改变。社区认为后疫情时代的智慧社区应具备几个特点：一是智慧社区建设总是要服务于居民的，因此社区打造的场景真正联系到居民了吗？二是数据是社区治理过程中逃不掉的话题，那社区所打造的场景能不能产生为治理赋能的数据？三是所有的硬件、软件平台都是需要持续运营的，是否有相应的支撑，确保可持续的运营？

于是，社区进行了详细的调研，最终确定了"智社区 乐邻里"构建充满烟火气的生态智慧社区的总体规划，将以人为核心，聚焦破解居民认同、精准服务、资源共益等社区发展治理难题，运用"聚资源、精服务，联人心、享生活"的理念构建充满烟火气、具备自我造血、长效运营能力的智慧社区。

（三）构建烟火气的智慧社区

为了建设这样的一个平台，社区一致认为有三个问题必须解决：一是感知社区：居民对社区不了解，社区职能是什么？社区的边界在哪里？能提供什么样的服务？二是构建信任社区：为何老是同样的一群人在参与社区治理，年轻人却不积极？三是实现生态共益：一直追求的社企共建感觉像在化缘，辖区资源和居民对接不怎么有黏性？

建设思路：通过"以感知促认同、以服务增信任、以共益聚资源"三个阶段完成"生态智慧社区"建设，实现"社区资源一屏观、社区服务一键享、社区伙伴一网联、居民诉求一体应"，帮助社区形成"社区共同体意识"，构建基于信任互助的熟人社会，为实现"全龄激活、全域影响、全民参与"的社区发展治理新格局提供新的实现模式和路径参考。

建设模式：

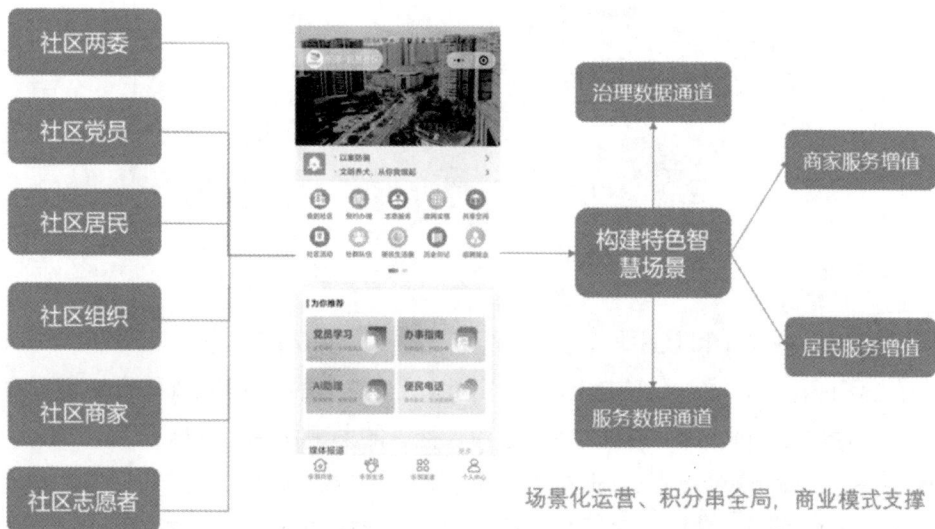

社区商家、社会企业、社会组织可加入运营联盟，与社区共同运营，共建平台，共享流量。

建设体系：

1.以感知促认同——社区生活地图及延伸场景

为了解决社区居民对"15分钟生活圈"的生活服务感知破碎化严重，仅能凭路过、网站排名、打听等方式获悉附近有哪些生活服务的问题，社区建立"15分钟生活圈"便民地图及延伸场景。

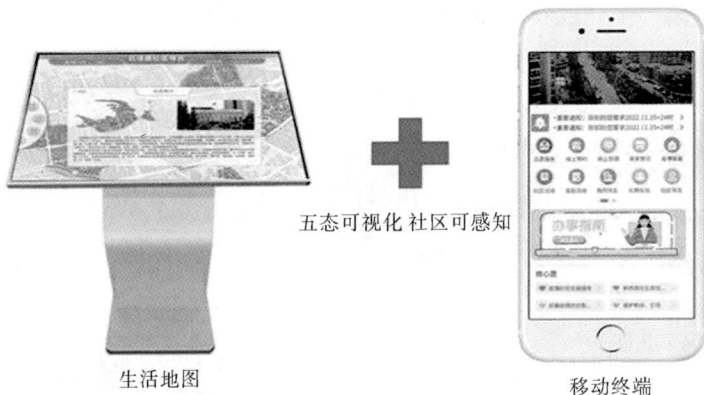

五态可视化 社区可感知

生活地图

移动终端

利用互联网+科技手段，将社区形态、业态、文态、生态、心态构建成"五态可视化"地图，与传统社区地图相比，它为居民呈现的效果更加亲民直观，便捷度更明显；同时通过小程序引入社区的办事指南、社区介绍、"两委"班子介绍、党员亮身份、办事预约、线上办事、商家登记、社区喇叭等功能为居民提供移动端的社区服务，从而得到居民关注认同，解决了居民对社区"陌生化"现象、避免没有家园意识，社区讲不清楚自己，居民在文化、服务、资源、治理上对社区没有整体感知等问题，达到以感知促认同的目的。

2.以服务增信任——线上线下的场景融合

线下感知源闭环融合，感知源全面感知辖区范围内信息并在社区管理大屏实时呈现，通过微信、短信实时推送预警信息，确保社区治理更有序；线下服务场景融合，线下对接如社区食堂、智能自助体检机、社区商家合作同时建立社区的积分兑换超市，实现积分的线下消费管理。

3.以服务增信任——微网格注入让服务更精细

通过在各微网格区域张贴网格人员名片及二维码，微信扫码实现问题及需求填报，构建微网格与居民的有效沟通机制和服务体系。

通过在各微网格区域张贴网格人员名片及二维码，微信扫码实现问题及需求填报

4.以服务增信任——微心愿让社区更有温度

让居民感受到：我生活的社区这是一个大家庭，我个人也并非一个孤独的个体！

一个微心愿，大家来实现

5. 以服务增信任——社区活动让居民有参与

由于社区外来人口居多，大多因为在社区购买了房子迁入到社区，如何帮助大家找到参与感也是社区增加信任的一个重要方面。

因此社区特开设社区活动板块，在这个板块通过建立社会化在线协作机制，居民可自助发起活动备案，社区在线审核，专家对活动信息进行加工并生成在线招募链接。居民则可以一键报名，活动时间自动提醒，活动数据自动统计，从而建立了社区活动线上备案、线上组织、线上观察、线上加工、线上招募、线上回顾、效果评估的闭环体系。实现了社区活动多方联动，多元参与，通过这个板块涌现出越来越多的会组织、懂治理的社区活动家，以这个群体为基础实现人帮人，人带人局面。

经常发布一个活动，发布后可能就是半个小时就被抢完了，这说明居民对社区的参与度越来越深，信任感也越来越强。

6. 以共益聚资源——构建三社联动生态体系

通过以上几个方面的打造，居民对社区建立了一定的信任基础，因此平台将着力打造"15分钟智慧生活圈"，建立社区"三社"联盟体系，挖掘辖区社商（社区商家）、社匠（社区匠人）、社伙（社区伙伴）三种服务群体，为社区居民提供购物、订餐、家政、美发、洗衣、维修等线上预约、线下到家一站式服务，以及居民之间互相提供碎片化时间服务和技能服务。构建以购物、社群、健康、创业、金融、服务和治理等为重点的创新智慧场景。以资源共筹、信息共享、问题共商、发展共谋、合作共赢为出发点，构建商居治理融合体，推进社区成为充满烟火气的生态社区。基于前面两个阶段，居民在感知社区的基础上，开始对社区有了信任，同时由于更多的联动有了更深的了解。

社区还挖掘了一批有技能、有碎片化时间的达人骨干，给他们提供场地和平台，让他们发挥自己的特长，为居民提供服务。

（四）整合社商，形成社区商业服务生态

从资源共筹、信息共享，问题共商、发展共谋、合作共赢出发，构建商居治理融合体，推进社区成为生机盎然有活力的居住区。随着生活智慧服务线上线下的不断完善，商家也可以资源共享，可相互引流、积分互认等。如某一家商户举办活动时，其他商家可提供力所能及的协助，互惠互利。

三、主要成效

社区将通过自下而上的建设，关注和聚焦每一位居民的需求，以互联网形式全面激活党建引领、多元参与、协商共治，提升居民的归属感、幸福感与获得感，拉近人与人的距离，打破了时间和空间的限制，智慧服务精准对接个体，最终实现搭建"资源互通、人心互联"的智慧治理模式，让智慧社区多一些温度，多一些烟火气。

"四个再造" 破产企业社区
"莲花重生"

由破产国企生活区组建的莲花社区，在上级党委政府的关心支持下，着力增强社区党委聚合功能，发扬"三老"精神，推动"三治"融合，通过组织再造、治理再造、功能再造和文化再造"四个再造"，破解社区转型瓶颈，实现社区新市民、新生活、新莲花的"三新"变化。

一、案例背景

莲花社区是以破产国企四川齿轮厂生活区组建的纯城市社区，辖区面积0.34平方千米，辖川齿、牧山园两个居民小区，现有居民2 666户，人口1万余人，社区党委下设10个党支部、31个党小组，党员424名。自企业破产以来，职工失去身份福利、小区失去国企保障，居民信心缺失、小区设施破旧、生活环境恶化等问题成为制约莲花社区转型发展的瓶颈。近年来，社区在上级党委政府的关心支持下，着力增强社区党委聚合功能，发扬"三老"精神，推动"三治"融合，通过"四个再造"，实现了社区新市民、新生活、新莲花的"三新"变化。

二、主要做法

一是组织再造。通过选好社区党建引领"大脑"、搭建社区党建引领"骨架"、打通社区党建引领"经脉"、充盈社区党建引领"血液"，夯实社区发展治理的组织保障，推动社区发展治理高质量发展。

二是治理再造。构建党建引领的社区协商共治体系，探索建设新型居民自治体系。定期召开各种专题会议，商讨决策社区事务，初步实现了"策由民定、事由民理、权由民用"。探索构建公益性物业服务体系。社区成立了非营利性的自治物业服务中心，探索构建"结构扁平、管理垂直、服务优质、效能提速"的新型物业服务体系。探索构建社区志愿服务体系。社区依托实际，整合资源，组建了一支服务多样、专业高效的志愿者队伍，采用"点对点"和"组团"等形式广泛开展志愿者服务活动。

三是功能再造，用有机更新的理念建设"共生性"公园。通过问题诊断分析、导则制定、项目更新、监管评估"四步工作法"，大力实施环境整治、基础设施和公共服务设施提升、特色风貌塑造等，促进社区有机更新，完善社区基础设施和服务功能。结合"两拆一增"行动，拆违还路、拆违治脏、拆违改造、拆违增绿、拆违添景的"五个同步"，实现了社区公园绿地开放共享、公共空间有效连通，打造美丽宜居公园社区。

四是文化再造，打造文化生活共同体。培育社区精神，深挖老川齿"三线工厂"的历史文化底蕴，融合时代风格，打造党员红色教育现场游学线路，提升社区文化品牌。打造巷弄文创，成立莲心合作社，结对共建辖区优质高校资源，打造巷弄文创场景、培育巷弄文创企业。依托自贸区资源，设立O2O社区跨境电商体验中心，实现"在家购世界""社区逛自贸"。培育新型市民，传承老川齿"自力更生、艰苦奋斗、无私奉献、开拓进取"的企业精神的同时，开展精神文明创建活动，增强居民认同感，凝心凝聚。

三、主要成效

一是完善基础设施提升社区品质。社区坚持党建引领，在持续推进"四个再造"基础上，先后实施了基础设施智能化改造、"三无院落"打造、园林绿化改造、桑家沟景观打造、廉政文化广场建设、市场改造等工程建设，社区基础设施日臻完善，服务功能不断健全。居民获得感、幸福感不断增强。

二是挖掘社区精神文化提高居民素质。社区依托老川齿文化为基础，打造川齿记忆长廊、川齿记忆馆等文化点位，创新党员红色教育现场教学基地建设。

三是创新商业模式，推动经济发展。社区依托党员红色教育现场教学基地为基础，成立社区文化服务公司，形成集参观、学习、文化商品销售为一体的社区教育培训体系，盘活社区集体经济发展。

社区先后被评为成都党建引领城乡社区发展治理示范单位、成都市蓉城先锋基层示范党组织、成都市2019年度百佳示范社区、成都市爱国主义教育基地等。

四、总结

破产企业社区通过"四个再造""莲花重生"，其经验和做法具有以下借鉴意义：一是坚持党建引领"以人民为中心"的属地化管理。产业社区免不了会受企业生命周期影响，莲花社区探索了一个属地化管理之路；二是"四个再造"的先进理念和实干行动勇气破解了破产企业资产物业、公共设施、公共服务、老员工的历史遗留问题和新老居民融合发展问题；三是通过完善基础设施提升社区品质，创新"唤醒、激发、关爱、带动"四步工作法，激发了新老居民的希望、活力和归属感，同筹共建，实现了莲花社区新市民、新生活、新莲花的"三新"变化。

百家苑二期：发挥架空层优势
激发安置小区经济微循环

一、小区基本情况

百家苑二期小区位于西航港街道文化街一段65号，住宅面积149 951.43平方米，共有住房2 011套，安置了桂花堰、成白路、江安社区拆迁安置户2 285人。2020年10月成立了小区自治组织：管委会、议事会、监事会。2022年6月成立花红社区百家苑小区党支部。

二、聚焦的问题

（一）小区收入有限，无法保障基市运行

百家苑二期为安置小区，物业服务费收费标准低，在100%收取的情况下，每年物业服务费收入约75万元，车辆场地使用费约75万元，而小区每月开支约23万元，每年约276万元，政府补贴约40万元，公配用房租金约58万元，在以上项目应收尽收的情况下也无法保障小区的基本运行。

（二）受居民原散居生活习惯影响，小区集中治理难度大

小区居民原居住方式为散居，进入安置房后开始集中生活，居民受原有的散居生活习惯影响，难以在短时间适应集中生活，因此部分居民有占用公共空间堆放杂物、车辆乱停乱放和宠物放养等问题，造成小区物业管理难度加大。

（三）小区老年人口多，相关休闲娱乐空间少

小区建成初期内有公共闲置空间，但没有做任何打造，居民无法使用，造成空间浪费。同时，小区内本地老年人住户占比50%以上，因此老年人对小区的精神文化需求大，而小区内无老年活动空间和老年活动项目。

三、创新思路

（一）小区架空层打造，丰富居民服务，提升小区收入

小区内架空层空间有33间，全开放式状态，经规划后，部分架空层可以作为公共服务活动空间，余下的空间有23间。为增加小区空间利用率，同时提升居民生活便捷度，余下的架空层可以出租，多用于打造居民生活服务类商店，包括超市、洗衣、理发和缝纫等。不仅可以提升小区收入，还可以和热心公益的商户共同在小区开展公益活动，如裁缝店、理发店可定期为小区内老人提供免费服务等。

（二）公共空间打造，小区环境提升，居民休闲有去处、交流有平台

小区通过召开居民大会，收集居民相关需求，了解到老年居民休闲活动场所、小区宠物散养等严重影响居民生活。小区利用规划后的架空层，打造居民活动室，将小区广场打造为运动休闲广场，在提升小区闲置空间利用率的同时，满足居民日常休闲娱乐需求，为居民提供交流活动场所。公共空间打造完成后不仅居民可自行休闲娱乐使用，还可利用这些空间开展社区活动。此外针对小区内居民反映较大的宠物散养问题，小区物业通过在小区内设置宠物便便箱、文明养宠提示语等营造良好的文明养宠氛围，并通过小区活动嵌入文明养宠理念宣传。此后小区内变得更加干净整洁，小区环境质量大大提升。

四、具体措施

（一）以竞价方式，拍卖小区架空层租赁权

为挖掘架空层最大的价值，通过小区议事会决议，在公平、公正、公开的前提下，在本小区小广场以现场竞价的方式，将小区架空层租赁权进行拍卖，最终小区架空层出租19间。

（二）合理布局，打造公共服务活动空间

1.党建引领，建设活动阵地

为满足党建活动组织、党建学习、凝聚党群合力等需要，在3栋1单元架空层建设了党建活动阵地。

2.携手社区卫生院，保障居民基本医疗需求

为保障小区居民基本医疗需求，通过小区议事会决议，将7栋1单元架空层无偿提供给桂花匿社区卫生服务站，为小区居民身体健康提供有力保障。

3.建设社区图书馆，满足居民精神文化生活需求

为丰富小区居民精神文化生活，通过小区议事会决议，在6栋2单元建设了社区图书馆。图书馆的建立，除了丰富居民的知识，还为居民提供了公益活动场地。

4.成立老年活动中心，满足居民娱乐需求

为丰富老年居民的生活，通过小区议事会决议，在6栋1单元成立了老年活动中心，老年人可以相聚在一起聊家常、打牌、下棋、唱歌……让老年人老有所乐，老有所依。

五、经验总结

一是小区党支部发挥党建引领优势，集结小区党员成立党员志愿者队12人。同时鼓励社区老年人发挥余热实现自我价值，成立老年志愿者队20人。志愿者队在小区积极参加各类公益活动，宣传维护小区环境卫生、帮助困难群体等。

二是架空层出租，不仅解决了一楼公共空间堆放杂物、车辆乱停乱放等问题，每年还能为小区带来约36万元的收入，利用此收入提升小区物业管理质量、小区环境打造质量等。

三是小区卫生服务站为小区居民提供更加优质、便捷、贴心的社区卫生服务，让居民就医、配药不再跑远路。服务站除了上门看诊、坐诊、义诊等诊疗模式，还向居民普及健康知识，提供健康咨询，大家有任何和健康有关的问题，都可以去小区卫生站和医生聊一聊。健康服务已延伸到居民家门口，居民不出小区，就能接受小区的健康服务。

四是图书馆周一到周日都不闭馆，为的是方便大家来学习、充电，让整个小区形成良好的阅读氛围，努力提升居民幸福指数，真正打通文化阅读"最后一公里"。

五是老年活动中心是老年人情感交流的平台，也是身心得到娱乐的场所，在这里，同龄人在一起，通过相互间的交流，可以加快适应集中生活的方式；通过老人之间的相互照顾，可以缓解子女对老人的照顾压力，也能减少子女对父母独居生活的担忧。由于老年人有了情感交流和倾诉之地，有时负面的情绪就不会带到家庭中来，从而缓解家中矛盾，促进家庭和谐、社会稳定。

紫郡兰园社区：创新物业管理
让高端楼盘更美好

紫郡兰园社区，是中能建城市投资发展有限公司在四川省成都市开发的第一个高端商品房楼盘，位于成都市双流区西航港大道中三段888号 [东至西航港大道，南至航枢二路，西至安博（成都）仓库有限公司，北至航枢一路]，隶属于西航港街道星月社区，航都派出所管辖区域。项目占地99 626.543平方米，总规划面积327 193.86平方米，建筑密度24.98%，绿化率35%，容积率2.39，27栋建筑物（含幼儿园）总户数为1 979户，地下机动车位2 354个。景观绿地总面积71 645平方米，绿化面积约35 003平方米。

2019年11月交付业主使用以来，在各级政府和集团公司的大力支持下，葛洲坝物业成都分公司一直秉承以"更好的家　给更好的你"的服务理念，深入开展社区高质量发展创建和谐社区活动，逐步把紫郡兰园小区建成了环境整洁优美、秩序安定有序、邻里和睦互助、文化活动丰富、业主安居乐业的和谐小区。

葛洲坝物业公司为牢固树立以服务业主为中心的发展思想，以开展"我为群众办实事"实践活动为契机，加大力度保障和改善服务业主。由街道、社区、物业（含业主代表）三方力量形成党建联盟，着力打造"共联、共建、共商、共治、共管"新模式，为社区治理、物业管理赋能。在创建高质量发展方面，主要开展了以下八个方面的工作：

一、加强组织领导，创新工作模式

紫郡兰园小区提出"党建引领、社企融合、民生服务、专业管理"的管理理念，凸显了党建引领的创新社区治理模式，实现了街道、社区、物业多元主体的融合共建，在党员带动业主自治的基础上引导物业服务，促进了物业企业服务水平提升和企业发展，提高了小区居民的居住生活品质和满意度。该模式的推广应用将推动居住小区物业与业主和谐互动的关系建立，为各地创建和谐家园提供借鉴经验。物业公司将继续深入推进红色物业建设工作，进一步提升服务质量和水平。

二、安全管理常抓不懈，齐心协力抗击疫情

众志成城抗击疫情。在疫情肆虐的三年间，我们经历疫情严峻考验，全体员工认真履行防疫责任和义务，全力配合当地政府做好人员排查、环境消杀等防疫工作，涌现出一批冲锋在前、担当有为的优秀员工，用实际行动诠释了"更好的家　给更好的你"。2022年4月，成都紫郡兰园从全区467个小区中脱颖而出，2次登上"红榜"。督查由成都市双流区小区管理服务中心组织，主要检查小区门岗"十一件套""四问四登记""一亮一查一督促"等疫情防控工作落实情况。

三、加大宣传力度，共建文明小区

创建文明小区是一项需要广大业主共同参与的一项系统工程。因此，时时加强对业主、物业使用人的宣传教育，增强大家的环保意识、安全意识，动员全体业主们参与到创建工作中来尤为重要。随着业主入住率的提升，努力将紫郡兰园小区建设成为和谐文明、环境优美的园林小区。2021年12月，被成都市双流区城市管理局、成都市双流区住建交通局评为"有爱成都　健康家园"成都市双流区最美小区。2022年8月被评为"四川品质物业"。

四、科学规范管理，落地降本增效

葛洲坝物业始终坚持以客户为关注焦点，公司经过多年管理实践，打造了一支成熟的员工队伍和精英管理团队，形成了一套具有葛洲坝物业特色的管理制度和服务标准，分别通过了质量管理体系ISO9001、环境管理体系ISO14001和职业健康安全管理体系ISO45001三体系标准认证。

2022年9月被成都市双流区住房和城乡建设局和水务局评为"双流区区级节水型小区"，2023年3月被成都市住房和城乡建设局和水务局评为"成都市市级节水型小区"。

五、强化小区安全，构建平安小区

为使小区业主有一个安全的生活环境，紫郡兰园小区发挥安防设施的优势，采取了人防、技防相结合的办法，建立点、线、面立体防范机制。紫郡兰园小区自交付业主使用以来，没有发生一起重大治安案件和设备安全事故。物业保安员成功消除因业主疏忽而造成的安全隐患数十起，有效地维护了小区的治安环境，受到广大业主的高度称赞。为了加强住宅小区环境建设，促进生态发展，室外花箱已经成为许多住宅小区不可少的基本绿化设施。

六、弘扬小区文化，提供特色服务

开展社区文化活动，不仅能活跃业主的业余生活，还能丰富业主的知识，拓展业主的视野，提高业主的技能。物业公司开设内容广泛形式多样的社区活动，如消防安全讲座、安全文明乘梯宣传答疑、灭火演练、羽毛球比赛、电影节、便民活动等，受到了广大业主的欢迎。每到重大节假日，物业公司都要在小区悬挂灯笼饰品，营造喜庆祥和的气氛。在一些传统节日，还邀请业主参加各种联谊活动，可进一步丰富业主的文化娱乐生活。

七、突出党建价值，创建"红色物业"

为贯彻落实"红色引擎工程"，打造"红色物业"实施计划，葛洲坝物业成都分公司积极响应，坚持以党建引领，实行党组织全覆盖，积极探索"红色物业"融入社区治理新模式，形成街道、社区和物业服务企业三方联动的社区治理。

发挥领导干部坚持以身作则，形成以实干论英雄、以成效比高低、以廉洁展形象的良好氛围。坚持求真务实的工作作风，推动"真抓实干、马上就办"蔚然成风。2021年度被四川省评为"诚信企业"。2018年至2021年连续四年荣获成都市"守合同重信用"企业。

八、人才队伍建设，共同创新发展

"老带新"树立了大学生们的信心，也缩短了他们适应企业的时间，使他们可以迅速融入公司团队达到岗位要求。

满足人才成长需求，会较好积累人才忠诚度，企业再为已经成长提升的人才匹配新的、更大的工作平台，从而达到以心留人目的。诚然，人才流失在所难免，但企业唯有对人才尽心，才能置换人才的安心和感恩，从而有效确保核心人才队伍的相对稳定，维持企业的健康稳定发展。在公司合法用工构建和谐劳动关系，连续三年获评AA级成都市模范劳动关系和谐单位。

紫郡兰园服务中心工作人员在工作中努力把业主当亲友、当朋友，在严格执行岗位规范的同时，用真心、诚心、热心为业主服务，为今后葛洲坝物业的发展奠定了良好的基础。

星月花园: 党建引领
营造智慧平安拆迁小区

星月花园一、二期小区是社区监管的一个拆迁安置小区，建设入住于2010年，共3 192户，常住人口14 547人。干净整洁的小区环境、规范有序的车辆停放，其乐融融的邻里和睦景象，说明小区的环境甚至比临近的商品楼盘还好。小区连续两年获得"四星级新型社区"荣誉。

一、党建引领营造小区自治管理场景

强组织。在街道的领导和社区的监管下，小区以党建引领为核心，充分发动小区居民，民主选举居民代表、议事会、监事会、管委会成员，以党员为骨干，将小区中有威望、热心公益事业的业主选出来参与小区管理和建设，建设了一支坚强有力的小区自治管理队伍，获得了小区居民的肯定和支持。

优机制。由小区议事会根据小区实际情况议定小区物业管理的各项支出，实现物业费支出的透明化。推行"物管+"服务方式，为居民提供"24×7"（24小时×一周7天）低偿服务，为缴纳物管费的居民提供水电维修、疏厕通管等上门服务；在小区打造"星月社区连心角"，社区专业工作人员以连心角为阵地，开展延时服务，实现服务由"最后一公里"向"零距离"跨越。

聚众力。建立与商业物业公司互动互助机制，优化小区各项管理工作，提升小区的服务品质。链接专业社会组织资源，依托川大、民大、信息工程大学开展校地共建，先后组建8支志愿者队伍，组织垃圾分类、禁毒宣传等各类公益活动，有效提高了小区居民的获得感。发动小区业主参与小区的管理建设，例如在小区绿化提档升级中采用统一采购，发动全民参与栽种的方式，既节约了成本又培养了小区居民的主人翁意识。

在疫情防控中，62名居民主动站出来，与小区管理人员、社区人员一起全程参与小区的防控。他们不求回报，不提要求；这些年小区的巨大变化让居民深有感触，小区就是我的家，居民主动站出来守护自己的家。

2020年1—10月社区管理安置小区收取物业费和停车费260余万元，连续三年增长，居民已初步养成了缴费的习惯，小区物业服务中心逐步向收支平衡的目标迈进，社区也可以将更多的资金投入小区基础改造，近年来先后实施了停车位改造、绿化提档升级、文化活动广场改造等项目，显著提高了小区的品质。

二、智能推动营造小区智慧平安场景

以完善星月花园一、二期"雪亮工程"为契机，开展"互联网＋社区""互联网＋居民"行动。

对小区监控进行全更换，增设盲点区域监控，安装小区单元门及大门人脸识别系统，联合广电打造智慧物业、智慧社区管控平台，构建房屋、人员、车辆等信息的大数据管理，实现可视化、精细化掌控。

搭载智能应急广播系统，增强应对突发事件的应急处置能力，打造数字信息发布系统，将党政宣传、政务公开等信息通过平台向多媒体屏幕发布，居民可随时自主查看。

三、多元投入营造"智慧养老"场景

在小区利用现有空间资源联合康养机构打造辐射周边楼盘、小区的居家养老服务站，打造嵌入式养老服务示范项目，营造"智慧养老"服务场景。

星月花园小区居住的老年人有1 000人以上。小区周边的商业楼盘居住户老年人约1 500人。这些老人不愿离开自己熟悉的居住环境到养老机构去接受服务，尤其是独居、残疾、优抚等老年人的晚年生活成为社区和家庭难题，他们的健康状况、精神状况、安全状况、卫生状况和居住环境状况等都急需健康监测、远程医疗、紧急呼援、走失定位、定期巡防探视、居家上门等服务。

小区立足养老服务需求，整合资源，努力打造"15分钟养老服务圈"，让老年人在不离开熟悉的环境和亲情陪伴下，就近便利地享有养老服务。

一是打通关爱服务"最后一公里"，组织老年人参与该中心活动，增加老年人之间的互动交流，拓展老年人社交，使他们主动融入社区活动中，使老年人保持积极的生活态度。

二是搭建智慧应用平台，结合便携式智能化助老设备，实时对老人的位置监测、异常预警处理、电子围栏、轨迹查询、SOS呼叫、姿态异常提醒、健康档案管理、安全监控等数据收集处理。

三是开展实时巡防服务，按照定服务时间、人员、对象、地点、项目的"五定"服务要求，重点对特殊人群的健康状况、精神状态、安全情况、卫生环境、居住环境等方面进行巡防、提醒和评估，并对重点情况进行记录、汇总和处理，全面细致做好老年人的居家养老服务。

四是拓宽残疾人日间照料中心功能，以生产拖把等保洁用具，让残疾人依靠劳动实现自我价值。

怡心街道社区发展和小区治理典型

"老场新貌　共建兴居"
公兴场社区共建共治共享

公兴场社区的特点是老场镇住着新居民。老旧的公共空间、不同人群的融合、"三无"院落的治理，一直是社区治理的难点；同时，辖区内1 000余家小商户和大量聚集的失地农民是服务对象，资源散、秩序乱是痛点。旧、难、散等问题，制约着社区的发展，也影响着居民的生活质量。基于此，公兴场社区坚持党建引领，以"信义为公、发展为兴、宜居为场"为核心思路，充分动员居民群众和驻地资源，从"人·业·境"为切口，突出需求和问题导向，示范促进，聚合多方资源再造"新公兴场"，重塑老场镇新风貌，激发老场镇新活力，打造出包容、向上、舒适的幸福底蕴社区。

一、背景及问题分析

公兴场社区位于怡心街道，北距成都市城区20千米，东距华阳城区6千米，西距双流区中心17千米，南距黄龙溪古镇20千米。辖区面积约1.3平方千米，有原住本地户籍481户、常住人口4 706户，常住总人口16 000余人。其中新居民人口占比98％，是一个典型的老场镇上住着新居民的社区。新居民多为蓉漂群体、退休人员。总的来说，社区面临的问题就是老旧散。

老旧。一是社区的基础设施老旧，作为一个典型的老场镇，社区的基础设施已经不能满足居民的需求，而且设备老化经常出问题，需要整治；二是公共空间老，社区内的公共空间狭小，功能不强，随着现在社会的发展，居民的需求也丰富多样起来，现在的社区公共空间不能满足居民多样的需求；三是老旧院落，社区居民住户以老旧院落为主，老旧院落又以"三无"院落居多，这样带来的问题不仅仅是居住环境需要改善，更重要的老旧院落存在责任主体回避责任，没有有效的约束制度，造成院落治理难。

分散。一方面是社区资源散，辖区驻社区机关、学校、事业单位7家。企业3家，大型餐饮娱乐场所7家，大型商业楼盘3个，农贸市场1个，中型购物中心2个，个体工商经营户1 000余家。社区的资源丰富，同时面临的问题是这些单位和企业在以前和社区联系不紧密，彼此间因为工作内容不同，基本没有来往，所以整合资源的难度大。另一方面居民散，首先居住分散，老旧小区和集中居住不同，居民居住分散，范围广不利于居民动员参与；其次随着社区的发展，人员流动性大，需要不断地进行居民融合，这也是社区治理的一大难题。

二、具体举措

公兴场社区以开展"城市品质提升年"为抓手，将网格治理和社区治理结合起来，牢牢把握问题和需求导向，坚持因地制宜，突出特色。在党建引领下，以"信义为公、发展为兴、宜居为场"为核心思路，以"人·业·境"为切口，把人和、业兴、境美的品质城市建设作为社区发展治理的目标，打造出包容、向上、舒适的幸福底蕴社区。

（一）以党建引领，搭建社区治理架构

社区在治理中首先走的是健全微网实格党组织体系，把党支部建在网格内，推动党小组建在微网格上，将党组织网格延伸覆盖到小区楼栋；探索发挥"创生社"为主心骨的党组织在街区联动和网格融合治理的功能性作用。其次持续开展"区域党建·全域社治"行动，链接辖区资源，以党建结对，单位共建的形式，提升资源整合能力。同时分阶段协助老旧商品房小区及院落的业委会

（院委会）成立，逐步健全社区、物业、业委会的联合治理机制，发挥三方之间的相互支撑作用，共同做好小区治理等工作。

（二）培养社区治理人才，提高社区治理能力

公兴场社区是一个面临旧、难、散等诸多问题的社区，更需要求真务实、迎难而上、不断创新的工作作风和人才队伍。一是组织化参与，社区在动员居民参与方面，一直注重发掘骨干，通过组建队伍，将治理有计划、有目的地开展。例如"花样年 别样城"绿地美化，进行广泛宣传，凝聚党群强大合力，组建了5支楼栋绿地美化行动队伍，经过协商议事等能力培训活动，5支楼栋绿地美化行动队伍各自形成计划，带动居民参与，将小区的公共事务持续有效地推进。二是增强骨干的战斗力，围绕社区的具体事务，发挥社区的整合作用，联动社区党总支、小区党员、小区物业、小区居民等多元主体一起为社区治理发力，在各方资源的注入下，鼓励社区治理骨干加强学习，多看、多学、多想、多干。在工作中做细做实，提高服务水平；适应形势变化，提升综合能力。

（三）抓重点、破难点，全面提升社区品质

一是有序推进城市有机更新，提升城市形象品质。全力协助街道完成对黄龙大道二段和湾河东街及坛罐窑老街的规划发展，做好前期调研和居民动员；在已完成更新的藕塘街做好商家业态转型引导。在整个社区的有机更新中，以微景观的方式融入社区罐窑文化，充分彰显社区人文魅力。

二是着力夯实安全基础保障，提升社区安全品质。关注社区自建房、燃气、用电等安全问题，摸清底数，建好台账，做好动员，逐年消减安全隐患；完善重大安全风险防控和应急处置机制，加强应急队伍建设。在治重化积上，以市民茶话吧为沟通平台，通过协商沟通，推动疑难问题及时有效化解。

三是突破老旧小区治理难点，以问题和需求为导向，提升小区治理品质。"三无"院落治理上，将云馨苑B区的五活治理法在A区推行，形成AB两区联动，全面提升云馨苑居民的生活水平；在湾河西街18号院的治理要初见成效。老旧小区治理上，协助完成荷香苑小区的院落更新，并完善议事机制和创新管理机制，加快智能回收、智能充电等工作，完成荷香苑智慧小区建设。老旧商品房治理上，在花样年持续开展"花言巧语话别样生活"的小区公益创投，以

环境问题为切入口，挖掘骨干，成立业委会，健全小区治理机制。

（四）促发展、优服务，构建社区宜居生活圈

一是立足社区实际，聚焦社区发展。尝试"城管＋社工"的陪伴式治理，以藕塘街为试点，探索街区自治和共治的新模式，营造更好的营商环境。以"创作、创造、创收、创业、创生"为理念，以社区文化为底蕴，创生社为载体，一社一品为助力，培育开发陶艺、钩编等文创产品。采取多重举措促灵活就业，找准就业需求和人员，开展技能培训，增强劳动者就业技能；链接资源，搭建创业就业平台，整合社区人力资源机构丰富的优势，利用多种渠道发布就业信息，推荐就业岗位，对有创业需求的人员，帮助落实创业担保贷款等扶持政策。

二是盘活社区资源，解决基础设施短板。以雨污管网的改造工作为契机，盘活辖区闲置资源，在藕塘街营造青创空间、三棵树广场营造志愿者服务窗口，继续和辖区资源链接，多形式解决社区公共空间狭小和不足的问题。

三是优化便民服务，促进居民融合。做好社区便民服务工作，做人民满意的便民服务中心，争创省级示范便民服务站和全国退役军人服务示范站；深入关爱一老一小，营造具有社区特色的日间照料中心，以"红萱草"行动撬动全职宝妈进行居家养老服务，关爱高龄老人，以创建儿童友好社区为目标，推进托幼机构建设，加强未成年人关爱。继续发挥自组织作用，开设居民公益大课堂，让自组织用活动和服务增强社区和居民的黏度。

三、实践成效及推广价值

（一）理念创新

针对旧、难、散问题，社区不可能实现翻天覆地的变化，我们在治理中始终以生活品质的提高为目标，以"人·业·境"为切口，通过坚持党建引领，聚合多元参与，强可信共同体，推崇信义为公；整治环境秩序，营造和谐风尚，笃行发展为兴；突出问题需求，优化服务供给，构建宜居为场，重塑人和、业兴、境美的"新公兴场"。

（二）机制创新

在整个社区治理中总结出了"创、享+"的模式，强调整合多方资源，形成合力，一起为社区发展贡献力量。

在环境治理方面，探索"城管+社工"治理模式，营造社区干净、整洁、有序的市容市貌。成立了1支党员带头的30人的坛罐文明劝导队，对车辆乱停乱放、商家出摊占道、游商摆摊设点进行文明劝导。在资源整合方面成立商居联盟，搭建"社区+商家+居民"的协商平台，营造和谐的营商环境。成立了创生社联合党支部，融合了10条街区的871户商家，每季度分街区召开联席会商讨安全、秩序、矛盾调解等；开展"10元公益"项目，每户商家捐赠10元成立社区扶贫帮困的专项微基金，帮扶困难群众社区五保户。以治理更新的形式，建强发展共同体，境美业兴，破解了旧的难题。

在院落治理方面，建立"自治+共治"的治理体系和"居民自筹+多元筹资+物业缴费"的院落可持续运营机制，聚合人力、物力，切实有效地解决公共问题。

长顺社区"党建引领　三融三治"治理创新实践

长顺社区是一个典型的现代城市新型社区，社区社会结构复杂、需求差异化、历史遗留问题多造成了社区居民之间、群体之间、小区之间存在着典型的割裂现象，并成为社区发展治理的桎梏。近年来，长顺社区坚持以人为本理念、共建共治原则和整体治理路径，坚持党建引领实现强治理、邻里融合实现源治理、双线融合实现巧治理和发展融合实现善治理的"党建引领　三融三治"实践，健全了社区的党建引领体系，推动了社区邻里融合、和谐共生，构建了现代化的高效治理机制，促成了社区可持续发展，实现了社区有变化、居民有感受、社会有认同的治理效果。

一、案例背景

"基层强则国家强，基层安则天下安"，社区是城市治理的微单元，也是化解基层矛盾促进社会和谐的前沿阵地，更是老百姓感受公共服务和分享社会发展成果的神经末梢。随着城市化进程的加快，转移人口市民化成为当前基层治理的重要内容，相较于以往社会基于血缘、地缘和业缘形成的社会关系网络，当前的城市社区因为人口高速流动而催生了传统社会网络关系的现实割裂，共识难以凝聚、协同合作难以开展、公共利益难以实现、共同体难以形成，成为当前城市社区的割裂之殇。以守望相助、睦邻友爱、共生发展为目标的城市社区迫切需要通过融合来促进高效能治理，推进高质量发展以及支持高品质生活。

二、聚焦的问题

长顺社区位于成都市双流区怡心街道，辖区面积约3.73平方千米，下辖有1个安置小区和4个商品房小区。交界是社区的主要特征。从地理上，社区处于双流区和天府新区成都直管区的交界处；从文化上，社区处于传统农村生活文化与现代城市生活文化的交界处；从形态上，社区处于"老旧"安置小区与"新式"商品小区的交界处。交界造就了社区的多元文化、多类群体和多样形态，同时也带来因为不同而形成的割裂问题：多村居民之间、新旧居民之间存在着社会关系割裂，城市生活样貌与农村生活样貌存在着差异化的割裂，异质化服务需求与传统治理供给存在着管理上的割裂。这些问题的存在造就了当前社区利益复杂程度高、管理公共性弱和居民参与动力不足等问题。对此，长顺社区在治理实践中通过党建引领的三融、三治实践，以"融合"来凝聚共识、整合资源；以"治理"来回应诉求、解决问题；以"发展"来确保可持续与共享共赢。长顺社区通过求同存异寻找到了有效治理的最大公约数，通过共建共治探索了共享共赢的公倍数，形成了面向国家治理、现实问题和未来发展的有效治理经验。

三、创新的思路与举措

长顺社区的治理创新始终是以人的现代化为出发点与归宿点，在思路上坚持从维稳到维权的转变、从单向管理到多向互动的转变以及碎片管理到整体治理的转变，力图通过融合来实现人的权益保障、需求满足和价值实现，推进人与人、人与社区、人与社会的良性互动和共生发展。在治理探索中，长顺社区坚持党建引领强化融合基础，通过邻里融合消解割裂障碍，通过双线融合建立共治制度，通过发展融合提升未来空间，实现面对复杂治理环境的敏捷治理和高效治理。

（一）坚持党建引领，实现社区强治理

党组织是社区治理发展的堡垒，社区党员是基层治理的先锋队，社区治理的有效推进有赖于社区强有力的党组织引领作用发挥。长顺社区在破解社区

治理问题过程中，就是以增强党组织引领力来强化对社区发展治理的领导、服务和保障。具体而言，一是强组织建设，建立纵向到底贯通式治理体系，建立"三员联动"机制，由社区党总支向小区派驻党建指导员，联合文明倡导员、法律咨询员大力推动党组织向居民小区延伸、向小区楼栋延伸，在小区建立党支部、在楼栋建立党小组，把居民中的党员聚拢起来、团结起来。二是强联动机制，依托区域化党建，打造横向到边的区域共治体系，与四川文化产业职业学院、成都市第七人民医院等12家企事业单位组建社区区域党委，充分挖掘和集成区域组织资源、党建力量，通过建立联席会议、项目认领机制、专员联系机制推进区域问题共解、需求共应和发展共促。三是强党员作用，强化党员先锋作用，在全社区广泛开展党建带社建、党团带社团、党员带社员的"三带"活动，做到团团有党员、党员入社团，充分发挥党员带头人主心骨作用，使社团成为居民参与社区治理的主阵地。

（二）推动邻里融合，实现社区源治理

守望相助、睦邻友好是社区根本特质与本质诉求，面对社区发展治理中的割裂问题，长顺社区以邻里融合作为治理的突破口解决社区治理最基础、最源头和最核心问题。具体而言：一是通过文化融合来塑造社区向心力，文化是治理的灵魂。长顺社区注重以文化人，在从"乡坝头"到国际化新型社区的转型过程中，以乡愁记忆为抓手，打造"长顺社歌""长顺社训""长顺社志"等社区文明标识，挖掘社区历史文化、优秀家风故事等，打造孝廉文化广场、陶艺体验馆、杰出人物记忆墙等场景，让整个社区浸润着浓厚的文化氛围，在满足居民情感需求的同时增强社区认同感和向心力。二是通过生活融合来增加社区凝聚力，健康是人民群众永远的关注点。长顺社区以"中医""中药""养生"为切入点，通过整合学校、医院资源共建"百草园"中草药基地，在退休老中医的指导下研制针对居民个性化健康饮食方案，为亚健康人群提供食疗药膳、食补与药补指导等转型服务，定期组织中医进社区义诊活动等，不断高质量回应社区居民的公共健康需求，形成了幸福长顺人的特有品牌。三是通过公益融合来提升合作力。公益是现代社会文明的重要指标，也是实现社区可持续合作与大爱情怀的重要手段，长顺社区着力打造社区治理的公益慈善氛围，以社区达人、贤人、居民骨干为基础，引导培育公益社团并开展系列社区公益活动，

目前公益志愿服务队从1支增加到9支，志愿者从6人增加到500多人，服务群众15 846人次，广大居民在助人互助的过程中获得了极大的成就感、自豪感和幸福感。

（三）实施双线融合，实现社区巧治理

"守住安全秩序底线和构筑民生福祉高线"双线融合是当前基层治理的目标与基本职责要求。长顺社区从"治理安秩序、服务增民生"双重逻辑出发，探索"161"微网实格治理路径，实现了社区巧治理。其中第一个"1"是以社区党委为核心的引领治理体系，通过包括联动辖区企事业单位、构建"社区党委＋网格支部＋网格党小组＋党员户"的四级党组织体系以及"名中医进小区""老党员工作室"等党建服务项目实现基层党组织的广覆盖与强引领。其中的"6"指"六微"共治，通过聚焦微党建：实现了支部建在网格，党小组建在微网格，党员走进千家万户；开设微课堂：赋能微网格员能力提升，构建持续学习机制；抓实微安全：建立"总网格、一般网格、微网格"三级巡查机制，做到早发现、早上报、早处置，有力保障了社区的安全运行；协同微调解：联动司法、派出所、人民调解委员会、微网格员，搭建网格茶话吧，成立"黄大爷调解室"、多元化矛盾调解中心，将纠纷预防、化解、稳控着力点放在网格，化解在基层；治理微环境：以巡查发现整治和金角银边打造，治理城市脏乱差，打造干净整洁的城市环境；暖心微服务：建立居民"连心户"台账，制定"三个一"微服务机制，即建立一个微信群、组建一支家庭服务团队、送上一张连心关爱卡，从细微处传递网格的关怀和温暖。最后一个"1"指"一网"联动，充分发挥"网格巡查吹哨—社区呼叫—街道报告—部门报道"的联动响应机制，将问题吸附在网格、化解在网格，事件流转在网格，切实提升社区治理精细化管理，精准化服务水平。

（四）促进发展融合，实现社区善治理

发展治理双轮驱动、互相促进是成都基层治理的重要经验，长顺社区按照成都市的统一部署，推动治理发展融合推进。一是整合资源，增强造血机能，打造社区"双创空间"，以"公益＋低偿＋市场"的模式，实现创业创收共赢；在满足居民停车需求的前提下，将富余停车棚空间改造成一个约600平方米的

临时市场、4 620平方米商铺，既满足辖区居民生活购物需求，同时增加年收入251.9万元；金边银角变金银，利用小区金边银角改造了一个洗车场和货车停车场，既解决社区环境治理问题，又为社区增加年收入21.7万元；升级智慧停车系统，将小区停车场打造为共享停车场，实施错时停放，既缓解了辖区车辆停放问题，还为社区增加年收入约53万元。二是挖掘社区资源，实现价值转化，为传承社区优秀历史文化——黄山坡陶艺文化，将闲置的社区非机动车棚改造为陶艺体验馆，邀请专业团队为合伙人，共同管理运行，目前已经培训了少儿社会实践课程、企业团建活动达到2 000人次。三是反哺社区，构建生活共同体。在大力发展生活服务业的同时，用心管理、维护市场安全、文明经商的良好氛围，丰富了15分钟生活圈，解决300多人就业，社区经济收入为社区治理和居民福利提供了有力的保障。

四、治理成效

（一）社区有变化

通过党建引领三融、三治的治理实践，长顺社区从传统的农村集中居住社区完成了向现代城市社区的转型：社区环境更美了，通过"活力小区达人，助力小区治理"等系列活动，社区完成了花箱彩绘、墙绘、示范楼栋、16个陶艺微景点的打造，金角银边成了社区的一道风景线。社区公共空间更多了，百草园从学校基地快速向社区扩展，健康养生弥漫在社区的各个角落，共享菜地也在建设之中，传统老百姓的美好愿景正在现代城市社区生根落地。社区也更加智慧化了，智慧停车场、智能门禁、智能监控、智慧便民服务设施等智慧化管理系统逐步应用到社区之中，社区启用数据共享与数据决策，为居民提供了更加精准、高效、便捷、安全的智慧化生活环境。

（二）居民有感受

居民的安全感、获得感和幸福感始终是评价社区治理效果的终极指标，长顺社区的治理实践也始终以回应居民需求、满足居民诉求、顺应居民要求为出发点和归宿点。通过党建引领的三融、三治实践，居民更加感受到生活在社区中的温度和温馨：一是居民的苦恼开始消除了，以往殡葬中办流水席、攀比心理等歪风邪气和铺张浪费的现象在社区的倡议治理下消失了，居民的负担大大降低。二是居民参与社区活动率提升了，亲子朗读比赛、趣味运动会、培训课堂……居民可参与的有益公共活动越来越多，家庭互动、邻里互动的公共活动逐步成为居民公共生活的重要内容，参与成了居民的生活习惯。三是居民幸福度提升了，居住长顺成为当地居民的幸福感的重要来源，社区的认同度显著提升，"孝"的家风建设、"廉"的公共品行塑造了人人有责、人人尽责、人人享有的长顺精神，长顺居民有了自己的公共精神依托。

（三）社会有认同

近年来长顺社区通过治理实践初步实现了"治顺、心顺、发展顺"的幸福目标，治理实践与治理经验也被社会广泛认同，社区先后荣获"党建引领城乡社区发展治理示范社区和示范小区""蓉城先锋"基层示范基层党组织、成都市"百佳示范社区"、成都市提能增效建强群众工作之家"十佳示范社区"、成都市学习型示范社区、成都市新时代文明实践示范点等荣誉。

五、经验总结

（一）把脉问题是治理创新的源起

随着城市化进程加快，现代城市社会网络关系正在从传统的血缘、地缘、业缘关系走向以公共利益为纽带的现代社会关系，社区居民在构建公共利益的过程中存在着从割裂走向融合的需要。长顺社区的社区割裂问题正是当前城市社区所面临的普遍问题，陌生化、低互动、冲突性的社会治理结构如何治理是现代社区治理所必然面对的问题。长顺社区从文化融合、生活融合和公益融合的三条邻里融合路径来塑造公共利益的形成基础，从安全、民生双线融合来构建现代化的公共利益保障机制，从发展融合来构建公共利益的形成空间，探索了一条以问题为导向的治理创新路径，为解决当前城市治理问题提供了可供借鉴的经验。

（二）善用优势是治理创新的关键

善用已有的优势，统筹已有的资源、集成已有的力量本就是治理创新的关键。长顺社区的治理实践关键在于挖掘、统筹和使用已有的治理优势和资源，包括党建资源、孝廉文化、空间场所等，长顺社区的治理创新源于社区又创新用于社区的模式，达到目标的同时也节省了治理成本，这一经验值得推广与借鉴。

（三）以人为本是治理创新的本源

社区的本质是人生活的空间、社交的空间和发展的空间，因此社区治理创新的本质也就是如何解决社区人的问题，即包括了人的需求满足，还包括人的公共意识、人的主动参与，要实现人自身物质精神满足、人与人的良性互动以及人与社会的共生发展。长顺社区治理创新就是以社区人作为出发点，以人的需求满足、权益保障、发展支持为要点，建立了全龄友好型的服务场景、公共空间与公共活动，让人在社区中真正实现全面发展与成长进步，这也是长顺社区治理有效的根本原因。

公兴场社区蝶变云馨苑
老旧院落焕活力

    怡心街道公兴场社区为老式场镇社区，所辖大量老旧"三无"院落，由于缺乏管理人员和资金，"旧、散、难"成为社区内典型的"三无"院落治理难点。通过激活院落党支部核心引领能力，推动党群联动，强化基层组织建设，成立院落管理委员会，以环境问题为切入点，构建院落公共事务参与平台，建立"自治＋共治"的治理体系和"居民自筹＋多元筹资＋物业缴费"的院落可持续运营机制，聚合人力物力，以党建引领多元协商，共同制定《云馨苑自治年度指引》；完成了100平方米的花圃景观打造和400平方米的院落美化，解决了院落绿化、私搭乱建、随意捡种等问题；打造了红木棉会客厅，营造了协商议事空间；新建了大门、无障碍通道和非机动车停放车棚，设置了停车区，解决了乱停乱放、随意进出等问题；修缮了地面，安装了监控摄像头和单元楼道灯，增强了小区安全性，项目实施至今再未发生偷盗事件；安排了定期卫生大扫除、疫情防控期间轮班值守等，强化了院落管理；院落志愿服务进入常态化，促进了居民融合，营造院落共治场景，切实有效地解决32项院落治理公共问题；实现院落自治"五活"发展，并将"五活"自治体系推广至其他"三无"院落和老旧商品房小区。

一、案例背景

    怡心街道公兴场社区为老式场镇社区，所辖大量老旧"三无"院落，由于缺乏管理人员和资金，公共区域堆满杂物，绿化带杂草丛生，居民将绿化带开垦为菜地，私搭乱建用于饲养家禽，院内设施年久失修，公共区域路灯损坏、院内道路破损泥泞，院落大门破损、无人看管，院落居民的车辆和外来车辆乱停乱放、随意进出，"旧、散、难"成为社区内典型的"三无"院落治理难点。云馨苑作为老旧三无院落治理试点，尽管院落小，但苑内居民却错综复杂。"清闲型"的退休业主、"忙碌型"的新业主、"流动型"的租住户，在缺乏规则和归属感的院落，很难激发他们的参与意识，反而积累了过多的抱怨和指责。

二、聚焦的问题

1.表面现象"旧"：基础设施破旧，车辆乱停乱放，私搭乱建，随意捡种。

2.居民情况"散"：新老住户混杂，租户多、人心散，有利益纠纷，不齐心。

3.核心困境"难"：在"没有规则"和"没有归属"的环境中，难以激发居民参与的意愿，责任主体回避责任，管理难，缺乏资金来源，生存难。

三、创新思路与举措

（一）指导理论

以"赋权理论"为指导，相信权力存在于个体之中，通过削弱影响个体决定权、行动权的社会性或个别性障碍，挖掘或激发个体的潜能，增强个体运用权力的能力与自信，使他们自己赋权，相信人们有能力自己做出决策，使服务对象运用自己的优势，通过与他人的互动得以实现赋权效能，从而解决问题。

（二）介入策略

通过激活院落党支部核心引领能力，加强社区及党支部与群众间的联动；在个人层次方面，以倡导和教育引导居民相信个人有能力去解决问题；在人际层次方面，共同推举成立院落管理委员会，围绕云馨苑最直观的环境问题，构建院落公共事务参与平台，以合作促成问题的解决；在环境层次方面，规范建立利于赋权发展的院落自治章程，形成"自治＋共治"的治理体系，同步建立

"居民自筹＋多元众资＋物业缴费"的院落可持续运营机制，聚合人力物力，以党建引领多元协商，共同制定《云馨苑自治年度指引》，切实有效地解决公共问题，实现院落自治"五活"发展。

（三）"五活"自治体系

1.搭建线上线下协商平台，让居民"活"起来

通过全覆盖式走访沟通和开展邻里互动活动，挖掘出7名居民骨干，并组织骨干外出参访，分享院落自治成功案例，线上建立业主微信群和居民微信群，线下开展3次坝坝会，引导居民分析院落现状的原因——无人管理，并共同讨论解决路径，协商确立院委会推选规则。

2.构建"1+3+N"自治组织架构①，让机制"活"起来

通过居民自荐、推荐院委会候选人，以线上线下投票的方式推选出院委会成员5人、议事会11人、监事会3人。组织院委会梳理权责，拟定院委会管理方案、议事规则、财务制度和自治章程，确定"自治愿景、年度目标、实务路径"等的《云馨苑自治年度指引》。

3.营造院落共治场景，让空间"活"起来

通过居民共同协商，打造了议事空间——红木棉会客厅。每季度开展一次业主大会，每周开展一次院委例会，将32项院落问题从"易"到"难"进行排序，逐项协商议事，形成具体行动方案。

4.撬动社会力量协同共治，让资源"活"起来

通过构建多元主体参与平台，持续激发院落内生动力，动员院落40余人参与到院落美化行动中，并联动外部社会资源（成都信立达装饰工程有限公司捐赠大量五金配件，四川新锐天正建筑工程有限公司免费提供专业设计师现场指导），共同处理32项院落公共问题。

5.拓宽多元筹资渠道，让院落有钱"活"下去

通过居民自筹和多元筹资，成功筹集并使用院落美化资金17.26万元；建立自治管理经费收费标准，收费率达100%，院落自治管理经费收支管理运行顺畅，资金足以维持院落自治发展。

---

① 1个党组织+监事会、议事会、院委会3会+N个自组织。

（四）云馨苑的重获新生

1.破土而出——自治组织的初步建立

通过"需求调研、问题溯源、自治倡导"3期院落居民全覆盖式走访沟通，以及节庆活动为契机挖掘出7名居民积极分子。以外出参访、分享院落自治成功案例，引导居民正视问题，寻求解决办法。通过建立居民微信群，引导居民相互影响，促进意识改变，但是微信群却引发了居民的疯狂吐槽，成为宣泄渠道。

经过2周的"冷静期"，社区"两委"和社工开展了3次院落坝坝会。第一次坝坝会，首先正视居民的宣泄，鼓励居民持续关注院落事务，引导居民理性发声。第二次坝坝会，引导居民正视院落现状，分析背后的原因——无人管理，当提出成立院委会的建议时，突然居民鸦雀无声，都不愿意撑头。第三次坝坝会前，联动院落党支部开展群众工作，充分做好会前准备，在第三次坝坝会时，切实化解居民心中顾虑，达成共识，形成院委会推选规则。

在院落党支部的支持下，通过居民自荐、推荐筛选出院委会候选人，以线上线下投票的方式，成功推选出院委会成员，搭建院落自治管理架构。

2.茁壮成长——在行动中寻找自治路径

院委会正式成立后，以培育院落自治组织"不冷热情、不凉民心、不灭信心"的起步原则，全力推动院落居民共同确立参与规则，并将院落问题从易到难进行排序，逐项协商议事，形成具体行动方案。

起初，院委会带动居民定期清理院落垃圾、杂草，开始从动嘴到动手，迈开了自治的第一步，增强了居民改善院落环境的意愿。随后通过资源链接，得到街道市政施工方的花卉植物支持，经过48人参与、历时9天完成了约100平方米的花圃景观打造，却与捡种的居民发生了冲突。为了避免冲突升级，及时引导院委会对事件进行讨论分析，发现院落应有整体规划和可持续发展机制。在院落党支部、院委会、居民及社会组织的共同努力下，经业主代表大会，形成了院落规划方案并发起居民自筹。

以党员带头，逐户动员，历经30天斗智斗勇的利益博弈，筹集资金3.26万元。同时，探索更多的资金筹措渠道，成功得到社区资助4万元、街道资助10万元，开启了院落蝶变之路。

3.总有风雨——自治过程中的新挑战

随着院落工程的进展，院委会在监督施工过程中，为了整体的美观度，擅自更改了部分施工图，引发了居民的强烈不满。通过社区介入，协调沟通化解了矛盾，并对院委会提出了完善制度的要求。院委会及时进行工作反思梳理权责，意识到规则的重要性。随后，院委会邀请社区干部、社工开展院落自治管理章程讨论会，拟定院委会管理方案、议事规则、财务制度和自治章程，确定"自治愿景、年度目标、实务路径"等的《云馨苑自治年度指引》，以及议事会和监事会的权责履行制度，确保院落自治体系规范运行。成功以多元参与、民主协商完成了400平方米的院落美化：更新了院落大门，新建了无障碍通道，修缮了地面，设置了停车区，杜绝了绿化带捡种，拆除了私搭乱建等。

4.朝气蓬勃——寻找自治的可持续发展之路

院委会按照《云馨苑自治年度指引》规范运行，根据院落居民需求，逐步落实以下事项：一是建立自治费用收费标准，收取并运行自治管理经费（收费率达100%），已够维持院落自治正常开销；二是修建新大门，安装监控摄像头，增强了居民财产的安全保障；三是维修单元楼道灯，修建非机动车停放车棚，提升院落内的安全水平；四是执行院落定期卫生大扫除，维持了院落的干净整洁；五是安排了疫情防控期间轮班值守，守护居民的生命健康；六是协调店铺扰民、居民纠纷等事件，解决居民的日常烦忧。云馨苑院委会在政府、社区、社会组织等的支持下、院落居民的积极配合下，已经完成院落治理议题32项。在院落自治的不断实践中，云馨苑的自治体系逐渐成熟，已经能够自主有序运作，在构建"协商有法、管理有度、治理有序"的"自治"新格局道路上，大步向前。

四、实践成效

（一）构建协商议事平台，助力居民自治意识萌发

通过线上线下的多方持续沟通，增强院落居民对公共事务的关心度，以社工专业介入，引导居民开始讨论议题，并联动社区党总支与社工共同发声，化解居民心中的顾虑，唤醒居民主人翁意识，激发居民参与热情，创造改变契机。

（二）培育自治组织，搭建自治体系运行基础

以搭建自治体系、培育院落自治组织为目标，以院落居民需求、院落矛盾突出点为切入，激发院落居民主体意识，凝聚蝶变的核心原力，组织院落居民全程参与，培育院落管理委员会，不断促进院落自治组织实践、学习，提升院落居民组织化参与院落自治的意识及能力，增强院落自治体系运行的可持续性，构建"党群有聚力、院落有活力、自治有动力"的院落自治基础。

（三）营造院落共治场景，成功解决32项院落治理公共问题

完成了100平方米的花圃景观打造和400平方米的院落美化，解决了院落绿化、私搭乱建、随意捡种等问题；打造了红木棉会客厅，营造了协商议事空间；新建了大门、无障碍通道和非机动车停放车棚，设置了停车区，解决了乱停乱放、随意进出等问题；修缮了地面，安装了监控摄像头和单元楼道灯，增强了小区安全性，项目实施至今再未发生偷盗事件；安排了定期卫生大扫除、疫情防控期间轮班值守等，强化了院落管理；院落志愿服务进入常态化，促进了居民融合。

（四）多元主体参与，支持自治体系长效运行

以激发院落居民自治为路径，围绕院落居民具体诉求，充分发挥"社区党委、社会组织、院落居民"等多元主体优势，协同参与院落治理，构建多元主体参与院落自治合力，共同制定并实施包括"自治愿景、年度目标、实务路径"等的《云馨苑自治年度指引》，切实解决治理难点，提升院落居民"自我管理、自我服务、自我教育、自我监督"的能力及参与意识，从政策、人力、物力、智力等多方面支持院落自治体系长效运行。

五、经验总结

城乡社区是人民群众安居乐业的家园，是社会结构中的基本单位和有机组成部分，也是党和国家政策措施落实的"最后一公里"，而这"最后一公里"中的很多老旧院落渐渐形成"三无"小区，成为社区治理的困局，我们需要成熟

的理论指导、专业的介入策略、贴心的成长陪伴，让小区自治体系在"三无"小区中发挥作用，通过激发小区内在活力，治疗小区的"疑难杂症"，零距离增强居民的切身幸福感。

云馨苑试点探索的"五活"自治体系，引领院落居民有序参与院落治理，形成"协商有法、管理有度、治理有序"的自治体系健康发展路径，切实解决治理难点。此"五活"自治体系已荣获"成都市2022年社区保障资金优秀项目""2021年度成都市城乡社区居民自治组织民生微项目优秀案例"。

目前，已用同样的路径在另一个"三无"院落"18号院"继续推行，成功搭建起院落自治体系，建立物业费收取机制，多元协商解决了快递存取点打造、楼道修缮、车辆规范停放等12项公共问题，取得了较好的初步成效。以此模式在大型老旧商品房小区"花样年"进行探索，以微网格协商激发楼栋活力，推动小区构建自治体系，初步发挥协商机制效能和居民自主权。统规自建的安置小区荷香苑搭建"五活"自治体系已进入计划阶段。

华府天骄小区绘蓉漂青年自治之景

随着住房商品化改革的推进、双流区城市化进程的加快，商品房住宅小区逐渐成为城市社会治理的基层单元。当前小区治理面临的多元主体失灵、"熟人社会"消失、集体行动缺失等多重困境，影响小区治理的有效实现。华府天骄小区属于双流区典型的以蓉漂青年组成的商品房小区，小区抓住了蓉漂青年较多的这个特点，结合青年的优势、围绕青年的需求，培育新型的小区参与主体，创新小区治理结构，完善小区服务体系，从青年人的视角出发，促进人的参与、人的改变，再来促进小区的整体改变。

一、案例背景

伴随着住房制度改革，商品房住宅小区逐渐成为城市社会治理的基础性单元，也面临着诸如"治理结构失衡、治理参与不足、治理效能低下"等治理困境。部分业主对小区的公共利益和公共事务不关心，当自身利益被侵害之后，会演变成集体维权行为；社区、物业公司、业主三大主体之间存在一些矛盾纠纷，社区治理面临着内耗的现象。物业公司会阻挠破坏业主成立业委会，业主通过拒缴物业费来对抗，并迫切要求成立业委会进行维权，解聘前期物业，自主选聘新物业。在两者的利益拉锯中，社区常常也会被卷入其中难以脱身，甚至成为业主维权斗争的直接对象。

华府天骄小区位于牧华路三段999号，隶属于四川省成都市双流区怡心街道藕塘社区。小区于2016年交房，占地面积128亩，共计18栋楼，其中5、9、12、17、18栋是独栋商业，其余13栋为居民住宅，住房2 165套，常住人口

5 200余人，入住率达85%，其中青年家庭占70%，以蓉漂青年群体为主，小区业主层次多元。华府天骄小区同样也面临着"邻里关系淡漠、小区矛盾频发、治理参与不足、服务配套不足、青年需求得不到满足"等治理问题。

二、聚焦的问题

（一）邻里关系不足，缺乏情感链接

华府天骄70%的都是蓉漂青年，因就业、结婚等因素，来自四面八方的蓉漂青年在此购房，缺乏地缘、业缘及亲缘关系作为纽带，小区居民大多互不认识、邻里交往有限，小区"陌生人社会"特征明显，邻居之间还经常发生口角和冲突。因此，住在小区的人孤独感较为强烈，对小区存在陌生感，对小区缺乏归属感。

（二）服务配套不够，缺乏参与平台

随着入住时间的变长，小区居民的多元化需求逐渐凸显。尤其是随着一胎、二胎接踵而来，小区有很多学龄前后的儿童。有全职妈妈在家带孩子的家庭，也有是双职工没办法照顾孩子的家庭，照顾孩童的责任和压力就落到了老人身上。如何高效地进行子女陪伴就成为蓉漂青年面临的最大难题，而大多数青年就希望能够在家门口就能让孩子体验多彩的生活。部分青年想通过在小区能够积累自身的社会资本，更好地促进自我的发展，但却缺乏参与的机会和平台。

（三）矛盾纠纷不断，缺乏治理抓手

从2016年小区交房开始，业主们因对交付、水电、电梯运行等发生的纰漏，加上前期开发商未引入广电入户，引发小区大规模维权行为，对物业产生了不满情绪，加之后来对小区环境、停车费、小区公共收益、物业服务等问题不满，小区居民与物业关系紧张，矛盾频发。在这些矛盾发展过程中，社区虽一直在协调，但由于缺乏有力抓手，效果甚微。这些主体在小区治理过程中都发挥作用，却经常陷入扯皮和内耗之中，影响了小区的发展治理。

三、工作思路

社区利用优势视角论，抓住了小区蓉漂青年较多的特点，以党建引领蓉漂青年参与小区治理为视角，结合青年的优势，围绕青年的需求，培育新型的小区参与主体，创新小区治理结构，完善小区服务体系。从而形成了"以青年之力、强青年之势—育青年社群、应青年之需—创青年阵地、促青年自治"的治理路径，引导蓉漂青年共同努力，共创属于青年的第二个家园。

一是挖掘青年党员、聚合青年力量、发挥青年优势，助推小区成立了党支部、业委会，将青年纳入微网实格服务体系中，共同参与小区事务，以青年之力强青年之势；二是挖掘业主资源，进行价值引领，培育多支青年社群，不断回应青年的需求；三是以活化小区公共空间，为青年人参与公共事务提供了稳定途径，促进了居民之间的互动和情感认同感，为青年自治创造了条件。

四、具体措施

（一）天之骄子：以青年之力，强青年之势

1.挖掘青年书记，打造小区治理的"新三驾马车"

2017年，第一次筹备成立小区业委会因小区居民利益矛盾纠纷较大等原因而夭折，小区治理陷入僵局。随后，社区通过挖掘业主中优秀积极的党员45名，于2018年建立了华府天骄党支部，在党支部的积极作为下，于2019年顺利成立了业委会，问题得以解决。

业委会成立以后，各方利益在是否更换物业上产生了较大的矛盾冲突，面对棘手的问题，90后的青年党员方浩力被选举为小区党支部书记兼小区业主委员会主任，方浩力带着青年网格员、党员与专业的律师针对小区管理存在的问题，重新制定了小区物业合同，约定了物业进出机制，给业主做出了强有力的保障。对不理解业委会工作的人群，进行了一对一的沟通，小区遇到难点问题，业委会能在一天内就及时处理，极大增强了业主对业委会的信心。还带领团队将小区的公共收益从无提高到了现在年入约20万元，维护了业主的权益。建立了小区"党支部、业委会和物业公司"共同参与的三方联席会议制度，让三支

治理主体成为商品房小区治理的"新三驾马车"，共同推动小区治理。

2.凝聚80、90后青年优势力量，组建青年网格服务团队

为了激发广大青年群体的参与，在党支部持续做好党建联盟、资源整合的基础上，延伸建立了"网格党支部、业委会、物业、微网格、自组织、居民达人"为内环、"小区、周边社会资源、社区"为外环的"微网格治理"体系。华府天骄小区以楼栋为基本单元，将小区13栋居民住宅划分为13个微网格，5栋商业楼划分为1个微网格。14个微网格员中大专及以上学历12人，其中90后5人，80后7人。青年们在"微网格"中奉献智慧与担当，充分发挥青年群体互联网优势，链接群众、信息互动、代办咨询的效率显著提升。建立了楼栋微信群和任务台账，青年们能在小区业主群为业主发声，提出积极建议，传达正能量。在小区需求回应和矛盾纠纷解决上，建立了"3小时回应"工作制度，处理问题有条不紊，效率更高效，体现了青年速度。

（二）唱响天骄：育青年社群、应青年之需

1.挖掘社区达人，重塑邻里纽带

小区通过志愿服务活动、自组织培育等行动路径，成功挖掘出了书法、摄影、音乐、美食等爱好者16名，并逐步将其培育成为小区治理的骨干力量，通过小区骨干力量的发挥，让邻里之间产生了联系。

书法爱好者任超俗便是其中的一名达人。在小区党支部的支持下，于2020年9月成立了藕塘莲池书画协会，定期在小区开展书法交流活动，但每次交流都只是固定的5人，略显单一。任老师发现"每次写毛笔字的时候都有小朋友和居民前来围观，表现出了极大的兴趣"，大家提议可以用他们自己的方式传承中华优秀传统文化，于是公益小课堂应运而生。至今，已经开展了书画公益课58次，服务2 000余人次；开展了书画艺术交流活动13场，超5 000份书画作品赠予小区邻里，极大地增强了邻里间的互动交流。邻里们还为莲池书画社捐赠了书籍300余本，随即读书交流会成为书画社的新日常，交流会持续开展了27次，服务500余人次。

2.培育青年社群，扩大参与主体

诸如任超俗这样的达人还有很多，社区通过达人计划、青年微创投服务等，还组建、培育了紫艳舞蹈队、共享妈妈教师团、唱响天骄、天骄跑步团、

金牌调解队等10支社区自组织队伍，凝聚了150余名青年的参与。同时，为了更好地发挥青年的优势，根据青年的专业、职业、特长等，还专门设立了公益小组，如：有艺术特长、能歌善舞和运动达人就组成文体活动小组，经常组织一些娱乐活动；而能说会道的销售、公司法务则组成矛盾纠纷调解小组；还有弱势群体帮扶和环境卫生维护小组，开展定期和不定期的小区服务，共同组成小区精细化服务的有生力量。

3.开展公益服务，回应青年需求

青年社群是在青年的有着共同需求或者爱好基础上应运而生的。各自组织根据组织的优势，定期开展了系列公益服务，满足了青年群体在子女陪伴、公共参与、社群交往等方面的需求。其中，小区的自组织"天使守护者"在缓解小区里全职妈妈的陪护焦虑、提升学龄前儿童的语言及社交能力上就做出了回应，她们为小区儿童开展了"共享陪护"、为妈妈开展了"共享课堂"等服务。通过"共享陪护"，既能让孩子们享受到了家庭的温暖，又能让全职妈妈们有了空余的时间去维护自己的社会支持关系；通过"共享课堂"让妈妈们不断加强学习，提升了自我能力，增强了全职妈妈的自信，让她们找到了自我成就感。

（三）汇聚天骄：创青年阵地、促青年自治

1.打造公共空间，促进青年共识

随着小区青年社群的逐步增多，缺乏公共空间开展服务成为青年社群们最为头痛的事情。面对居民文化需求因场地有限和桌椅条件差等难题而无法得到满足时，任老师积极联动社区、小区党支部、物业、社区自组织、居民志愿者等多元主体，筹资筹劳、协商共建15栋的闲置架空层，打造出"莲池书画社"活动空间，协商议定了"轮班维护机制"，保障了空间的可持续性。"天使守护者"自组织成员罗珊带领10多位家长对小区原有的儿童空间进行升级改造，恢复了基本功能，让孩子能够安全地玩耍。

青年还结合楼栋实际情况，带头打造了不同主题的空间。如：8栋以党建元素为主题打造了党群服务站，以茶话吧为主题的莲华会客厅；2栋打造以达人成果展示为主题的达人生活服务中心。

2.共享开放空间，促进青年自治

有了共享的空间，自组织们可以定期开展系列志愿活动，以服务换积分的

方式激励更多的居民参与到小区治理与服务中，逐步引导小区居民形成自我服务的意识。社区根据实际需求，还设立了党员服务岗，定期开展楼栋议事和党群教育活动，及时处理问题、化解各类矛盾，让公共活动空间成为收集民意的联络点，促进市域社会治理与社区发展治理自然融合，实现全员参与共建、共治、共享的治理格局。

五、实践成效

（一）搭平台促青年改变，厚植了青年资本

华府天骄小区利用小区达人挖掘、自组织培育、公共空间打造、公益服务开展等途径，让青年之间有了联结。过程中，小区青年可以互动交流、资源互换、经验分享等，让青年累积了自己的社会资本，促进了自我成长。小区达人李丽利用自己的绘画专业优势，带动孩子参与社区美育的公共行动，增加了居民对李丽的认同感，同时扩大了李丽工作室的学员招生，提高了工作室的收益。

（二）育队伍促多元参与，激发了社区活力

华府天骄小区挖掘了16名小区达人，培育了10支青年社区自组织队伍，带动了150余名青年志愿者参与小区事务，通过引领自组织功能化转变，充分发挥青年的职业技能、专业特长、兴趣爱好等，开展了书画公益课堂、亲子教育、绘本阅读等居民公益服务150余次，服务3 000余人次，营造了良好的参与氛围，让居民在参与小区活动中有获得感，在公益服务中有成就感，在小区共建中有价值感，激发了小区的活力。

（三）党建引领促青年自治，实现了社区善治

华府天骄小区创新将党建服务力量下沉，挖掘40余名青年党员，组建了小区党支部，成立了业委会，形成了"小区党支部、业委会、物业公司"的小区治理的"新三驾马车"。将小区青年力量纳入微网实格中，分项处理了小区涉及矛盾纠纷、占道经营、乱停乱放、高空抛物、环境卫生等问题328件，优化了小区治理体系。在党支部的带领下，通过挖掘小区达人、培育青年社群、活化公

共空间、开展公益服务，缓解了小区治理参与不足的困境，实现了社区善治。

六、经验总结

（一）以党建引领为核心，搭建青年参与平台

华府天骄小区治理有效，正是下沉党员整合小区内分散的党员，成立党支部，激活小区内青年党员力量，以此构建小区内的有效领导核心。在基层党组织的领导下，瞄准了蓉漂青年的特点、优势和需求，以党建引领蓉漂青年参与，共同打造了青年的"第二个家园"。整合了物业、业主委员会、青年力量等多元治理主体，建立微网实格治理体系，形成合作互助和协调机制，更好地实现了组织动员与资源协调。因此，实现小区治理主体整合离不开基层党组织的领导，在党组织的强有力领导下，弥补小区治理场域权力弱化、力量分散的问题。

（二）以关键群体为媒介，畅通青年参与渠道

小区治理要达成集体行动，实现集体参与需要开展有效的社会动员。社会动员的本质是将分散的居民进行组织化，通过居民集体行动来满足居民公共服务需求，激发居民参与社区公共事务的主体性。所以，小区当中的关键群体往往是社会动员的有效力量，在动员过程中很好地起到组织、领导以及凝聚的作用。华府天骄小区正是通过挖掘达人找到关键群体，建立社区自组织队伍，将原来分散的居民组织起来参与到小区治理当中，提升居民参与的积极性，培育小区治理的内生力量，从而达成有效且可持续的集体行动，畅通了青年的参与渠道。

（三）以情感重塑为纽带，形成青年参与机制

大多数商品房小区中的人们彼此陌生，没有密切的交往，公共生活的缺失造成公共精神的缺失，难以形成情感上的归属感与心理上的认同感。华府天骄小区之所以能够从"陌邻"转变为"睦邻"，关键在于以活化公共空间作为了青年行动的情感联结。从空间打造到空间共管和空间共享及公益服务活动的开展等，形成了青年的参与机制，为青年自治创造了条件。

长顺家园孝廉文化传承
为移风易俗抓手

长顺社区长顺家园为拆迁集中安置小区，其中80%的住户来自周边拆迁安置村民，小区居民固有的农村人心理和观念，虽然大多知晓移风易俗政策的相关要求，但根深蒂固的传统思想，"认为老祖宗传承下来的，不应该改变"。这就使得居民对移风易俗工作的接受度不高，大部分居民遵守行为多是因为"遵守政府要求"，而不是自发性的行为。长顺社区长期以来，致力于辖区孝廉文化弘扬与传承，移风易俗背后所倡导的理念是"厚养薄葬"的孝道理念，因此需创新移风易俗的传播途径，以弘扬"最好的爱就是现在"的文化理念为切入点，培育社区传播队伍，通过微剧场的形式，线上线下结合，居民对移风易俗的知晓度在不断提高，部分居民开始积极践行社区移风易俗相关举措，提升了对该项工作的认同度与接受度。

一、案例背景

2017年，成都在四川省率先施行普惠型惠民殡葬政策，以补贴和奖补的形式减轻市民的经济负担，鼓励市民移风易俗。2020年1月，成都将全省范围内死亡并火化的成都市户籍居民纳入基本殡葬服务补贴范围。殡葬工作涉及千家万户，既是保障和改善民生重要工作，也是促进生态文明建设的重要内容，更是传承发展优秀传统文化、促进社会文明进步的重要方面。四川省副省长罗强强调，必须坚持以人民为中心的发展思想指导推动殡葬工作，立足传承发展优秀传统文化，持续深化殡葬移风易俗，确保殡葬改革工作有力有序推进。要以新发展理念为引领，坚定不移推行殡葬改革，大力弘扬社会主义核心价值观，把尊重生命、绿色文明的理念贯穿于改革全过程，坚持"科学、合理、便民"原则和"满足基本服务，兼顾多元需求"导向，加快修订殡葬专项规划，在持续深化殡葬改革上下功夫。要切实强化生态殡葬宣传引导，树立文明新风，培育生命文化，积极争取市民群众支持与认同，为生态文明建设营造良好社会氛围。

长顺社区面积3.73平方千米，辖7个居民小组，926户、2 656个户籍人口，常住人口达8 530余人。近年来，长顺社区全面落实"四个服从"，探索实施党建引领社建，共建、共治、共享小区自治管理模式，走出了一条集孝廉文化和新市民培训为一体的教育路线。社区以孝廉文化为传承主题，提炼了长顺社训"长顺仁、孝为先、善为美、和为贵、诚为信、勤为实、廉为德"，打造了社训墙、孝廉广场等14个孝廉微景点，整个社区浸润在孝廉文化的氛围之中。2018年起，在社区党委的牵头下，社区大力推进移风易俗工作，引导居民文明祭祀，不大操大办，实现了在社区里白事不办坝坝宴，喜事少办坝坝宴。但传统的习俗思想已根深蒂固，例如送葬时放鞭炮，清明、中元、春节等节日依旧存在烧香烧纸的现象。而随着人们生活水平的提高、社会发展的要求，很多传统祭祀方式、殡葬仪式也在与时俱进、推陈出新。因此，需结合长顺社区孝廉文化引导辖区居民，以环保、节约、低碳的文明方式缅怀逝者、推动丧葬治理，促进社区移风易俗氛围的形成。

二、聚焦的问题

（一）居民尚未树立移风易俗意识，需创新移风易俗传播路径，提升居民对移风易俗的信息接受度

居民大多知晓移风易俗政策的相关要求，但根深蒂固的传统思想认为"老祖宗传承下来的，不应该改变"，使得居民对移风易俗工作的接受度不高，大部分居民遵守行为多是因为"遵守政府要求"，而不是自发性的行为。长顺社区长期以来，致力于辖区孝廉文化弘扬与传承，移风易俗背后所倡导的理念是"厚养薄葬"的孝道理念，因此需创新移风易俗的传播途径，以弘扬"最好的爱就

是现在"这样的文化理念为切入点，培育社区传播队伍，通过微剧场的形式，线上线下结合，全方位宣传移风易俗的理念，提升居民对该项工作的认同度与接受度。

（二）社区尚未制定居民行为标准，需共创移风易俗行为公约，推广居民移风易俗行为标准

目前社区移风易俗宣传方式多以讲座讲堂、横幅宣传、张贴海报为主，居民对于移风易俗的观感多为知晓"社区要求移风易俗"，清明节、中元节、春节时的倡导宣传，多以喊口号的形式呈现，移风易俗在社区里的推广尚未形成具体化、细节化的操作指南，从而导致居民不知道"移风易俗的具体要求"，例如居民会存在"不能大操大办，那我应该办多少桌？"类似于这样的困惑，因此需充分整合辖区志愿者、社会团体等资源，引导居民共创社区移风易俗公约，形成社区移风易俗的标准化要求，并以志愿者为抓手，在辖区内进行推广。

（三）居民尚未养成移风易俗行为，需搭建移风易俗实践途径，营造社区移风易俗良好氛围

现阶段，虽然全国大力倡导移风易俗，但在传统文化影响下，居民意识已经根深蒂固，居民之间没有达成移风易俗的共识，尤其是文明祭祀的意识与行为，只有少部分居民能够做到文明祭祀。因此需以社区为平台，以中元节等祭祀节气为契机，通过文明祭祀宣传周、文明祭祀追思节，搭建居民进行文明祭祀的大众参与途径，营造社区文明祭祀氛围。

三、创新思路与具体举措

（一）营造目标

总目标：引导居民树立移风易俗意识，推动居民移风易俗行为养成。

具体目标：

1.结合孝道文化，创新移风易俗传播渠道，提升居民对移风易俗工作的接受度。

2.培育致力于推进移风易俗工作的社区自组织，并以此为抓手，创建社区移风易俗公约，形成社区标准。

3.搭建集体性的移风易俗行动活动平台，营造社区移风易俗氛围。

（二）营造策略

以辖区内居民移风易俗氛围营造为核心，以长顺家园为试点，以"以人为本"为理论指导，围绕"最好的爱就是现在"这一理念，柔性介入社区移风易俗工作中，充分利用社区内自组织、志愿者等服务基础资源，从创新移风易俗传播路径、创建移风易俗居民公约、营造移风易俗向上氛围三个维度出发，层层递进地引导居民在遵守移风易俗工作要求的同时，理解并认同移风易俗背后的理念，从而推进社区移风易俗工作，助力社区治理。具体行动包括：一是创新移风易俗宣传途径，结合社区孝道文化传承，多元化传播移风易俗的重要性；二是社区文明祭祀骨干队伍，从社区宣传、规范形成、行为监督，层层递进，推动居民移风易俗行为养成；三是搭建居民参与文明祭祀平台，引导居民广泛参与文明祭祀，营造社区文明祭祀氛围。

（三）实施过程

1.以组织培育为载体，创新移风易俗传播路径

（1）寻访骨干，组建队伍

项目伊始，社工以在长顺社区过往的服务经验为基础，整理可能会成为传播骨干的居民10人，展开调查走访。同时在社区内通过张贴海报及定向邀请等方式招募宣传队伍成员。以组建移风易俗艺术团为核心，通过走访招募，共成立2支传播队伍。一支是由12名社区中老年人组成的移风易俗合唱团，一支是由6名5~7岁社区儿童组成的儿童剧社表演队。项目后期结合社区武术班，额外成立了一支由8名8~10岁儿童组成的移风易俗武术表演队。

（2）共商共议，排演剧目

围绕如何更好地结合自身优势创新移风易俗的宣传方式，合唱团成员通过协商讨论，最终还是决定以歌曲合唱的方式来宣传移风易俗理念。找到合适的歌曲之后，合唱团团长组织成员结合长顺社区实际对歌词进行改编，形成移风易俗歌曲《好家风代代传》。

对于儿童剧社表演队，社工则以小组的形式召集开展了4次以团队建设、表演能力培训为主题的活动。表演队伍培育成形之后，逐步邀请各儿童的家长作为儿童的"经纪人"参与其中，共同商议剧目表演内容。实现以儿童带动家庭，共同参与剧目排演。

实际执行过程中因为剧社成员多儿童，排练难度较大，为了丰富移风易俗的节目表演形式，结合需要参与人员有统一的排练时间这一特性，社工走访了社区内的儿童绘画、播音主持、武术培训等机构，最终联合社区武术培训班排演三句半《长顺社区谱新篇》。

2. 搭建平台，多元传播

经历剧本讨论、节目排练等过程形成歌曲《好家风代代传》和三句半《长顺社区谱新篇》两个节目。因此搭建了多元化的传播平台：首先，各队伍在户外排练时，围观居民在一定程度上受到节目主题的影响和熏陶；其次，社区大型活动的推广和传播，两个节目分别在社区中秋节和端午节两个大型活动上登台表演；最后，线上平台的使用，各节目排演过程中，社工搜集素材，制作成短视频，通过"长顺在线"网络直播间和抖音短视频在社区内进行宣传。

3. 以五方联动为抓手，共创移风易俗社区公约

（1）社区党委牵头，联动社工、物业、楼栋长及自组织共商小区难点

长顺社区8栋居民楼下设有小区群宴点，主要承接社区丧事办理，传统葬礼中的阴阳法事、乐队吹奏、半夜放炮等产生的噪音对8栋部分居民影响很大。受影响居民多次向社区反映甚至投诉，希望噪音问题可以得到解决。以解决小区难点为出发点，社区党委牵头，联动社工、物业、楼栋长、自组织共同参与协商会议。经会议讨论，一方面由社工一对一跟进情绪比较激动的居民，疏导其情绪的同时，告知其表达诉求的途径；另一方面则循序渐进，以公约创建的形式引导居民改变传统丧葬洗漱，在全社区内开展移风易俗倡导工作。

（2）创新会议形式，动员五方主体，共议社区公约

基于会议讨论意见，社工动员五方主体参与开放空间会议。会议以"8栋问题"为出发点，引导大家讨论现目前社区居民存在的一些不文明的传统习俗。接着围绕具体的不文明行为讨论可替代的办法。社区党委统筹规划、社工配合、物业做硬件改造、楼栋长监督、自组织宣传倡导。各行动主体围绕各自的主要功能提出改善建议，共同推动8栋问题的解决，最终形成长顺社区移风易俗公

约雏形。

（3）收集全民意见，可视化呈现讨论成果，营造共创氛围

基于公约雏形，社工动员居民召开第2次坝坝会，广泛收集居民意见，完善公约内容。在此基础上社工梳理公约形成过程，制作上墙，可视化呈现讨论成果，营造共创氛围。

4.以传统节日为介入，营造移风易俗社区氛围

（1）行动中元，鲜花追思

以中元节为契机，社工提前在社区内进行宣传，提倡用环保祭祀方式祭奠故人。中元节当天在社区内设免费菊花领取点，引导居民参与到移风易俗的行动中，共计领走菊花200份。据居民代表及社区相关工作人员反馈，此次中元节社区内居民烧纸钱、燃蜡烛的情况明显减少。

（2）借机清明，模范带头

为进一步营造社区文明祭祀的氛围，长顺社区与社工协商在清明节活动现场进行示范承诺。从社区老党员、老干部入手邀请了5户家庭在活动现场公开承诺履行文明祭祀相关倡议。同时社区授予带头家庭"新市民带头人"的荣誉称号、以先进模范带动居民参与到移风易俗行动中。

四、经验总结

（一）寻找行动主体，形成社区合力

实施过程中社工广泛动员移风易俗工作中的各相关方，共同行动。包含社区"两委"、物业工作人员、楼栋长、居民队长、自组织代表及社区综合管理人员。各行动主体形成合力，起到一加一大于二的效果。

（二）突破关键人物，树立行动典范

落实移风易俗的各项举措是一个持续的过程，在其中找好关键人物，树立行动榜样能够更有利于工作的推动。社工依托长顺社区的支持，寻找了5个社区老党员、老干部代表家庭公开做出表率，承诺简办家中长者身后事。同时社区授予其"新市民带头人"的荣誉称号。有了党员干部的带头示范，社区居民

不仅在意识上更容易接受，在行动上也有了效仿的对象。

（三）回归服务本质，对准安宁养护

社会工作的本质是服务于人，提倡丧事简办等移风易俗举措的背后是要引导居民们在长者身前尽孝。提倡社区居民摒弃旧有观念简办身后事的同时更多的是要引导居民们树立"最好的爱就是现在"的意识，善待家中长者。例如，抽时间陪伴长者、定期带长者体检等等。

五、实践成效

（一）创新移风易俗传播渠道，实现居民知晓度由低到高的转变

过程以自组织培育为抓手，充分动员社区居民，结合孝道文化，组建移风易俗宣传队伍。通过走访招募，共成立2支传播队伍。一支是由12名社区中老年人组成的移风易俗合唱团，一支是由8名8~10岁社区儿童组成的移风易俗武术表演队。经历剧本讨论、节目排练等过程形成歌曲《好家风代代传》和三句半《长顺社区谱新篇》两个节目，分别在社区中秋节和端午节两个大型活动上登台表演，观看人数达2 000余人次。同时通过"长顺在线"网络直播间及抖音短视频等方式在社区内宣传移风易俗工作，累计观看达1 000余人次。通过这些新型的传播方式让长顺社区居民知晓社区在积极推动移风易俗工作。

（二）创建移风易俗社区公约，实现居民认同度由弱到强的转变

通过3次开放空间会议及2次公约征集坝坝会，100余位居民积极建言献策参与到公约的制定中。针对社区"8栋问题"，受影响居民刚起初只是想通过投诉，坐等着问题被解决。通过邀请其参与公约制定会议，开始尝试为问题解决提出建议，并实时监督公约的推广和实施。实现了居民对移风易俗理念的知晓到认同，为居民将移风易俗理念落实到行动打下基础。

（三）创造移风易俗活动平台，实现文明行为由少到多的转变

过程中开展了中元节"鲜花祭故人"和重阳节示范家庭带头承诺活动，为

居民参与移风易俗行动搭建了平台。首先是居民有了方便参与的途径，原本社区在中元节祭祀时，社区内随处可见燃烧香烛纸钱的情况，在设菊花领取点后，社区相关工作人员反馈到不文明祭祀的行为明显减少了。其次部分居民代表一直认为宣传丧事简办是个难题，容易跟其他居民产生冲突，不敢尝试。有了社区老党员的示范承诺，大家在宣传倡导时有了更多的底气和说服力。

六、经验总结

近几年，殡葬日益奢侈化，流行不给过世的老人举办隆重的葬礼就是不孝的不良风气，为此很多人因为面子，因为旁人的口碑而不得不在丧葬事宜上大操大办。以往的旧习俗，不仅浪费了大量资源，也增加了群众经济负担，还影响了精神文明建设的进程。所以要推进移风易俗工作帮助老一辈的子女摒弃为了面子赶时髦，大操大办丧事的从众心理和攀比心理。大力提倡"厚养薄葬"的理念，更新子女的观念，引导人们在老人生前尽孝，努力提高老人的生活质量，在长者的生前进行"厚养"，让其安享晚年。

永安镇、黄龙溪镇、黄甲街道 社区发展和小区治理典型

人城产融合：永安镇凤凰里社区 治理模式

永安镇凤凰里社区抢抓生物城建设重大机遇，创新提出了"五彩凤凰"社区治理理念，从五个维度实现生产、生活、生态高度融合，构建空间可共享、绿色可感知、街区可漫步、建筑可品鉴的高品质国际化产业社区，形成"人城境业大合唱，凤凰涅槃新景象"。以党建引领为核心，建强基层组织凝聚社企力量，指导成立"两新"党组织14个，与京东方医院、中建三局等20余家大中型单位开展区域党组织结对共建，签订战略合作协议，建立社企党建联盟。成立"社企管家"队伍，深度对接企业需求，精准服务企业发展，壮大集体经济，反哺社区发展治理，让企业和居民共享发展红利、治理成效。吸引社会力量，配套建设了小吃餐饮、干果零售、修补缝洗、运动休闲、社区工坊、便民服务等于一体的新型社区商业街区，同时医疗、教育资源聚集，初步形成一个功能完善、设施齐备、智慧健康、绿色安全、宜业宜居的国际化高品质产业社区。

2021年以来被评为省级"四好"村、全国绿化造林百家乡、省级示范便

民服务站、省级绿色社区、市级智慧社区、市级"四好"村、市百佳示范产业社区、市医疗健康主题社区、市产业示范社区、市十佳志愿服务社区、市4A级模范劳动关系和谐社区、区优秀五四团支部、区儿童友好社区、区六好基层关工委等。

一、社区背景

凤凰里社区地处双流永安镇，是永安镇的北大门，东临锦江，西靠牧山，南接场镇，北毗公兴，区域内有环境优美的永安湖生态公园、毛家湾森林公园，森林面积1 700余亩，剑南大道及深圳路穿境而过，辖区面积9.28平方千米，辖区共12个居民小组，1处散居院落约65户、3个安置小区，户籍人口4 800余人。2016年3月，以生命医药健康为主导产业的成都天府国际生物城建设启动，永安镇凤凰里社区恰好位于建设起步区，开启了传统农业村转化为园区型产业社区的巨大转型。

二、聚焦的问题

作为成都天府国际生物城发展的核心区，凤凰里产业社区有以下几大需求：一是引领原住民意识习惯向新市民转变；二是促进产业职工在本地安居融合；三是配合产业发展，提供优质配套服务，共建高品质营商环境；四是链接多元资源，助推集体经济发展。

三、创新的思路

为了与生物城的发展同频共振，凤凰里社区积极探索以"五彩凤凰"社治理念为工作思路，以"生态优先、产城融合、职住平衡"为基础，建立"服务链+人才链+企业链"的产业社区服务支持网络，实现凤凰涅槃腾飞。

四、具体举措及实践成效

（一）红凤凰——强党建

以党建引领为核心，建强基层组织凝聚社企力量。为更好推动生物城企业融入社区发展，依托生物城及属地党委党建联席制度，有效整合社企资源，强化工作配合效能，让社企党建联盟队伍越来越强大。凤凰里社区坚持"三建"工作法，实现"两新"党建与经济发展、基层治理等中心工作精准对接、深度融合。目前已与辖区内医院、制药企业等20余家大、中型单位开展区域党组织结对共建，签订战略合作协议、建立社企党建联盟。

1.以党建联盟为纽带搭建起"社区＋企业"沟通平台，以活动为载体促进"企业＋职工＋居民"融合发展。与银行共建，银社互动促发展，扶贫助困送温暖；与学校共建，传承文明好风尚，助力孩子素质提升；与多家在建工地施工单位共建，常态化开展"公益服务""暖心慰问"等，温暖企业、关爱民工，助力社会和谐。

2.通过党建联盟，搭建多单位互联互通平台，实现"社区＋企业"共建共享。如：依托生物城高端医疗企业，常态化开展"名医进社区""健康讲座进学校""健康检查进工地"等互动活动，深化党建交流，让服务更温馨、让城市更温暖。

3.凤凰里社区在扩大党建联盟的同时，还创新探索出社区党组织与园区非公企业党组织共同建设，让"两新"党组织找到温暖的娘家。社区已支持、指导企业成立"两新"党组织，在项目洽谈、签约、促建等阶段，社区党委就提前参与，跟进、做好党建宣传对接工作，确保项目一旦投运，党组织同步建成，真正以党建为纽带搭建起社区与企业沟通交流的平台。让党组织更有凝聚力，让党员更有归属感。

（二）黄凤凰——促和谐

以促进和谐为抓手，打造社区特色服务产业发展。凤凰里社区创新培育出"由社区两委担任的社企管家"队伍，通过社企联盟平台建立"社企管家"服务模式，社区"两委"担任管家，包联企业单位，实现社区和企业无缝对接，以管家式综合服务，及时服务企业和企业职工。

1.社区以企业需求为己任，开通"助企纾困直通车"，实施系列暖企行动。建立起横向联通天府国际生物城管委会、生物城公司、永安镇各部门单位，纵向直达市区领导、部门等方式，确保企业问题处理不过夜，打造优质营商环境。并通过常态化调研、深入收集企业多元化需求，开展系列针对性暖企服务。如：针对企业存在招工难问题，结合本地人力资源优势与多部门合作，助力企业线上线下招聘，有效解决企业招工问题；社企管家还积极加入企业疫情防控工作，让企业一次次安全度过疫情突袭，确保企业生产生活不受影响。

2.特别结合生物城创业团队年轻人多的特点，在文化中心专门搭建青年之家公共空间，依托社企联盟平台，联动开展"助力复工复产""企业咖啡时""人才招聘会""七夕鹊桥会"等活动，让年轻人才工作在功能区、生活在凤凰里。

3.用脚步丈量初心，用服务体现温度。进企业问需求、送关怀、解难题。截至目前，社企管家队伍共受理企业诉求64件，成功解决60件，企业满意度100%，让企业感受到娘家般的温暖，让职工更有幸福感、归属感。

（三）绿凤凰——护生态

凤凰里社区生态环境优越，辖区内蜿蜒流过的锦江，有融入"知识+艺术+健康"的生态公园——永安湖城市森林公园。

1.以各项创建载体为抓手，明确各方责任，全面推进生态文明建设。严格落实森林防火、山头长，包片划区责任，守护林区。强化河长沟长巡查，环境水质得到有效改善。凤凰里社区成功创建省级绿色社区。

2.继续抓"生态文明"宣传教育，弘扬生态文明理念。组织开展环保知识进校园、进企业、进小区等活动，着力构建全方位、多角度、常态化的大环保宣教工作格局，提升居民和企业的环保意识，形成协力维护生态环境的新风尚。

3.以保护生态为契机，倡导群众广泛参与。广泛发动公众参与环境管理监督机制，发挥辖区内环保公益组织的作用，联动辖区企业职工成立"生命之绿"环保志愿队，开展"垃圾分类动起来，幸福美好生活在"的系列活动。同时依托永安湖生态公园，开展区域党建成员单位认领责任区，共同管理，协力维护"人城境业和谐统一"的绿色生态宜居家园。

（四）蓝凤凰——重健康

整合辖区现已入住的医疗资源和教育资源，开展健康讲座、义诊、社会体验、生命教育等活动，促进辖区居民身心健康发展。充分发挥区位优势，结合"健康迎大运"理念，开展Mini马拉松、绿道优跑等运动会，营造"赛事可持续、健康可感知"的全民健身氛围。

1.开展心理服务"五进"活动，护航企业职工、社区居民健康。如：2022年6月中旬，一场特别的"凤栖梧桐 心向阳光"凤凰里社区心理服务推介会举行，正式拉开了社区"蓝凤凰重健康 阳光新生活"系列公益心理服务活动序幕。该公益活动主要针对社区居民、企业员工、学校师生等群体，邀请了专业心理咨询团队提供包含了绘画艺术心理减压活动、心理讲座、心理沙龙以及其他定制化活动，提供公益性、专业化、普惠性的心理服务。该项活动是"重健康"理念的延续。凤凰里社区将着重开展心理健康进企业、进园区、进社区、进家庭、进机关单位活动，来满足不同群体的心理健康需求，帮助他们缓解、疏解工作和生活的压力，有一个更阳光的心态。

2.有效整合辖区医疗资源，结合居民健康生活需求，创办集医学、营养、运动、心理、睡眠、康复"六位一体"全生命周期健康大讲堂，与辖区内医院签订党组织结对共建战略合作协议，为辖区居民提供免费体检、定期开展义诊等。2022年，开展了健康义诊、健康科普讲座等大小活动11场，有效地带动了当地居民健康水平的提升。

3.凤凰里社区借助辖区毛家湾运动公园、永安湖公园等场所，先后举办了足球、篮球、"Mini马拉松""绿道优跑"等各类赛事百余场；建立了11支文化体育队伍，带动营造"赛事可持续、健康可感知"的全民健身氛围，有效提升辖区居民的运动健康意识。

（五）紫凤凰——享时尚

以社区企业服务园区为载体，链接多元资源，建立共享超市等实体经济产业，推动利益共享和治理参与、共享收益和公益投入"两个结合"，助推集体经济发展，带动居民增收，造血式开展时尚体验，打造社区共同体。践行科技服务社区理念，结合5G应用打造集城管、消防、交安、综治于一体的"产业社区智慧管理中心"，结合企业和居民需求，引入社保、工商、税务、政务服务一体机，提供一站式自助服务。

1.社区成立全资服务公司，并引进相关资质的社会资源整合辖区各类资源，结合自身特点，开展一系列服务项目，以发展壮大社区集体经济。截至目前，公司流水收入79.8万元，成功摘掉了集体经济全区倒数后三的帽子。

2.在推进智慧社区建设的过程中，凤凰里社区依托数字化平台和线下服务机构建设便民惠民智慧服务圈，提供线上线下融合的社区生活服务以及社区治理及智能小区等服务，实现"智慧社区共治理"的新格局。在线上智慧场景建设上，凤凰里社区创新打造了"五彩居"小程序，让居民在家中、职工在企业就可以享受便民服务指南、二手交易、技能求职、房屋租赁、招聘等线上服务。在线下智慧场景应用上，凤凰里社区重点围绕产业社区特色，高效打造森林防火系统、电梯防电瓶车系统、智能门禁、高空抛物、电动车智能充电、24小时便民服务以及京东方智慧医疗等特色场景，实现了场景与社区发展的有效结合。面对成都天府生物城产业园区的办事需求，凤凰里社区设置了综合超市，并在大型企业设置自动智能售货柜机，方便企业员工错峰办事，为企业员工提供一站式线上办事服务。

五彩凤凰，五个维度，相辅相成，实现生产、生活、生态高度融合，构建空间可共享、绿色可感知、建筑可品鉴、街区可漫步的新型公园产业社区。

五、经验总结

将社区发展与社会治理结合在一起，在发展中聚焦产业职工和本地居民的不同需求，维护社会的稳定与安全，解决发展的不平等和不充分问题，探索构建以党建引领为核心，平台共建、多元共治、发展共享为支撑的"一核三共"社区治理体系，解决不同人群在教育、就业、保障、健康等方面的难题，持续不断提升群众在中国特色社会主义新时代中的获得感、幸福感和安全感。

打造党建引领"微网实格"：现代化
治理的黄龙溪样板

为深入贯彻落实党中央、省市区委关于加强和改进基层党建工作及网格化服务管理决策部署，黄龙溪镇着眼构建党建引领、全域覆盖、专群联动、多元共治基层治理新格局，坚持定好一个架构、建好一支队伍、制好一组清单、抓好一套机制、用好一批抓手"五个一"工作法，探索构建"四联四转""微网实格"治理体系，实现了治理责任具体化、治理力量联合化、治理信息畅通化和治理机制常态化。

一、具体做法

（一）致力组织架构层层联建，实现治理责任由"虚化宽泛"向"细化具体"转变

按照全区"微网实格"工作部署，成立黄龙溪镇"微网实格"治理工作领导小组，通过深入走访、座谈调研、征求意见等方式，制定《黄龙溪镇党建引领社区"微网实格"治理工作实施方案》等2个行动方案，并根据"全域覆盖、分类划分、规模适度、动态调整"原则，把全镇划分为村（社区）总网格、一般网格（专属网格）、微网格三级管理网格单元，建立"7+（26+3）+171+N"四级网格党组织体系[1]。着眼把网格管理服务做深、做实、做细，按照微网格员、一般网格员、总网格长递进方式，将每个层级、每个单元网格落实

---

[1] 7个总网格+26个一般网格+3个专属网格+171个微网格+N个志愿者等。

到具体责任人。同时，为有效解决以往网格治理中网格员职责不清的问题，实施工作职责、联系群众、志愿服务三张清单管理，在安全巡查、环境保护等共性职责的基础上，根据网格实际情况制定网格员个性化职责清单，促进工作开展；规定总网格长每周深入村（社区）总网格不少于1次，走访群众不少于3次，一般网格员每年走访群众户数不低于50%、微网格员实现入户走访全覆盖；建立派单制、预约制，依托一般网格开展药品代购、上门看护等志愿服务。

（二）致力资源配置统筹联动，实现治理力量由"分散独立"向"整合互补"转变

在"微网实格"推进过程中，黄龙溪镇重点从人力资源、硬件设备两个方面，推动实现治理力量有机整合。在人力资源整合方面：任命7名驻村领导担任总网格长、7名社区民警担任总网格指导员、14名村（社区）党组织书记和驻村科室负责人担任副总网格长；通过两轮考试将26名优秀人才聘用为一般网格员，选派26名镇机关优秀年轻干部担任一般网格党建指导员；推动173名"两委"干部、下设党支部委员及党小组长、居民小组长、后备人才下沉微网格，配齐配强网格力量。在硬件资源整合方面：将公安"天网""电子警察"、企事业单位及小区安防系统等融入"微网实格"指挥平台，针对农村地域广、农户相对散居的实际情况，支持网格员利用移动电子设备，有效弥补"视角盲区"实现全域覆盖，特别是对古镇景区、主要街区的全方位监督管理。同时，统筹调动消防、卫生、公安、水电气相关部门专业设备，共同支撑服务"微网实格"工作高效运转。

（三）致力社情民意开放联享，实现治理信息由"被动滞后"向"主动实时"转变

着眼改变过去信息闭塞、群众有怨言、干部"两眼黑"的问题，大力推进网格信息互联互通、开放共享。一方面，加强信息载体建设。画好网格地图，制发总网格、一般网格、微网格三张地图，标注小区、道路、水文等要素精确坐标，便于工作开展；录好基础台账，建立一账通管基础台账，动态保持人口信息、山水林塘等情况数据，夯实工作基本盘；建好线上系统，实行网格事件"大联动""蓉E报"双向报送，"大联动"第一时间派件处理，便民小程序实现

新生儿上户等民生小事网上办理，提升工作效率。另一方面，加强信息收集处理。通过网格及时主动发现解决问题，基层政府工作由脱离实际的一厢情愿代民做主向以民为主转变，进一步激发了群众参与基层治理热情。比如过去民生工程项目的确定，政府"想当然"，群众"不以为然"。推动"微网实格"工作以来，2023年全镇确定的10项民生工程，全部在群众提出的261条意见中精选产生，改变了过去政府办事"费力不讨好"局面，实现了自下而上的民主决策。

（四）致力监督问效考核联促，实现治理机制由"随意弹性"向"常态长效"转变

按照"奖惩结合、长效治理"原则，探索构建了"上下协调、左右配合、无缝衔接"监督长效机制。建立多方互联的协调机制：强化综合研判，微网格每日报告大小事务，一般网格每周报告工作情况，总网格每月向镇党委报告，镇党委每季度召开工作调度会，及时开展工作研判；抓实问题处理，将网格问题分为18类业务范畴、3级急难程度，实施线上线下双派件，做到小问题网格随手处置、难问题科室现场出招、大问题领导挂帅出征高效解决。完善及时问效的跟踪机制：实行红黄灯预警机制，根据问题分类定级标准规定办理时限，及时约谈，提醒无故拖延办理等情况相关责任人；推进事后回访，办结后24小时内就问题办理情况进行现场回访，确保工作真落实、问题真处理。健全奖勤罚懒的考核机制：健全微网格员考核激励制度，每年按30%比例评选优秀微网格员；制发约谈提醒等4类26项网格员负面清单，规范网格员日常工作；推行网格员年度民主评议制度，邀请辖区内居民群众、企业商家围绕网格工作开展民主测评，坚决清退不合格网格员。

二、具体成效

（一）构建了和谐宜居的生活共同体，助力实现"邻里暖心环境怡心"

通过健全城乡社区发展治理和社会综合治理体系，创新"社区＋小区"机制，广泛发动居民参与，共建共治共享社会格局基本形成，辖区群众幸福感大幅提升。广泛收集社区居民需求，开展家门口"微改造"，让"荒地"变"游

园"，"烂路"变"坦途"，实施剑南大道延伸线沿线风貌改造等工程、精雕细琢开展陈家水碾等2个川西林盘保护修复，建成10.87千米乡村旅游道路、1.7千米旅游环线。据统计，2022年稳控不稳定因素7个、群众满意率在镇级公众满意度调研中较同期上升12%，嘉禾社区被评为全双流唯一的市级儿童友好优秀社区。

（二）打造了商居联盟的发展共同体，助力实现"服务贴心政企同心"

通过建成"社区发展治理+乡村振兴"两轮驱动，探索出了服务共给、产业共创、文化共建的协作式社区发展治理新路径，辖区内目前黄龙、嘉禾2家社区公司实现年入百万的发展目标，全镇城镇、农村人均可支配收入预计增幅6%、7.5%；凭借网格员熟悉情况和需求的优势，在守卫群众生命安全的前提下，疫情期间走访成都储翰科技股份有限公司等8家规模以上工业企业，帮助辖区内成都融海粮油有限公司申请闭环生产，稳定经济指标。经统计，全年共新增市场主体目标1 300家、实现规模以上工业增加值增幅12%，黄龙溪镇党委被市委评为新冠肺炎疫情常态化防控先进集体。

（三）深化了双区联动的社治共同体，助力实现"景区舒心安全放心"

通过建立"属地社区+古镇景区"的双区联动机制，推动网格为旅游服务。整合文旅安全隐患排查、游客消费体验观察等职责，借助景区商会及黄龙社区公司力量，在景区寻找黄龙故事，帮助推出"龙情农意"助农产品、为"龙见于野"旅游服务小程序提供翔实支撑，推动开放式景区与本地社区、商家互融、互促发展。双区联动治理模式将社治力量覆盖至华侨城实际管理0.66平方千米，区域外的1.4平方千米，切实保障了游客从进入景区到游玩完毕的全过程体验。据统计，2022年景区内游客投诉件8个，同比下降50.12%，游客满意度提升9.61%，景区治安案件发案率下降21.17%。

以办大学的理念做深做实产业新居民服务：黄甲街道双兴国际社区治理实践

黄甲街道双兴国际社区为配套仁宝、纬创、通威、比亚迪等世界500强企业的重要载体，总占地面积362亩，分为双兴一、二社区，现有宿舍3 885间，涉及企业26家，入住员工1万余人。双兴国际社区基于产业社区治理和社区居民实际需求，坚持党建引领、多元共建思路，积极探索社区青年成长和发展服务的新路径，创新"以办大学的理念办社区"模式，让社区变大学、产业青年变空港新居民，全力营造现代化高品质产业社区。有关做法，被新华社评为2022年度中国文化和旅游高质量推荐案例；并被四川省委党史学习教育领导小组作为"我为群众办实事"典型案例，上报中央党史学习教育领导小组办公室。

一、案例背景

双兴国际社区始终把满足居民对美好生活的向往作为社区发展和治理的根本出发点和立足点，通过开展居民问卷、课题调研，摸清社区产业新居民现状，广泛征求社区服务需求。社区入住产业新居民平均年龄仅22岁，18~25岁占比达70%，大专及以下学历占比达70%，从事一线生产的产业工人占比90%，普遍对学历提升、技能提升、社区生活服务等需求较集中。这些群体是长期被忽略的"后义务教育阶段青年"群体。产业社区是青年工作、生活的场所，更应该是青年建功与成长的载体。需要基于产业社区治理和社区居民实际需求，探索青年成长和发展服务的新模式。

二、创新思路

双兴国际社区党支部积极谋划，结合区域高校资源多、企业集群集聚等优势，主动链接周边高校、社会组织、群团组织、驻区企业等资源，构建社区"一核多元"治理架构，创新"以办大学的理念办社区"模式，首创产业社区的"新居民大学"，深化社区场景化营造、专业化运营、多元化互动，开拓产业新居民学习、生活、发展等多维空间，实现产业新居民"白天企业工作有劲头、晚上社区生活有想头、未来人生规划有盼头"。

三、具体举措

（一）建强党组织堡垒，构建"一核多元"共治体系

坚持党建引领、区域共建，依托双兴国际社区专属网格，成立产业社区综合党委，注重发挥综合党委引聚资源等协调引领作用，建立与社区内7个"两新"组织、周边高校、党政资源等的合作共建机制；在社区楼栋精细划分10个微网格单元，建立楼层长、门卫、宿管阿姨、派出所民警等30个"网格前哨"，并推行"两新"党员生产攻坚、社区服务等"开门七件事"，形成产业社区多元共治格局。

（二）以办大学理念办社区，开辟产业新居民学习空间

针对产业新居民以青年人居多、对学历技能提升需求较多等实际，采取"校院企地合作+群团共建"方式，举办"空港新居民大学"。整合区内外高校资源，设置素质提升、职业教育、工匠学院等7个学院，将四川大学、西南财经大学、西南民族大学、成都技师学院等7所高校的专业、师资资源向产业工人开放，实行大学按月排课、企业定制课程、员工自主选课、线上线下参学，与成都机械学院等共建产业人才技能培训基地项目，开办"企业家开讲啦"等特色课堂，建立社区补助、企业报销、员工自费各占1/3的参学鼓励机制，系统打造产业新居民终身学习平台。

（三）以场景营造为基础，充实产业新居民生活空间

针对产业新居民对生活配套、文体活动、交流互动等的集中需求，改造近2万平方米的生活空间，让产业新居民业余生活更加丰富多彩。将社区2700平方米的废弃食堂改建为集阅读休闲、课程学习、分享互动于一体的"文轩Books青年阅享空间"网红书店，藏书达4万余册；改造闲置食堂操作间、翻新老运动场，营造9600平方米集企业团建、健身竞技、劳动实践于一体的"青年乐动空间"；盘活1700平方米社区旧培训中心教室，新增打造多功能音乐厅、艺术空间等项目，营造集青年创业、商业服务、文体活动等功能的"青年悦创空间"；依托工、青、妇等群团资源，按"一月一主题、周周有活动"开展社区音乐节、荐书交流会、法治讲堂等活动80余场次，共计4000余人参与，营造开放共享的社区生活新场景。

（四）以联动服务为触手，保障产业新居民发展空间

针对产业新居民对社区认同感、归属感不强等问题，建立"社区+街道+园区+部门"的联动服务机制，促进共建共治共享。引导仁宝、纬创等重点企业主动加入产业社区发展治理联盟，通过创设社区公益基金、引入部门专项基金、企业社会捐赠资金，以"市场化+公益化"模式保障青年阅享空间、"空港新居民大学"等项目可持续运营；优化产业新居民"一条龙"服务，链接党政、社会资源打造劳动调解、政务服务、金融服务、健康服务、残疾人服务等多个服务驿站，实现企业和员工生活服务"一站式"享有；强化大学、社区、企业多层面共建，结合员工参学、上班表现、社区服务等实行积分制管理，积分可在社区消费场景使用，比如，商铺消费折扣、大学课程参学、企业评优选先等，带动员工积极参与学历、技能、素质提升。

四、实践成效及经验总结

（一）提高了居民幸福指数

在充分征求居民群众意见和建议的基础上，以提升居民生活品质为出发点和落脚点，不断优化建设与运营方案，确保"空港新居民大学"能最大程度满

足居民需求，打造优美宜居家园。"空港新居民大学"增加产业流动人口对于城市的认同感和归属感，让产业工人及其家人在工作生活中切实感受到社区的温暖，极大提高了居民的幸福指数。

（二）彰显了社区治理温度

以满足各年龄段群体多层次需求为导向，为各类人群提供精准化服务，通过办好"空港新居民大学"做优片区企业工人服务，让社区居民、产业工人在家门口就能学习交友，享有更多学习提升和事业发展的机会，提升了社区归属感，体现了社区共建共治共享理念，彰显出社区的治理温度。

（三）形成了社会良好氛围

企业、高校等作为社会的重要组成部分，在追求自身发展的同时，积极履行社会责任，以服务新居民为着力点，共建共治共享"空港新居民大学"，引起了良好的社会反响，形成积极带动效应，引发社会关注，探索了校院企地合作共建、助推基层治理体系和治理能力现代化的有益经验。